浙江省社科规划后期资助项目"从 19 世纪西洋传教士文献看台州方言的演变"（课题编号：18HQZZ21）

教育部人文社科规划项目"从西洋传教士著作看台州方言百余年来的演变"（课题编号：12YJA740064）

宁波大学中国语言文学学科建设经费资助

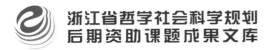

浙江省哲学社会科学规划
后期资助课题成果文库

# 从西洋传教士文献看
# 台州方言百余年来的演变

阮咏梅　著

中国社会科学出版社

图书在版编目（CIP）数据

从西洋传教士文献看台州方言百余年来的演变／阮咏梅著. —北京：
中国社会科学出版社，2019. 11
（浙江省哲学社会科学规划后期资助课题成果文库）
ISBN 978-7-5203-5592-6

Ⅰ.①从… Ⅱ.①阮… Ⅲ.①吴语—方言研究—台州 Ⅳ.①H173

中国版本图书馆 CIP 数据核字（2019）第 256664 号

出 版 人　赵剑英
责任编辑　宫京蕾
特约编辑　李晓丽
责任校对　秦　婵
责任印制　李寡寡

出　　　版　中国社会科学出版社
社　　　址　北京鼓楼西大街甲 158 号
邮　　　编　100720
网　　　址　http：//www. csspw. cn
发 行 部　010-84083685
门 市 部　010-84029450
经　　　销　新华书店及其他书店

印刷装订　北京君升印刷有限公司
版　　　次　2019 年 11 月第 1 版
印　　　次　2019 年 11 月第 1 次印刷

开　　　本　710×1000　1/16
印　　　张　21. 25
插　　　页　2
字　　　数　359 千字
定　　　价　98. 00 元

凡购买中国社会科学出版社图书，如有质量问题请与本社营销中心联系调换
电话：010-84083683

# 序

　　咏梅的书稿研究 19 世纪西洋传教士文献所见台州方言及其演变，所谓"西洋传教士文献"，其中与汉语方言研究关系最密切的有三大类：一是方言学著作，包括方言词典、课本、语音论文、语法书等；二是方言圣经；三是方言著作，包括圣经故事、一般故事、知识读本等。第一类现存较多，第二类较少，第三类更少。研究成果也是以第一类最多，第二类很少，第三类几无。就吴语部分而言，方言圣经的语种有：苏州土白、上海土白、宁波土白、杭州土白、金华土白、台州土白、温州土白，包括福音书、新约、旧约或新旧约全书，据我多年前的初步统计，共有 158 种。其中台州土白 22 种，仅次于上海土白（58 种）和宁波土白（51 种），数量远远超过温州土白（5 种）。台州不是开埠的城市，为什么 1880 年开始出版的方言圣经，比 1876 年就开埠的温州多得多？这应该归功于内地会的创始人戴德生以及最早的内地会成员路惠理、蔡文才等人在台州的传教事工。顺便讲一讲"内地"一词的产生和词义演变。古代汉语中本无"内地"一词，1843 年据"南京条约"五口通商之后，始用"内地"一词，与上海等五个开埠的沿海城市对称，英国人戴德生牧师于 1865 年创办的 China Inland Mission（CIM），当初就被译作"中国内地会"。此会传教士即去当时的所谓"内地"传教，包括沿海的台州。但后来此词的词义渐渐泛化，变成"非沿海或边疆地区"，这样台州就不再是"内地"了。到了当代汉语，此词又新增了一个义项"非港澳地区"，这样一来，台州甚至上海又变成"内地"了。

　　本书主要以台州土白圣经为语料，研究 19 世纪的台州方言，内容丰富，包括西洋传教士文献的历史背景：台州历史上的传教士、文献种类、作者、译事、印刷等；19 世纪以来的语音变化；19 世纪的土白词汇；主要构词法；语序、体、代词系统、各种句式等语法现象及其历史演变。

　　关于吴语台州方言前人也曾有些描写和研究，但是远不及本书全面和深入。有关台州方言的传教士文献十分丰富，在吴语中仅次于上海和宁波。全面掌握这些文献，特别是罗马字本，并非易事。作者长年累月，锲而不舍，潜心于此，不仅熟练地掌握这些文献，包括不同版本本身，并且相当深入地涉及它们的历史背景。作者据此研究 19 世纪台州方言，更是前无古人，而具开创性。此书不仅描写台州方言本体，而且与邻近方言，尤其是温州话和宁波话进行比较研究，进一步探讨台州方言的历史演变，全书不仅为研究 19 世纪台州方言打下了坚实的基础，而且对近代吴语方言研究具有较高的学术价值。

　　我自 20 世纪 70 年代末开始致力于搜寻西洋传教士汉语方言文献，后来获得好几种国内外学术基金的资助，曾在国内及欧美、日本各大图书馆翻检此类文献，所见浩如烟海，但因限于经费和时间，仅以吴语为主，复印其中近万页资料，以供本人和同好研究之用。后又将“传教士的汉语方言研究”这一课题，作为我所执教的《汉语方言学史》课程之一章，向学生鼓吹研究传教士的汉语方言学文献。历届前来听课的研究生和访问学者不少，但真正有心于此并付之实践的不多，咏梅是其中之一，是故欣然为之作序。

2018 年元月

序于上海景明花园静思斋

# 目　　录

**第一章　绪论** ………………………………………………… （1）

第一节　传教士笔下的台州印象 ……………………………… （2）

第二节　台州历史上的传教士 ………………………………… （10）

第三节　传教士的台州方言印象和学习 ……………………… （21）

第四节　台州土白圣经译本 …………………………………… （24）

　　一　台州土白圣经译本的译者 …………………………… （26）

　　二　台州土白圣经的翻译 ………………………………… （28）

　　三　台州土白圣经译本的印刷和推广 …………………… （32）

　　四　台州土白圣经译本介绍 ……………………………… （34）

第五节　本书所用传教士文献及其研究说明 ………………… （37）

　　一　本书所用传教士文献目录 …………………………… （37）

　　二　研究说明 ……………………………………………… （39）

　　三　本书体例 ……………………………………………… （43）

**第二章　19 世纪以来的台州方言语音变化** ……………… （45）

第一节　台州土白罗马字拼音的制订依据 …………………… （45）

第二节　19 世纪台州土白语音系统 ………………………… （46）

　　一　音系 …………………………………………………… （47）

　　二　音系分析 ……………………………………………… （50）

第三节　19 世纪台州土白同音字汇 ………………………… （61）

第四节　百余年来台州方言的语音变化 ……………………… （84）

　　一　舌叶音的消失 ………………………………………… （84）

　　二　细音前舌尖声母的颚化和分尖团类型的改变 ……… （85）

　　三　鼻韵尾的变化 ………………………………………… （86）

　　四　复韵母单化和单元音链变 …………………………… （87）

　　五　寒覃谈韵的［ø］化 ································· （88）

第三章　19 世纪台州土白词汇 ························· （89）
　第一节　台州土白词汇概说 ························· （90）
　　一　变异词 ··································· （91）
　　二　创新词 ··································· （94）
　　三　借用词 ··································· （95）
　第二节　主要分类词汇 ··························· （97）
　第三节　不同圣经版本的词汇比较 ················· （141）

第四章　台州方言的主要构词法 ····················· （156）
　第一节　异序词 ······························· （156）
　第二节　重叠式 ······························· （177）
　　一　名词重叠式 ····························· （177）
　　二　动词重叠式 ····························· （178）
　　三　形容词重叠式 ··························· （179）
　　四　量词重叠式 ····························· （181）
　第三节　附加式 ······························· （185）
　　一　动词附加式 ····························· （185）
　　二　形容词附加式 ··························· （187）
　　三　数量词附加式 ··························· （188）

第五章　台州方言代词系统的演变 ··················· （191）
　第一节　人称代词 ····························· （191）
　　一　百余年前台州土白中的人称代词系统 ········· （191）
　　二　从人称代词的演变看传教士台州土白圣经译本的
　　　　基础方言 ······························· （194）
　　三　复数标记的来源及其语法化类型 ············· （197）
　第二节　指示代词 ····························· （200）
　　一　百余年前台州土白圣经译本中的指示代词 ····· （200）
　　二　台州方言指示代词的内部差异及其演变 ······· （208）
　　三　台、甬、温三地指示词演变比较 ············· （212）
　第三节　疑问代词 ····························· （213）

第六章　台州方言的基本语序 ······················· （225）
　第一节　话题结构 ····························· （226）

一　受事话题 ·················································· (226)

二　语域式话题 ············································· (228)

第二节　隔开型动结式 ····································· (231)

一　结果补语 ················································ (232)

二　趋向补语 ················································ (234)

三　可能补语 ················································ (235)

第三节　后置成分 ··········································· (238)

一　表程度的后置成分"猛" ······················· (239)

二　表重复或增加的后置成分"凑" ·············· (241)

三　表程度的后置成分"显" ······················· (243)

四　表次序的后置成分"起"和"先" ············ (243)

第四节　其他 ··················································· (243)

一　疑问句 ····················································· (243)

二　名词谓语句 ············································· (244)

三　定中结构 ················································ (245)

第七章　台州方言主要动态范畴的演变 ·············· (247)

第一节　19 世纪台州土白中的主要动态范畴 ······ (247)

一　将行体 ····················································· (247)

二　进行体 ····················································· (250)

三　持续体 ····················································· (255)

四　完成体 ····················································· (259)

五　经历体 ····················································· (264)

第二节　百余年来台州方言动态范畴的演变 ········ (266)

一　进行体标记 ············································· (266)

二　持续体标记 ············································· (267)

三　完成体标记 ············································· (268)

第三节　台州方言体标记的语法化类型及其特质 ········ (270)

第八章　台州方言差比句的类型和演变 ·············· (274)

第一节　19 世纪台州土白差比句的类型 ············ (274)

一　"比"字句 ·············································· (274)

二　"还是"句 ·············································· (275)

三　"如"字句 ·············································· (277)

第二节 台州方言差比句的演变 ……………………………… （280）
  一 百余年前台州土白差比句的格局 ………………………… （280）
  二 今台州方言差比句的类型 ………………………………… （282）
第三节 与其他吴语方言差比句的比较 ……………………… （283）
  一 差比句的语言类型 ………………………………………… （283）
  二 "还是"类句的讨论 ……………………………………… （284）
**第九章 台州方言处置式、被动式、致使式语法标记的演变** …… （288）
第一节 台州方言处置式、被动式和致使式的演变特征 ……… （289）
  一 "拨（peh）"字多功能性标记特征的延续 …………… （289）
  二 "搭"字功能的拓展 ……………………………………… （291）
  三 "赚"字功能的虚化 ……………………………………… （293）
第二节 台州方言处置、被动和致使标记的语法化 …………… （296）
  一 来源于"给予"义动词的标记：拨 ……………………… （296）
  二 来源于"连接"义动词的标记：搭 ……………………… （297）
  三 来源于"代替"义动词的标记：代 ……………………… （298）
第三节 台州处置式、被动式、致使式语法标记与
       甬温方言的异同 ……………………………………… （299）
  一 处置式比较 ………………………………………………… （299）
  二 被动式比较 ………………………………………………… （302）
  三 致使式比较 ………………………………………………… （303）
  四 处置式、被动式和致使式的翻译选择 ………………… （304）
第四节 结 语 ………………………………………………… （308）
**附 录 今临海方言（原台州府城）音系** ………………… （309）
**附 图** ……………………………………………………………… （312）
**参考文献** ………………………………………………………… （318）
**后 记** …………………………………………………………… （330）

# 第一章

# 绪　　论

台州（汉语拼音：Tāizhōu），作为浙江省中东部的一个地级滨海城市，是"长三角"经济圈 16 个城市之一。全市东西长 172.80 公里，南北宽 147.80 公里，陆地总面积 9411 平方公里，海岸线长 630.87 公里，约占浙江省大陆海岸线总长的 1/4，人口 564.66 万人①。

台州建县始于西汉始元二年（前 85）在东瓯故地设置的回浦县。三国太平二年（257）置临海郡，为台州建郡之始。唐武德五年（622）置台州，因境内被誉为"佛宗道源"之地的天台山而得名。1994 年 8 月起，台州市政府由临海迁驻椒江。②

传教士文献中的"台州"既指当时的台州府，也指原台州府城临海。剑桥大学图书馆关于百余年前台州土白圣经译本的索书目录信息上其中"Published"一栏写的是"台州府"（t'e-tsiu Fu），而在"Note"一栏中则说"Taizhou Dialect as spoken in the Linhai (formerly Taichow) area of East Chekiang"（台州方言通行于浙江东部的临海一带——以前的台州）。其中，t'e-tsiu 是台州土白的罗马字拼音，Taichow 和 T'ai-chau 是官话读音的罗马字拼音，Taizhou 是现代汉语普通话拼音。本书中所用"台州"具体指整个台州府还是台州府城临海需视文献上下文语境而定。

本书虽以台州方言为研究对象，但因主要史料是基于传教士的文献，尤其是台州土白圣经译本，所涉台州历史上的传教士及其传教、翻译历程都是极其珍贵的第一手史料，除了方言学研究价值外，还具有极大的基督教史、传教士生平研究和汉语方言圣经译本等方面的史学价值，因此，我们不厌其烦尽可能翔实地展示这些史料，以便于今人了解台州土白圣经译

---

① 台州市地方志编纂委员会编：《台州市志》，中华书局 2010 年版，第 3 页。

② 同上书，第 3—4 页。

本产生的背景、特点和百余年前台州和台州方言的面貌，以及西洋传教士所作的多重贡献。

## 第一节　传教士笔下的台州印象

方志、史籍和文学作品中所记载和描绘的台州，反映了不同历史时期的台州风貌，以及台州本地人和他乡人对台州的主观印象。在西方传教士眼中，19世纪①的台州又是怎样的一幅景象呢？

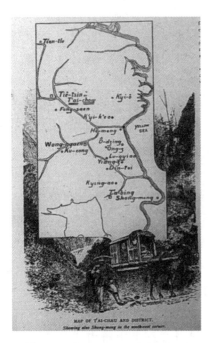

图1-1　William David Rudland
笔下的台州地图

自1858年中美、中英、中法签订"天津条约"后，基督教传教士才享有到中国内地传教的权利，并很快深入内地。他们走南闯北，踏遍所辖教区的山山水水，留下了许多对当时各地风土人情、社会风貌的宝贵记录。但是散落和隐匿于浩瀚史料中与台州有关的传教士历史片段，似雪泥鸿爪，难觅踪迹。即便如此，我们仍试图钩沉传教士对19世纪台州留下的那惊鸿一瞥式的印象。本书史料主要来源于大型编年体式基督教教会英文杂志 China's Millions（《亿万华民》或《中国亿兆》）、The Chinese Recorder and Missionary Journal（《教务杂志》），以及相关书籍和网站资料等。

China's Millions 中第一张涉及台州的地图由中国内地会传教士路惠理（William David Rudland）绘制（见图1-1②）。

---

① 本书所涉台州方言传教士文献时间大致从19世纪后半叶到民国初期。由于大部分文献完成于19世纪，且20世纪后台州土白圣经译本的书面语色彩颇浓，难以真正体现当时台州方言的真实面貌，所以本书以19世纪文献为重，并以19世纪概称台州土白文献的历史时期。

② China's Millions，1896年，第24页。

实际上 *China's Millions* 中出现过的台州地名不止图 1-1 中所示。我们将 *China's Millions* 中出现过的主要台州地名标注于今台州市行政地图中，为了便于下文比较台州方言的内部差异，现将台州传统八县一并呈现（见图 1-2）。图 1-2 中台州地名的罗马字拼音来自 *China's Millions*，相应的汉字地名为笔者根据文献所涉语境和台州行政区划及其地名等一一推定而得。其中三门和玉环未见于文献，故无罗马字拼音标注。

罗马字地名和人名的汉字转写特别困难，主要原因有三：（1）传教士记音时有的根据官话读音，有的根据方言读音，所以常常一个地名有多种拼音形式；（2）遇到没有合适的记音符号时，传教士常常根据自己母语的拼音规则来转写；（3）汉语中同音字本来就多，何况台州土白圣经译本和相关的方言词典罗马字注音均不标注声调，导致同音字增多以致更加难以确认。因此，当我们实在难以确定罗马字地名和人名的相应汉字时，便只出现罗马字拼音，或在拟转写汉字旁加注"音似"二字。

目前所见最早详细介绍台州和在台州传教的传教士文献是 1879 年英国传教士 W. D. Rudland（路惠理）① 发表在 *China's Millions*（第 95 页）上的一篇报道，题目是 *Work among the Villages*。全文翻译如下：

3 月 21 日，Jackson② 和我去走访、审查并给那些我们认为合适的人施洗。在黄岩逗留数小时后，我们雇了一个小工带上铺盖等动身去我们觉得相当远的、需步行 25 里（约 8miles，华里）的地方。快到目的地前，我们经过了一座小山口，登上山顶时，一片秀丽的景色展现在我们眼前。我们的脚下是一片肥沃的平原，蜿蜒起伏的山脉松竹覆盖，山脚下坐落着无数被树竹环抱的村庄。大片开花的桃树构成了一个令人陶醉的画面。下山时，我对 Jackson 先生说："如果福音之光能传播到所有这些村庄和美丽的平原，何其幸也！"当时也没怎么去想那个将要受洗的男人是否能代表村庄中的 7 个，或者 3 个以上的申请者（candidates）。

到达后，我们惊奇地发现所有的人都那么友好和文静。女人和小孩儿围绕着我们，如同故友。由于邻近罗马天主教的据点，我们以为

---

① 路惠理，生平简介见下文"第二节"。
② 指蔡文才。详见下文"第二节"。

● 代表台州传统八县的县城所在地

图1-2　本书所涉台州地名图

他们很有可能会经常见到外国人。但是他们说很多人以前从未见过外国人。吃了一些晚饭后，人们开始聚集过来，我们很快开始工作。我们审查申请者直到晚上 11 点。

第二天早上我们很快认识到将有一整天的工作等待着我们，所以早饭后又开始审查。刘牧师和福音传道士永高（音似，Yüong-kao）跟我们在一起辛苦工作了一整天。我们共审查了包括星期天早上的 56 位申请者，接受其中的 18 位举行洗礼。

星期天早饭后，Jackson 先生和我带着《圣经》一起出去偷闲片刻，因为我们在里面没有机会安静。看到从四方赶来的人们，我们确信将有一个很好的集会。我们不能长时间独处，因为不久就有很多人发现我们出去了，我们只好回去。济济一堂的人群无疑超出了已有的座位。周围所有的邻居把他们家的凳子都带来供我们塞放在接待大堂中，但仍然有很多人无处可坐而只好站着。当仪式开始时，那些在公共场合往往大声喧哗的中国农民一下子安静下来：我从未见过比这种场合更好的秩序了。Jackson 先生布道时，除了一些跟随母亲而来的孩子外，所有的人都聚精会神地听讲。我数了一下，有 150 人，实际上更多。人们投入听讲的神情，看似生怕遗漏一字。

晚饭后我们有一个简短的仪式，然后 Jackson 先生在附近的运河里给那 18 人施洗，现场大概有 300 人好奇地观看，想知道将会发生什么。当每个人步入水里的时候，Jackson 先生问询他对耶稣的信仰；令人欣喜的是我们听到每个人都在其朋友和邻居前承认基督。这一天将会长久地留在我们自己和很多人的记忆里。多么希望能互相常念于此，多么希望 Taylor① 先生来这儿看到这些；多么希望这事儿能在他北上之前鼓舞他！

大多数受洗的是耕种足够的土地养活家人的小农民。虽然我们只接受了 18 人，也相信没有几个人皈依，但是目前他们需要进一步的指导，考虑到他们主要是认真却无知的农民，所以我们并不指望他们深受感动。我们希望不久后能回去，即使施洗者不比以前多，也希望能多多益善。这次总审查的人数是 64 人，还有 100 余人已经登记咨询了。

工作的中心在离黄岩城和台州河的入口——比海门镇稍远的地方；所以我们去过城区周边，却从未进到城里过。

很多人已经放弃拜神；有个受洗的男人，似乎是个领导，今天早上带了他家供奉的神像让我看。他已经在所有周边村子里宣讲福音，相当一部分最先审查的人是从他那儿听到福音的。我应该让他和我在一起，并且给他几个月的指导；因为我相信他将成为一个非常有用的人，我们现在非常需要这样的人。

现在黄岩城里有几个申请者。一个是已故教友的儿子；他说他母亲也相信；作为一个证据，他给我看他们家族的匾额和神像。现在的问题是关于一个更大的教堂的。因为钱的原因，没有一个合适的用房；目前的场所现在几乎难以容纳教友——当我们再次施洗时它将容纳不了。地皮可以合适的价格购买。

今天晚上我们本地帮手都在这儿聚会，以一个祈祷会开始。最后

---

① 指戴德生。详见下文"第二节"。

在所有人的祷告声中结束，此时我们期待一个更加美好的祝福。

台州历史上的传教士之父路惠理虽然比蔡文才（Josiah Jackson）晚到台州，但是他在台州的传教时间之久无人能及。路惠理曾经写过两篇长文，回忆其在台州的传教过程。这种印象是倒叙式的，时间越往后，回忆越往前。第一篇发表于 1895 年的 *China's Millions*（第 114 页）上，回忆 1870 年左右台州传教工作的兴起与发展的历史，题目是 *Rise and Progress of Mission Work in T'ai-chau*。全文摘译如下：

> 台州是浙江东南（S.E.）的一个府城，离宁波约 120 英里，距海边约 40 英里，群山环抱，城市西边的一个山系①海拔有 3000 英尺高。有些地方是光秃秃的，其他地方都覆盖着冷杉、修竹、灌木和蕨类植物。风景非常漂亮，各种野花不计其数。有时候看到成年男人和男孩背着大捆的、当柴火烧的杜鹃花从山上下来时就感到心有戚戚。城市的南边流淌着一条河，从一座由船连起来的浮桥（a bridge of boats）②上通行。大约跟伦敦桥下的泰晤士河一样宽。城市人口约 12 万③。除了那些日常生活用品小店外，商店很少。没有邮局，几个月前才刚有银行。这地区因强盗和鸦片而闻名，其他则乏善可陈。事实上，台州被视为中国的拿撒勒（Nazareth）④。但不尽如人意。

---

① 指括苍山。据《民国台州府志》（第 650 页），"括苍本绵亘台温金处四郡，其在台者则黄岩西北之山，仙居北支之山皆以此为来脉……而临海则以括苍为西南之镇，非干山也，此为全台山脉之总纲"。台州北西南三面环山，东面向海的地理特征对台州方言的形成与演变有很大影响。所以此处特作说明。

② 据《临海县志》，南河浮桥，又指"灵江浮桥"。坐落于临海南门城外的灵江上，桥因江而得名，原名为"中津桥"。建于南宋淳熙八年（1181），为中国现存历史最早的古代浮桥。

③ 此人口数据有待查证，若确凿，则不失为一种新史料。因为据《台州市志》，雍正年间（1723—1735）人口 22.52 万人，宣统元年（1909）226.62 万人，各县竞争选举，浮报人口。据《浙江省人口志》（第 167 页），临海人口：44574 人（1808 年），467483 人（1871 年），324663（1895 年）。

④ 拿撒勒是以色列北部最大的城市和首都，著称为"以色列的阿拉伯首都。"（the Arab capital of Israel）截至 2014 年，其人口为 74619 人，其中犹太人有 40312 人。在《新约》中，拿撒勒被描写为耶稣的故乡，他在那儿度过童年时期，是基督教圣城的中心，有很多值得纪念的圣地。（见维基百科：https://en.wikipedia.org/wiki/Nazareth）《马太福音》中有五处出现拿撒勒，最早出现在 2:23 章节中，交代拿撒勒是耶稣的故乡。

我们 1870 年 9 月 1 号到达时，车站是三年前刚建的，两个人已经受洗：二三百万人中的两个。面对这种情况，这样一类粗鄙的人，远离任何居住在台州附近的欧洲人 100 英里（四天的行程）之遥，我得承认，我的信心面临着考验。我们在屋里坐着吃饭时，常常有石头从外面扔进屋子里。一连数月，几乎没有一个晚上没有人不向我们的窗户扔石头的。开始时大家都充满好奇，然而不久个个感到恐惧和疑惑。过了一段时候，我们反而没有人理了。现在完全改变了。我们被视为属于那个地方的老朋友了。

时隔三年（1898）后，路惠理将回忆的深度往前推至他刚踏上中国土地时的情景。刚到中国时，有个绅士跟他说"你会'竹篮打水——一场空'的"，奉劝他留在上海做点事，别去远地，并说"如果你们离开上海去内地，我保证一年之内你们当中的很多人——如果不是所有人的话，会很高兴地乘船回家"。路惠理写道："那是 32 年前，亲爱的朋友，我现在是第三次回家了，感谢上帝！我并没有半途而废。在台州教区，我已经辛勤工作了 28 年。"（*China's Millions*，1898：108）从这篇文献的发表时间和其中提及的两个时间数字，我们可以推测出两个历史时间节点：第一，他作为"兰茂尔派"首批成员之一到达上海的时间是 1866 年；第二，他最初派往台州传教的时间是 1870 年。这两个历史时间节点在后人的相关研究资料中并不一致，后文还有论及。

"中国内地会之父"戴德生（Hudson Taylor）当时则对台州充满强烈的使命感和焦虑感。1868 年初，戴德生"攀山越岭地徒步前往蔡文才正在工作的泰州①。在路途中，他不断地想：每隔两三英里就有一个乡村或市镇，许多还是相当大的城镇呢！千万人在这些乡镇里出生、长大、老死，从来没有离开家乡半步。令人一想到这里，就感到非常痛苦。由此乡到彼乡，从此镇到彼镇，每次回头遥望，都教人心情沉重不已。这些可怜的灵魂何时及怎样才可听到福音呢？"（史蒂亚，2006：151）

从以上为数不多的传教士那报道式、回忆录式的文字中，我们可以归纳出一些关键信息来勾勒 19 世纪的台州印象：（1）地理位置：浙江东

---

① 此处应为"台州"。由于不标声调，两地的罗马字拼音相同，以致将浙江的"台州"张冠李戴地误认为江苏的"泰州"。

南，滨海，近宁波；（2）山多而景美；（3）开化程度不高；（4）人烟不多且信教人员少。《台州市志》（2010：224）中也有相关佐证："清嘉庆二十五前（1820），台州每平方公里人口23.619人，密度居全省第7位，属较低地区。"

就是在这样一个传教士们觉得看不到希望的地方，戴德生、蔡文才、路惠理及其外国同道和教友们筚路蓝缕，砥砺前行。路惠理更是花费大部分时间去教授当地的基督徒，培训当地同工。从1870年他刚到时的1个教会和2个当地基督徒，发展到1898年时的31个教会和分教会。这些教会发出的光也许暗淡，也许微弱如蜡烛，如灯芯，但是毕竟有光芒。这些光芒从中心散发开去，覆盖了南约50英里，西约60英里，东约40英里的区域（Rudland，1898：108）①，也自此奠定了台州基督教的基本格局。

1898年前后可能是内地会总结、庆功的年头。China's Millions（1898：24）上部分转载了一篇文章，题为 A Glimpse of the T'ai-chau Work，并加了"编者按"。全文摘译如下：

[在1897年10月的 The Chinese Recorder and Missionarr Journal 上，Dr. J. A. Anderson 为基督教在他最近刚走访的整个州府取得的胜利而满怀对上帝的感激与赞美。中国内地会在台州的工作可追溯到1867年6月台州府（T'ai-chau Fu, The Prefecture of T'ai-chau）教站（a mission station）的建立，全台州府5个县②里有4个县的教区（districts）在中心领导下工作——黄岩现在已经从中心分开，算作一个分教会。读者们可以回忆起 China's Millions 上显示的资料，在过去两年中此地教堂大幅增加。另需注意的是，台州教会的工作在最初五年中只有4个人受洗，后来慕道友逐年增加，直到第二个五年有56人获得教友的资格，下面一段是从 Dr. Anderson 文章中节选的，它报道了数年来台州工作的特殊一面。——编者按]

Dr. J. A. Anderson：事情在第二个十年开始（1877）时变得光明

---

① 据《民国临海县志》（1935年，第40页），临海"县东西广一百五十二里，南北从八十三里是为提封之境"。据《民国台州府志》（1936年，第638页），"台州府在浙江省治东南五百七十七里，东西距二百四十二里，南北距二百一十一里"。

② 指临海、天台、太平（今温岭）、仙居、黄岩。传教士文献中未出现传统八县中的三门和玉环，今椒江原名海门，当时属黄岩。

起来。不久似乎将产生教会与世界之间的休战。到 1883 年底，三年中，没有迫害，教堂也没有发展。精神蛰伏使大伤元气，虽然直到 1890 年灵魂又聚集在一起了——那一年标志着教会工作新纪元的到来——皈依者人数重新上升。到 1896 年 12 月底的五年中，有 1426 人受洗。那一时期，有 1282 个男教友和 249 个女教友。30 年的统计数据可以归纳如下：

1867—1876，包括：60 人受洗，7 个教会成立。

1877—1886，包括：180 人受洗，1 个教会成立。

1887—1896，包括：1534 人受洗，18 个教会成立。

30 年总计：1774 人受洗，26 个教会成立。

还有一篇比较详细地介绍台州西部县城天台印象的是 A. Miller 的 *Light in the Darkness：A Visit to T'ien-t'ai*（*China's Millions*，1896：40）。全文摘译如下：

11 月 8 日早上，我们从宁海动身去走访西边的分会堂。

全教区都是山区，很多山峰相当高，山坡上树木茂盛。在雨季，这个地区到处是水，但是一年中的这个季节，河床几乎都很宽阔，石头遍布但很平坦。低地无一处显得未开垦，这儿一块，那儿一块，甚至在很远的山顶一片金黄。穿过山谷的曲折小路上很多都铺着鹅卵石，陡峭的山隘上常常是岩石凿的台阶。

在我们三个星期的旅行中，天气没有更好的了——没有雨，太阳也不是很热。我们的传教团中除了轿夫（实为 chair-bearers）和小工外，包括 Knickerbocker 夫妇、宁海的福音传道士和一个正在培训为福音传道士的年轻人。

我们第一个晚上住在桑洲（Song-tsiu）（离宁海 60 里）。我们住的旅店最近烧毁了，只有部分已重建。尽管通风不好，烟雾弥漫，我们仍然可以在这里赞美上帝。厨房里灯光昏暗，一群苦力和其他人正准备着他们的鸦片，就是在这样的环境里，我们讲述着圣经中那些久远而新鲜的故事。

第二天，我们安全地穿过了山上著名的强盗出没的马鞍岭（音似，Mo-'a-Ling）……又走了几里后，我们来到了离宁海 110 里的第一站王头埭（音似，Wang-deo-tae）。罗马教会去年在这儿忙乎了一年，但是现在归于平静。6 个慕道友接受审核，通过了 3 个。

集市那天（The market day）。去附近的下一站大王（音似，Da-wang），像地名一样（by name），接待我们的两个人都有非常阳光的脸庞……

天台——一个约有 5 万居民的有城墙的城市（a walled city），离宁海 170 里远，C. I. M① 在这儿已建立多年——辉煌的福音在拥挤的人群中已被传颂了一遍又一遍……著名的佛教圣地国清寺，离县城不远。

# 第二节　台州历史上的传教士

基督教内部有复杂的宗派分支。来华传教士也因宗派的不同而分属于不同的传教教会。最著名的基督教教会有：长老会（Board of Foreign Missions of the Presbyterian Church）、新教（Protestantism）、浸礼会（Baptist Missionary）、公理教会（Congregational Church）、美国圣公会（American Episcopal Church）、伦敦传道会（Foreign Mission）、美以美会（Methodist Episcopal Church）、英国圣公会（Church Mission Society）、内地会（China Inland Mission）、美国圣经会（American Bible Society）、大英圣书公会（British & Foreign Bible Society）、联合教会（Union Church）、巴色会（Basel Mission）等。

台州基督教历史上首位西洋传教士系英籍圣公会成员，但姓名不详。《台州市志》（2010：41）记载：同治元年（1862），"临海县北乡孔丘村章乐天偕父章思礼，至宁波基督教圣公会仁泽医院就医，加入基督教。后邀圣公会英籍教士来孔丘村传教，在溪南村首建教堂（今尚存），并创办信一小学堂。基督教始传入台州"。自圣公会后，内地会等相继传入。100 多年来，各教派在台州共建教堂 183 所，其中影响最大的是内地会。文献所见也以内地会居多。在《台州地区志》（1995：1102）所列 10 位西洋传教士中，有 7 位内地会成员，2 位圣公会成员，1 位教派不详。具

---

① 指中国内地会 China Inland Mission。

体见表1-1。

表1-1　　　　　　　《台州地区志》中所列传教士及其活动时间

| 时间 | 传教士 | 教派 | 台州地名 |
|---|---|---|---|
| 同治元年（1862） | 不详 | 圣公会 | 临海 |
| 同治七年（1868） | 不详（系路惠理所派） | 内地会 | 黄岩、田际 |
| | 莱恩 | 内地会 | 海门 |
| 同治十年（1871） | 戴德生、卫养生 | 内地会 | 天台 |
| 同治十二年（1873） | 路惠理、列志存① | 内地会 | 太平（今温岭） |
| 光绪四年（1878） | 高、游② | 内地会 | 仙居 |
| 光绪十六年（1890） | 周斯 | 圣公会 | 临海、石佛洋 |
| 清末 | 汤丕生 | 内地会 | 临海城内西墅下 |
| 光绪二十一年（1895） | 瑞达木 | 不详 | / |

　　《台州地区志》（1995：1102）中写道：同治"七年（1868），驻临海传教士路惠理派人至黄岩县城建传教所，在南乡田（今新桥镇郑际村）建教会；同年秋，内地会英籍传教士赖恩在海门镇建教堂"。《台州市志》（2010：1501）中也有几乎相同的记载。《台州市志》可谓《台州地区志》的修订版，此处不排除史料因袭的可能性。实际上，"1868年"这个时间点与前文所述路惠理赴任台州的时间相龃龉。路惠理于1870年9月1日才到达台州，何来1868年已驻临海？

　　我们对基督教教会的两大英文文献 *China's Millions* 和 *The Chinese Recorder and Missionary Journal*（尤以前者为主）细察后发现，台州历史上的传教士远多于表1-1所列，人名上有的一致，有的缺失，有的龃龉，有的则中英文名难以匹配。下文根据传教士在台州基督教史上的重要性、到达

---

　　①　根据读音，"列志存"疑为 Richardson，后文有涉及。
　　②　据《仙居基督教会史略》（自编。作者张锦彩，曾任台州市基督教两会主席），"基督教传入仙居，是在一八八七年。当时有高（德国人）、游（英国人）两牧师来仙居传教"，"一八九四年英人文乐生牧师来仙居。文乐生非但能通读中文圣经，还能讲一口仙居话。文来仙居后一面传教一面行医。文虽不精医道，由于当时西医尚未通行，所以，他开设的诊所，也得一般群众称赞"。张锦彩先生父辈当时与文乐生过从甚密，因此非常了解文乐生。文乐生在仙居传教20余年，为台州历史上传教时间仅次于路惠理的传教士。遗憾的是我们未能找到任何与文乐生相关的文献。至于《仙居基督教会史略》中的"一八八七年"疑为"一八七八年"之误。

台州的时间和出现在文献中的年份先后等来一一介绍。各位传教士的介绍详略不一，如有相应的中文名，则一般中文名在前，英文名用括号加注。如有明确的生卒年，也一并附上。除了个别夫妇同现外，在台州的传教士一般为男士。

下文所用西洋传教士一词一般指中国内地会传教士，涉及的史料除了上述两大英文教会杂志外，还有台州土白圣经译本和方言词典。个别传教士的教派和名字待考。

1. 戴德生（James Hudson Taylor，1832—1905）

戴德生出生于一个基督徒世家。年少时便常跟随父亲到附近乡间传道，且对穷人极富同情心。促使戴德生远赴中国宣教的其中一位重要人物是德国传教士郭实腊（Karl Frederich Aogust Gutzlaff）。1831—1835 年，当中国仍门户紧闭时，郭实腊操华语、穿华服，七度游历沿海各省并积极宣传福音[1]。

图 1-3　戴德生（James Hudson Taylor）

自 1853 年来华至卒，戴德生倾其毕生为中国的福音事工鞠躬尽瘁，死而后已。他对神的信心和对中国教会的卓越贡献，永垂教会史册，为后代信徒之师表。他的一生践证了他的名言："If I had a thousand pounds, China should have it—if I had a thousand lives, China should have them（假使我有千磅英金，中国可以全数支取。假使我有千条性命，决不留下一条不给中国）。"（图 1-3 来自史蒂亚《戴德生：挚爱中华》前言页）

---

① https：//baike. baidu. com/item/戴德生/9680812？fr＝aladdin。

戴德生一生中具有里程碑式的意义之举莫过于创立"中国内地会"。中国内地会于 1865 年 6 月 25 日在伦敦成立,是西方近代教会史上唯一一家专为中国传教而设的差会。戴德生被誉为中国新教传播史上可与李提摩太(Timothy Richard)比肩的重要人物。1866 年 5 月 26 日,戴德生带着他的妻子和四个孩子,及其在英国招募的首批中国内地会成员,乘坐"兰茂尔号(Lammermuir)"船来中国。"兰茂尔派(Lammermuir Party)"成员见图 1-4。

图 1-4 *China's Millions* 中的"兰茂尔号"成员照

[摄于 1866 年 5 月 26 日(*China's Millions*,1925 年 6 月号第 84 页)]

当戴德生 1905 年离世时,中国内地会宣教士已由当年的 24 位增至 828 位;中国同工 1152 位;受洗基督徒达 18625 人;有组织的教会有 418 个,宣教站、布道所与会堂共为 1424 个,学校 150 所。

戴德生辗转中国多地,其中也有在台州的传教经历,而且是台州最早的内地会传教士之一(具体参见下文其他传教士简介)。路惠理曾在发自宁波奉化的一篇长篇报道中提到戴德生的早期影响力:"19 年以前的这个月①,一个本地皈依者跟我说:'这里有很多人来听福音和戴德生的布道,有几百人'。"(*China's Millions*,1886:98)

2. 路惠理(William David Rudland,1839—1912)

路惠理(见图 1-5)在台州度过了 42 年的传教生活,是台州历史上传教时间最长、贡献最大的一位西洋传教士。临海博物馆内东湖石刻碑林中保存着一块世界上独一无二的纪念他的石碑(见图 1-6)。

路惠理出生于英国剑桥郡的 Harston,成长于 Eversdon。他被戴德生吸收为新创立的中国内地会成员前是一个铁匠和农业机械师。中国内地会从

---

① 指 1867 年 10 月。

Missionary to China

| | |
|---|---|
| | February，1839 |
| Born | Ilarston，Cambridgeshire， |
| | England |
| Died | 10 January 1912 |

**图 1-5　路惠理**

（图 1-5 来自英文版维基百科词条 "William David Rudland"）

社会各阶层招募时，只寻找献身于耶稣基督的"伟大使命（Great Commission）"的人，去"向每一个生灵传播福音（Preaching the gospel to every creature）"。1866 年 5 月 26 号，路惠理和第一批"兰茂尔派"成员一起离开伦敦来中国，于 1866 年 9 月 30 日到达上海。在四个月艰难多险的海上航行中，路惠理发挥其铁匠的技术修理了"兰茂尔号"上的一些小毛病。

这艘船上有一位叫米仁（Mary Bell）的女传教士，她设法吸引很多水手的注意力来和她一起学习圣经。显然，她也不可能没有引起路惠理的注意。他们两位到中国后次年便结婚了。路惠理夫妇结婚后，经受了 1868 年"扬州教案"的暴力。暴徒的目标之一就是路惠理所负责的印刷所。1869 年，路惠理一家被委派到江苏泰州①。他们在中国生了四个孩子。1874 年米仁因肺结核在伦敦去世。1878 年路惠理和另一位传教士 Brealey 结婚后，继续在台州服务并生了一个孩子。但他当年就再一次成为鳏夫。第二年 12 月，他又和另一位叫 Annie K. Knight 的女传教士结婚，并于 1880 年 9 月生了一个孩子。1887 年 11 月路惠理第二次回英国休假后回到

---

① 前文已述，路惠理到达台州的时间是 1870 年 9 月 1 日。此处更加证明 1868 年时路惠理并不在台州，而在泰州。因两地名的英文或罗马字拼音相同，容易导致混淆，可前加省名以资区别。

**图 1-6 "路牧师纪念碑"**

[临海文化网（2006-5-19）：http：//www. lhww. gov. cn/info. asp? id＝26。笔者于 2017 年 6 月在临海东湖石刻碑林中找到该碑，由于玻璃反光导致摄影效果不佳，故仍借用此图片。相关英文报道见 uk. ask. com/wiki/William_ David_ Rudland? qsrc＝3044："Stone tablet commemorating W. D. Rudland in Linhai Museum. We were surprised to find a tablet commemorating a W. D. Rudland from Cambridge, England, who spent over 40 years as Christian missionary in Linhai and passed away there in 1912. "]

中国又继续在台州生活，直到 1912 年 1 月因癌去世。[1] 关于他去世的讣告现译如下："Obituary Note. W. D. Rudland, of China '1 月 22 日，星期四，中国台州的 W. D. Rudland，在经过 46 年左右的中国内地会服务后去世了。他是 1866 年 Lammermuir 号船上中国内地会传教士团的最后一位辞世者。多年来路惠理参与了翻译和印刷台州土白圣经的工作。1910 年他最后在

---

① *China and the Gospel*：*An Illustrated Report of the China Inland Mission*，London：China Inland Mission Pression，1906.

英国，作为一个代表参加在爱丁堡举行的传教士大会'。"① 该讣告精准又言简意赅地概括了路惠理的一生，如果用几个关键词来描述其一生的话，那便是：中国内地会、"兰茂尔号"、台州、台州土白圣经译本。

　　3. 蔡文才（Josiah Alexander Jackson）

　　蔡文才与路惠理一样，也是首批追随戴德生乘坐"兰茂尔号"来到中国的内地会成员之一，木匠出身。1866 年蔡文才到达上海后稍做休整便被派往台州宣教，成为中国内地会在台州的首位传教士。

　　1867 年 11 月，蔡文才陪曹雅直（George Stott，温州基督教教会的拓荒者）在宁波籍翻译朱某的陪同下，从宁波乘海轮到温州。待曹雅直找到落脚处后，他才返回台州。1871 年 6 月，蔡文才又从临海到温州去协助事工。在温州地区打开局面后，于光绪元年（1875）他又服从组织的派遣去更偏僻的山区处州（今丽水）开辟疆场。

　　路惠理曾有一段关于他与蔡文才共事的回忆。1873 年 4 月，他又请蔡文才去林氏夫妇家了解详情。看到"洋先生"的到访，林氏夫妇喜出望外，蔡文才也被两人的信心所感动。周六下午，蔡文才探访回来，发现林先生和当地的流动圣经售书员已经着手清理庵堂残留的偶像了，蔡文才随即也加入了清扫的队伍。第二天，香台成了讲台，观音座成了牧师座，蔡文才主持了庵堂里第一场主日敬拜。这一天，是 1873 年 5 月 4 日。②

　　1875 年的 China's Millions 上有一段关于"浙江东部台州府"的报道，其中透露了路惠理和蔡文才的行踪："因为路惠理返英述职，台州教会由一位姓刘的传道人代理监督，虽然蔡文才因为处州教会发生的问题，近期内无法走访台州一带的福音站，但是神的祝福仍然不断降临。除台州、仙居、黄岩、太平县等地的福音站外，还有两处是寺庙改建的支站，由原房东捐给内地会使用，现在两处房东都成了基督徒。"③

　　蔡文才在中国传教期间，入乡随俗，穿中国装，甚至还留起清朝人的发辫。他和路惠理一样起初都不喜欢中国式衣服，觉得"那试炼可不算小

---

　　① *The Missionary Review of the World*，第 35 卷。Royal Gould Wilder, Delaven Lenard Pierson, James Manning Sherwood, Arthur Tappan Pierson. Funk & Wagnalls, 1912：236.

　　② *China's Millions*，1876：86—88。转引自亦文《一八七六年的中国内地会》（五），载《教会》2013 年 9 月号（http：//www.churchchina.org/archives/130911.html）。

　　③ 转引自亦文《一八七五年的中国内地会》（三），载《教会》2012 年 5 月号（http：//www.churchchina.org/archives/120509.html）。

呢！尤其是剃发……初时我想不透为何要穿着这些衣服，但现在我明白了"，最终成了被当时报章戏谑为"猪尾布道团"（Pigtail Mission）的一员[1]。蔡文才不但敬业耐劳，而且温顺谦和、乐于助人。他不但完成内地会的使命，帮助内地会的同道，还曾帮助初到温州人生地不熟的英国偕我公会牧师李华庆找到落脚点。

曹雅直夫人曹明道（Grace Ciggie Stott）也曾在回忆录中专门提及蔡文才夫妇的状况，摘译如下[2]：

> 1873 年，蔡文才在宁波结婚后就按时将他的年轻妻子带到了温州。我们那时有一栋二层楼，楼上楼下各三个房间。他们和我们一起住了数月。蔡文才夫人身体不太好，不过，他们奉命去了台州，后又去了宁波。近一年后回温州时，他们在另一处租了房。我们平时很少有同道往来，现在多了一位女士真是莫大的安慰。虽然他们因病不得不一次次离开温州，但当我们需要外出度假时，他们总是非常乐意承担起我们的男校女校和已建小教堂的工作。蔡文才夫人病逝于1878 年 9 月，留下一个出生仅九天的女儿。

由于长期持续性的紧张工作，蔡文才与路惠理共事一段时间后，两人的身体都垮了。所以他们被迫放下六个月的工作给两个年轻的兄弟——Urry 和 Thomson 照管，这对只在台州待了一年左右的他们来说是个严峻的考验。（*China's Millions*，1895：115）蔡文才夫妇于 1898 年回到上海后，又被教会安排去台州以减轻路惠理夫妇的工作，路惠理夫妇短暂回国休假。（*China's Millions*，1898：16）

4. 汤姆生（Charles Thomson）[3]

汤姆生不但是路惠理在台州传教的主要外国同事，也是路惠理翻译

---

① ［英］史蒂亚：《戴德生：挚爱中华》，梁元生译，中国友谊出版公司 2006 年版，第 135 页。

② Grace Ciggie Stott：Twenty-six Years of Missionary work in China，1897，第 62 页。下载自 google 电子书。

③ 与台州或太平（今温岭）、黄岩一带有关的传教士名字中有两个极易混淆：Charles Thompson 和 Charles Thomson，其间只有一个字母之差。Thomson 和 Thompson 虽皆可为名，但因文献中出现在台州的时间均在 1890—1900 年间，而且从我们所见传教士文献来看，Thomson 出现的

1897 年版以来台州土白圣经译本的主要合作者之一。汤姆生在台州的传教经历大致集中于 19 世纪最后十年，且足迹甚广。以下摘译自他陆续发表在 *China's Millions* 上的报道：

（1894 年）3 月 30 日台州：路惠理和我刚从我们一些在东南的支堂走访回来。第一站是路桥，是一个相当重要的地方……第二天在本地同工帮助下到了下陈（O-dzing①）。（1894：96）

最后三个星期左右内，我已经走访了这个教区的所有支堂，还剩一个未去……这些支堂中有 48 人已经被接纳，只等路惠理先生回台州后施洗。下个星期天去洪屿（'ong-z），那儿离这个城市只有 20 英里。去年春天在沿海建立的松门（shong-meng）教堂目前工作开展得很好，它在一个大岛的对面，在山上王（sæn-zông-wông）48 人中已有 19 人被接纳，有个男人已经腾出客厅来做仪式，还有一个地方在西沙（si-sô），离岛下去很远的地方也是如此。这些皈依者都是朴素的乡民，我们发现他们大多数人具有上帝所说的虔诚和善心，是适合播种的良土。岛上有个非常重要的地方，叫石塘（zih-dông），我们去那个小海港时，展现在我们眼前的是一片繁忙的景象，挤满了很多中国式平底帆船（junks）。那儿有个男人在松门入教了，我们要寻找更多的果实。（1896：24）

（黄岩）6 月 17 日，在洪家场（Ong-ko-dziang），一个很重要的集市，我们开了一个教堂……（1896：170）

（1899 年）5 月，台州的 Anderson 博士、Urry 先生和我应 Taylor（戴德生）先生之邀赴上海。……回来时，我们很高兴带来了三个工作人员。Wilson 先生和 Urry 先生一起在台州工作。Gold 小姐和我们一起在这儿（指黄岩）工作。Robertson 先生和 Richardson 先生一起在太平工作。（1899：35）

---

频率远高于 Thompson。剑桥大学图书馆书目检索条目上用的也是 "C. Thomson"。《台州地区志》和《台州市志》中出现的中文名是 "汤丕生"。与中文名 "汤丕生" 匹配的英文名一般是 Thompson，而与英文名 "Thomson" 匹配的中文名一般译为 "汤姆森" 或 "汤姆生"。现正文引用时则按原文分别列出，以供比照。

①　文献中地名的罗马字拼音有时前后不一，"下陈" 在第 21 页中标为 "'o-dzing"。此外如"洪家" 等前后文拼写也不太一致。不知是印刷错误，还是传教士审音不一。

5. 卫养生（James Williamson）

卫养生也是首批追随戴德生乘坐"兰茂尔号"来到中国的内地会成员之一，他与蔡文才一样同为木匠出身。卫养生到上海不久后先移居杭州（伟烈亚力，2011：291），后来辗转浙江多地宣教。

卫养生夫妇和路惠理夫妇在台州共事多年。因条件艰苦和水土不服等，传教士的生活和健康状况令人关注，这成了他们工作汇报的重要内容之一。卫养生在写于 1885 年 9 月 24 日的一则小报道中说："台州。卫养生夫人最近的健康状况让我们担忧"，"路惠理夫妇的健康也得到了改善"（*China's Millions*，1885：10）。一年后，在路惠理身体不适和回国休养期间，卫养生夫妇和 Vaen 夫妇一起工作了一段时间。他们常常在宁波和台州的几个宣教点之间奔波。如 1886 年 10 月 1 日，Vaen 动身去宁海和天台待了几天，卫养生则准备动身去台州。（*China's Million*，1886：23）

6. 其他

19 世纪的传教士工作流动性较大，除了常驻一地外，也不乏在周边教站之间频繁交流。台州、宁波和温州相隔不太远，传教工作比较相近，所以戴德生、路惠理、卫养生、蔡文才等数天内可以在这三个地区的多个教站巡回工作。蔡文才于 1876 年 12 月 5 日发自温州的报道便涉及台州多地："我 10 月 28 号离开这儿去田际，31 号到达。教堂里的人几乎都放弃再见到我的想法了。我发现寺庙的前业主去路桥见传耀（音似，Djun-yiao），他是福音传道士，本来那天要来的，但是没来，所以我很幸运地主持了那天的礼拜仪式。星期一，我去了一个集市镇，叫杨府庙……第二天坐船回到田际，当天晚上去太平，第二天早上才到。由于助手的妻子生病了，我觉得不便久留太平。我回来经过田际，到台州和溪下。受洗人数共 10 个，太平 5 个，田际 2 个，台州 1 个，溪下 2 个。"（*China's Millions*，1876：7）

19 世纪的传教士文献显示台州、宁波和温州的行政区域已时分时合。在宁波奉化工作的卫养生写于 1886 年 10 月 1 日的报道中，提及"Vaen 先生正出发去宁海和天台。我正准备去台州"（*China's Millions*，1886：23）。今属宁波的宁海县曾数度隶属台州。此处台州指府城临海。1893 年路惠理在报道"浙江台州喜讯"中涉及的地名有"田际、仙居、黄岩、田后张、太平、路桥、铜山、溪口、溪下"等，该文介绍溪口时说："在一个叫溪口的地方，离溪下过去大概 40 里（一个老的分点）……我希望尽快下去看看。"（*China's Millions*，1893：132）溪口属宁波，溪下属台州。卫养生夫人 Mary Williamson 写于 1894 年 1 月 17 日的一封私信中，除了提及宁波的奉化外，还有宁波的西店、宁海和台州的天台。（*China's Millions*，1894：82）相对来说，宁波与台州的往来比温州方便。

类似的还有密道生（James Joseph Meadows，1835.9.1—1914.12.12）、Whiller 夫妇等。1862 年 5 月 24 号，密道生夫妇乘坐"挑战者号（Challenger）"快速帆船到达上海。他们是最早加入戴德生创立的"宁波差会"的传教士。在宁波工作的密道生，逐渐建立了很好的名声，他对中国的风俗习惯言之甚详，可以在翻译及布道计划上作出完善性建议，连工场上的资深教士也自愧不如。1874 年他到绍兴工作了 12 年，其间也在台州宣教和逗留过。（伟烈亚力，2011：165）常驻宁波的 Whiller 夫妇，在 10 余年间也频繁往来于宁波的奉化和台州的黄岩之间，他们与蔡文才共事良久。传教士之间除了工作上的互相支持和交流外，平素联系也颇为密切。如 Warren 在 1894 年时也记录过他对卫养生夫妇、路惠理夫妇的关心："我很遗憾地说卫养生夫人自从回到奉化后一直病重，但是最近消息说她好点儿了。路惠理告诉我们这个秋天有 100 多名受洗者，还有更多的人要受洗。"（*China's Millions* 1894：82）

我们在 *China's Millions* 上还看到一些与台州有关的传教士名字及动向，如：

*Fields while unto harvest*（收获之地）。我不能把他们（这些受过三个月培训的年轻学生）派出去直到 Stark 先生回来。（路惠理，1894：7）

在箬横（Nyiah-wông）①，我们的工作特别令人欢欣鼓舞……来的妇女比以前多了……Thomson 先生希望秋天时，能为来自支堂的女基督徒开办一个特别的学习班。我们每个月为男基督徒开办的学习班最近很鼓舞人心，我们知道那是托上帝的福，更将开花结果。他们中

---

① 又音 Nyüoh-wông（*China's Millions*，1877：50），见亦文《一八七七年的中国内地会》（二），载《教会》2014 年 3 月号（http://www.churchchina.org/archives/140309.html）。Nyüoh-wông 为箬横的当地读音。

的四个人将去黄岩（huang-yen）① 进一步学习。他们的年龄在 32—35 岁，看上去都是真诚善良之辈……下陈（'O-dzing）教堂的一个教友建了一个他们自己的地方，Richardson 先生上个星期在那儿举行了成立仪式。（黄岩 Thomson，1898：120）

　　来自上海的通知。下面这些派遣已经决定：A. B. Wilson 先生去台州，W. W. Robertson 去太平（台州）②，J. R. Gold 小姐去黄岩。这些朋友与回宁波途中的 Charles Thomson 先生、T. Urry 先生一起于 5 月 19 日星期四启程。（1898：122）

　　Gold 小姐已经去黄岩帮助 Thomson 先生开展妇女工作；W. W. Robertson 已经加入在太平的 Richardson 先生的工作中。A. B. Wilson 已经去台州参加那儿的工作。（1898：136）

　　W. J. Doherty 先生发烧了。蔡文才去他的教会把他转移到台州，那儿有利于他的身体恢复。（1898：150）

　　黄岩的 Chas. Thomson 夫人和孩子因身体不好到上海。（1898：164）

　　台州各地基督教史和方志中出现的传教士名字，并不限于中国内地会成员。比如下面一段话就介绍了在天台工作过的外国传教士："清同治十年（1871），'内地会'戴德生、卫养生和中国牧师范继生自奉化经宁海入天台传教……二十二年，英国牧师那格里掌管天台内地会，并在妙山城堂传道……二十七年，美国牧师陆思德主理天台，英国牧师傅裕生为协理。宣统二年（1910），陆思德于上海病逝，次年美国牧师马庆恩接任。民国 5 年（1916），英国巴秀清（女）由内地会总部派至天台传道，并学习天台土话。"（台州市志 2010：44）

## 第三节　传教士的台州方言印象和学习

　　为方便生活和传教，来华西洋传教士往往事先或就地学习当地方言，

---

　　①　此为官话读音。Wông-ngæn（*China's Millions*，1880：51）为台州本地读音。
　　②　说明传教士当时已经知晓中国地名为"太平"的地方有好几个，为了避免引起误会，此处明确为台州的"太平"，即今温岭。

并且编写出版大量记录和研究汉语方言的著作。西洋传教士可分为天主教和基督新教（或称耶稣教），后者更热衷于方言土白的圣经翻译，推崇直接用方言布道传教，因此对汉语方言的调查、描写和记录也更多。基督教对汉语方言学的贡献集中在 19 世纪 40 年代至 20 世纪 40 年代这 100 年间。（游汝杰，2002：3）在台州的西洋传教士们也不例外，他们在接触或学习台州方言的过程中自然会对台州方言产生不同程度的认识。

Whiller 先生在 1879 年 *China's Millions* 上发表过一则日记体报道，题目是 *The Work in T'ai-chao*，详述他在台州一个多星期中的行程，并提及学习台州方言和对台州方言、宁波方言的印象："（1879 年）9 月 11 日——早上 7 点半离开奉化去台州，下午 4 点到西店教站过夜，第二天早上 7 点半离开。9 月 14 日——下午 1 点到台州，半小时后受到了路惠理先生和当地基督徒的欢迎。9 月 21 日——我在这儿一个星期了，这期间我希望我已经在台州方言上有了一点儿进步，我发现台州方言与宁波方言有相当大的差异。9 月 22 日上帝日——虽然我听不大懂他们说的，但是仪式很有意思。"（1879：14）

"台州土白圣经译本之父"路惠理是机械师出身，在学习语言上没有天赋。他的导师戴德生绞尽脑汁终于找到一种适合他学习汉语的方法，并让他成功掌握了汉语。路惠理学习汉语的全过程，现译如下①：

　　　路惠理每天都有中文课程，开始时确实拼命努力学习，他曾说："我能忍受一切，我只想能告诉中国人一位救世主的爱。"但是他的决心不起作用。

　　　起初，所有"兰茂尔派"成员在戴德生的紧密领导下都住在杭州。Frederick Howard Taylor 及其妻 Geraldine 后来回忆了那个情形：在那些早期的日子里，路惠理自己或其他任何一个人本来都应该预见到，适合路惠理的用处是多么小啊。在杭州所有团队中，就任何方面来说，他好像是一个不可能在中国做很多事的人。他掌握不了语言；他学习汉语越多就越头痛，这使他完全失去了勇气。但是作为领导的

---

① *China and the Gospel；An Illustrated Report of the China Inland Mission*，London：China Inland Mission Press，1906. 见 World Public Library，*World Heritage Encyclopedia*. http：//www.worldlibrary. org/articles/William_ David_ Rudland。

戴德生先生绝不会让他的同事掉队。

有一天，在虔诚地考虑如何解决这个困难后，戴德生对路惠理说："你能花点时间帮我一下吗?""我很高兴，"这个年轻人回答，"但是我能做什么呢?"

"好，我的印刷所有麻烦了。工人好像不能独立工作，我实在没有时间照看他们。你已经能把这些印刷设备很好地组装起来了；你能帮我监管这些吗?"路惠理徒劳地表示他对印刷毫无所知而予以反对。戴德生说："如果你只要进去，从最基本的地方开始，工人会很高兴告诉你如何排版等的，事实上你在那儿将督促他们工作。"所以路惠理就丢下他的书高高兴兴地去印刷间工作了。工人们很高兴有他的陪伴，而且很自豪地显示他们高超的技艺。和他们一起的时候，听着他们的对话，路惠理发现自己很快地学会了词和短语，比他想到英语的对应词快多了。这真是完美的古安系统教学法①（It was the Gouin System to perfection）。在我们所有的业余时间中，他欣然翻查词典去弄明白正在学的。学汉语的头痛病不久就被克服了，同时也为终身服务的事业做好了一切准备，包括用广大百姓口头所说的方言翻译和印刷几乎全部经书，使他们听懂上帝的话因此成为可能。

路惠理凭借信念、宗教使命和戴德生提供的绝妙方法掌握了汉语后，又在台州学会了台州方言。学习台州话的过程也非一帆风顺，但同样在上帝之力支撑下被他克服了。路惠理在 *China's Millions*（1886：98—99）上发表了一篇文章，回忆他学习当地方言并用当地方言开始传教的经过。现摘译如下：

19 年以前②的这个月，一个本地皈依者跟我说："这里有很多人来听福音和戴德生先生的布道，有几百人。这个星期天下午你能跟我一起去吗?"我说："我还不会布道；我只会说一点儿。""不。"他说，"我

---

① 指 Gouin Series Method（古安系列教学法）。它产生于 19 世纪的法国，强调语言教学的"序列结构"，注重营造自然、真实、和谐的教学氛围，倡导在实践中培养学习者的语言交际能力。这种教学法自 20 世纪初在中国的教会学校开始流行。

② 指 1867 年。

会，你可坐在旁边祷告。"我们每个星期天下午都去，直到我生病不能跟他一起去。后来我们的兄弟卫养生先生跟他去。一些日子后，卫养生先生要去乡下宣讲福音，他问这个本地基督徒是否可以放下一会儿生意跟他一起去。（这个人就让他哥哥帮忙照看生意而自己跟着去了，他现在参与监督台州的工作。1870 年起我们已经开始台州的工作）

大约 15 年前我南下台州，那儿有 12 万居民，只有 2 个本地基督徒，我觉得，"如果要在这样的地方做点什么，我们必须做一件事，而且也必须依赖这一件事——神圣上帝的力量（The power of the Holy Ghost）"。

上述 "1870 年起我们已经开始台州的工作" 和 "大约 15 年前我南下台州" 两处再次证明了路惠理到达台州的时间是在 1870 年。到达台州近 20 年后，路惠理不但能完全和当地台州人进行日常交流，甚至能探讨抽象、复杂的基督教义和中国文化。他在 1890 年 11 月 22 日写道："上周日教堂白天都被挤满了，下午的仪式有三个绅士，以及从太平一所大学①来的两个毕业生和一个校长来看我，我们聊了三个多小时的教义。他们显然读过《旧约》《新约》等很多基督教的书，听过新才（音似，Sing-ze）的讲解。他们告诉我新才常常去看他们。我以前从未和文人（literary men）聊过这么有意思的话。读书人常常来谈论科学等，但是一般开始提及福音的时候他们就要走了。"（China's Millions，1890：33）

除此以外，上文第 11 页脚注②提及的曾在仙居传教的文乐生也能用方言和当地人交流、布道。民国 5 年（1916），英国女传教士巴秀清也由内地会总部派至天台传道，并学习天台土话（《台州市志》，2010：44）。可见，传教士学习和掌握当地方言是事业所需和分内之事，也显示了绝大多数传教士们优异的汉语和汉语方言的学习能力和水平。

## 第四节  台州土白圣经译本

罗常培（1934：2—10）曾提到 "考罗马字母拼切华音，自明末已见

---

①  可能指当时温岭某个著名的书院。书院在温岭有着悠久的历史。晚晴最具规模、最知名的书院有温岭泽国的月湖书院、文炳书院等。

其端：万历间，耶稣会士传教西来，利玛窦（Matteo Ricci）、郭居静（Lazane Cattaneo）、庞迪我（Diegeo de Pantoja）等，相继有泰西字母及西字奇迹等书之作，而以金尼阁（Nicolas Trigaolt）之西儒耳目资（一六二六）系统尤为完整"，"西洋教士所创之罗马拼音风行而后，我国人士据其体制以自造切音新字者实繁有徒"。随后，来华传教士开始了圣经的汉译工作，包括官话译本和方言土白译本，后者数量尤其庞大。

这些文献涉及的方言点有上海、苏州、杭州、金华、宁波、台州、温州、福州、厦门、莆田、汕头、海口、广州、嘉应（客话）等。方言土白《圣经》全译本有十种：上海、苏州、宁波、台州、福州、厦门、兴化、广东、汕头、客话，下述两种方言只译出《新约》：建宁、温州（游汝杰，2002：15）。传教士文献涉及的汉语方言包括7个吴语点、8个闽语点、2个粤语点、1个赣语点、1个客话点，共计597种方言土白圣经译本，其中罗马字本数240种。表1-2引自游汝杰（2002：82）。

台州土白罗马字圣经译本数（21）占240种罗马字总译本数近10%，仅次于厦门（38）、汕头（37）和宁波（33）而位列第四。此外，台州还跻身于拥有方言土白《圣经》全译本的10种方言中。可见台州土白圣经译本所占的分量，与当时台州偏远、落后的地位和形象形成反衬，由此也彰显了台州土白圣经译本在19世纪传教士方言著作中的重要地位，极其宝贵的史料、语料和研究价值。

表1-2　　　　　19世纪西洋传教士汉语方言土白圣经译本统计

| 方言名称 | 汉字本数 | 罗马字本数 | 其他译本数 | 合计 |
|---|---|---|---|---|
| 甲　吴语 | | | | |
| 上海 | 43 | 15 | 1 | 59 |
| 苏州 | 12 | 1 | 0 | 13 |
| 宁波 | 20 | 33 | 0 | 53 |
| 杭州 | 1 | 2 | 0 | 3 |
| 金华 | 0 | 1 | 0 | 1 |
| 台州 | 2 | 21 | 0 | 23 |
| 温州 | 0 | 5 | 0 | 5 |
| 乙　闽语 | | | | |
| 厦门 | 5 | 38 | 0 | 47 |
| 福州 | 73 | 18 | 5 | 96 |

续表

| 方言名称 | 汉字本数 | 罗马字本数 | 其他译本数 | 合计 |
|---|---|---|---|---|
| 汕头 | 21 | 37 | 0 | 58 |
| 潮州 | 0 | 2 | 0 | 2 |
| 兴化 | 11 | 8 | 0 | 19 |
| 建阳 | 0 | 2 | 0 | 2 |
| 邵武 | 0 | 1 | 0 | 1 |
| 海南 | 0 | 14 | 0 | 14 |
| 丙　赣语（建宁） | 1 | 9 | 0 | 10 |
| 丁　客话 | 31 | 18 | 0 | 49 |
| 戊　粤语 | | | | |
| 广州 | 127 | 15 | 0 | 132 |
| 连州 | 4 | 0 | 0 | 4 |

## 一　台州土白圣经译本的译者

目前已经收集到的台州土白圣经译本并非每本都标明译者。根据传教士文献和剑桥大学图书馆内相关书目检索信息，我们可以断定台州土白圣经译本的译者由两部分组成：传教士和当地同工。

路惠理是当之无愧的"台州土白圣经译本之父"。1880—1881 年间，他独自完成了台州土白《新约》全书的翻译工作。1897 年后，他有了两个外国助手，即 Urry 先生和 Thomson 先生，还有四个当地的老师和福音传道士。此外，路惠理曾说"其他所有已经出版的圣经译本还得益于我的左膀右臂的协助，她们是我的妻子和女儿"①。Möllendorff（莫棱道夫）在 *The Ningpo Syllabary*（《宁波方言音节》，1901）前言中提及台州话记音由台州 CMS 教会的牧师 E. Thomson 完成。阮咏梅（2015）曾写道："该书作者 Möllendorff 在其前言中提及台州话记音来自于台州内地会的 C. Thomson"，原以为 E. Thomson 系 C. Thomson 之误，即 E 实为 C。但此处说 E. Thomson 是 CMS（Church Mission Society，英国圣公会）的牧师，而 C. Thomson 是 CIM（中国内地会）的传教士。据此，似乎不能将二者

---

① *The Chinese Recorder and Missionary Journal*，1904：89.

视为同一人。暂且存疑。

另外，据游汝杰（2000）介绍，出版于 1905—1914 年间的《新旧约全书附诗篇》"译者为内地会的 W. D. Runland，协助者为传教士同行：C. Thomson，C. H. Jose，J. G. Kaodererts"。此处即为"C. Thomson"而非"E. Thomson"，还挖掘了 C. H. Jose 和 J. G. Kaodererts 这两位我们尚未发现的传教士译者。

一般来说，中文圣经译本大都在当地中国助手的协助下完成。传教士的汉语水平无论多高，要独立承担圣经的中文翻译无疑难度颇大。台州土白圣经译本也是如此。路惠理等传教士的宣教报道中常常提及当地同工的帮助。1882 年时，"工作人员包括 2 个当地牧师，4 个福音传道者，1 个圣经女士，3 个教堂管理者和 1 个流动圣经小贩。后者受助于大英圣书公会"（*China's Millions*，1882：85）。1883 年时，当地助手包括"2 个牧师，6 个福音使者，5 个圣经小贩和教堂管理员，1 个圣经妇人"（*China's Millions*，1883：109）。至 1886 年，台州已有 169 个皈依者，而 1870 年时只有 2 个。这个人数的增长也归功于本地同工。训练本地同工是路惠理传教工作的重要部分。当时台州将星期日早上的圣经课代替布道仪式已有多年。有时候人数多达 50 人。在本地同工的帮助下，很多当地人已经知道圣经的故事，会读圣经。（*China's Millions*，1886：99）1896 年，路惠理又写道："六个月后，一个有六个学生的日常班（daily class）经过我的培训，分派到各个没有当地同工的分教会去，他们只是满足了部分的需要。我们希望他们中的有些人秋天的时候能回来参加另一期的学习。"（*China's Millions*，1896：150）

不仅路惠理自己肯定当地同工的劳绩，而且基督教界也看到了这些当地同工所给予路惠理的帮助。特别是"除了前面提到的外，还有一个印刷厂在台州，由 Rev. W. D. Rudland 负责，与中国内地会有关系。他雇用了三个工人，靠着这小小的力量用罗马字台州方言出版了《新约》和《诗篇》，另外还有很多用汉字写的讲经小册子"。[1]

总之，如果没有当地同工的帮助，传教士在当地的传教工作和方言土白圣经译本的翻译可谓举步维艰。

---

[1] *The Mission Press in China*，American Pressbyterian Mission Press，1895：56.

## 二　台州土白圣经的翻译

### （一）台州土白圣经译本产生的时代背景

台州土白圣经译本的诞生与传教事业的发展、汉语拼音化道路和中文圣经翻译等密不可分。西洋传教士发现在台州这样一个文盲更多、开化程度甚低的地方宣教和推广圣经比想象中难得多。路惠理在介绍台州第一位基督教皈依者张翁（音似，Tsiang Uong））时就提及其识字之难，现译如下①：

　　张翁——本教区第一个皈依基督教的人，受洗于 1869 年 4 月。在成为基督信徒前，他多年来一直是个热情的偶像崇拜者。入教后对上帝耶稣还是不太认真。有件事情，无论如何是一个很大的缺陷。那就是，他不识字，而且深信他没有能力学会，即使几个人尝试教他，但是都绝望地放弃了……听福音和上圣经课时他总是有各种奇怪的假设和疑问。

　　但是在用了一种奇异的方法后，他终于学会了识字。戴德生先生在台州待了几天，评论道："如果他能被教会识字，这个人会多么有用啊！"我告诉他好几个人已经尝试过教他但是都失败了。一天晚上，戴德生先生把他叫到房间，对他说："翁高（音似，Uong-kao），你相信上帝的话吗？"这个问题真让他吃了一惊，难道戴德生先生认为他怀疑上帝的话吗？他答道："为什么？我当然相信。"戴德生先生于是转向圣经，读约翰 xiv.14，问他是否相信这些。"是的，"他说，"我相信。""那么，"戴德生先生答道，"让我们跪下来要上帝帮助你认识他说的话。"他们这样做了。从此以后他真正开始有进步了，过了一段时间后，变成了相当有水平的读者，虽然很慢。

我们知道张翁是凭借"一种奇异的方法"学会艰深的汉字的，这种"奇异的方法"就是上帝的力量。但是对绝大多数普通百姓尤其是文盲而言，"学会阅读圣经等要花五到六年的时间"（*China's Millions*，1898：108)，显然光靠上帝的力量着实勉为其难。汉字带来的阻碍和现实的困

---

①　*T'ai-chau's First Convert*, Tsiang Uong, *China's Millions*, 1898：106.

境促使西洋传教士们追求汉语罗马字拼音化的方式。虽然清楚"有人认为它是对汉字的摧毁。不过，如果我们只是帮助当地基督徒自己读懂上帝的话，那么我们就丝毫不介意摧毁"(*China's Millions*，1898：108)。这也是汉字罗马字拼音化进程中的强大外因。

到了 19 世纪末，经过路惠理等西洋传教士和当地同工的不懈努力，台州土白圣经的翻译、印刷和推广工作蓬勃发展，毫无疑问这首先归功于台州话罗马字的制订和运用。他们竭尽所能使这么多人能自己阅读上帝的话，这在以前是不可思议也是不可能实现的，何况对那些尝到阅读和学习圣经甜头的人们来说也不大可能轻易放弃。"就一句话，我们已经大量地使用罗马化白话（Romanised colloquial）"(*China's Millions*，1898：108)，而且台州土白罗马字圣经推广工作在全国都占有相当的比例和地位。即便如此，路惠理当时仍然希冀上帝能让那些对罗马字抱怀疑态度的人睁开眼睛，帮助他们更好地使用它[1]。

（二）与宁波土白圣经译本的关系

当时，"几乎所有内地会的福音站每晚都举行公开聚会，类似于英美国家的家庭祷告会，台州教会也不例外。当时中国文盲比例极高，即便信徒有心读经，也没有能力独自在家学习神的话。这些每天举行的聚会为时不长，聚会后还有人留下来继续参加查经班或识字班，也有很多不信主的人被吸引来。虽然台州话与宁波话不尽相同，但当地信徒已学会读宁波话圣经，并学会看页边的注释。他们唱的赞美诗，歌词也是罗马字母拼成的宁波方言。英国及海外圣经公会大概从未想到这本'土版'圣经在浙江省如此被重用，向草根百姓传道，使神的工人受益，甚至连读书人都夸说：'从没有一本圣经像这一本可以直达心扉'"。这本圣经很可能是戴德生于 1860 年返英期间与王来全牧师一起修订并说服圣经公会重印的那本《新约》圣经。[2]

在不会使用也并不真正了解台州话、宁波话和绍兴话等浙江方言的西洋传教士眼里，"台州府、宁波府和绍兴府内，从最大极限上可以说是使用一种相同的但有微小变体的方言"（Möllendorff，1910）。但是对路惠理

---

① *The Chinese Recorder and Missionary Journal*，1904：91.

② *China's Millions*，1876：84. 转引自亦文《一八七六年的中国内地会》（五），载《教会》2013 年 9 月号（http://www.churchchina.org/archives/130911.html）。

这样的本土化传教士而言，这些方言的实际情况远比那些想当然的粗略印象复杂得多。

1867 年 7 月台州教站建立时，传教士们从宁波带来了当地的帮手和罗马字书籍。但一段时间后，当台州人开始学习和阅读《新约》时，发现很多罗马字字形相同的词语，意思却大相径庭。有些在宁波话中最普通的词在这儿却成了非常粗鄙的骂人的话。①

1870 年路惠理初到台州时，也是先努力尝试使用宁波话布道和交流。他开始教不会认读汉字的少数皈依者阅读宁波话罗马字读物（the Ningpo Romanized books），因为宁波话有完整的《新约》、部分《旧约》和很多别的书。但是不久意识到这根本不能通用。因为虽然他们很容易学会阅读这些宁波话的圣书，但是有太多他们不知道的词语，还有很多和这儿的意思大不相同的词语，他们不明白意思……（*China's Millions*，1895：114），因此最终被迫放弃。尽管如此，在制订台州话罗马字方案和台州土白圣经翻译中，路惠理他们还是最大限度地借鉴了 *The Ningpo Primer*，几乎未做改动，以至于一个宁波人拿起他们翻译的台州土白圣经译本时也能读出来，但是大部分不解其意。不仅仅有很多词意思不同，而且有变化相当大的俚语。②可见当时宁波人看台州土白圣经译本与台州人看宁波土白圣经译本时的感觉和效果相似，认读没问题，但两者之间同中有异，有时甚至大相径庭。

（三）台州土白圣经译本的完成

1880 年前后路惠理在 *China's Millions* 上发表了多篇报道，介绍他陆续翻译台州土白《新约》全书的过程。"6 月 18 日写自台州。我们刚刚开了一个非常精彩的会议。卫养生先生来时正逢我们开始首次会议，这使得会议开得更好。刚刚收到的钱将使我维持这个印刷所更久一点儿。如果你们能马上在经济上等帮助我，我将很高兴，因为我希望只要我还留有一块钱和可吃的一点儿米，我都将用于工作。用这个地方的口语写的《马太福音》（*Gospel of Matthew*）将在几个星期内完工。"（*China's Millions*，1880：146）我们原本只知道 1880 年版的《马太福音》，但不知具体完成日期。这段话倒提供了一个关键信息，即至少在 1880 年 6 月 18 日，《马太福音》

---

① *The Chinese Recorder and Missionary Journal*，1904：89.

② Ibid.，1904：90.

尚未完工。几个星期后，路惠理夫人对翻译的进程作了交代，"教会印刷所已经重新搬到这儿来，一本启蒙读物已经用这种方言印出来了；赞美诗书和这种《新约》的方言版正在准备中"（*China's Millions*，1880：158）。此后一两年中，路惠理夫妇和当地同工继续《新约》的台州土白翻译和印刷工作（*China's Millions*，1881：12）。特别是路惠理的大部分时间都被此占满了，再加上其他原因，以至于 *China's Millions* 在 1881 年中收到的关于台州教会工作的报道比前几年少很多（*China's Millions*，1882：85）。时隔十余年后，路惠理还清晰地记得，"《新约》翻译（The Translation of *The New Testment*）。我们起初非常害怕，战战兢兢地，但是在上帝的帮助下，在 1881 年底完成《新约》的印刷"（*China's Millions*，1895：115）。

据路惠理记录，截至 1904 年，台州罗马字经书的清单现译如下[①]：

*A Primer*（来源于 *Ningpo Primer*），三版。

《新约》：两版，第一版 500 本，第二版 1500 本。

《旧约》——诗篇、但以理、约拿、创世纪。

*Line Upon Line*，4 册，另有一册在出版中。

《赞美诗》（*Hymn Book*），两版；最后包括 163 首赞美诗。（同样版本的已用土白的汉字印刷了，为唯一的汉字版）

每一本《新约》介绍，来自带了一系列问题的"R. T. S. Paragraph Bible"；没有答案。也包括一些圣经阅读中的主题。

各种资料和经文主题的圣经读物精选；我们上帝的奇迹、寓言和福音的统一。这些来自剑桥教师的圣经。

保留安息日的书。（*A book on Keeping the Sabbath*）

教义问答书。（*Scripture Catechism*）

一些小版本的小书，但是没有永久价值。我们现在着手《创世纪》的翻译，如果时间和精力允许的话，希望能建立一个委员会来继续《旧约》的翻译。

---

① *The Chinese Recorder and Missionary Journal*，1904：91.

### 三 台州土白圣经译本的印刷和推广

在 1890—1920 年 30 年间，全国各地销售《圣经》和《旧约全书》共一万八千多本，《新约全书》一万五千多本。以上销售量不包括圣经单篇。（游汝杰，2000）在此大背景下，台州土白圣经译本的印刷和推广更是形势喜人。到 20 世纪初，台州从一个多文盲的地方，变成一个当地基督徒非常欢迎罗马字台州土白圣经译本的"中国拿撒勒"。"很多人甚至是老太太都已经学会用罗马字拼写，并能自由地用罗马字和我们通信或互相之间通信。"（Rudland，1904）这一惊人变化反映了台州方言罗马字化在当地的巨大成功。

台州土白圣经译本在印刷和推广方面的积极效应，首先得益于中国经书印刷的发展，尤其是当时宁波的经书印刷已经成熟。随着鸦片战争的结束，宁波等新开商埠的重要性日益凸显，传教士们把传教的重心也从珠江三角洲向北转移。1845 年，美国长老会派出的传教士柯理（Richard Cole）夫妇从澳门来到宁波，并带来了印刷机器。首批开印的书籍是米怜撰写的乡村布道书，共印了 7000 份。这家名为"华花圣经书房"（the Chinese and American Holy Classic Book Establishment）是在宁波诞生的浙江省第一个近代印刷出版机构，宁波因此成为浙江省近代出版业的发源地，也是中国近代出版业的主要中心之一，它在宣扬基督教的同时，在客观上有力地推动了浙江近代文化的兴起。（龚缨晏，2010：185—199）重视圣经翻译印刷绝非美国长老会独有，还有英国圣公会（CMS）和中国内地会（CIM）等教会。中国内地会创始者戴德生在 1860 年回英国探亲时，一抵达伦敦便立即着手洽谈印刷宁波土白《新约》《赞美诗》等事宜。

当路惠理发现宁波"好像只提供给他们自己方言的书，没有其他的"时，便在竭力完成台州土白圣经译本翻译工作后，尝试套用宁波的做法。"戴德生先生好意将教会印刷所移交给我们，但是得有人来教如何使用，这里那些现在能印刷出书来的工人以前却从未做过印刷工作。"（*China's Millions*，1895：115）路惠理和当地同工、印刷工人等克服了前所未有的困难，终于迎来了台州土白圣经译本的诞生。这项在台州历史上具有里程碑式意义的工作的成功带给他们的喜悦是不言而喻的。路惠理说"我将永远不会忘记第一张纸印出来时的快乐，我太太将它带到了她的圣经妇女班上。她开始读'马太'，但马上被打断了。'这是我们的话（These Are

Our Words）'，她们说，'我们都能听得懂'，她们还要其他的资料"。
（*China's Millions*，1895：115）

　　台州土白圣经译本的翻译成功开始时并未带来它们在百姓中的热销。相反，销售情况让人气馁。A. W. Whiller《浙江宗教书籍的销售工作（日记摘要）》（*China's Millions*，1883：10）现译如下：

　　　　1882 年 3 月 13 日。宁波。我们去了很多地方，卖了很多书，就像你发现的；我们交谈、布道，总是有很多听众，但是他们很少表现出对生命世界的真正渴望或愿望。从 2 月 3 号到 2 月 13 号，我们大概卖了 297 本福音和三四本《新约》，还有 537 本讲经文。

　　　　第二次旅行是 3 月 15 号从宁波到台州，4 月 25 号回来，都经过宁海。这次旅行我们卖了大约 974 本福音和 17 本《新约》，一个经书小贩卖了 539 本讲经文。台州一带的人似乎不是读书的人，我们发现在有些地方很难处置我们的经书。

　　后来，传教士通过开办圣经学习班等方式，使当地的基督徒和圣经女逐渐成为真正的福音传道者，有个人甚至从 14 年中从不懂福音书终于到能看懂福音书了。另外，当时台州内地会"最近三四年工作的另一个显著特点是圣经卖书员"，他们在推广台州土白圣经译本中所起的作用不容小觑（*China's Millions*，1898：108）。到 1895 年时，台州土白《新约》全书的"数量持续上升。新版的修订现正在进行中。《将明篇》（*Peep of Day*）、《但以理》（*Daniel*）、《约拿书》（*Jonah*）、《诗篇》（*The Psalms*）和其他现在正在持续使用的书，一行一行地出现在印刷所"（*China's Millions*，1895：115）。

　　1898 年，路惠理对台州土白圣经译本近 20 年的"翻译和印刷"作了一个总结，现译如下①：

　　　　工作早期就感到给人的经文需使用让他们明白的语言是必要的，这个教区的方言与中国其他地方的大不相同。属于中国内地会的印刷所（A print-press）已带至台州。路惠理先生把它建起来，培训当地

---

① *Translation and Printing*，*China's Millions*，1898：24.

人去操作。他翻译了《新约》《创世纪篇》《约拿》《赞美诗》和
《但以理书》，并印刷出来。另外一些书和经文、圣歌等也都被翻译
成白话印出来了。对年轻传教士来说非常宝贵的启蒙读物和词汇书也
准备好了。随着时间的流逝，路惠理发现他的《新约》中有需要修
订的地方，于是两年前和四个已经协助他工作的年轻人一起开始修
订。每一个短语都被仔细检查，以便尽可能确切地表达原意。选自各
教区的当地福音传道士和传教士委员会坐在一起讨论，谨防使用普通
百姓可能没法真正明白的话。现在修订工作已结束，最后一张在我离
开台州前会付印。大英和外国圣书会承担这个版本的出版资助。

直到 20 世纪初，虽然难以给出准确的读者数，但是经书的销售势头
可见一斑：第一版《赞美诗》400 册，第二版 1000 册，第三版 2000 册；
后者已约售一半。《新约》第一版 500 册、第二版 1500 册；其中后者已约
售一半。其他的书也有相当比例。《创世纪》500 册差不多售罄，现已修
订，正在印刷中。①

## 四　台州土白圣经译本介绍

目前为止，除了传教士文献外，介绍台州土白圣经译本的有游汝杰
（2000；2002）、赵晓阳（2004；2012）、张美兰（2013：609）、阮咏梅
（2015）等。其中游汝杰整理的最为详细，具体如下（游汝杰，2000②）：

1. 马太福音，内地会，台州，1880 年。96 页。22.5cm。罗马
字。英经会。
2. 四福音书，1880 年。罗马字。美经会或英经会。
3. 马可福音、路加福音、约翰福音，内地会，台州，1880 年。
237 页。21.5cm。罗马字。英经会。
4. 新约，内地会，台州，1881 年。756 页。22cm。罗马字。美
经会或英经会。

---

① *The Chinese Recorder and Missionary Journal*，1904：89-90.
② 此处所列台州土白圣经译本总数为 23 种，与前文相符。但是汉字本数只有 1 种，前文表
2 中指出有 2 种，故不符，待考。

5. 约拿书，内地会，台州，1891 年。14 页。21.5cm。罗马字。美经会或英经会。

6. 诗篇，大英国圣经会，台州，1893 年。259 页。21.5cm。罗马字。美经会或英经会。

7. 但以理书，内地会，台州，1893 年。57 页。21cm。罗马字。美经会或英经会。

8. 新约，大英国圣经会，台州，1897 年。342 页。14cm。据 1881 年本改订。罗马字。美经会或英经会。

9. 创世纪，大英国圣经会，台州，1905 年。69 页。21.5cm。罗马字。英经会。

10. 诗篇，大英国圣经会，台州，1905 年。150 页。22.5cm。罗马字。英经会。

11. 旧约，大英国和外国圣经会，台州，1905—1914 年。22cm。美经会或英经会。

12. 新旧约全书附诗篇，大英国圣经会印，1905—1914 年。旧约 69+96+128+169+5+87+105+150+74+158+155 页，新约 406 页。罗马字。译者为内地会的 W. D. Runland，协助者为传教士同行：C. Thomson、C. H. Jose、J. G. Kaodererts。美经会或英经会。同志社/天理/东洋。

13. 出埃及记、利未记，大英国圣经会，1906 年。96 页。22.5cm。罗马字。英经会。

14. 民数记、约西亚记—路德记，大英国圣经会，台州，1906 年。128 页。22.5cm。罗马字。英经会。

15. 申命记、大英国圣经会，台州，1907 年。50 页。22cm。罗马字。英经会。

16. 撒母耳前记、列王记下，大英国圣经会，台州，1908 年。169 页。22.5cm。罗马字。英经会。

17. 新约，大英国圣经会，台州，1909 年。406 页。22.5cm。罗马字。中山图书馆/英经会。

18. 历代志，大英国圣经会，台州，1909 年。87 页。22.5cm。罗马字。英经会。

19. 以赛亚书—耶利米哀歌，大英国圣经会，台州，1909 年。

158 页。22.5cm。罗马字。英经会。

20. 以西结书—玛拉基书，大英国圣经会，台州，1912 年。155 页。21.5cm。罗马字。英经会。

21. 以斯拉记—约伯记，大英国圣经会，上海，1914 年。105 页。22cm。罗马字。英经会。

22. 箴言、传道书、雅歌，大英国圣经会，上海，1914 年。74 页。22cm。罗马字。英经会。

23. 旧约书，大英国圣经会，上海，1914 年。分篇标页码。22cm。罗马字。另有一与 1909 年版新约合订的合订本。英经会。

美国哈佛大学 Widener 图书馆所藏三种《新约》全书中，台州土白是其中之一，系《新约》1897 年版，第二次印刷，google 网上有电子书。张美兰（2013：609）在介绍译者路惠理时提及"1914 年出版由其翻译、汤姆普（C. Thompon）完成的《圣经全书》"。此处"C. Thompon"的拼写又不同于我们前文分析的两个译者名，可见该名之复杂。

赵晓阳（2012）认为：台州方言圣经译本仅有罗马字本，全部译本共 21 种，路惠理于"1966 年 10 月 1 日到达上海，随即到了台州，并在那里生活了近 20 年"。与我们前文所引用的传教士文献相比，此段叙述显然大相径庭。另外，其《哈佛燕京图书馆的汉语圣经译本》一文中对台州土白圣经译本的介绍也有失误之处。该文写道："燕京图书馆收藏的台州土白译本有 4 种，均为罗马字译本。75.《Iak-Na Tsч》（《约拿书》），汲约翰，1888 年汕头；9 页，23.5cm，罗马字。TA1977.492/CW1888。76.《Tshàng Sì Kì》（《创世纪》），W. 迪弗斯（W. Duffus）、汲约翰，1888 年由汕头福音印刷处印刷；229 页，23.5cm，罗马字。TA1977.21/CW1888。77.《Má-Thài Hok Im Tsu》（《马太福音书》），威廉姆斯·迪弗斯（Williams·Duffs）、汲约翰，1889 年；90 页，19cm，罗马字。TA1977.62/CW1889。78.《Hap-Ki，Sat-Ka-Lǐ-A》（《哈该，撒迦利亚》），汲约翰译，1895 年汕头英国长老会；65 页，23.5cm，罗马字。TA1977.497/CW1895。"（赵晓阳，2004）且不管哈佛燕京图书馆到底藏有几种台州土白圣经译本，以及译本的翻译和印刷信息如何，仅从上列四本圣经译本书名的罗马字拼音，便可清楚得知它们并非台州土白。主要依据有二：（1）台州土白圣经译本全部不标声调；（2）台州土白没有塞音韵尾。详见下文论述。

## 第五节　本书所用传教士文献及其研究说明

### 一　本书所用传教士文献目录

（一）圣经译本

1. 台州土白（按年代先后）

Rudland，W. D. *Mô-tʻa djün foh-ing shü. Tʻe-tsiu tʻu-wa. Tʻe-tsiu* Fu：Nen-di we ing-shü-vông ing-keh，1880.（简称"马太"）

Rudland，W. D. *Gyiu-iah Dæn-yi-li-keh shü. Tʻe-tsiu Tʻu-wa. Tʻe-tsiu* Fu：Nen-di we ing-shü-vông ing-keh，1893.

Rudland，W. D.；Thomson，C.；Urry，T. *Ngô-he kyiu-cü Yia-su Kyi-toh-keh Sing-Iah Shü.* Tʻe-tsiu tʻu-wa；di-nyi-tʻao ing. Tʻe-tsiu Fu［Tai-chow］：Da-ing Peng-koh Teh Nga-koh Sing-shü We Ing，1897.（简称"新约"）

Rudland，W. D. *Mô-kʻo djün foh-ing shü. Tʻe-tsiu tʻu-wa. Tʻe-tsiu* Fu：Nen-di we ing-shü-vông ing-keh，1880.（简称"马可"）

Rudland，W. D. *Gyiu-iah shü Tsʻiang-si kyi*：Tʻe-tsiu Tʻu-wa. Tʻe-tsiu Fu：Da-ing Peng-koh Teh Nga-koh Sing-shü We Ing-keh，1905.

Rudland，W. D. *Gyiu-iah shü Cʻih yi-gyih teh Li-vi kyi.* Tʻe-tsiu Tʻu-wa. Tʻe-tsiu Fu：Da-ing Peng-koh Teh Nga-koh Sing-shü We Ing-keh，1906.

Rudland，W. D. *Gyiu-iah shü Ming-su teh Iah-shü-ô，z-s teh Lu-teh kyi.* Tʻe-tsiu Tʻu-wa. Tʻe-tsiu Fu：Da-ing Peng-koh Teh Nga-koh Sing-shü We Ing-keh，1906.

Rudland，W. D. *Gyiu-iah shü Sing-ming kyi.* Tʻe-tsiu Tʻu-wa. Tʻe-tsiu Fu：Da-ing Peng-koh Teh Nga-koh Sing-shü We Ing-keh，1907.

Rudland，W. D. *Sæh-meo-z zin-ʻeo shü. teh Lih-wông zin-ʻeo shü.* Tʻe-tsiu Tʻu-wa. Tʻe-tsiu Fu：Da-ing Peng-koh Teh Nga-koh Sing-shü We Ing-keh，1908.

Rudland，W. D. *Yi-se-ô，Yia-li-mi，teh E-ko.* Tʻe-tsiu Tʻu-wa. Tʻe-tsiu Fu：Da-ing Peng-koh Teh Nga-koh Sing-shü We Ing-keh，1909.

Rudland，W. D. *Yi-si-kyih*，*tao Mô-læh-kyi*. T‘e-tsiu T‘u-wa. T‘e-tsiu Fu：Da-ing Peng-koh Teh Nga-koh Sing-shü We Ing-keh，1912.

Rudland，W. D.；Thomson，C. *Gyiu-iah shü*：*Yi-z-læh*，*Nyi-hyi-mi*，*Yi-z-t‘ih*，*Iah-pah kyi*. T‘e-tsiu T‘u-wa. T‘e-tsiu Fu：Da-ing Peng-koh Teh Nga-koh Sing-shü We Ing-keh，1914.

2. 宁波土白

Rankin，Henry van Vleck and others. *M ô - T‘Œ DJǓN FOH - ING SHÜ*，1853.

高富、戴德生、慕稼谷译. *Ah-lah kyiu-cü Yiœ-su Kyi-toh-go Sing Iah Shü*：*peng veng fœn Nying-po t‘u-wô*，LENG-TENG：DA-ING PENG-KOH TENG WŒ-KOH SING-SHUë KONG-WE，1868.

3. 温州土白

*CHAÒ-CHÏ YI-SÛ CHÏ-TUH SANG IAH SÌNG SHIF*：*SŻ FUH-IANG TÀ SŹ-DU ‘Œ-DJUëE*（FA UëE-TSIU T‘Û-‘O）. *DÀ-IANG SÌNG-SHÏ WHAÌ IÁNG-GE*，1894.（THE FOUR GOSPELS AND ACTS，IN WENCHOW）

4. 官话等

"基督教圣经在线阅读搜索" 网站：http：//www. godcom. net/。

（二）传教士语言学著作

Rankin，Henry van Vleck. *Nying-po t‘u-wô ts‘u-‘ôh*（《宁波土话初学》），Zông-HŒ Me-Wô SHü-Kwun ing（上海美华印书馆印），1868.

Möllendorff，P. G von. *The Ningpo Syllabary*（《宁波方言音节》），Shanghai：American Presbyterian Mission Press，1901.

Morrison，William T. *An Anglo-Chinese Vocabullary of the Ningpo Dialect*（《宁波方言字语汇解》），Shanghai：American Presbyterian Mission Press，1876.

Edkins，Joseph. *A Grammar of Colloquial Chinese—as exhibited in the Shanghai Dialect*（《上海方言口语语法》），Shanghai：American Presbyterian Mission Press，1868.

Edkins，Joseph. *A Grammar of The Chinese Colloquial Language - Commonly Called The Mandarin Dialect*. Foreign Associate of The Ethxographical Society of France of The London Missionary Society；Peking. Second Edition，

Shanghai：Presbyterian Mission Press，1864.

Wade，Thomas Francis. *Hsin Ching Lu—Peking Syllabary*，Hongkong：Mdccclix，1859.

Wade，Thomas Francis. *A Progressive Course Designed to Assist the Student of Colloquial Chinese*，*As Spoken in The Capital and Metropolitan Department*（《语言自迩集》），London：Trubner & Co.，60，Paternoster Row，1867.

## 二　研究说明

### （一）研究内容

本书对竭尽洪荒之力①收集到的传教士台州方言相关文献进行细致的研读和分析，挖掘出台州历史上的传教士名录，梳理了他们在台州传教的历程和贡献，以及他们翻译的台州土白圣经译本和记录的台州字音。在此基础上，归纳出清末民初（本书中常以 19 世纪称之）台州方言的语音系统、主要分类词汇和语法特点（如构词法，语序，动态范畴，代词，处置式、被动式和致使式，差比句等），同时与汉语官话和宁波话、温州话、上海话等吴方言进行共时和历时的比较，考察百余年来台州方言在语音、词汇和语法上的变化，并试图作出一定的解释。

本书对台州方言的描写和分析主要体现在语音和语法部分的研究上。如语音部分的音系归纳和音系描写，语法部分的共时语言现象和语言特征的描写等。词汇部分则用分类的形式罗列出 19 世纪台州方言的主要词汇。

### （二）研究方法

"描写语言学现今的任务，同一两百年前一样，是以最适当的方法对各个具体的语言的词汇和语法作共时和历时的描写。这些描写的总结性经验将能够从理论高度上用来建立包括尽量多语言的'形式·类型'模式。"（В. И. Абае，1987）本书使用的研究方法除了这种描写语言学的方法外，还运用文献分析法、比较法等。

---

① 钱乃荣先生在《西方传教士上海方言著作研究（1847—1950 年的上海话）》（上海大学出版社，2014 年）一书前言中写道："由于传教士方言著作在国内的图书馆中收藏寥若晨星，一些收藏的地方不准复印、扫描或拍照，因此绝大多数的著作都是在本人在美国、日本、法国、中国香港等地的国家、都市、大学图书馆中觅得并复印，收集资料伴随着我的半生岁月。"上海话的文献收集已如此之难，何况籍籍无名的台州方言？位卑则更易被历史湮没掉。因此，本书的传教士历史文献收集工作更为艰难。

1. 文献分析法

虽然文献分析法有时不被视为一种研究方法，但对 19 世纪传教士台州方言文献的描写和分析是本书研究的灵魂。如果说传教士文献是本书研究之"炊之米"，那么对这些文献进行考证、甄别、归类和分析则直接决定研究的信度和效度。首要问题便是明确台州土白圣经译本的作者及翻译的过程。由于土白圣经译本上难见译者的名字，我们只能从其他传教士相关文献中去寻找和推定。此外，与粤语、闽语、上海话、宁波话和温州话等知名度高的汉语方言迥异的是，没有一本专著或一篇专文来介绍台州方言。因此，在历史文献缺乏有效支撑的情况下，要想了解和构建 19 世纪台州方言的语言体系就不得不依赖这些珍贵的传教士台州土白圣经译本。

关于传教士语言学文献的研究和利用价值问题，学界看法各异。王力（1981）认为"有些外国传教士也曾为了传教的目的，甚至为了侵略的目的，调查过我国的方言和少数民族语言。他们多数没有经过严格的语言学训练，他们的著作，可信程度是不高的"。游汝杰、钱乃荣、石汝杰、陈泽平等则持相反意见。游汝杰很早就认识到传教士文献的高度研究价值，他说："19 世纪下半期至 20 世纪上半期来华的西洋传教士，翻译、编写、出版了种类繁多的汉语方言圣经译本（其中有一部分为罗马字本）和方言学著作（有罗马字对音），这些文献记录、描写并研究了当时各地汉语方言口语，在广度、深度和科学性方面远远超过清儒的方言学著作，也是同时代的其他文献，如地方志和方言文学作品所望尘莫及的。它们对于研究近代中西学术交流、中国基督教史、汉语方言学和方言学史都有相当高的价值。"（游汝杰，2002：5）陈泽平（2010：21）因"传教士在 100 多年前对福州方言观察之深入、描写之精细、搜罗之宏富往往令人惊叹"而证实了游汝杰对传教士方言学著作的评价是确切的。石汝杰（2016）也认为"这些文献中，值得注意、值得高度评价的是外国人的研究……跟中国人自己只使用汉字的记录相比，其利用价值之高显然是无可置疑的"，并且践行对传教士文献的研究和利用。钱乃荣（2014）更是以持续半生的精力去研究传教士上海方言著作。当然，他们也都认识到传教士汉语方言文献的局限性，传教士对汉语方言的认识、记录和解释难免有偏颇和疏漏之处。因为这些传教士毕竟不是语言学家，其语言学学养良莠不齐，也并非纯粹为了研究汉语和汉语方言而出版汉语方言词典、著作和中文圣经译本。除了传教士自身的语言和文化樊篱外，还受到当时汉语研究水平及其中国汉语老师的语言水平的限制。但是"通过仔细的梳理分析，去粗取精、去伪存真。从这些文献中还原出福州方言在 19 世纪的真实面貌，是我们的责任"（陈泽平，2010：21），这种认识和做法同样适用于我们对其他传教士汉语方言文献的研究。

由于传教士个人以及台州当地助手的中文水平和语言修养不同，这些台州土白圣经译本所呈现出的台州方言的地道程度差异甚大。这就导致一个问题：依据这些传教士文献整理出的语言体系和特点能否真实地反映 19 世纪台州方言的客观事实？有些学者在研究传教士汉语方言时尽量直接剔除非当地方言特点的语料和成分。实际上，由于汉语共同语和方言在各自发展的过程中关系错综，即使就方言本身而言，也很难泾渭分明地剥离出各种方言在各个演变阶段上的语言成分和特点。因此，本书对传教士台州方言文献的处理原则是：除了排除明显的常识性错误、拼写和印刷错误外，最大限度地呈现传教士的原始记录，尽量作忠实于传教士文献文本的描写和解读，即使拿今天的台州方言等进行比较和分析，也是为了更好地解读文本，从而更好地了解 19 世纪以来的台州方言。因此，本书所归纳的台州方言特点也许与 19 世纪台州方言的真实面貌有一定的出入，但至少是在传教士台州方言文献中真实存在的。确切地说，本书所言之"19世纪台州方言"或"19 世纪台州土白"皆指清末民初西洋传教士文献中的台州方言。挖掘其他相关史料和文献，去排查和剥离非台州方言语言成分和特征的工作留待日后或他人另作深入研究。

2. 比较法

比较法最初是当"某些语言彼此相似到某种程度，只有用历史的联系才能加以证明"（布隆菲尔德，2004：374）时被广泛运用的。吕叔湘一直强调比较法在汉语研究中的重要性，并指明各种具体的比较方法，如"要明白一种语文的文法，只有应用比较的方法。拿文言词句和方言词句比较，拿白话词句和白话词句比较，这是一种比较……一句中国话，翻成英文怎么说；一句英语，中国话里如何表达，这又是一种比较。只有比较才能看出各种语文表现法的共同之点和特殊之点。假如能时时应用这个比较方法，不看文法书也不妨；假如不应用比较的方法，看了文法书也是徒然"（吕叔湘，1942/1989 上卷出版例言），"要认识汉语的特点，就要跟非汉语比较；要认识现代汉语的特点，就要跟古代汉语比较；要认识普通话的特点，就要跟方言比较"（吕叔湘，1992）。

　　本书所用的比较法包括横向比较和纵向比较两个方面。横向比较是将台州方言与其他吴语（主要是其北接的宁波方言、南邻的温州方言以及吴语的新代表方言上海话）和官话进行各个层面上的比较。纵向比较是将百余年前的台州话、其他吴语、官话和今天的方言、普通话，以及古代汉语进行比较。为了更好地说明问题，必要时甚至将汉语和英语进行比较。19世纪台州方言在台州方言演变史上具有非常重要的历史地位，既起着承上启下的作用，又因为传教士台州方言文献的诞生和留存而使其有史可稽。

　　比较法可运用到语言构成成分中的任何一个层面、任何一个语言点上。如探讨19世纪台州土白中 ky 组声母、kw 组声母的音值，异序词，代词，处置式、被动式和致使式的标记，差比句的类型，等等。

　　在比较的过程中，也会使用分布分析法和文本的频率统计法。分布分析法是指以寻求同类语言环境为原则的归类方法，它是美国描写语言学中最重要、最关键的方法。"文本频率是语言类型学研究中的一个参数，它不仅可以用来确认基本词序类型，而且各词序概率上的差异也是反映句法类型演变的重要线索。克罗夫（William Croft，2003，2009：35）指出：'用于类型学研究的相当直接的语料形式是文本材料。这类材料的优点在于它是实际的语言材料，没有经过设计人为的诱发环境或掺杂被调查人的自我感知。此外，文本材料数量大，这对类型学分析至关重要。不过，文本材料大部分是叙述性的，有的本来是文学或宗教作品，面对面交谈的文本材料相当稀少'。"（林素娥，2015：18）由于圣经叙事采用了各种文学手法，既运用了大量的比喻、夸张等修辞手法，也夹杂了神话、传说、诗歌、预言、民谣、谜语等形式，而且不但圣经本身包含了很多各种人物的对话，尤为重要的是，作为基督教经典，传教士也尽量运用口语化的形式在中国各地宣讲布道，因此圣经方言土白译本可谓理想的语言类型学研究的文本材料。本书着重在台州方言的语法研究部分运用文本频率的统计方法，比较所考察的语法点或语法标记在台州、宁波、温州土白或官话圣经译本中出现的次数，通过出现频率的高低来判断它们在19世纪台州等地方言中的使用和发展演变特征。

　　此外，运用客观呈现和比较文本内容的方法，不但保留了19世纪台州土白的大规模语料，也使那些未被弃用的"不太地道"的语言成分和语用表达能被用来"观察官话或方言接触对于吴语句法发展的影响"（林素娥，2015：18），及其对台州方言发展的影响。

### 三 本书体例

1. 本书中出现的"圣经"（直接引用部分除外），并非仅指圣经的全译本（用书名），也是对圣经所有分卷的统称。其他分卷名如《新约》《旧约》等，除引文外一般统一用书名号。

2. 语料的选用。台州土白圣经译本的语体风格大致以 1897 年版《新约》为分水岭，即 1880 年版《四福音书》的口语化程度比 1897 年版后的译本（《旧约》中《创世纪》《出埃及记》除外）高很多。1880 年版译者署名基本只有路惠理一人，1897 年版后的各种圣经译本的作者是两人或三人合作，书面语色彩非常浓厚，有的译本几乎就是官话版的词汇和语法加上台州土白的读音而已。因此，本书台州土白圣经译本语料选用的重点是《四福音书》（1880）、《新约》（1897）、《创世纪》（1905）、《〈出埃及记〉、〈利未记〉》（1906）。为了真实、全面地反映 19 世纪传教士台州方言文献，书中也兼用其他台州土白圣经译本。语料引用出处见书中具体章节。

3. 《宁波方言音节》中的台州字音有罗马字拼音和汉字两种形式，本书引用该部分汉字时尽量用简化字。其他圣经译本语料均为罗马字拼音。语料引用中如转写为国际音标，则用 [ ] 表示，否则除特别说明外，均为原书所用的传教士罗马字拼音。

4. 全书除随文说明外，对所涉汉语圣经译本罗马字拼音的汉字转写均由本人完成。为节省篇幅或避免喧宾夺主，有些例句省略罗马字拼音原句，直接给出汉字译句等。但语法部分各章节所用例句有两种标注方式：第一种是先出现罗马字拼音原句，然后给出本人转写的汉字译句，最后给出官话版译句，以和合本官话版为主，有时为了便于平行语料比较上的对应和明了，也会选择其他版本的官话版。圣经版本详见"基督教圣经在线阅读搜索"网站（http：//www. godcom. net）。如果官话版译句对应不太整齐或差异明显甚至有出入时，则以下标形式给出普通话译句。例句中"＝"前为方言土白译句，"＝"后为官话译句。所引例句如太长，便只引用其直接相关部分。必要时在土白和官话版的标点符号或个别字句上做些许改动。现代方言例句则随句用下标方式标注不易理解之处。第二种是如果罗马字拼音原句较易理解时，为节省篇幅，便直接在句中难词或难点后以下标形式给出普通话释义。

5. 传教士在圣经译本中所使用的标点符号受英文表达方式影响颇深，很多不符合中文标点符号的使用习惯，还有一些因避讳或尊称，将很多音节的首字母或所有字母大写，或以另外的特殊形式标注。本书在引用此类例句时均基本遵照罗马字原文，有明显错误时才稍做改动，并加以适当说明。

6. 将罗马字拼音转写为汉字时，如遇难考或难输入的本字时，尽量用同音字加上标"="代替，或用"□"表示；一个汉字有文白异读时，用单下划线表示白读，双下划线表示文读；"~"表示句中重复字。

7. 为便于与汉语官话和其他方言土白圣经译本进行比较研究，我们不但在语法例句中标明了圣经译本的出处，也在词汇部分为每一条词目给出至少一个出处，语音部分则酌情交代。

8. 除随文说明外，本书所用英文版文献均由本人翻译。

9. 其他未尽说明随文补充。

# 第二章

# 19 世纪以来的台州方言语音变化[①]

## 第一节　台州土白罗马字拼音的制订依据

台州方言的罗马字系统是因基督教的传入而兴起的。其制订基础是宁波方言罗马字拼音系统，而宁波方言罗马字拼音系统是所有基督教教派都公认的用以拼写宁波方言出版物的[②]（Morrison，1876）。

1867 年 7 月，台州第一个基督教会设立时，传教士从宁波带来了当地的同工，同时带来了宁波话的罗马字经书。1870 年路惠理初到台州时，因为宁波话已有完整的《新约》等经书，所以他就努力尝试用宁波话布道和交流。路惠理先将 *Ningpo Primer*（《宁波土话初学》，1868）运用到台州土白的罗马字化中，先后印刷了三版 *Primer*，相当于"台州土话初学"，第一版 500 册旋即告罄。但是台州人用了一段时间的宁波话罗马字读物后，在开始学读《新约》时，发现很多相近的罗马字词语在台州话中的意思却大不相同。同样，宁波人能读台州土白经书，但是大多不理解意思。宁波话罗马字拼音系统虽然非常简洁，"有它有利的一面，但是也为学习台州方言带来困难"（Rudland，1904），于是不得不弃宁波话罗马字读物而另起炉灶。路惠理（1904）在解释台州话罗马字的正字法系统时说，"我们的正字法系统是采用宁波话到台州话中，能不变的就不变（No changes have been made where it could be avoided）"。可以说，台州话罗马字系统的蓝本是《宁波土话初学》，但遗憾的是，并无史料记载完整

---

① 本章部分内容以《台州方言百余年来的语音变化》为题，发表于《语言研究》2015 年第 2 期。

② "The system for spelling the Ningpo sounds, is that used by common consent for printing all the books in the Ningpo dialect, by whatever mission published."

的台州土白音系及其详细说明。（阮咏梅，2015）

台州话罗马字系统的蓝本——《宁波土话初学》包括六个部分：一是"SI-YANG Z"（西洋字①），即声母；二是"DOH-YüONG-GO Z"（独用个字<sub>独用的字</sub>），即自成音节的声母；三是" TIN-DöN"（点断），即标点符号；四是"ING-YUING"（音韵），即韵母；五是" P'ING-FAH "（拼法），即声韵相拼法；六是"NYING-PO T'U-ING"（宁波土音），即宁波方言所有的音节。

《宁波土话初学》中列举了45个用于音节开头的声母②，它们是：k k' g ng ǧ h' ky ky' gy ny ǐy hy y kw kw' gw ngw ǔ hw w t t' d n ǐ l ǐ p p' b m m̌ f v ts ts' dz s z c c' dj sh j。其中的 ts、ts'、dz、s、z、ng、m、m̌，另加一个 r，可以独立使用而自成音节。

《宁波土话初学》中所列韵母共40个，具体依次为：a ia ang iang ao iao æ iæ æn iæn e en eng eo i in ing üing iu o ong üong ò üô ông üông u un ön ü ün ah iah eh ih üih oh üoh ôh üôh。

综合前文所述，台州土白罗马字正字法以宁波土白罗马字系统为依据的三个基础是：台州传教士工作与宁波的密切关联性；台州土白与宁波土白在方言上的一定相似性；以戴德生创立的内地会罗马字系统为依据的宁波土白罗马字系统的可借鉴性。

## 第二节  19 世纪台州土白语音系统

19 世纪台州土白语音系统的整理和归纳基于两部分：一是 *The Ningpo Syllabary* （《宁波方言音节》，Möllendorff，1901。以下必要时简称《音节》）中的台州字音；二是台州土白圣经译本。《宁波方言音节》中最后一部分"Radical Index"（偏旁笔画索引）中对照了宁波话、绍兴话和台州话三地字音。剔除重出字、异体字、错别字、生僻字、空缺字等后，台州话常用字约 3000 个。

---

① 括号中的汉字由本人转写，必要时加下标说明。下同。

② 每个声母均有大、小写两种形式。本文省略大写形式。

与作为蓝本的宁波土白罗马字读物一样，台州土白罗马字拼音也未带声调符号。这不能不说是一种遗憾。尽管如此，我们仍然搜寻到关于 19 世纪台州土白声调的一点说明。路惠理认为，"毫无疑问有四个，单字使用时声调保留得很好，但是说话或祷告时，声调就可能失去控制（give way），随说话者希望在语句中需要强调时而产生变化；为了强调不同的部分，他们常常把重复出现在语句中的同一个词变读为各种声调。我们没有明确的声调符号"（Rudland，1904）。

因此，19 世纪台州土白音系只包括声母和韵母两个部分。具体分析如下。

## 一　音系

### （一）声母系统表

声母共 40 个（包括零声母），具体见表 2-1。表中每个罗马字拼音旁加注国际音标拟音①和例字。随后的韵母表同此。

表 2-1　　　　　　　　　　　　19 世纪台州土白声母表

| p [p] 兵补 | p' [p'] 拼跑 | b [b] 部白 | m [m] 麦问 | f [f] 非弗 | v [v] 饭佛 |
|---|---|---|---|---|---|
| t [t] 刀担 | t' [t'] 太烫 | d [d] 地逃 | n [n] 男脑 | | l [l] 来蓝 |
| ts [ts] 早争 | ts' [ts'] 仓初 | dz [dz] 茶迟 | | s [s] 三霜 | z [z] 字助 |
| c [tʃ] 准主 | c' [tʃ'] 取锤 | dj [dʒ] 住传 | | sh [ʃ] 书叔 | j [ʒ] 顺熟 |
| k [k] 高更 | k' [k'] 开坑 | g [g] 渠爻 | ng [ŋ] 外硬 | h [h] 孝很 | ' [ɦ] 鞋合 |
| ky [c] 惊鬼 | ky' [c'] 轻喫 | gy [ɟ] 近穷 | ny [ɲ] 女人 | hy [ç] 兴兄 | |
| kw [ku②] 光骨 | kw' [k'u] 快阔 | gw [gu] 掼□gwang;象声词 | ngw [ŋu] 悟误 | hw [hu] 花忽 | |
| w [w] 话黄 | y [j] 用央 | | | | |
| ø 安乌养椅 | | | | | |

① 用国际音标拟写罗马字拼音音值只是为了便于比较和讨论，也方便读者对当时的台州土白语音有直观的了解。

② 本书将传教士台州方言文献中的 kw 组处理为声介合母。w 属于半元音或近音性质。在国际音标拟音中，既不标为 kw-，也不标为 kʷ-，而是标为 ku-，是为了便于与今台州方言进行比较而采用比较通行的方式。具体讨论时则随文说明。

'只出现在开口呼韵母前。对次浊声母类、舌叶音和 ky 组声母的音值，以及将 kw 组列于声母表中的说明详见下文。

（二）韵母系统表

韵母共 40 个（包括自成音节的声化韵），具体见表 2-2。

表 2-2             19 世纪台州土白韵母表

| | i [i] 衣基 | u [u] 苏路 | ü [y] 主椅 |
|---|---|---|---|
| a [a] 买街 | ia [ia] 爷者 | | |
| e [e] 开雷 | | | |
| ô [ɔ] 车蛇 | | | |
| o [o] 肚醋 | | | |
| ao [ao] 刀高 | iao [iao] 腰笑 | | |
| eo [əu] 口茂 | iu [iu] 有手 | | |
| æn [æn] 单咸 | in [in] 天然 | | ün [yn] 远船 |
| en [en] □~身;全身□~手棒;拐杖 | ing [iŋ] 真听 | | |
| ön [øn] 半乱 | | | |
| ang [aŋ] 猛打 | iang [iaŋ] 长香 | | |
| eng [əŋ] 盆灯 | | | üing [yŋ] 军裙 |
| ông [ɔŋ] 望讲 | | | üông [yɔŋ] 狂往 |
| ong [oŋ] 梦虫 | | | üong [yoŋ] 兄荣 |
| ah [aʔ] 百插 | ih [iʔ] 铁值 | uh [uʔ] 摔刷 | |
| æh [æʔ] 八喝 | iah [iaʔ] 脚削 | | |
| eh [əʔ] 弗黑 | | | üih [yʔ] 月越 |
| ôh [ɔʔ] 索托 | | | |
| oh [oʔ] 国目 | | | üoh [yoʔ] 喫肉 |
| r [r] 耳₁ | m [m̩] 姆某 | n [n̩] 儿 | ng [ŋ̍] 鱼耳₂ |

舌尖前声母 ts [ts]、ts' [ts']、ʣ [ʣ]、s [s]、z [z] 也可以不带韵母，以单独形式出现而自成音节。

r 和 uh 只出现在《宁波方言音节》中台州字音部分。r 自成音节时，其后无元音相随，只有两个例字"耳儿"，为文读音。"耳儿"二字在台州土白圣经译本中一般读白读音，为鼻音声化韵。台州土白圣经译本中均未发现读 r 和 uh 的用例。

上述罗马字韵母的国际音标转写尽可能保持其本来面貌，实际发音可能有音值上的些许偏差，如 æn、æh 中的 æ 现保留原形不变，也许其实际音值如今台州话中的 [ɛ]；eo 现转写为 [əu] 是取其常见的注音，这些转写的国际音标都不至于造成新音位的对立和音系的改变。üh 偶见于台州土白圣经译本个别字音中，与 üih 非常相近，《音节》中出现的这两个韵母名下包含部分相同的字，故疑为作者的前后矛盾或疏忽所致，而非真正不同的两个韵母，且不构成对立，现将其归于 üih 中，不再单列一韵，拟音为 [yʔ]。关于 in 和 ün 的转写，阮咏梅（2015）在介绍台州土白音系时，曾将 in 转写为 [iæn]，ün 转写为 [yæn]，并解释说"之所以未转写为 [in] 和 [yn]，是因为读 in 的字全部来自于咸山两摄的开口三四等，读 ün 的字全部来自山摄合口三四等，依据吴语鼻韵母的演变特征，它们不大可能分别与 ing 和 üing 形成前后鼻音韵尾的对立，而应该是主要元音的差别，所以现将 in 转写为 [iæn]，ün 转写为 [yæn]"。徐通锵（1993：41）将 19 世纪宁波土白音系中的 in 和 ün 分别转写为 [in] 和 [yn]。这两个韵母在今台州话和宁波话中的发音也非常接近，鼻韵尾均已脱落，但主要元音有些微差异。鉴于共时的语言事实和历时的语音演变，以及前辈的研究成果，本书现转写为 [in] 和 [yn]

关于 en 的处理，阮咏梅（2015）未将其纳入 19 世纪台州土白音系中，因为台州土白圣经译本中有个韵母 en，但仅发现两字：一是"内"字，按其音韵地位该为 ne，但现注为 nen；二是"□﹍手棒；拐杖"读 en，按词义疑为"摁"字，但同类的"恩"字读 eng，与《宁波方言音节》相同。《宁波方言音节》中未收录"摁"字。从台州方言的音系来看，前后鼻音不构成对立，因此归纳韵母系统时不收录 en 韵母，而是将之与 eng 合并。虽然传教士罗马字拼音中 en 和 eng 在形式上对立，但并不表明台州土白和其他吴方言具有前后鼻音的对立特征。本书现仍将 en 列于 19 世纪台州土白音系中，且拟音为 [en]，以突出其与 eng [əŋ] 之间还存在主要元音的差异。《宁波方言音节》中韵母为 en 的台州字音只有一个"勾"字，台州字音为 ven，宁波字音为 bao 和 veng，绍兴字音为 bao；而韵母为 en 的宁波字音，在台州字音中读为 e、in、æn 或 ön 等不同的韵母。例如，"内"字（第 72 页），宁波字音为"neh, nen"，绍兴字音为"næ"，台州字音为"ne"；"按"字（第 118 页），宁波字音为"en"，绍兴字音为"aen"，台州字音为"yin, ön"；"探"字（第 119），宁波字音为"tʻen"，绍兴字音为"tʻæn"，台州字音为"tʻæn, tʻön"；"揞"字（第 120 页），宁波字音为"en, e"，绍兴字音为"aen"，台州字音为"in"。台州土白圣经译本中虽然也有 en，但集中在非常有限的几处，如"nen 中_其中｜ʻen 几_全部；ʻen 身_全身｜en 手棒_拐杖"。结合音义推测，这三个字很有可能分别为"内、含"、按"。尤其是关于"en 手棒"中"en"的本字，《阿拉宁波话》（朱彰年等，2016：94）中将"司的克"释为"手杖。英语 stick 的音译。也说'按杖棒'"。而台州土白圣经译本《希伯来书》（11：21）中"en-djôh kwa-dziang pa-pa"（□着拐杖拜拜）"句，这个动词在官话版中用了"扶"或"倚"，英译本中用的是"lean"。可见，本字用"按"是比较合理的。"en"韵母在台州土白罗马字拼音中存在但使用频率很低的主要原因有二：一是受宁波土白的影响；二是这类字的韵母正处于剧烈变化中。下文还将述及。

此外还有两个非常奇怪的韵母 ě 和 ěng。《宁波方言音节》台州字音部分以 ě 为主要元音的字如"丸 wě｜损 sěng ｜敦燉顿 děng"等，但 ě 和 ěng 这两个韵母未见于其他相关方言文献。

## 二 音系分析

### （一）声母系统分析

声母系统中需要详细说明的主要有以下几点。

1. 次浊声母和半元音声母

《宁波土话初学》中将次浊声母分为成系统的阴阳两套，但在《宁波方言音节》"宁波音节"表中已基本合二为一，唯剩 m̌ 类个别音节有字，如 m̌ 呒｜m̌æ 嘖[1]，其他音节 "m̌a、m̌ah、m̌ang、m̌ao、m̌æn、m̌eh、m̌eng、m̌i、m̌o、m̌oh、m̌ô" 则行下无一例字。宁波土白圣经译本中倒是尚存阴调类次浊声母 ǐ，如 ǐeo（剶）｜ǐo-so（啰唆）。台州土白圣经译本中有 ǐ 无 m̌。

关于汉语中的半元音 y 和 w，Wade（威妥玛）在《语言自迩集》中指出它们跟英语中一样，只是在 i、ü 或 u 前非常微弱，尤其在 u 前的 w，必要时可消失（Wade，1867：5）。但是在宁波方言中，w 是个与 u 元音有很大关系的声带震动的摩擦唇音，它比 u 和 hu 还低（Möllendorff，

---

[1] 嘖，羊叫声。

1901：ix）。台州方言中也是如此，而且存在与阴阳调类的匹配问题。主要表现在 w̃ 上，如"划歪煨秒缓"等。这个 w̃ 的复杂性不仅体现在它涉及 u 介音的属性问题，还跟半元音声母和阴阳调类相纠缠。下文将详细讨论。《宁波方言音节》中台州字音有"划歪煨秒缓垣宛溃"等用 w̃ 声母，台州土白圣经译本中出现的 w̃ 声母字如 w̃e-ky'üoh（委曲）｜ön-ön-w̃eng-w̃eng（安安稳稳）｜wæn-we（挽回）｜w̃æn-ky'üoh（弯曲）。

这种与阴调类字相配的声母主要集中在 1880 年版的 w̃ 和 ̃l 上，相应的 1897 年版中合并为 w 和 l。由于台州土白阴调类字的次浊声母不成系统，前后年代差异较大，我们怀疑这是传教士在翻译台州土白圣经译本中受宁波土白罗马字拼音处理影响的留存，以及翻译过程中对这类次浊声母的清浊两类认识矛盾所致。

台州土白罗马字系统以《宁波土话初学》为蓝本，但比它简洁，主要体现在次浊声母在阴调类和阳调类前合为一套，未呈现出发音上的紧喉和浊流之异。这是台州方言罗马字拼音方案上的不同处理方法而已，并不表示台州土白中不存在这类发音的实际差异。

韵母可自成音节。但有些字到底是属于零声母还是前带半元音声母 y [j] 或 w [w]，常常显得比较混乱，即并非阴调类字一定是零声母，而阳调类字一定是 y [j] 或 w [w] 声母。相对来说，《宁波方言音节》中台州字音在调类和零声母之间的对应关系比台州土白圣经译本显得尤为零乱，虽然不同版本的台州土白圣经译本在处理这类字时也有差异。以"野"字为例，《宁波方言音节》中是"ia"，1880 年版《四福音书》中多为"ia"，而 1897 年版《新约》中则多为"yia"。具体见下文第二节"同音字汇"。

2. ky 组声母的音值

ky 组声母只能与细音相拼。例如，鸡 kyi｜欠 ky'in｜权 gyün｜兄 hyüong。

《宁波方言音节》中作为三者比较对象的宁波话和绍兴话都已有专文论述。徐通锵（1993）将宁波话的 ky 组声母直接改写成 tɕ 组；丁锋（2005）谈及精组细音字在现代绍兴话中的读音"与清末就已读舌面音，写作 ky [tɕ]、ky' [tɕ']、gy [dʑ]、hy [ɕ] 的中古见系细音来源字合流，尖团不分"，可见他认为 ky 组声母已颚化；王福堂（2008）也认为百年前绍兴话中"ky 组是 k 组的颚化音，相当于 tɕ 组"，因此将 ky、ky'、 gy、ny、hy 改写为 tɕ、tɕʻ、dʑ、ɲ、ɕ；胡方（2001）认为徐文将宁波话中 ky 组声母直接改写成 tɕ 组是不对的；阮咏梅（2015）认为，从 19 世纪台州土白的文献来看，台州话中 ky 组声母当时尚未颚化，至今也仍未颚化，因此 ky 组声母不宜直接改写成 tɕ 组，而以舌根音或其变体为佳。

我们还可以 150 年前的上海话文献作为旁证。艾约瑟（Edkins）在《上海方言口语语法》（*A Grammar of Colloquial Chinese-as Exhibited in the Shanghai Dialect*，1853/1868）一书中比较详细地记录并解释了当时的上海话音系。但是后人对在细音前的见晓组声母的拟音却各家有异。表 2-3 是钱乃荣（2014。简称"钱版"）和陈忠敏（1995。简称"陈版"）的拟音对照。

表 2-3　　　《上海方言口语语法》中细音前见晓组声母的拟音

| 钱版 | [k] 古今 | [kʻ] 空去 | [g] 共其 | [ŋ] 我硬 | [h] 海喜 | [dʑ] 序 |
|------|---------|----------|---------|---------|---------|--------|
| 陈版 | ki [c] 鸡 | kʻi [cʻ] 去 | *ki. gi* [ɟ] 其 | ni [ɲ] 拟 | hi [ç] 希 | dj [j] 序 |
|      | k [k] 公 | kʻ [kʻ] 空 | *k.* g [g] 共 | ng [ŋ] 我 | h [h] 火 | h [ɦ] 河 |

陈忠敏（1995）明确将见系声母依洪细而一分为二，并说明"古见组、晓组在细音 i [i] 或 ü [y] 前，声母颚化，其声母音值是舌面中音"。但钱乃荣（2014）对这一问题的认定比较犹疑，他一方面对 [k] 组声母所作的说明是"其中 [k kʻ g n h] 五母加 [ɪ] 或 [y] 分别读作 [tɕ tɕʻ dʑ ɲ ɕ]"（钱乃荣 2014：37）；另一方面又评价该书作者 Edkins 对此处理"是作者比别人对上海话的见组声母观察更为细致的结果"，"这说明了当时的上海城里见组声母在细音前的读音还不是用舌面塞擦音发音的，笔者在现今的松江、奉贤等上海郊区语音变化迟缓的地方，依然听到了这样的音，用舌面中塞音来读，听起来接近舌尖塞音或舌面前塞音"（钱乃荣 2014：8）。石汝杰（2013）对 Edkins 关于这个问题的解释分析得比较详细，他指出艾约瑟在分析音值时比较多地使用诸如"像 ji""接近 sh""像送气的 chi"此类的表述，说明这些音实际上介于舌叶音和舌面音之间，虽然"去"字的读音处于从 kʻi 向 cʻhi 过渡的状态，但仍可判断当时上海话已经有舌面的 [tɕ tɕʻ ɕ dʑ] 了。

同时期的各种罗马字官话版本虽然注音略有差异（以"卷见"二字为例，见表 2-4 正字法比较表），但是见系声母颚化已成事实，Wade（威妥玛）系统采用"ch"更是这种颚化的直接表现。即便在当时吴语苏州话中，"舌根音和喉音只出现在开口及合口韵之前，舌面音只出现在齐齿及撮口韵母之前，互补分配的情形很明显，可见舌面音是从舌根音演变而来的"（丁邦新 2003：23）。如果说上海话可能尚在颚化中，所以比较复杂，那么据此认定当时的苏州话跟官话一样已完成了颚化之说不算妄断。

表 2-4　　Edkins（1864：6）：Comparative Table of Orthographies

|  | Edkins | Morrison | Prémare | Gonsalves | Repository | Wade |
|---|---|---|---|---|---|---|
| 卷 | kiüen | keuen | küen | küen | kiuen | chüan |
| 见 | kièn | keĕen | kien | kien | kien | chien |

　　Edkins 对上海话这组声母的认识排除了它们属于舌根音的结论，严格地说，与标准的舌根音有别。各家争论的焦点集中在它们是舌根音的变体，还是已彻底颚化为舌面前音，抑或是处于舌根音与舌面前音之间的舌面中音。无论如何，上海话、苏州话和官话的比较为我们拟测台州土白 ky 组声母的音值提供了一种语音演变的下限。在无其他历史文献明确支撑的情况下，借助于今方言白读层读音或周边方言的读音，来探寻某种方言的演变轨迹不失为一种行之有效的考察方式。今上海周边老派方言的事实表明，150 年前上海话见晓组声母在细音前可能尚未完全颚化，用舌面中音来描写其音值也许更为合适，而上海以南的绍兴话、宁波话则更有保留舌面中音音值的可能。何况 Möllendorff（1901）在区分 c 和 ky 时明确提到 "ky is the same sound with the addition of the glottal catch"，即 ky 发音时有另外的喉部动作，不是单纯的舌面音。而今台州方言内部中仍有相当地方存在这种见晓组细音前声母未彻底颚化，尤其是舌根音能拼撮口呼韵母成为今台州方言独立成片的最重要的特征之一，以及与已彻底颚化的精组字形成对立的方言事实，这些均表明我们将 19 世纪台州土白罗马字拼音系统中 ky 组声母拟测为舌面中音 [c] 组音颇为合理。我们认为台州方言中 [c] 组舌面中音在性质上更接近舌根音，是舌根音的音位变体。

　　3. kw 组声母的独立

　　从声韵组合关系来说，kw 组声母远比 ky 组声母复杂，它关系到对 u 和 w 的认识。

　　学界对于介音 u 的认识分歧由来已久。u 介音的性质和归属问题是导致 kw 组声母能否独立的关键因素，因此它不仅仅是形式上写成 u 还是写成 w 那么简单。介音 "一向是放在韵母里，作为韵母的一部分来讨论的，很少单独研究，把介音同声母放在一起来考察也相对较少。不过，近些年的研究显示，介音问题是理解《切韵》音系的关键，无论是对声母还是对韵母"（麦耘，1992；2004）。同理，介音问题也是理解 ky 和 kw 二组音值和音位的关键。

与 kw 组声母不同的是，无论 ky 后的 i 和 ü 是作主要元音还是作介音，"舌根音+y"的形式都作为整体形式出现在 i 或 ü 前。而 u 仅出现在单韵母 u、uh 和复合韵母 iu 中，w 则既可以出现在其他韵母前的声母位置，也可以跟在舌根音后再带其他韵母。特别值得一提的是台州土白中与 ky、kw 声母相关的送气音符号皆置于其后，而非在舌根音声母与 y、w 之间。如 ky'、kw'，说明介音是作为声母整体存在的。我们不将 w 处理成 u 介音的变体而作为半元音或声母的一部分，还有三个重要原因：

第一，传教士的罗马字记音。

综观 19 世纪以来传教士的官话和汉语方言著作及圣经译本，kw 组和 ku 组均有出现，总体来看，前者的使用频率大于后者。Wade 在《寻津录》（1859）和《语言自迩集》（1867）中描写官话时采用 u 介音，如"瓜 kua、怀 huai、官 kuan"等。Edkins（1864）描写的官话中 u 介音则全用 w（i 介音仍用 i），并且在音节表（Table of Syllables）中是作为韵母部分来处理的，有半元音声母 y 和 w，无零声母。如复合合口呼韵母有 uei、uen、ueng、ua、uah、uai、uan、uang、uo、uoh，但在具体音节中 u 都记为 w，例如，峦 lwan、圭 kwei、滚 kwen、横 hweng、寡 kwa、刮 kwah、拐 kwai、乱 lwan、广 kwang、果 kwo、惑 hwoh、说 shwoh 等。Edkins（1864：54）介绍上海方言中的合口呼韵母时说"其余以 u 为中间元音的韵母，仅出现在 k，g 之后"，形成的韵母则写成 w 开头的。他在以表格的形式记录"乖刮关官瓜樟光滚"等字的官话和上海话读音时，皆采用 kw-，另有半元音 y 和 w 声母，开口呼韵母前为零声母。Edkins 的这段话表明他认为上海话与官话一样，非声母位置上的 w 和 u 实为同一个音，都是韵母的一部分。但钱乃荣（2014：42）认为他所比较的 22 种传教士上海方言著作中，戴维斯和西尔斯贝《英汉上海方言字典》（1913）中的罗马字注音字母"是 19 世纪末 20 世纪初上海方言口音中设计最完美的一套拼音，符合上海话语音的实际情形"，其中"声母像粤语那样把 kw 一类单列分出，一方面在语音上实际发音 w 比 u 更接近读音，另一方面简化了韵母表中的韵母数目"。

宁波土白《马太福音》（1853）、《四福音书》（1868）和所有版本的台州土白圣经译本，以及 Möllendorff（1901）的 *The Ningpo Syllabary*（《宁波方言音节》）中，宁波、绍兴、台州三地的此类音皆记为 kw-组，而非 ku-组。除此以外，19 世纪传教士汉语方言的罗马字拼音文献中，广州话、福建邵武话、苏州话、温州话等也都使用 kw 组声母。

第二，当代学者的音系处理。

关于 u 介音的音值问题，李荣（1985：24）认为，"大部分汉语方言的 [ku kʻu]，包括北京话跟广州话在内，都是圆唇的 [k kʻ]，在语音上，北京跟广州的 [u] 介音没有差别。两地的差别在于介音跟声韵的组合上，因为组合方式不同，分析方法可以不同……至于合口介音写 [u] 还是写 [w]，那只是写法问题"，同时他引用赵元任在《音位标音法的多能性》中比较英文 sway 记作 [swei] 和中文"岁"记作 [suei] 的例子，说明中文中这类带 u 的字在发音时舌根的作用很弱。如果介音不独立的话，就出现"介音属声"和"介音属韵"两种分析法。李荣（1985：23）判断这两种分析法孰优孰劣的标准是"简单"，即声母跟韵母的总数越少越好。具体的判断法是：介音所拼的声母多，则介音属韵的办法好；反之则介音属声的办法好。

麦耘（1999）则认为广州人与北京人的语感可能有差异，他通过一个反复多次的小实验证明广州话 [kw, kwʰ] 中的 [w] 与北京话的 [u] 介音在发音上有所不同，即前者结合得很紧，后者的介音是独立的音素。并且认为如果介音的处理能做到简单而明了，"这已经在一定程度上说明这种处理反映了这个音系的本质特征。这不光是指节约音位数目，更指系统上的整齐和合乎音理"。

汪平（2003：17）也指出："习惯上，我们都把介音归韵母。但音质上看，介音往往有轻微摩擦，时长也短。从跟前后结合紧密程度看，往往跟声母结合更紧。逢齐齿呼，声母往往一开始就已颚化，[i]（或 [j]）是从声母过渡到主要元音时自然存在的音；逢合口呼，声母一开头就已圆唇，并非发完了辅音才把嘴唇撮起来；撮口呼的情况则兼备上述二者特点。因此，它简直是更多地属于声母。"

综上所述，u 介音属韵并非天经地义，相反，属声有时比属韵可能更科学，尤其就方言特别是东南方言来说。庄初升（2016）指出，kw-声母实际上属于唇化软腭音声母。唇化软腭音声母包括唇齿软腭音声母 kv 组和一般性唇化软腭音声母 kw 组。这种声母广泛存在于客家方言、粤语、赣语、闽语和吴语等东南方言中。但是学者们在处理这组声母时，情况各异。大部分学者把 w 处理为-u 介音，所以归纳的 19 世纪各个方言音系中只有 k 组而没有 kw 组声母，如周同春（1988）、陈忠敏（1995）、徐奕（2010）的上海话，胡方（2001）的宁波话，王福堂（2008）的绍兴话；也有一些学者保留 kw 组声母，甚至认为早期音就是 kv 组唇齿软腭音，如秋谷裕幸、王莉（2008）和郑张尚芳（1995；2008）的 19 世纪温州话。实际上，自粤语韵书《分韵撮要》以降，近 200 年来的很多音韵学家都认同将 kw 与 k 区别开来的音系处理方式，而且认为这种唇化软腭音是汉魏或更早以前汉语唇化声母的遗存。

第三，今台州方言的事实依据。

今台州方言读音中与 kw 相关的一组见系宕<sub></sub>合口通摄字与百余年前传教士记音差别甚大。今各家记音差异极小，且一致无介音 u，详见表 2-5。为便于对照，同时附上《宁波方言音节》中台州字音（简称"《音节》版"）和台州土白圣经译本（简称"土白版"），已转写为国际音标。

表 2-5　　　　　　　　　　　台州方言见系宕合口通摄读音

|  | 光 | 矿 | 谎 | 旺 | 汪 | 国 | 哭 | 吓 | 屋 | 镬 |
|---|---|---|---|---|---|---|---|---|---|---|
| 《音节》版 | kwoŋ① | kw'oŋ | hwŋ | woŋ | / | koʔ | k'ɔʔ | hwø | ɔʔ | woʔ |
| 土白版 | kwoŋ | k'oŋ | hoŋ | woŋ | / | koʔ | k'oʔ | hɔʔ | oʔ | ɦoʔ |
| 杭大版 | koŋ | / | hoŋ | ɤoŋ | / | koʔ | / | / | oʔ | / |
| 黄版 | kõ | k'ɔ̃ | hõ | ɦõ | ɔ̃ | koʔ | k'oʔ | hɔʔ | oʔ | ɦoʔ |
| 市志版 | kõ | k'ɔ̃ | hõ | ɦõ | ʔɔ̃ | koʔ | k'oʔ | hɔʔ | ʔoʔ | ɦoʔ |
| 浙江版 | kõ | k'ɔ̃ | hõ | ɦõ | ɔ̃ | koʔ | k'oʔ | hɔʔ | oʔ | / |

　　语料来源（按年代先后）：《浙江方言》（1959，油印本，简称"杭大版"）；黄晓东（2007，简称"黄版"）；《台州市志》（2010，简称"市志版"）；《浙江省语言志》（2015，简称"浙江版"）。

以上例字在《宁波方言音节》中绍兴字音几乎全为 kw 组声母，宁波字音同台州字音相近，虽 kw 组声母为多，但有些在绍兴字音中记为 kw 组声母的在宁波、台州二地则记为 k 组声母。此类字在今台州方言内部基本

---

　　① "光矿"疑为 ông 掉落上加符号之误。

上存在"南北差异"，即以临海、三门、仙居、天台为北台片，以无 u 介音为主流；而以椒江、黄岩、温岭、玉环为南台片，以有 u 介音为主流；当然有些点兼具南北共性，如玉环方言比较复杂，内部差异显著。今宁波方言舒声字多有 u 介音，入声字无 u 介音（朱彰年等，2016）。宁波北仑一带则以无 u 介音而独具特色，尤其是宕摄合口字与开口字合并，如江缸扛＝光｜讲港＝广｜杭＝王｜巷＝旺。今绍兴方言一律带 u 介音，为合口呼韵母（王福堂，2015）。

有无 u 介音以及孰先孰后的问题在粤语中的争论最为激烈。既有认同"广州话的确是粤方言介音逐步消失过程中的一站"（麦耘，1999；邵慧君，2010），也有认为粤语其他次方言、闽语、客家话以及其他南方语言应该是属于后起的介音新增现象（邵慧君，2010）。就台州方言的历时演变情况来看，kw 组声母的独立是完全必要的，可以观照 u 介音的演变轨迹。

4. 舌叶音的存在

与19世纪台州方言关系紧密的宁波方言中的舌叶音问题已受关注并有讨论。一种观点认为舌叶音是"一套独立的音类"，与舌面音、舌尖音形成三套系列共存的音系格局（徐通锵，1993）；另一种观点则认为"ʧ组与 ts 组也可以被描写为一对条件变体"，"徐文认为百年前宁波方言有三套塞擦音和擦音系列，事实上只有一套"（胡方，2001）。就同时期的台州方言来说，我们在台州土白圣经译本和《宁波方言音节》中都发现了舌叶音与［k］组、［ky］组、［ts］组声母的共存现象，分布条件虽有侧重，但并不整齐划一。总的来说，台州方言中的舌叶音字数少于宁波方言，另有三点异于宁波话：

第一，声母上除了精组和知系外，还有来自见系的舌叶音，来自日母的字也比宁波话多。见系字如：供宫弓躬 cong［ʧoŋ］｜恐 c'ong［ʧʻoŋ］｜琼穹 Djong［ʤoŋ］｜筐眶 côong［ʧʻɔŋ］｜狂 djông［ʤɔŋ］｜曲 c'oh［ʧʻoʔ］｜局 djoh［ʤoʔ］；日母字如：绒戎 jong［ʒoŋ］｜润闰 jing［ʒiŋ］｜乳儒如孺茹瑞 jü［ʒy］｜软 jün［ʒyn］｜肉褥辱 joh［ʒoʔ］。

第二，韵母上主要集中在遇、止、山、臻、江、通等摄的部分三等字，如"扯猪制知置章"等。没有来自假、蟹、宕摄的字，但还有零星来自梗摄的舌叶音，如"琼穹"等。

第三，传教士台州文献在舌叶音字的标注上存在一定的矛盾和混乱，见表 2-6。表面上看这些矛盾是不同的传教士或同一个传教士在不同时期采用了不同的记音形式，实际上也是舌叶音的内部差异和文白异读的客观体现。

表 2-6                                          台州土白舌叶音的标注

|  | 术 | 些释 | 传 |
| --- | --- | --- | --- |
| 台州土白圣经译本 | zih［ziʔ］ | shih［ʃiʔ］ | djün［dʒyn］ |
| 《宁波方言音节》 | jih［ʒiʔ］ | sih［siʔ］ | dzün［dzyn］ |

从音值上来看，官话中的舌叶音与上海话、宁波话相差不大。Wade（1867：5）① 和 Edkins（1864：2）② 都觉得官话中的 j 发音与法语中的 j 相同，如 *jaone*；或者就像英语 confusion 中的 si；sh 就像英语中的 sh 一样。官话中的 ch 组声母兼表舌尖后音和舌面前音。j 多用于今普通话 r 声母字，如"人"字，当时各大官话罗马字正字法比较表中都用 j（见表 2-7）。Möllendorff（1910：ix）指出宁波方言中的 j 是与 sh 对应的带音声母③。可见用舌叶音［ʃ］和［ʒ］来拟测 sh 和 j 是比较合理的。

表 2-7        Edkins（1864：6）：Comparative Table of Orthographies

|  | Edkins | Morrison | Prémare | Gonşalves | Repository | Wade |
| --- | --- | --- | --- | --- | --- | --- |
| 人 | jen | jin | jin | jen | jin | jen |

另一个争议较大的是 dj 声母。Edkins（1864：2）认为除了 22 个官话辅音外，还有 8 个他省需要展现的音（necessary to express *provincial sounds*），如苏州（Sucheu）话和杭州（Hangcheu）话中有此 8 音，它们是 *g*、*d*、*b*、*v*、*h*、*z*、*dz*、*dj*。其中官话中的 dj 是与 ch 一组的，就像英语

---

① "*j*；most nearly the French *j* in *jaone*；our *s*，in *fusion*，or *z* in *brazier*，are the nearest imitation of which our alphabet admits."

② "J is the French j，and might be written zh. It is sometimes in English written z as azure，also si as in confusion."

③ "sh is a voiceless for-lingual spirant formed with a breadthwise groove of the tongue；j is its corresponding voiced counterpart."

jewel 中的 j。dz 是 d 和 z 的组合，为了方便起见，dj 往往单发 j①。上海话中的 dj 也跟 June 中的 j 相近，如"序 djü"。这个音也可以读为 z。本地人两者皆用②（Edkins，1864：4）。因此，如果采用舌叶音这套声母的话，j 和 dj 应该是和 sh 在一组。

5. 分尖团

19 世纪台州方言是分尖团的，属于"ts［ʦ］/c［ʧ］-kyi［c］"型，即"舌尖音"与"舌叶音/舌面中音（实为舌根声母在细音前因协同发音导致的音位变体）"之间的对立。如：

际 tsi［ʦi］≠寄 kyi［ci］　　西 si［si］≠戏 hyi［çi］

醉 cü［ʧy］≠季 kyü［cy］　　蕉 tsiao［ʦiao］≠骄 kyiao［ciao］

酒 tsiu［ʦiu］≠九 kyiu［ciu］　千 ts'in［ʦ'in］≠牵 ky'in［c'in］

全 jün［ȝyn］≠拳 gyün［ɟyn］　津 tsing［ʦiŋ］≠巾 kying［ciŋ］

从台州土白圣经译本和《宁波方言音节》来看，精组和见晓组中有不少字的记音或龃龉颇多，或两读，如 1880 年版《马太福音》中"洗、显"分别有 si［si］和 hyi［çi］，sin［sin］和 hyin［çin］的两读；或系组混乱，如表 2-8 所示。

表 2-8　　　　　　　　　　台州土白精见组字声母记音比较

|  | 显献洁 | 鸡机挤制妻器洗戏究鸠结 | 脚着 |
|---|---|---|---|
| 台州土白圣经译本 | ［c］组 | ［ʦ］组 | 脚＝着 |
| 《宁波方言音节》 | ［ʦ］组 | ［c］组 | 脚（［c］组）≠着（［ʦ］组） |

我们从 Morrison 强调当时宁波方言中存在的两读现象便可得知舌叶音和分尖团现象尚处于进行中的变化状态。有些音在各人发音时差异甚大，如 sih 或 shih，soh 或 shoh，siang 或 hyiang，cong 或 tsong，djông 或 dzông，keh 或 kah，heh 或 hah 等③（Morrison，1876：Explanations）。其中前 5 组涉及舌叶音或尖团音问题。这些现象在台州土白中有过之而无不及。

---

①　"*Dj* is allied to ch, as g to k, dz to ts, & c. It is the English j as in jewel. Dj and dz though really compounds of d, z and j are for convenience treated as single consonants, according to native usage."

②　"dj nearly as j in June；序 djü, preface. This sound may also be read z. The native use either."

③　"There are some sounds, in pronouncing which, teachers differ greatly as in saying *sih* or *shih*, *soh* or *shoh*, *siang* or *hyiang*, *cong* or *tsong*, *djông* or *dzông*, *keh* or *kah*, *heh* or *hah*, &c., &c."

（二）韵母系统分析

韵母系统中有两个特别值得一提的现象：

1. 韵母两读。台州土白圣经译本中韵母的两读现象大多因文白异读、内部差异、审音差异或其他差互、失误而起，尤以常用字的文白异读居多，如"大问巧"等。《宁波方言音节》中系统性的韵母两读突出表现在咸山摄上，确切地说，是咸摄的覃韵和见系谈韵、山摄见系寒韵的主要元音上。这类字在台州土白圣经译本中只有一种读音 ön［øn］，如"男南、看、翰汉旱、安暗案"等。《宁波方言音节》中除这些字外，还有"探、感敢赶干肝竿杆、寒韩汗、幔、按晏"等字也存在韵母 æn/ön 两读，例如，探 t'æn［t'æn］/t'ön［t'øn］；幔 mæn［mæn］/ mön［møn］；寒 yin［jin］/'ön［ɦøn］；感敢赶干肝竿杆 kyin［cin］/ kön［køn］；安暗案、按韩汗 in（yin）［in］（［jin］）/ön［øn］；惨 ts'æn［ts'æn］/ts'ön［ts'øn］；看 k'æn［k'æn］/k'ön［k'øn］；坎 ky'in［c'in］/k'ön［k'øn］。

2. 变音。变音是相对于本音而言的，它具有语法意义、词汇意义和小称意义等功能。19 世纪传教士文献中已经记录了台州方言中存在的变音现象。这些变音数量不多，都是常用词，变音均居词末。台州土白圣经译本中出现的变音如渠<sub>第三人称单数</sub> 爸 ge pang｜今日 kying -nying｜鹁鸪bôh-kön｜落脚<sub>最后</sub>lôh-kyiang；《宁波方言音节》中出现的变音如袂 kæn｜窟 kw'eng｜鸽 kön/kyin。如果我们将此三字与同时期的宁波话、绍兴话作一比较（见表2-9），台州方言变音的特征便更加凸显，因为宁波话和绍兴话中皆为入声韵，而台州方言则按其入声字的变音规则均已变为鼻韵母。

表 2-9　　　　　　宁波话、绍兴话和台州话入声字读音

| | 宁波 | 绍兴 | 台州 |
|---|---|---|---|
| 袂 | kyiah | kyiah | kæn |
| 窟 | kw'eh | kw'öh | kw'eng |
| 鸽 | keh | kih | kön/kyin |

上面"鸽"字变音两读反映了"鸽"字本音两读的现象。传教士文献中出现的变音字中，有的存在本音和变音两读，有的只见变音，未见本音。是否用变音可以作为衡量台州方言翻译地道程度的一个标准，用变音的文本比用本音更口语化、更地道。今台州片方言仍然保留丰富的变音现象，它是台州方言的一种典型特征。日常语言生活中，有些字用变音多于

用本音，有些字甚至只用变音，未见本音的变音字中有的能根据变音规则
倒推出本音，有的则难以推定。

汉语方言中字音两读情况的存在，很多是不同的读音竞争性演变的残
留，而词汇扩散是语言演变得以实现的基本途径之一（王士元，2002：
89—95）。"词汇扩散论指出，在任一时期的任一个活的语言当中，我们
都可以预期发现若干组单词具有双重发音。这种实例并不难得到，然而文
献中记载的却不多，这大概因为理解受制于期望。"（王士元，2002：96）
19 世纪传教士台州方言文献已然表明台州方言中的竞争性语言成分的存
在及其演变轨迹。

## 第三节　19 世纪台州土白同音字汇①

19 世纪台州土白同音字汇所依据的传教士文献主要如下：方言词典
*The Ningpo Syllabary*（《宁波方言音节》（1901）；台州土白圣经译本《四
福音书》（1880）、《新约》（1897）、《但以理书》（1893）、《创世纪》
（1905）、《明数、约书亚、士师、路得记》（1906）、《申命记》（1907）。

字汇以表格的形式排列，详见表 2-10。表中首列均为根据传教士所
用罗马字注音拟测的国际音标读音，国际音标转写的具体依据和分析参见
前文第二节。无本字可考的音节用方框"□"表示，后面用小字作注或
举例，其中"~"代替所释字；单下划线字为白读音，双下划线者为文读
音。同音字分前后两部分，以竖线隔开，无竖线或竖线前来自《宁波方言
音节》中的台州话例字，剔除了其中的重出字、异体字、错别字、生僻字
等；竖线后来自上述台州土白圣经译本；加粗字表示两者文献中均有出
现。每个汉字后所附数字表示该字的读音数。相同的字出现在不同的位
置，说明不同的版本有不同的记音，或因读音有所变化，或因记音失误所
致。台州土白圣经译本和《宁波方言音节》中的罗马字注音都无声调，
为便于阅读，现大致按中古声调类别并结合字的常用程度和音韵地位排
列。实际上，还存在很多生僻字和读音混乱而无法严格按照声调顺序排列
的，暂且忝列其后。

---

① 本节以《基于传教士文献的台州方言同音字汇》为题，发表在《吴语研究》（第九届国
际吴方言学术研讨会论文集，上海教育出版社 2018 年版）上。有改动。

表 2-10　　　　　　　　　　19 世纪台州土白同音字表

| a | |
|---|---|
| p | 摆拜簸₁ |
| p' | ｜派 |
| b | 排簲败粺 |
| m | 妈埋卖｜买 |
| t | 歹带｜戴 |
| t' | 他₁泰太｜拖 |
| d | 汏大₁ |
| n | 拿₁挪乃奶奈那捺 |
| l | 拉癞赖｜□~鸦:乌鸦 |
| ts | 斋债｜咋 |
| ts' | 搓蔡｜差 |
| s | 洒驶 |
| z | 柴豺｜瘵 |
| k | 阶皆街解介尬戒界疥芥价诫 |
| k' | 卡₁揩 |
| ŋ | 外₁涯睚骇讶｜捱 |
| h | 哈蟹｜□堆。人~,沙~ |
| ɦ | 鞋懈 |
| ku | 瓜乖寡拐怪挂枴罣 |
| k'u | 夸蒯快 |
| gu | ｜怀~里 |
| hu | 化花华₁ |
| w | 娃怀划₁华₂话坏槐孬画 |
| ∅ | 挨 |

| e | |
|---|---|
| p | 碑杯卑狈簸₂背贝辈｜悲 |
| p' | 沛配 |
| b | 培陪赔裴倍备孛悖焙珮佩蓓掊｜背 |
| m | 每妹媒煤梅枚昧呆₁ |
| f | 艄 |

续表

| | |
|---|---|
| t | 戴｜堆□才;刚劰拉扯｜对 |
| tʻ | **推台胎腿退** |
| d | **台抬苔待代兑**埭怠岱殆玳**袋逮队黛** |
| n | 馁耐 |
| l | **雷来**僵**擂**累泪₁类｜礌滚动踉~倒;摔倒;翻倒 |
| ts | **灾宰哉最载醉再** |
| tsʻ | 催摧**猜**彩采睬**翠菜**｜扯 |
| dz | 缠 |
| s | **衰赛**帅碎 |
| z | 裁才材财在罪锐 |
| k | **该改**丐**概盖**｜个 |
| kʻ | 开铠恺忾₁｜去 |
| g | 戤｜隑斜靠渠第三人称单数 |
| ŋ | **呆**₂碍阂 |
| h | 海□我~;我们 |
| ɦ | 孩害｜艾苇规~矩 |
| ku | **剑灌盔** |
| kʻu | 宽恢魁款｜盔 |
| ŋu | 外₂ |
| hu | **欢灰唤徽**₁梅獭**海** |
| w | 回茴蛔迴**完帏患换**晦**会桓**浣涣**汇焕**碗婉荟（煨桼缓垣宛溃）｜诲桼 |
| ø | 哀唉埃亥**漓霭爱**咳嗳 |

ɔ

| | |
|---|---|
| p | 玻疤笆芭葩巴吧**播把靶**霸坝 |
| pʻ | **帕**悉~**怕**□约~｜ |
| b | **爬琶耙**罢 |
| m | 吗痲**码玛**蚂马**骂**｜麻 |
| t | ｜朵₂ |
| n | 倻**哪拿**~撒勒｜因那□叹词.表提示 |
| ts | **遮樝渣窄蔗诈**｜榨 |
| tsʻ | 蹉车₂剉挫措扠**权错**₁｜叉岔 |

续表

| | |
|---|---|
| dz | 揸查茶 |
| s | 沙痧砂纱裟鲨奢所舍晒赦 |
| z | 蛇社射₁座 \| 昨₁ |
| k | 伽₁佳加枷袈迦哥歌嘉嫁家价架 \| 假果₁驾 |
| k' | 颗₁窠科可裤课 \| □抓;拿 |
| ŋ | 牙芽俄蛾衙哦我瓦疋₂雅饿 |
| h | \| 呵 |
| ɦ | 河瑕荷夏 \| 丫下₁□~手;随手;顺便 |
| ø | 阿₁鸦丫哑亚下₂ |
| | o |
| p | \| 玻波 |
| p' | \| 破怕 |
| b | \| 婆菩 |
| m | 麻摩魔磨模模摹墓幕慕暮 \| 马 |
| t | 多都朵₁垛躲堵睹赌炉埵 |
| t' | 拖他₂妥兔唾 |
| d | 图途屠跎舵陀鸵驮惰肚₁大₂度₁ |
| n | 懦 |
| l | 箩罗锣垆芦鲈螺骡路露鹭 \| 捋 |
| ts | 租左祖阻做 \| 组 |
| ts' | 叉杵醋 \| 搓 |
| s | 蔬₁苏 \| 锁 |
| z | 锄坐 \| 座射 |
| k | 傢果₂假个₁個 \| 哥歌 |
| k' | \| 课ʰ~颗₂ |
| ŋ | 讹鹅误 |
| h | 呵₂火伙虎琥 \| 货 |
| ɦ | 何和禾 \| 河下₃~肥祸贺 |
| ø | \| 阿~尼西母□~嘴;亲嘴 |
| | i |
| p | 彼比鄙臂庇闭 \| 卑 |

续表

| | |
|---|---|
| pʻ | 批披砒胚吡屁譬 |
| b | 皮疲脾毗貔俾币婢弊敝毙蓖笓 **被避鼙**\|备 |
| m | 咪迷眉糜靡弥洣米麋美尾₁寐\|□；时间尚早 |
| f | 飞非菲霏妃匪 **翡废沸肺**\|费 |
| v | 肥微薇维₁尾₂未 |
| t | **低爹底抵**氐**帝**\|低～加波利 |
| tʰ | 梯体剃屉涕\|替 |
| d | 啼地堤弟悌提棣第笛蹄递题 |
| n | \|泥 |
| l | 梨犁离璃俚狸藜鹂蜊李礼里鲤例利厉厘吏哩娌丽泪₁痢隶 |
| ts | 肌羁计讥际祭继济\|鸡机箕□～手；左手□①～身；身体**挤姐制系** |
| tsʻ | 凄\|妻器 |
| dʑ | 伽₂ |
| s | **西洗玺**嬉**世势婿戏细**\|□喊叫 |
| z | **齐痔脐荠暂** |
| c | 鸡基玑矶**箕**饥几**姐姊**己**挤冀制寄既暨纪记掎**\|骑～身；身体 |
| cʻ | **妻欺溪**企启岂起器契忾₂**弃气砌** |
| ɟ | **其旗期**棋奇骑祁祈麒妓忌祇\|徛站 |
| ɲ | 倪倪仪蚁呢妮宜尼泥霓鲵二你疑义艺谊议 |
| ç | **希**熙犀唏**喜**嘻禧\|稀洗戏 |
| j | 余₁係兮匜夷奚异移肆\|埃～及 |
| w | 味 |
| ø | 以伊依倚已意衣椅矣医 |
| | u |
| p | 波坡补谱圃怖啵**布** |
| pʻ | 颇普浦破**铺** |
| b | 菩葡₁蒲簿₁哺埠捕部步\|孵 |
| f | **夫肤**麸敷仆俯哺₂**孚府**斧釜甫脯赴付**傅副富附**\|咐 |
| v | 芙扶无符侮武腐舞妇负附父雾\|浮₁抚巡～ |

---

① 疑为"骑 kiʲ～身"之误。

续表

| | |
|---|---|
| t | ｜都朵$_2$堵肚$_2$炉 |
| t' | 吐｜土 |
| d | 杜渡$_2$镀｜徒途涂肚$_3$度 |
| n | 努奴驽怒 |
| l | 炉噜掳橹卤鲁｜芦鹭露 |
| ts' | 初粗楚｜醋 |
| s | 苏蔬$_2$酥梭堘塑数素诉｜疏$_{~割:人名}$所$_{~在}$ |
| z | 助｜锄 |
| k | 姑孤戈辜锅鸪鼓估古咕固故果$_3$股裹顾雇｜过 |
| k' | 枯苦库｜骷箍裤 |
| ŋ | 吾梧瘩忤①娱 |
| h | 呼伙 |
| w | 胡湖狐糊护｜□围拢 |
| ∅ | 污乌邬户戽祸互恶$_1$屋$_1$｜□$_{~里:家里}$ |
| | y |
| n | 危寓糯委$_1$ |
| l | 驴屡缕褛虑 |
| dʑ | 渚$_1$躅绪 |
| ɦ | 于$_2$ |
| c | 规车$_2$居归驹龟$_1$亏拘围圭桂句据举鬼矩诡贵锯俱炅桅癸窥 |
| c' | 区驱驱去抠$_2$枢 |
| ɟ | 瞿葵衢渠$_1$拒揆矩诡跪柜馈具劬惧 |
| ɲ | 愚鱼渔隅女语遇魏御｜危寓 |
| ç | 卉号吁嘘徽$_2$挥晖辉虚盱纬诩许毁诩韦愧 |
| ʧ | 珠追主诅渚$_2$著蛀铸疽蛆｜株诸嘴注醉 |
| ʧ' | 吹痴趋取娶鼠$_1$处脆 |
| ʤ | 除厨蹰捶柱署住｜储 |
| ʃ | 抒书输虽尿须水庶恕岁税纾婿髓｜数□$_{粗}$ |
| ʒ | 儒叙如茹孺隋徐竖聚遂随乳序瑞｜树 |

---

① "忤"字罗马字注音为"ngwu"。与一般单元音韵母为 u 的音节拼法不同。

续表

| | |
|---|---|
| j | 围帷惟维$_2$榆为$_{作\sim}$谕违逾遗余$_2$於$_2$渠$_2$位喻汇愈**惠彗慧**眭穗**胃卫韦预**｜雨 |
| ∅ | 威苇于$_1$羽与雨委$_2$尉慰於$_1$尉熨畏喂｜为椅喂 |

| ao | |
|---|---|
| p | 包保宝饱鸨报豹｜胞豹□$_{绽裂}$ |
| pʻ | 抛胦跑泡炮$_1$ |
| b | 胞袍咆庖抱匏鲍暴炮$_2$ |
| m | 猫毛茅卯夘冒帽貌 |
| t | 刀倒捣祷到｜岛 |
| tʻ | 叨滔讨套 |
| d | 桃逃淘萄陶盗稻道导蹈｜□$_{\sim成;成功;结果}$ |
| n | 瑙脑铙闹 |
| l | 咾唠捞劳老｜牢痨$_{\sim病}$佬 |
| ts | 糟遭抓找蚤搔$_1$早枣爪灶罩躁 |
| tsʻ | 操抄搔$_2$炒草钞吵糙 |
| s | 瘙稍筲艄骚嫂扫燥 |
| z | 曹槽漕皂造｜□$_{\sim相干;何干;\sim得人;什么人}$ |
| k | 高糕羔膏胶茭椒告姣教稿窖绞蛟诰较酵｜交搅 |
| kʻ | 敲尻巧拷考烤靠｜铐窍□$_{大约。\sim十斤}$ |
| ŋ | 敖傲厫咬乐$_1$ |
| g | ｜爻$_{助词,相当于"了"}$ |
| h | 蒿交哮孝耗 |
| ɦ | 毫濠号 |
| ∅ | 昊浩坳奥懊效鳌｜澳呕$_{叫;喊}$ |

| əu | |
|---|---|
| pʻ | ｜□$_{分\sim;分诉}$ |
| b | 呸 |
| m | 矛谋牟侔母牡亩眸茂 |
| f | 否 |
| v | 复$_1$浮$_{2虚\sim}$阜 |
| t | 兜斗｜抖 |
| tʻ | 偷透｜敨 |

续表

| | |
|---|---|
| d | 投头豆痘 |
| ŋ | 藕$_1$ |
| l | 娄楼篓蝼搂漏瘤陋｜髅镂$_{挖}$ |
| ts | 邹绉钩骤$_1$沟$_1$苟购$_1$走皱｜奏 |
| tsʻ | ｜凑 |
| s | 搜嗽瘦 |
| z | 愁骤$_2$ |
| k | 勾沟$_2$狗够觳掫购$_2$ |
| kʻ | 口叩寇扣凑 |
| g | ｜佝 |
| ŋ | 偶$_{~然}$牛耦藕$_2$ |
| h | 好｜鲎$_{彩虹}$□$_{曲身}$ |
| ɦ | 侯猴喉后候｜厚□$_{听凭}$ |
| ç | 吼 |
| ø | 欧鸥瓯后呕抠$_1$沤厚伛 |
| ia | |
| ts | 者借 |
| tsʻ | 且 |
| s | 写卸 |
| z | 邪斜惹喏射$_2$榭谢麝 |
| ɟ | 茄 |
| j | 也夜爷耶｜野$_1$ |
| ø | 野$_2$ |
| iu | |
| m | 谬 |
| t | 丢 |
| n | 扭纽 |
| l | 流留瘤榴硫刘柳 |
| ts | 周州洲舟侜帚酒灸肘咒｜究鸠 |
| tsʻ | 抽丑｜秋臭$_1$ |
| dz | 仇惆踌咎宙 |

| | |
|---|---|
| s | 休修收羞麻猱守手首朽狩兽秀绣锈 |
| z | 柔受授寿就袖 |
| c | 究阄龟₂鸠久九玖韭疚救骄｜咒₍念₎ |
| c' | 秋楸坵蚯丑臭₂｜丘 |
| ɟ | 囚求球毬裘酬畴筹绸臼舅旧枢纠 |
| j | 佑又友右幼幽悠油游犹由诱｜尤䌷 |
| ∅ | 尤忧有酉 |
| iao | |
| p | 标彪镖剽₁表嫖 |
| p' | 票飘剽₂嫖₁漂 |
| b | 瓢殍｜嫖₂ |
| m | 苗描渺藐锚妙庙 |
| t | 钓雕貂屌吊 |
| t' | 挑眺桃跳 |
| d | 条笤掉调窕｜越₍走₎ |
| l | 聊辽镣憭了寮料 |
| ts | 招昭钊焦蕉椒剿沼照诏｜礁嚼 |
| ts' | 悄超俏｜锹 |
| ʣ | 兆潮｜召 |
| s | 肖消硝宵霄萧箫销小少晓笑啸｜烧 |
| z | 韶饶扰绕｜嚼 |
| c | 娇侥缴朝₁矫撬叫｜骄浇 |
| c' | 窍｜敲巧 |
| ɟ | 乔朝₂轿召 |
| ç | ｜晓偠"休要"的合音字 |
| ɲ | 尧鸟₂袅嬲｜饶 |
| j | 夭姚摇瑶窑谣遥耀 |
| ∅ | 腰妖幺杳舀邀要么 |
| æn | |
| p | 班斑板版版扮拌₁绊 |
| p' | 扳攀盼襻 |

续表

| | |
|---|---|
| b | 爿$_1$办 |
| m | **蛮馒**嫚幔$_1$**挽晚**$_1$**慢漫** |
| f | 幡**番翻**反返 |
| v | **凡**亇圻汎**烦犯繁**藩**范万饭**泛 |
| t | **单耽担胆**旦 |
| t‘ | **摊**坍坦**毯滩炭叹**探$_1$ \| 瘫 |
| d | **谈**痰**坛弹潭**谭罈啖**淡**澹**蛋但**覃 \| 旦$_{\text{约}\sim}$ |
| n | 南$_1$男$_1$**难** |
| l | **篮蓝兰栏**拦**懒**览揽缆榄**烂**澜 \| □$_{\sim\text{污；肮脏；褴褛}}$□$_{\text{湿}}$ |
| ʦ | **斩盏赞** \| 蘸 |
| ʦ‘ | **餐**骖忏刬$_2$惨$_1$灿 \| 铲 |
| ʣ | **赚**$_1$ 站**暂栈** \| 赚$_{2\text{错}}$ |
| s | 三**山衫**叁珊**伞散产**剷铲撒疝 |
| z | **馋惭残**蚕谗劖 |
| k | **间奸监减拣简**柬橄痫裤鉴涧 |
| k‘ | 嵌看$_1$ |
| g | \| 衔陷$_{\text{挤塞}}$ |
| ŋ | **岩眼**雁 \| 颜 |
| h | **喊**苋 \| 罕$_1$馦$_{\text{谷}\sim\text{；秕谷}}$ |
| ɦ | 函**咸** \| 限 |
| ku | 关惯鳏掼 |
| gu | \| 擐$_{\text{背}}$掼$_{\text{摔打}}$ |
| ŋu | 顽宦扤 |
| w | **弯湾**圜寰**环还**幻 \| 患 |
| ø | 菴限陷 \| 晏$_{1\text{晚}}$ |
| **en** | |
| n | \| 内$_2$ |
| ɦ | 含涵寒韩汗旱翰瀚 \| □$_{\sim\text{儿；全部}}$ |
| ø | 鞍庵谙暗安**按**$_{\sim\text{手棒；拐杖}}$案 |
| **øn** | |
| p | 半拌$_2$ |

续表

| | |
|---|---|
| pʻ | 潘**判泮** |
| b | 胖般**搬盘**磐**伴叛**畔 |
| m | **幔₂瞒鳗满** |
| t | 端湍**短**｜锻□<sub>扔;掷</sub>□<sub>~簟</sub> |
| tʻ | **探₂**｜贪 |
| d | 团**断段**煅缎锻｜潭<sub>深~</sub> |
| n | **南₂男₂** |
| l | 銮鸾卵₁**乱恋** |
| ts | 攒钻 |
| tsʻ | 揣惨₂篡｜蹿<sub>跳</sub> |
| s | **酸算**蒜 |
| k | **杆₁甘₁竿₁肝₁感₁敢₁赶₁坎₁干₁鸽₁**｜秆<sub>芦~</sub> |
| kʻ | **看₂<sub>好~</sub>｜坎** |
| h | **汉酣₁**｜罕₂ |
| ɦ | **寒₁**｜翰汉旱汗 |
| ku | **冠官棺管罐脍馆** |
| kʻu | ｜宽<sub>~容</sub> |
| hu | ｜欢 |
| w | ｜碗①缓 |
| ø | **安₁按₁晏₂暗₁案₁**汗₁韩₁｜冤鞍 |
| | in |
| pʰ | **偏片篇**翩骗 |
| b | **便卞弁辫辨**｜辩 |
| m | **棉绵眠免冕**缅面 |
| t | **癫颠点典店**玷 |
| tʻ | 天忝添腆**舔** |
| d | **甜田畋佃钿填垫**奠殿电靛 |
| l | 奁帘廉怜敛殓**炼**琏练**联脸连链**鲢 |
| ts | **尖詹毡沾煎甘₂瞻剪辗酢₂**霑**箭**荐**战**佔僭 |

<hr>

① 《马太福音 23：26》（1880 年版）中为 un。此韵母只出现一次，似乎不合台州土白韵母系统。

续表

| | |
|---|---|
| ts' | 千芊迁遣阡｜签 |
| dz | ｜钱缠 |
| s | **仙先鲜**₁闪癣**扇献**籼线｜显 |
| z | **前潜**染₁冉**渐善然**缮蟮贱饯｜践 |
| c | 兼坚干₂**建**感₂拈肩敢₂杆₂竿₂茧肝₂赶₂镰剑占见鸽₂站 |
| c' | 牵签**谦**堪龛欠扦刊坎₂愆浅砍 |
| ɟ | 钳缠**虔**钱件健俭剪｜乾 |
| ɲ | 言年严俨廿染₂验念唁｜碾□₍侧转；头～转₎ |
| ç | **显鲜**₂煽煤｜险献 |
| j | 沿涎延弦绚韩₂盐寒₂岸憾捍按₂汗₂演**焰现**砚筵翰倪偃｜腌宴 |
| ø | 烟胭安₂宴掩揞旱案₂厌咽暗₂燕焊鞍 |
| | yn |
| dz | 传 |
| c | **圈**捐绢**眷卷** |
| c' | 犬券劝捲｜圈 |
| ɟ | **拳权倦** |
| ɲ | **元原源芫愿**｜软 |
| ç | 喧暄楦萱埙 |
| tʃ | **专砖转** |
| tʃ' | 川拴**穿**喘痊舛钏串 |
| dʒ | 撰馔｜传 |
| ʃ | 宣闩**选** |
| ʒ | **全旋泉船耍软**｜痊 |
| j | **冤**袁猿员圆悬猿玄**缘**县怨₁院｜园远 |
| ø | 渊冤鸳远｜怨₂ |
| | aŋ |
| p | **绷**｜帮爸₍变音₎ |
| p' | 浜烹磅₁｜□₍撞；掷₎ |
| b | **彭棚碰**₁～着；碰到**膨**歇力～骨；肋骨蚌揣｜**蓬**刺～聋聋～聋子 |
| m | 虻**猛孟蜢**｜□～坑；茅坑 |
| t | 打 |

续表

| | |
|---|---|
| l | 冷 |
| ts | 争睁桦铮诤 |
| tsʻ | 撑撐 |
| dz | 橙₁｜□钻□~过先:抢先 |
| s | 生牲笙省₁｜甥 |
| k | 耕庚羹更梗粳耿鲠 |
| kʰ | 坑硁 |
| ŋ | 硬 |
| ɦ | 亨行衡 |
| ku | ｜梗量词,根鲠 |
| w | 横轰₂ |
| Ø | 幸杏樱₁ |

**əng**

| | |
|---|---|
| p | 奔本 |
| pʻ | 喷 |
| b | 盆笨 |
| m | 们扪门｜问 |
| f | 分纷吩奋~勇氛粉粪 |
| v | 文纹蚊坟闻问岔｜份__~人家□盖住 |
| t | 吞灯登等凳｜顿 |
| tʻ | 籴褪｜吞□漂浮;~来~去 |
| d | 墩屯滕腾誊遁沌钝｜盾 |
| n | 能卵₂嫩暖｜恁~之;宁可 |
| l | 伦囵仑沦纶论轮 |
| ts | 增塅曾₁甑｜尊遵 |
| tsʻ | 寸忖村 |
| s | 僧孙曾₂飧逊比逊。｜损 |
| z | 存层赠 |
| k | 根跟｜□遮盖 |
| kʻ | 啃垦恳肯 |
| ɦ | 衡恨恒痕 |

续表

| | |
|---|---|
| ku | 昆棍汩｜滚 |
| k'u | 坤捆睏窟｜困 |
| g | ｜□蹲;蜷伏 |
| hu | 婚惛昏荤 |
| w | 温瘟混馄魂浑稳恽 |
| ∅ | 恩 |
| | ɔŋ |
| p | 邦帮榜绑膀谤 |
| b | 庞旁滂螃傍₁ 棒 |
| m | 忙芒｜望₁ 网忘₁ |
| f | 方舫妨访放纺 |
| v | 亡妄忘₂ 望₂ 罔防｜房 |
| t | 挡裆｜当党档□扶 |
| t' | 倘 |
| d | 塘溏糖膛荡螳｜堂 |
| l | 狼螂郎廊榔朗浪 |
| ts | 妆庄樟獐瘴臧掌葬装赃障壮嶂｜□弄;搞 |
| ts' | 仓沧疮舱苍唱₁ 菖昌₂｜窗 |
| s | 桑霜礵赏｜丧 |
| z | 偿尝藏常床状脏｜裳上尚 |
| k | 刚纲扛江缸肛钢讲港降亢｜岗 |
| k' | 囥慷糠抗炕｜□__寿坟 |
| h | ｜荒慌谎 |
| ɦ | 杭航｜巷 |
| ʧ | ｜□肥胖 |
| ʧ' | 窗₂ 眶筐｜冲 |
| ʤ | 椿狂撞 |
| ʃ | ｜双₁ |
| ku | 胱｜光广 |
| hu | 荒谎｜慌 |
| w | 皇凰徨惶煌篁蝗王磺潢遑旺｜黄枉 |
| ∅ | 盎项 |

续表

| | oŋ |
|---|---|
| p | 崩梆 |
| pʻ | **捧**碰₂ |
| b | 朋甏磅₂**篷蓬**蓬~尘;灰尘**傍**₂ |
| m | 朦蒙濛梦 |
| f | **丰风**枫疯峰烽蜂夆讽方仿坊**奉俸**｜封 |
| v | 房缝逢｜甮"勿曾"的合音字**奉** |
| t | 冬东栋董佟懂冻 |
| tʻ | **通统**痛 |
| d | 童同铜桐唐堂筒桶宕洞仝僮 |
| n | 农脓囊昂 |
| l | **龙聋**隆珑砻拢**弄**｜□~出;伸出 |
| ts | 宗彰棕综踪总粽 |
| tsʻ | **聪**葱 |
| s | 鬆耸丧送 |
| z | 裳丛嫦上崇尚 |
| k | 光公功工攻蚣贡 |
| kʻ | 空康孔控 |
| h | **哄烘**訇轰₁｜蕻菜~;枝~ |
| ɦ | **洪红**~汤**虹鸿**｜□~~响;轰隆隆地响 |
| ʧ | **中宫弓忠**躬钟衷肿踵供塚**众种终纵** |
| ʧʻ | **充冲**穹闳**宠忡**恐铳 |
| ʤ | **虫重**茕琼｜共₁ |
| ʃ | **嵩松**~树;~香双₂｜叔变音 |
| ʒ | 从戎绒讼诵传~颂 |
| ku | 广 |
| kʻu | 旷 |
| hu | 恍 |
| w | 黄 |
| ∅ | 翁 |
| | iŋ |
| p | 兵冰彬饼丙禀秉摒柄并迸饼鬓瓶｜殡 |

| | |
|---|---|
| $p^h$ | 品娉聘 |
| b | 平凭瓶苹萍**评**屏频鼙并伻冯牝**病** |
| m | 名铭茗明民盟**悯敏**皿螟冥闵**命** |
| t | 丁叮钉疔订仃顶鼎｜盯□~；~；一点儿 |
| t' | 厅汀挺艇听 |
| d | 亭停廷蜓庭定 |
| l | 拎林淋玲羚临苓菱邻陵零霖灵鳞麟龄伶岭领凛另令 |
| ts | 针征贞斤₁旌晶榛正津珍真睛砧精荆蒸井整进镇震俊倾₂振浸证症政敬₁｜枕劲 |
| ts' | 亲青清亲请逞寝庆秤鲭｜趁 |
| dʑ | 陈程橙₂澄郑觐剩₁｜□dao~；成功；结果沉尘呈 |
| s | 伸审心新升星欣深甥申绅声胜腥莘讯身辛醒沈婶省₂信姓性圣迅｜汛 |
| z | 丞乘仁任₂升城寻情成承晨神秦绳臣薪诚辰忍静尽净慎盛甚剩₂ |
| c | 京惊经境巾径斠斤₂景泾矜竟紧拯敬₂胫谨警金锦枕颈疹禁鲸晋儆｜筋镜 |
| c' | 轻卿搇秤衾衬趁 |
| ɟ | 呈尘勤琴禽芹近阵劲₂捡 |
| ɲ | 人迎银仍任₁凝壬宁认｜日今~；变音 |
| ç | 馨｜兴 |
| ʧ | 准 |
| ʧ' | ｜春蠢 |
| ʒ | ｜句以~迦别□"锡安"地名的音译 |
| ʃ | 纯唇巡循旬吮润顺｜寻 |
| j | 刑寅淫营盈蝇孕｜形引 |
| ø | 因鹰姻殷樱₂湮窨膺英茵荫婴阴音颖饮引蚓影隐印应映 |

| iaŋ | |
|---|---|
| l | 两凉梁粱樑粮良谅量亮 |
| ts | 桨奖胀蒋酱帐｜将张窥视账长老涨仗雀变音□停留 |
| ts' | 枪娼昌₁猖抢厂敞创畅唱₂氅襁跄锵闯伥倡伥｜□一~；一会儿 |
| dʑ | 长肠场杖仗｜详~细 |
| s | 香伤相箱镶商乡厢想响晌鲞向哼 |
| z | 详祥翔蔷墙庠象像让匠 |

续表

| | |
|---|---|
| h | 享 |
| c | 姜｜僵缰脚<sub>变音。落~；最后</sub> |
| ɟ | 强 |
| ɲ | 娘孃仰酿｜瓤<sub>核儿</sub> |
| ç | ｜享<sub>~福</sub> |
| j | 央羊阳扬旸杨洋佯飏烊炀样彊怏恙 |
| ∅ | 鸯殃痒养 |
| | **yʊ** |
| ts | 遵 |
| tsʻ | 准蠢 |
| ʥ | 盾 |
| c | 君均鞫军钧 |
| cʻ | 窘 |
| ɟ | 群裙郡 |
| ɲ | ｜润 |
| ç | 勋熏薰醺训 |
| ʃ | 恂舜瞬 |
| j | 云匀纭芸运韵晕 |
| ∅ | 允 |
| | **yɔŋ** |
| cʻ | ｜框 |
| ɟ | ｜狂 |
| ʤ | 撞 |
| ç | ｜况<sub>何~</sub> |
| w | 往尪 |
| ∅ | ｜往 |
| | **yoŋ** |
| c | 冢拱宫供｜宫弓恭 |
| cʻ | 倾₁匡｜恐穹<sub>~苍；天空</sub> |
| ɟ | 穷仲共₂ |
| ɲ | 浓 |
| ç | 兄凶胸况｜□<sub>嗅</sub> |

续表

| j | 庸傭熊雄容荣泳咏用 |
|---|---|
| ∅ | 拥永涌鮑｜墉慵 |
| **aʔ** | |
| p | 伯八₁柏百迫｜不 |
| pʻ | 拍擘珀魄｜䍃孹 |
| b | 帛白 |
| m | 脉陌麦么｜驀 |
| f | 法 |
| v | 物 |
| t | ｜□~料;这么多 □~个~稀奇;这倒稀奇 |
| tʰ | ｜□一~连得;全部连着 |
| l | ｜□~瑟 |
| ts | 摘｜责只 |
| tsʻ | 册拆策｜插 |
| ʣ | 宅姹诧择泽 |
| s | 栅｜□~诈;欺骗 |
| z | ｜□~m;什么 |
| k | 格隔革 |
| kʰ | 客｜□~西摩义 |
| ŋ | 额 |
| h | 赫 |
| ku | ｜捆刮 |
| ɦ | ｜□~yi;哪里 |
| ∅ | 厄呃轭阿₂ |
| **æʔ** | |
| p | 拨跋铍｜八₂ |
| b | 拔 |
| f | 弗佛拂发笏｜法 |
| v | 乏伐罚阀｜□白~;白沫 |
| t | 答褡搭~帐篷□拍打 |
| tʻ | 哒塌塔搨榻獭踏遢｜他亚比亚~挞□涂抹 |

续表

| | |
|---|---|
| d | 沓₁ **特达** \| 夺踏践~ |
| n | 呐**纳**捺 |
| l | **啦喇**扐**拉蜡猎**肋**腊辣** \| □加大~ □~转;环绕;兜拦 □服;服气 |
| ts | **扎札轧** 窄□播撒 |
| ts' | 则**察**侧插擦仄**测** |
| s | 塞煞索**萨** \| 杀撒革尼~勒 |
| z | 卡₂ \| 闸锄 |
| k | 割₁**夹甲**胛荚 |
| g | 揔~~抖;瑟瑟发抖 觡搂抱 |
| h | 呷**喝瞎** \| □饿 |
| ɦ | 匣核**狭** \| 盒辖 |
| ku | 括聒 |
| ku' | 阔 |
| hu | \| 揔甩 |
| ŋu | 兀 |
| w | 挖 |
| Ø | **押鸭** \| 压 |

eʔ

| | |
|---|---|
| p | 不钵鹁 \| □给;让;叫 |
| p' | 叭泼 \| 拍~浪 |
| b | 浡**脖** \| □就;便 |
| m | **抹末**殁**没沫袜** \| 物□~药;麻药 |
| f | 勿咈弗 |
| v | **佛** \| 物 |
| t | **得德** \| 答□和 |
| tʰ | **凸**~眼忑忒**秃脱** \| 塔 |
| d | **夺突** \| 特 |
| n | 讷 \| 纳衲 |
| l | 捋**粒** \| 拉腊律勒 |
| ts | 侧**撮**~阎;抓阎 |
| ts' | 岔 |

续表

| | |
|---|---|
| s | **色**｜瑟塞□垃~：垃圾 |
| k | 蛤$_2$｜个割箇①指示词；助词 |
| k' | **克刻恰渴**$_1$｜掐□~妒：忌妒 |
| h | **黑** |
| ɦ | **合**$_1$荷~ |
| ku | 刮猾**骨** |
| k'u | 阔 |
| hu | 囫**忽**揔豁 |
| w | 挖**活**滑 |
| ø | 压 |
| | ɔʔ |
| p | 博**膊驳**｜剥 |
| b | 箔**雹**｜薄~荷鹁 |
| m | 寞幕莫**摸** |
| v | ｜缚 |
| t' | **托** |
| d | 牍踱铎｜□~断：审断 |
| n | 诺 |
| l | **乐**$_1$烙禄绿**落**鹿｜骆□~乱：忙乱 |
| ʦ | ｜□捡拾作斫 |
| ʦ' | **错**$_2$ |
| ʣ | 昨痄 |
| s | ｜索 |
| z | 镞**凿**｜辱**昨**$_2$ |
| k | **搁觉角阁**｜各□烘烤。~熟：烤熟□~板：礼物 |
| k' | **哭壳确**｜□清~：清爽；干净 |
| g | ｜□搁浅；搁住 |
| ŋ | **岳**鄂鹤｜乐$_2$~器 |

① 为了与表量词的“个”相区别，本书用“箇”来表指示词和相当于“的”的结构助词和语气助词。

续表

| | |
|---|---|
| h | **霍**霍｜□怕 |
| ɦ | **学**惑或涸｜鹤拿~腥1｜1~人相;害羞状 |
| tʃ | 捉琢｜筑□~实;确实□捡拾 |
| tʃʻ | 啄喫**戳**触｜龊 |
| dʒ | **着**2｜逐 |
| ʃ | 搠朔缩 |
| w | 镬臒 |
| ∅ | 屋｜恶□2~人相;害羞状 |
| | oʔ |
| p | 北卜 |
| pʻ | 扑瀑｜趴 |
| b | 仆剥搏匐曝葡2**薄** |
| m | **墨木沐漠牧目**睦穆｜摸莫□~百;部落首领□~事;异象 |
| f | **幅复**2**福腹**蝠**覆**辐馥 |
| v | **伏復**3**服袱** |
| t | 笃**督**｜啄 |
| d | **渎度**2**毒独读** |
| n | ｜诺以~ |
| l | 六咯洛漉碌录络陆**骆**｜落绿 |
| ts | 作促 |
| tsʻ | 蹙｜簇~崭新;~齐 |
| s | 束**速** |
| z | **族** |
| k | 各国谷 |
| ŋ | 乐3 |
| ɦ | ｜惑或 |
| tʃ | **嘱属**1**烛祝竹筑足**｜桌 |
| tʃʻ | 吃**矗**蛐黜龊｜□~怒;大怒 |
| dʒ | 局轴 |
| ʃ | 叔宿属1粟肃｜蓄缩 |
| ʒ | **俗塾孰淑熟续肉**2亲骨~蜀褥赎辱｜属2 |

续表

| | |
|---|---|
| ku | 郭 |
| w | 握 |
| ø | 恶$_2$醒$_2$｜屋 |
| i? | |
| p | 哔必璧毕碧笔辟逼鳖｜瘪 |
| p‘ | 僻劈匹撇疋$_1$霹 |
| b | 别弼鼻｜辟$_{开~}$ |
| m | 密灭蜜觅 |
| t | 嫡滴的跌 |
| t‘ | 惜剔帖惕铁｜踢□$_{这样}$ |
| d | 垤$_{小土丘}$迪敌沓$_1$狄叠碟籴耋蝶｜笛 |
| l | 溧列力律裂栗历洌沥烈疬立 |
| ts | 节即执折拮接摺棘汁浙洁炙疖积绩只织职脊蛤$_1$赤迹鲫｜质结侧$_{~耳朵;侧耳}$ |
| ts‘ | 七切妾尺戚缉敕漆疙窃迄$_2$饬｜赤 |
| dz | 值侄屐掷殖直讫 |
| s | 些失媳室屑式息悉惜拭湿胁膝$_1$薛虱亵设识释锡饰｜歇$_1$泄 |
| z | 什入十夕嫉寂实$_1$截拾涉疾石籍习舌蕨袭陟集食蚀｜术$_1$绝$_1$ |
| k | 割$_2$ |
| k‘ | 揭 |
| c | 亟劫吉吸圾急戟掇击级结给激｜洁 |
| c‘ | 乞怯$_1$泣渴$_2$挈 |
| ɟ | 杰及极汲竭迄$_2$ |
| ɲ | 匿囡孽捏捻日业溺热逆 |
| ç | 歇$_2$蝎｜膝$_2$ |
| ʧ‘ | 出 |
| ʤ | 着$_{1望~;看到}$ |
| ʃ | 说雪｜些释□$_{理睬}$ |
| ʒ | 术$_2$述｜绝$_2$叶实$_{2厚~}$ |
| j | 佾协合$_2$易益盍叶蝎蝎译逸阖页驿 |
| ø | 一乙噎壹抑揖遏邑 |

续表

| u ʔ | |
|---|---|
| s | 摔率瑟 |
| ʃ | 刷成 |

| y ʔ | |
|---|---|
| kʻ | 倔 |
| ʧ | 决抉掬决菊诀蹶拙 |
| ʧʻ | 屈崛缺鞠｜□~分 |
| ʃ | 恤₁ |
| ʒ | 绝₃ |
| ɬ | 厥掘术₃｜橛 |
| ɲ | 月 |
| ç | 血 |
| ʃ | 恤₂ |
| j | 穴粤₁｜越₁ |
| ø | ｜越₂ |

| ia ʔ | |
|---|---|
| l | 掠略 |
| ts | 勺嚼₁爵酌｜脚着₃~衣裳 |
| tsʻ | 雀鹊｜□个~;这时候;那么;就 |
| ʤ | 着₄｜□~得情愿;愿意 |
| s | 削谑 |
| z | 嚼₂弱若 |
| c | 脚｜峡 |
| cʻ | 怯₂绰却 |
| ɲ | 虐疟~病箬 |
| j | 钥药｜越₃ |
| ø | 约 |

| yo ʔ | |
|---|---|
| c | 曲屈吃｜确喫 |
| ɟ | ｜镯局 |

续表

| | |
|---|---|
| ȵ | 狱玉｜捻~粉；揉粉；和面 |
| ç | 旭畜蓄 |
| j | 彧役欲毓浴疫育 |
| ∅ | 悦郁 |

| ∅ | |
|---|---|
| m̩ | 某 |
| n̩ | ｜儿 |
| ŋ̍ | 五午吾｜鱼尔你 |
| ts | 之仔咨子置兹志支致旨智枝梓止炽猪知祉笞 **纸紫**翅肢至芝蛛痣咨辎｜姊煮滋~润齿盛；装 |
| tsʻ | 刺耻次此雌齿｜厕 |
| dʑ | 持池治滋雉踟迟｜苎伺 |
| s | 使史司四尸屎思撕斯施死私筛丝肆蛳诗试豕驶 |
| z | 事仕似伺侍匙嗣士始字寺巳市慈是时氏疵示祀而自词赐辞｜珥书~ |

## 第四节　百余年来台州方言的语音变化①

　　19 世纪传教士文献记载的台州方言以当时台州府所在地临海话为代表。本节主要选取《台州地区志》（1995）中的“方言章”、《浙江临海方言音系》（黄晓东，2007），以及本人的实际调查作为百余年来台州方言语音变化的比较语料。《台州地区志》记录的是临海城关话，《浙江临海方言音系》实际上记录的是临海大田话，二者略有不同。本人调查的临海城关话音系见附录 1。下面择要简述百余年来台州方言的语音变化。

### 一　舌叶音的消失

　　百年前的舌叶音在今台州方言中已消失，其中，来自精组知系和日母的舌叶音演化为［tɕ］组声母，而来自见系的舌叶音与拼细音的［c］组声母合流。从传教士文献中那些舌叶、舌尖混读，两读或前后不一（如

---

　　①　本节曾以同名题目发表在《语言研究》（2015 年第 2 期）上，现有部分修改。

"蠢" ts'üing [tsʻyŋ]，以及上文表中的"术些释传"等）的精组知系字声母来看，舌叶音演变为 [tɕ] 组声母的轨迹是先舌尖化，继而颚化。有些韵母随着舌叶音声母的颚化而彻底圆唇化为撮口呼，如舌叶音后的 ong [oŋ] 韵母今读为 [yoŋ]。涉及舌叶音演变的字音主要如表 2-11 所示。

表 2-11　　　　　　　　　　　　台州方言舌叶音的演变

| | 19 世纪 | 现代 |
|---|---|---|
| c [tʃ] | 中塚忠众种终纵肿衷踵钟｜准｜主渚₁珠疽著蛀蛆诅追铸｜专砖转｜嘱烛祝竹筑足｜捉琢 | [tɕ] |
| | 供宫弓躬 | [c] |
| c' [tʃ'] | 充冲宠忡铳｜取吹娶痴脆处趋鼠₁｜串喘川拴痊穿舛钏｜出｜吃蠢蛐蝺｜啄喫戳触 | [tɕʻ] |
| | 穿恐｜麴 | [cʻ] |
| dj [dʒ] | 虫重｜住厨捶柱署躇除｜撰馔｜撞｜着望~；看到｜轴 | [dʑ] |
| | 茕琼｜局 | [ɟ] |
| sh [ʃ] | 嵩松｜尿庶恕抒书岁水税纾婿输虽髓须｜宣选闩｜恂舜瞬｜说雪｜叔宿属₂粟肃｜搠朔缩｜恤｜刷戍 | [ɕ] |
| j [ʒ] | 从戎绒讼诵颂吮唇｜巡循旬润纯顺｜乳儒叙如孺序徐瑞竖聚茹遂隋随｜全旋泉娶船软｜术述｜俗塾孰淑熟绝｜续肉蜀褥赎辱 | [ʑ] |

## 二　细音前舌尖声母的颚化和分尖团类型的改变

19 世纪传教士文献显示当时的台州方言中精组和知系声母在细音前尚未发生颚化，它们或读舌尖前音，或读舌叶音。舌尖前音不但常拼齐齿呼韵母，也有后拼撮口呼韵母的，如《音节》中的"dzü [dzy] 渚绪踌蹰｜dzün [dzyn] 传｜tsüing [tsyŋ] 遵｜蠢 ts'üing [tsʻyŋ]"，如果说 dz 可能是因为 dj 的一个字母之差导致的拼写失误的话，那么 ts、ts' 后拼撮口呼的存在不得不让人相信传教士采用这样的拼写是认真的。虽然这些字不多，但可视为舌尖前声母拼撮口呼遗留的痕迹。

现代台州方言中，精组和知系组在细音前已一律颚化为舌面前音。根据传教士文献中这些舌尖和舌叶之间两读或混读以及遗留的蛛丝马迹，可以断定在这个颚化过程中，当时已显颓势的舌叶音先与强势的舌尖音合流，遂尔一起颚化为舌面前音，即（[tʃ] → [ts]）+细音→ [tɕ]。

当精组和知系声母在细音前颚化时，与之尖团对立的见系声母并未发生变化，于是现代台州方言的尖团分立的格局虽未打破，但分尖团类型已有所不同，即由 "ts/tʃ‐c/k" 型转为 "tɕ‐c/k" 型（阮咏梅，2010；2013：75—77）。

### 三　鼻韵尾的变化

19 世纪台州方言中共有鼻韵母 13 个：æn［an］、en［en］、in［in］、ön［øn］、ün［yn］、ang［aŋ］、eng［əŋ］、ing［iŋ］、ông［ɔŋ］、ong［oŋ］、iang［iaŋ］、üong［yoŋ］、üing［yŋ］，如算上 w 开头的韵母 wæn［uan］、wön［uøn］、wang［uaŋ］、weng［uəŋ］、wông［uɔŋ］（下文分析不包括此类韵母），总数则达 18 个。我们发现鼻韵尾脱落在当时已现端倪，但其特点并非表现为因鼻韵尾整体脱落导致鼻韵母的数目减少，而是指一小部分字以 "词汇扩散" 的形式开始从鼻韵母变成了元音韵母，这类字集中在山摄合口见系上，从台州方言语料的内部差异可见一斑。山摄合口见系字在台州土白圣经译本中统读为韵母 ön［øn］，如 "贯、完碗换、管官冠馆、宽、欢" 等，但是在《音节》中这组字一分为二，一部分保留 ön，如 "冠官棺管罐馆、完碗" 等；另一部分主要元音为 e［e］，如 "灌、宽款、欢唤獾、婉完换患桓浣涣焕碗、缓垣宛" 等。其中 "完碗" 等出现了 ön 和 e 两种韵母共存的现象。

由于《音节》中存在一定程度的标音失误，使得我们在初次面对鼻韵尾脱落这一现象时也将之纳入此类，但是当这些不断出现的 "失误" 字成了有规律的例外字时，才不得不意识到这是鼻韵尾脱落之伊始。台州方言鼻韵尾脱落肇端于山摄的见系，不仅符合南方方言中前鼻韵尾的脱落大都集中在咸山二摄的共同特征，而且也可从音理上得到解释，可以说鼻韵尾的消失或弱化是缘于发音的省力原则。

现代台州方言共有鼻韵母 11 个，其中鼻韵尾韵母 6 个，鼻化音 5 个。百余年来鼻韵尾的变化有两种，一种是鼻韵尾脱落而使鼻韵母变为元音韵母，另一种是鼻韵尾弱化为鼻化音。脱落韵尾的有：æn［æn］→［ɛ］、in［in］→［iɛ］（黄晓东文为［iI］）、ön［øn］→［ø］、ün［yn］→［yø］，这类鼻韵母在韵尾脱落的同时伴随着主要元音的高化倾向；鼻化韵母有：ang［aŋ］→［ã］、iang［iaŋ］→［iã］、ông［ɔŋ］→［ɔ̃］。保持鼻韵尾不变的是 eng［əŋ］、ing［iŋ］、ong［oŋ］、üong［yoŋ］、üing［yŋ］，以及臻合一精组字由 eng［əŋ］变读来填补的 ön［øn］。这些鼻韵尾前的主要元音几乎都是高元音。由于高元音的发音空间小，口腔狭窄从而导致鼻韵尾的"尾大不掉"，发音部位活动不便，鼻韵尾就索性岿然不动了。

## 四　复韵母单化和单元音链变

19 世纪台州方言复韵母中有 3 个属双元音韵基的复韵母，即韵母介音以外的部分为双元音（丁锋，2005），它们是来源于效摄和流摄的 ao、iao、eo。现代台州方言中，这几个复韵母都完成了简单化的过程，iao 变成［iɔ］是从三合复韵母简化到二合复韵母；ao 变成［ɔ］、eo 变成［ə］（黄晓东文为［Œ］）是从二合复韵母简化到单韵母。

但是，这一简化催生的［ɔ］韵母与台州音系中原有的 ô［ɔ］韵母产生了重合，导致原来音系中 ô、o 合并为 o 而非 ô 的结局，以及因此引发的一系列链变。原 ô［ɔ］韵字大多来自假摄开口字和部分果摄字，如坝巴把播玻疤笆芭葩霸靶｜帕怕｜爬琶罢耙｜吗玛痲码骂蚂马｜遮樀渣窄蔗诈｜佳加哥嘉嫁家价枷架歌袈迦｜下丫亚哑鸦。除了读 ô［ɔ］韵母外，大部分果摄和小部分假摄开口字还读 o 韵母，而读 o 韵母的字包括部分来自果假摄和来自遇合一的字，如"墓幕暮模磨魔痲｜垛堵多朵睹赌躲都｜做左祖租阻｜火伙虎"等。处于后高圆唇位置上的 u 韵母字基本上来自遇合一，但其中夹杂着个别果摄字，如"波破"等。总之，百余年前台州方言中的三个主要后元音韵母 ô［ɔ］、o、u 来源于果假遇三摄，但是果假遇三摄读为 ô［ɔ］、o、u 时虽各有侧重，却互相之间均有穿插，甚至同一个字分属不同的韵母，或者不同的文献互有抵牾，如"果"在《音节》中为 o，"圣经"中为 ô；"马座"在《音节》中为 ô，"圣经"中为 o。可见，当时的这三个韵母已经开始互相影响。到了现代，前二者已合二为一成［o］，果假摄不再分立（果合三、假开三除外），而原 u 韵母中来自果摄的"波破"等字今也归入［o］了。

从百余年来的演变过程和结果来看，这些主要元音的变化既有相互之间的胶着和竞争的因素，如 ô［ɔ］、o、u 之间的关系，又有来自复韵母 ao 单化产生的推链作用，即来自于效摄的 ao 韵母单化为 ô 后，推动韵母 ô 高化为 o，从而导致二者的最终融合。比较 19 世纪和现代的三个后元音韵母 ô、o、u，虽然发现它们的个数和语音相同，但是就其来源和内容来说，经重新整合后，已是"旧瓶"里装"新酒"了。

### 五  寒覃谈韵的 ［ø］化

上文论及的台州方言咸山摄韵母两读问题，实际上是其在吴语中 ［ø］化历程（郑张尚芳，2005）的一个见证。不同部位的声母会影响韵母的分合，吴语中寒覃谈三韵的分化条件大都是锐音（舌齿声母）和钝音（喉牙唇声母）。19 世纪台州方言中的情况尤显复杂，表现有二：

（1）咸摄覃韵中端系字在《音节》中存在 ön ［øn］和 æn 的两读，在"圣经"中一般读为 ön，读 æn 的话便同于见系。端系上覃 ön≠谈寒 æn 的存在，如"贪探 t'ön ［t'øn］ ≠滩炭 t'æn ［t'æn］ ｜南男 nön ［nøn］ ≠难 ［næn］"，不但打破了依声母的锐钝别音的规矩，甚至导致咸山两摄的不能完全合流。直到今天，这类读音仍顽固坚守着咸山分摄的最后一个阵地。

（2）就见系（包括精组）寒覃谈而言，三韵已无区别。但是来自这三韵的很多字都有两读情况，或两读为 in 或 ön ［øn］，如寒 yin ［jin］ / 'ön ［ɦøn］、感敢赶干肝竿杆 kyin ［cin］ / kön ［køn］、安暗案/按韩汗 in（yin）［in］（［jin］）/ön ［øn］、坎 ky'in ［c'in］ /k'ön ［k'øn］；或两读为 æn 或 ön ［øn］，如惨 ts'æn ［ts'æn］ /ts'ön ［ts'øn］、看 k'æn ［k'æn］ / k'ön ［k'øn］。见系覃谈寒韵读细音，前拼舌面中音（舌根音的变体）是 19 世纪台州方言的一个特色，在台州内部温岭、黄岩等地仍然成系统地存在。

从现代台州方言同音字汇来看，覃谈寒三韵的变化除了韵尾脱落，使得 æn ［æn］ → ［ɛ］、ön ［øn］ → ［ø］外，还存在 in 或 ön ［øn］、æn 或 ön ［øn］这种两读现象的消失，即这些字一律统读为 ［ø］。郑张尚芳（2005）在论及吴语寒覃韵的 ø 化历程时注意到"宁波台州一带有点特别，它们更多读近 ɛ 或 e，……其中到底是受官话影响还是平化后续变化更快所致，还值得探索"。

就台州方言覃谈寒韵的 ［ø］化历程而言，不管出于何种动因，其变化脉络还是有迹可循的。

# 第三章

# 19 世纪台州土白词汇

《嘉靖太平县志》中虽然撷取的是明朝温岭方言的词汇，但兼及浙东方言，认为虽“风土不同，语言亦异”，但“太平故越地也，在上古为东夷，汉以后为会稽郡，故自浙以东，傜俗之言，大略相似”，并列举特征词汇如“吾邑以人为‘秂’，音‘闾’。自称曰‘我侬’，我或讹为‘厊’。称人曰‘你侬’，你与‘薾’同音，盖古‘爾’字之讹。指他人而称曰‘隑侬’，隑，愳回切，即‘渠’字之讹。以取为‘驮’，以唤为‘凹’。呼人曰‘唷’，应人曰‘欸’。以去为‘嘅’，以几许为‘几海’，以罢休为‘歇鳌’。以在此处为‘是箇里’，以在彼处为‘是旁里’。以如何为‘嗟生’，又或讹为‘斋生’，宁绍人曰‘亨生’，以宁馨为‘瓢馨’。凡此之类，不能悉举，姑缀其一二，以续輶轩殊语之后云”。[①] 这些词汇在今温岭方言中已有显著变化，但在 19 世纪传教士台州土白圣经译本和今台州方言内部各点中均有不同程度的留存。有些台州土白圣经译本中的词语，如“硝皮老师、里转$_{\text{里面}}$、顺埭$_{\text{顺便}}$、有活$_{\text{能活}}$、张$^{=}_{\text{停留;在}}$、打脚弹$_{\text{用脚扑腾}}$、吭道成$_{\text{无果}}$、家伙$_{\text{工具、家具等}}$”，今临海话中并不使用，却一直活跃在温岭话中。从这些温岭方言词汇成分而非地道的临海府城方言词汇成分，也可观照台州土白圣经译本不同版本的语言基础和语言成分。

“从汉语史的角度说，把各个时期的常用基本词和各方言的基本词进行综合比较，便可以了解古今汉语的基本词汇和演变过程及其规律。以往汉语词汇史的研究多着重于疑难词语的考释，而忽略常用词的研究。事实上，汉语词汇史的最主要事实便是基本词汇的变动。弄清楚不同时期的基本词汇及其与各方言的基本词、特征词的关系，汉语词汇史的基本面貌也

① （明）曾才汉修，叶良佩纂：《嘉靖太平县志》，天一阁博物馆编《天一阁藏历代方志汇刊》（第 500 册），国家图书馆出版社 2017 年版，第 217 页。

就清楚地显现出来了。"（李如龙，2011）台州土白圣经译本词汇成分的构成非常复杂。除了基本词汇外，还有很多当时新产生的汉语官话词汇、基督教特有的宗教词汇，以及传教士翻译过程中的生造词等。我们将这些主要词汇分门别类，并通过对不同时期台州土白圣经译本用词的比较，不仅能揭示台州土白词汇上的文白差异，还能展示不同译本之间的语体、风格之别。

词汇与时代的关系最为紧密。某一时代的词汇也反映了那个时代的世界观、价值观和社会变迁。由于其相互制约和对立的情况不像各个音素在音韵关系上的整齐对应那样清楚明了，所以对词汇的研究，不但需要进行共时的考察，还应重视词汇的变化，尤其是词汇地位的历史嬗变。"所谓方言词汇地位的历史嬗变，指随着社会历史的发展变化，由方言词汇转为共同语词汇，或由共同语词汇转为方言词汇的现象，也指旧方言词汇不断消失、新方言词汇不断产生的现象"，对方言分歧较大而且历史悠久的汉语来说，词汇历史地位的变化尤其显著。（董绍克，2013：276）台州方言特有的语言成分自古以来从无进入汉语共同语的可能。因此，从这个意义上来说，和绝大多数汉语方言一样它与汉语共同语之间的关系是单向的，即只有共同语影响台州方言，反之则不成立。台州土白圣经译本的词汇，无疑可作为观照 19 世纪汉语共同语的一个微小而难得的旁证。

本章第一节简要介绍台州土白词汇的特点，第二节"主要分类词汇"可以一窥 19 世纪台州土白圣经译本的词汇概貌，第三节为台州土白 1880年版《四福音书》和 1897 年版《新约》的词汇比较，各节中所涉词条意义与共同语相同时，释义缺省。为便于对照和查询，每个词条至少给出一个圣经出处。与官话词汇相同的条目，因数量较大，不再单列。

## 第一节　台州土白词汇概说

鸦片战争前夕，中国外语人才非常罕见，能够帮助外国传教士完成汉语圣经译本的当地人凤毛麟角。据马西尼（1997：20）报道，1839 年 3月 10 日，钦差大臣林则徐受道光皇帝之命赴广州解决鸦片问题时，由两个英语翻译陪同，他俩可能是当时北京仅有的两个懂英语的中国人。可想而知，即使四五十年后，在被传教士视为"未开化之地"的台州，真正懂英语的人能有几个不得不让人怀疑。而早期传教士的中文学习和传教经历往往是"一旦传教士掌握了传教所需的词汇"便会"开始尝试着去写宣传手册或翻译圣经"的工作（费正清，2006；邓联健，2015：73）。这种状况在整个西洋传教士中文圣经译本的翻译过程中大体相似。一般来说，由于中国人的英语水平所限，圣经汉译工作的第一步大都由传教士完成，而汉译后的本土化程度则由当地翻译助手或同工的水平来决定。基于这种语言条件下翻译的中文圣经译本，各种语言成分的混杂便不足为奇。台州土白圣经译本的共时系统中，自然夹杂着官话、欧化词、生造词以及译者个人的不同来源的方言词汇等。

从历时演变来看，台州土白词汇也可包括传承词、变异词、创新词和借用词四类。"不同时代，不同地域的语言，不论是共同语或方言，所有词汇中的传承、变异、创新和借用的成分一定有不同的比重，正是这些差异，构成了不同时地的共同语或方言的词汇差异的总的格局。"（李如龙，2011）。19 世纪台州土白中的传承词包括两个部分：一部分与汉语共同语一脉相承，另一部分为台州方言本地古已有之。这两部分词汇在与共同语和方言的横向和纵向比较中容易辨认。区分变异词、创新词和借用词则显得新颖又特别，因为有的属于共同语在 19 世纪时的变化，有的属于基督教专有新词的输入，有的属于台州方言自身的创新，还有的则是几种合力共同影响的结果。总体来看，台州土白圣经译本中传承词占据了主导地位，而变异词、创新词和借用词则更富书面语和主观性的色彩，与台州普通老百姓的日常口语相去甚远。

## 一　变异词

"方言变异词是指那些能在文献记录中找到与其同形的词、但意义却与文献中的同形词有别的方言词。"（章黎平、解海江，2015：219）19 世纪台州土白词汇中的变异词主要有以下四种形式。

（一）语素相同，词义有别

有些语素在词语中的意义发生了变化，从而导致虽然语素相同，但词义已有更改。这种现象不仅发生在汉语共同语中，也存在于汉语方言中。如"相"这个语素，作为词头的、具有"互相"义的"相"从魏晋时期开始便较突出，后来"互相"义淡化了，变为单指动词所涉及的对象或事物，直至演变为因修辞的目的而被添加上去成复音节动词的词头（志村良治，1995：79—80）。台州老派方言指"作揖"为"相唤"，无论后字本字如何，前字"相"仍保留"互相"之义。但是 19 世纪台州土白圣经译本中有不少含"相"语素的词语实际上已失"互相"之义，而仅有词头功能了。如：

（1）a. 相宜。指合宜、合适的意思。"所以我在于基督原可以放胆拨相宜事干吩咐尔。"（腓利门书 1：8）＝所以我在基督里虽有胆量能把合宜作的事吩咐你。

b. 相恳。指请求、恳求的意思。"就是为箇仁爱慈之相恳尔，因为我保罗岁岁老爻，现在做耶稣基督箇犯人。"（腓利门书 1：9）＝然而为了爱心的缘故、我宁可求（你），像我这上了年纪的保罗，如今又做了基督耶稣囚犯的。

（二）词性相同，词义有别

在台州土白圣经译本中的词义与其常用义不同的如：

（2）a. 头脑。指头领、首领的意思。"操乱天下众犹太人，做拿撒勒箇头脑。"（使徒行传 24：5）

b. 势头。指权势的意思。"离开撒旦个势头归服上帝。"（使徒行传 26：18）

c. 满足。指足够的意思。"等到别国人数目满足。"（罗马书 11：25）＝等到外邦人数目添满了。

d. 回头。指回绝的意思。"若是后生寡妇，要回头渠：省得有时候存私心弗依基督，要嫁人。"（提摩太前书 5：11）

e. 实在。指实际上的意思。"若是中意奢华作乐，渠虽即活，实在是死。"（提摩太前书 5：6）＝若是喜欢宴乐的（寡妇），虽然活着，实际上死了。

f. 口气。指气息的意思。"渠反转<sub>反倒</sub>赐活命、口气，搭<sub>和</sub>万百物事<sub>万物</sub>，拨<sub>给</sub>众人。"（使徒行传 17：25）

g. 体质。指神性、本质的意思。"既然是上帝生，我许<sub>们</sub>就弗应该忖上帝箇体质是像金子、银子、石头，被人箇手段搭<sub>和</sub>灵巧所雕刻。"（使徒行传 17：29）｜也指本体、实体的意思。"渠<sub>他</sub>是上帝箇荣华所透出箇光彩，上帝箇体质真箇形象，用大能干箇号令掌管万

物。"（希伯来书 1：3）

h. 口供。指言语的意思。"只讲基督借我身上所做事干<sub>事情</sub>，拨<sub>让</sub>别国人来归服，是用口供、行止。"（罗马书 15：18）

i. 性情。指心思、心地的意思。"渠<sub>他</sub>性情<sub>和</sub>良心都是秽污。"（提多书 1：15）

j. 班次。指等次、次序的意思。"尔永远做祭司，照麦基洗德箇班次。"（希伯来书 5：6）

k. 香味。指气味的意思。"在箇边<sub>那边</sub>，是死箇香味，拨渠死；在以边<sub>这边</sub>，是活箇味，拨渠活。"（哥林多后书 2：16）

l. 心意。指心思的意思。"我做小人时候，我说话是小人说话，我心意<sub>心思</sub>是小人心意，我忖功<sub>想法</sub>是小人忖功。"（哥林多前书 13：11）

m. 激动。指激励的意思。"是基督箇爱怜心激动我许<sub>我们</sub>。"（哥林多后书 5：14）

（三）词义相关，词性有别

有些词由于词性的改变，导致词义上也有细微的差异。其中，形容词、副词作动词的比较多。如：

（3）a. 可恶。和"欢喜"一样，都作动词，指讨厌的意思。"尔欢喜公义，可恶非礼<sub>憎恶不法</sub>。"（希伯来书 1：9）｜"所以我可恶箇代人。"（希伯来书 3：10）

b. 中意。指赞同的意思，可带宾语。"我徛<sub>站</sub>在边，中意渠死，又守牢装死渠主子箇衣裳。"（使徒行传 22：20）｜"非单在得<sub>正在</sub>做，又中意别人做。"（罗马书 1：32）

（四）语法功能和搭配有别

下例（4）a—c 中"报应""有份""作对"用作不及物动词带宾语，从而改变了相应的意义，"有份"相当于"拥有"，"作对"相当于"反抗、抵挡、抗拒"；d 句中"贵重"本来只能指物，现在用于修饰人；e 句中"苏醒"本作动词用，现用作名词，指清醒的状态；f 句中的"安慰"本是言说动词，现用作心理活动动词，具有形容词性功能；g 句中的

"心愿"在汉语共同语中用作名词，但此处用作动词。

（4）a. 报应。"主会照尔<sub>你</sub>箇行为报应渠。"（提摩太后书 4：14）

b. 有份。"伺候祭坛主子岂弗是有份祭坛上箇礼物？"（哥林多前书 9：13）

c. 作对。"尔<sub>你</sub>也永防备渠<sub>他</sub>；因为渠<sub>他</sub>顶作对我说话。"（提摩太后书 4：15）

d. 贵重。指尊贵的意思。"但是犹太人挑唆虔心贵重箇女人，搭<sub>和</sub>城里有名声主子。"（使徒行传 13：50）

e. 苏醒。指清醒的意思。"用苏醒做公义，嫚<sub>别</sub>犯罪。"（哥林多前书 15：34）

f. 安慰。指欣慰的意思。"箇后生<sub>小伙子</sub>活爻，渠许<sub>他们</sub>牵渠，各人顶安慰。"（使徒行传 20：12）

g. 心愿。指希冀、愿望的意思。"我许<sub>我们</sub>心愿尔许<sub>你们</sub>各人都会献出组样<sub>一样</sub>热心，十分奢望到底。"（希伯来书 6：11）

## 二　创新词

创新词是指"早先未曾有过的、某一时代某一语言根据交际的需要创造出来的语词"（李如龙，2011）。19 世纪鸦片战争以后，社会、政治、经济、文化等剧烈动荡使近代汉语的词汇变化异常剧烈。大量的新词语出现在传教士中文著作中。最早汇集这些传教士文集的是魏源的《海国图志》。作为近代历史上第一本通过传教士介绍西方国家的参考文集，《海国图志》的重要价值还体现在新词的推介上。"很难准确地说，某个词是否在《海国图志》中才刚刚出现，但我相信，这部文集有理由可以把它看作词汇发展中的一个代表著作。因此，研究西方语言对汉语，尤其是汉语词汇的影响，此书是很有用的。"（马西尼，1997：28—32）但遗憾的是它对汉语词汇嬗变的影响，或多或少地被忽视了。

除了这些传教士中文著作外，中文圣经译本也是观照近代汉语词汇创新的绝佳文本和语料。台州土白圣经译本中存在相当规模的汉语共同语创新词，还有一些台州方言特有的创新词。这些创新词的诞生是台州方言面对新事物、新思想、新观念的本土化创造。比如说在台州土白圣经译本中出现频率颇高的"心善"一词,主要用来表示"圣洁、神圣"之义,相当于英语中的"holy",所以与其主谓结构的原义"心好;心地善良"差别甚大。如"尔许<sub>你们</sub>父亲在天上,但愿众人尊敬尔心善个名头。"(马太6:9)丨"人箇儿子有荣华,带众心善箇天使聚队<sub>一起</sub>来。"(马太25:31)另一个圣经经典的词汇是"方船",专指诺亚方舟。由于台州方言中用"船"不用"舟",因此,在指称"诺亚方舟"这一新生宗教事物时,相应地也用"方船"或"船"而非"方舟"。和合本官话版《圣经》全书中共有 29 例"方舟",其中《创世纪》中出现 25 例,《新约》中出现 4 例(即马太24:38;路加17:27;希伯来书11:7;彼得前书3:20),在台州土白《创世纪》中全对译为"船",而在《新约》(包括 1880 年版和 1897 年版)中全对译为"方船"。又如用"福园"来对译"乐园",也是因为台州方言中本无"乐园",一切快乐的都被认为是有福的,这是百余年前台州人的认知,所以就相应地世俗化为"福园"。和合本官话版《圣经》全书中共有 3 例"乐园"(即路加23:43;哥林多后书12:4;启示录2:7),它们在台州土白中全对译为"福园"。

## 三  借用词

借用词,有广义和狭义之分。"广义的包括共同语和方言的相互借用,狭义的专指向外族语言借用的。这是语言(方言)接触所造成的相互影响和渗透。"(李如龙,2011)本文所谓的借用词专指狭义的音译词。19世纪时虽然大量的音译词被广泛使用,但远不如意译词和仿译词对汉语的影响大。意译词是通过参照外语单词,然后将原义引申或加以改变而成。如前文的"心善"等。仿译词是一种新创词,它是根据外语原词的语素结构复制而成的,如"方船、福园"等。"意译词、仿译词以及本族新词,构成了充实传统汉语词汇的核心部分,从而促使现代汉语词汇的形成。"(马西尼,1997:32—33)

台州土白圣经译本所涉基督教宗教词汇中,有些与中国传统文化习俗相仿,早就存在于汉语词汇中,如"祭祀"等。有些是通过意译或仿译的方式而产生的新词,但这些新词所用语素是旧有的。还有一些则完全是音译词,因为实在缺乏相应的现成汉语词汇成分来对译。如"吗哪、各板"等词。这些用各种方式产生的新基督教宗教词汇现汇总于表 3-1(与汉语共同语相同条目免释义①)。

表 3-1　　　　　　　台州土白圣经译本中的基督教词汇

| 词条 | 罗马字拼音 | 释义 | 圣经出处 |
|---|---|---|---|
| 基督 | kyi-toh | | 马太 2：4 |
| 天使 | t'in-s | | 马太 2：13 |
| 上帝 | Zông-ti | | 马太 3：16 |
| 福音 | foh-ing | | 马太 4：23 |
| 祭坛 | tsi-dæn | | 马太 5：23 |
| 祭物 | tsi-veh | | 马太 9：13。1897 |
| 长老 | tsiang-lao | | 马太 16：21 |
| 先知人 | sin-ts-nying | | 马太 21：4 |
| 祷告 | tao-kao | | 马太 21：13 |
| 圣城 | sing-zing | | 马太 27：53 |
| 聚会堂 | jü-we-dông | | 马太 23：34 |
| 祭祀 | tsi-z | | 希伯来书 10：8 |
| 赞美诗 | tsæn-mi-s | | 启示录 5：9 |
| 逾越节 | yü-yiah-tsih | 即除酵节（犹太历正月十四日黄昏） | 马可 14：1 |
| 方船 | fông-jün | 方舟 | 马太 24：38 |
| 公会 | kong-we | 教会 | 马太 26：59 |
| 各板 | kôh-pæn | 礼物 Corban。和合本官话：各耳板。就是"奉献给上帝"的意思 | 马可 7：11 |
| 无酵节 | Vu-kao-tsih | 除酵节，即逾越节（犹太历正月十四日黄昏） | 马可 14：12 |
| 议事部 | nyi-z-bu | 议会 council | 马可 15：43 |
| 安息日 | ön-sih-nyih | the Sabbath。犹太历每周的第七日（每逢星期五日落到星期六日落）为圣日，不工作 | 马太 12：1 |
| 周割礼 | tsiu-keh-li | 割礼 | 路加 1：59 |
| 福园 | foh-yün | 乐园 | 路加 23：43 |

---

① 在临海方言田野调查中，因发音人实在不懂这些宗教用语的当地说法，所以也无法标注国际音标。在日常宗教仪式和圣经朗读中，一般按圣经原文用方言文读音逐字朗读。

续表

| 词条 | 罗马字拼音 | 释义 | 圣经出处 |
|---|---|---|---|
| 吗哪 | mô-nô | manna。古以色列人过荒野时所得的天赐食物 | 约翰 6：49 |
| 默示 | moh-z | 启示 | 哥林多前书 14：6 |
| 五旬节 | Ng-shing-tsih | Pentecost。即圣灵降临节，于复活节后的第五十天 | 哥林多前书 16：8 |
| 活命册 | weh-ming ts'ah | 生命册 | 腓立比 4：3 |
| 燔祭 | væn-tsi | holocaost。用火烧全兽作为献祭 | 希伯来书 10：6 |
| 书卷 | shü-kyün | 经卷 | 希伯来书 10：7 |
| 圣所 | sing-su | 神的圣所。指外殿 | 希伯来书 10：8 |
| 法堂 | fæh-dòng | 公堂 | 雅各书 2：6 |
| 柱像 | djü-ziang | 神柱 sacred stone | 申命记 7：5 |
| 赎罪祭 | joh-ze tsi | hattath | 何西阿 4：8 |
| 牛膝草 | ngeo-sih-ts'ao | 神香草。犹太教的传统圣草，有吃它来净身的习俗 | 希伯来书 9：18 |

## 第二节　主要分类词汇

凡例：

（1）本节表 3-2 中每一个条目包括六个部分：根据罗马字拼音转写的汉字词条、罗马字拼音、普通话释义、今台州话对应词及其国际音标、台州土白圣经译本出处。

（2）今台州话对应词以临海城关话为标准，如与台州土白圣经译本词条一致就用"＝"表示，"/"表示无对应说法。国际音标标注按实际发音，声调上标。鼻、边音和零声母按浊流和紧喉两套加以区别。今临海城关方言音系详见附录，发音人傅昌柏，生于 1947 年，高中文化程度，退休职工。

（3）同一个条目有不同读音或义项时，在该条目下一并列出。

（4）因圣经内容和文体所限，台州土白圣经译本中出现的词汇相对集中，本节分类只撮其要。主要分类词汇涉及名物、动作行为、性状以及其他功能等。按词性分为以下几个部分：一名词类（包括称谓、身体、疾病、物品、食品、动物、农作物、自然现象、处所、生活等）；二动词类；三形容词类；四副词类；五量词类；六代词类；七介词类；八连词类。由于台州土白圣经译本的词汇在今台州方言中并非都有对应成分，即使有对应说法也不保证语言成分的一致性，因此本词汇表的词条包括词和短语。

表 3-2　　　　　　　　　　　台州土白主要分类词汇

| | 词条 | 罗马字拼音 | 释义 | 今台州话 | 国际音标 | 圣经出处 |
|---|---|---|---|---|---|---|
| 一、名词类 | | | | | | |
| （一）称谓 | | | | | | |
| 1 | 阿爸 | ah-pang | 爸爸。第二个爸读小称音 | 爸 | [pã⁴⁵²] | 马可 7：10 |
| | | ah-pò | 爸爸 | | | 加拉太 4：6 |
| 2 | 娘 | nyiang | 妈妈 | / | | 马可 7：10。1897 |
| 3 | 母 | m | 妈妈 | = | [ʔm⁴⁵²] | 马可 7：10 |
| 4 | 娘爸 | nyiang-pang | 父母。pang 是小称音 | = | [n̠ia²² pã⁴⁵²] | 马太 19：5 |
| 5 | 老婆 | lao-bo | 妻子 | = | [ʔlɔ⁴² bo²¹] | 马太 18：25 |
| 6 | 义子 | nyi-ts | 养子 | 寄生儿 | [ki³³ sã³³ n⁴⁵²] | 加拉太 4：5 |
| 7 | 儿 | n | 儿子 | = | [n²¹] | 马可 6：3 |
| 8 | 囡 | nò | 女儿 | = | [ʔno⁴⁵²] | 马太 9：18 |
| 9 | 儿囡 | n-nò | 儿女 | = | [n²² ʔno⁴⁵²] | 马太 10：21 |
| 10 | 姊妹 | ts-me | 姐妹 | = | [tsɿ⁴² me³²⁴] | 马可 6：3 |
| 11 | 后生 | 'eo-sang | 小伙子 | = | [ʔɘ⁴² sã⁴⁵²] | 马可 14：51 |
| 12 | 大娘 | do-nyiang | 女孩儿 | = | [do²² n̠ia⁴⁵²] | 路加 1：27 |
| 13 | 同队 | dong-de | 同伴 | 聚队箇人 | [zy²¹ de³³ kəʔ⁰ n̠iŋ²¹] | 路加 9：32 |
| 14 | 阿弟 | ah-di | 弟弟 | 弟 | [di⁴⁵²] | 创世纪 4：9 |
| 15 | 侄 | dzih | 侄子 | = | [dz̠iʔ²] | 创世纪 14：12 |
| 16 | 阿哥 | ah-ko | 哥哥 | 哥 | [ko⁴⁵²] | 创世纪 14：13 |
| 17 | 姨 | yi | 妾；小老婆 | 小老婆 | [çio⁴² ʔlɔ⁴² bo⁴⁵²] | 创世纪 16：3 |
| 18 | 囡儿婿 | nò-n-si | 女婿 | = | [ʔno⁴² n²² çi⁵⁵] | 创世纪 19：12 |

续表

| | 词条 | 罗马字拼音 | 释义 | 今台州话 | 国际音标 | 圣经出处 |
|---|---|---|---|---|---|---|
| 19 | 共爸各娘 | djong pang kôh nyiang | 同父异母 | = | [ gyoŋ²² pā⁴⁵² koʔ²³ n̠iã²¹ ] | 创世纪 20：12 |
| 20 | 阿妹 | ah-me | 妹妹 | 妹 | [ me⁴⁵² ] | 创世纪 24：59 |
| 21 | 共娘 | gyüong – ny-iang | 同母 | = | [ gyoŋ²² n̠iã²¹ ] | 创世纪 27：29 |
| 22 | 共爸 | gyüong-pang | 同父。爸读小称音 | = | [ gyoŋ²² pā⁴⁵² ] | 创世纪 42：11 |
| 23 | 娘舅 | nyiang-gyiu | 舅舅 | = | [ n̠iã²² giu⁴⁵² ] | 创世纪 28：1 |
| 24 | 姐 | tsi | 姐姐 | = | [ tɕia⁴⁵² ]① | 创世纪 30：1 |
| 25 | 头个 | deo-ke | 第一个 | = | [ də²² ke⁵⁵ ] | 创世纪 38：28 |
| 26 | 叔伯兄弟 | shoh – pah hyüong-di | 堂兄弟 | = | [ çyoʔ²³ paʔ²³ hyoŋ³³ di⁴⁵² ] | 使徒行传 7：2 |
| 27 | 双生 | shông-sang | 双胞胎；双子 | = | [ çyɔ̃³³ sã⁴⁵² ] | 使徒行传 28：11 |
| 28 | 老姆人 | lao-ön-nying | 老妇 | = | [ ʔlɔ⁴² ʔø³³ n̠iŋ⁴⁵² ] | 提摩太前书 4：7 |
| 29 | 后生女人 | 'eo – sang nyü –nying | 年轻妇女 | 后生女客 | [ ʔə⁴² sã³³ ʔn̠y⁴²khaʔ⁵ ] | 提摩太前书 5：2 |
| 30 | 独个儿 | doh-ke n | 独养儿子 | = | [ do²ʔke³³ n̠⁴⁵² ] | 路加 9：38 |
| 31 | 老丈母 | lao-dziang-m | 丈母娘 | 老直"母 | [ ʔlɔ⁴² dʑiʔ² ʔm⁴⁵² ] | 马可 1：30 |
| 32 | 大佬人 | do-lao-nying | 成年人 | = | [ do²² ʔlɔ⁴² n̠iŋ⁴⁵² ] | 马可 13：12 |
| 33 | 小人 | siao-nying | 小孩儿 | 小佬人 | [ çiɔ⁴² ʔlɔ⁴² n̠iŋ⁴⁵² ] | 马可 9：24 |
| 34 | 老成人 | lao – zing n-ying | 老年人 | 老倌、老太婆 | [ ʔlɔ⁴² kuõ⁴⁵² ʔlɔ⁴²t‘a³³ bo⁴⁵² ] | 创世纪 44：20 |
| 35 | 上代 | zòng-de | 上辈 | = | [ zɔ̃²² de⁵⁵ ] | 路加 3：23。1897 |
| 36 | 撑家主子 | ts‘ang-kô cü –ts | 养家的人 | 当家人 | [ tɔ̃³³ ko³³ n̠iŋ⁴⁵² ] | 希伯来书 3：3 |
| 37 | 头个生主子 | deo-ke sang cü-ts | 长子 | 当大儿 | [ tɔ̃³³ do²²n̠²¹ ] | 希伯来书 11：28 |

① 人名如"刘三姐"中读 [ tɕi452]。

续表

| | 词条 | 罗马字拼音 | 释义 | 今台州话 | 国际音标 | 圣经出处 |
|---|---|---|---|---|---|---|
| 38 | 讨饭主子 | tʻao－væn cü－ts | 乞丐 | 讨饭人 | ［tʻɔ⁴² vɛ²² n̩iŋ²¹］ | 约翰 9：8 |
| 39 | 管守主子 | kwön－siu cü－ts | 警卫 | / | | 使徒行传 5：23 |
| 40 | 管货主子 | kwön ho cü－ts | 船主 | 货主 | ［ho³³ ʨy⁴⁵²］ | 使徒行传 27：11 |
| 41 | 清洁主子 | tsʻing－kyih cü－ts | 童身 | 小佬人 | ［ɕiɔ⁴² ʔlɔ⁴² n̩iŋ⁴⁵²］ | 启示录 14：4 |
| 42 | 各种 | kôh－cong | 私生子 | 各个种 | ［koʔ³ kə⁰ ʨyoŋ⁴²］ | 希伯来书 12：8 |
| 43 | 先生 | sin－sang | 老师；先生 | 先生 | ［ɕi⁵⁵ sã³¹］ | 马太 9：11 |
| 44 | 太医先生 | tʻa－i sin－sang | 医生 | 医师 | ［ʔi⁵⁵ sʅ³¹］ | 马太 9：12 |
| 45 | 管账先生 | kwön－ʦiang sin-sang | 管事 | 管箇人 | ［kuø⁴² kəʔ⁰ n̩iŋ²¹］ | 马太 20：8。1897 |
| 46 | 教书先生 | kao shü sin－sang | 教书先生 | ＝ | ［kɔ³³ ɕy³³ ɕi⁵⁵ sã³¹］ | 加拉太 3：24 |
| 47 | 对头 | te-deo | 对手 | 对头人 | ［te³³ də²² n̩iŋ⁴⁵²］ | 马可 9：40。1897 |
| 48 | 祭司头 | ʦi－s－deo | 祭司长 | ＝ | ［ʨi³³ sʅ³³ də⁴⁵²］ | 马太 16：21 |
| 49 | 读书人 | doh－shü－n-ying | 文士 | ＝ | ［doʔ² ɕy³³ n̩iŋ⁴⁵²］ | 马太 16：21 |
| 50 | 讨来箇人 | tʻao－le－keh nying | 雇佣的人 | 雇来箇人 | ［ku⁵⁵ le²¹ kəʔ⁰ n̩iŋ²¹］ | 马可 1：20。1897 |
| 51 | 相信箇人 | siang－sing－keh nying | 信徒 | ＝ | ［ɕiã³³ ɕiŋ⁵⁵ kəʔ⁰ n̩iŋ²¹］ | 使徒行传 15：5 |
| 52 | 底下人 | ti-ʻò-nying | 手下人 | 手下人 | ［ɕiu⁴² ʔo⁵⁵ n̩iŋ²¹］ | 马太 22：13 |
| 53 | 喫酒糊涂 | kyʻüoh－ʦiu wu-du | 酒糊涂 | ＝ | ［ʨʻyoʔ³ ʨiu⁴² fiu²⁴ du⁴⁵²］ | 马太 24：49。1897 |
| 54 | 人客 | nying-kʻa | 客人 | ＝ | ［n̩iŋ²² khaʔ⁵］ | 马太 22：3 |
| 55 | 伙计 | ho-kyi | 同伴 | ＝ | ［ho⁴² ki⁵⁵］ | 路加 5：7 |
| 56 | 丫头 | ô-deo | 婢女；丫鬟 | ＝ | ［ʔo³³ də⁴⁵²］ | 路加 22：56 |
| 57 | 邻舍 | ling-sò | 邻居 | ＝ | ［liŋ²² so⁵⁵］ | 马太 22：39 |
| 58 | 别份 | bih-veng | 另一家 | 各份 | ［koʔ³ vəŋ²¹³］ | 路加 10：7 |

| | 词条 | 罗马字拼音 | 释义 | 今台州话 | 国际音标 | 圣经出处 |
|---|---|---|---|---|---|---|
| 59 | 事师 | z-s | 审判官 | 判官 | [ pʻø³³ kuø³¹ ] | 出埃及记 21：6 |
| 60 | 头脑 | deo-nao | 总管 | 头 | [ də⁴⁵² ] | 路加 19：2 |
| 61 | 牧百 | mohʻ-pah | 部落首领 | 头 | [ də⁴⁵² ] | 申命记 5：23 |
| 62 | 军兵 | kyüing-ping | 兵士 | 当兵人 | [ tɔ³³　piŋ³³ n̠iŋ⁴⁵² ] | 申命记 11：4 |
| 63 | 拐子 | kwa-ts | 小偷；拐骗的人 | ＝ | [ kua⁴² tsɿ⁴⁵² ] | 申命记 24：7 |
| 64 | 方百 | fông-pah | 总督 | 总管 | [ tsoŋ⁴² kuø⁴² ] | 但以理书 6：2 |
| 65 | 厨倌 | djü-kwön | 厨师 | ＝ | [ dʑy³⁵ kuø³¹ ] | 但以理书 1：11 |
| 66 | 太监头 | tʻa-kæn-deo | 太监长 | ＝ | [ tʻa³³ kɛ³³ də⁴⁵² ] | 但以理书 1：3 |
| 67 | 正宫 | tsing-kyüong | 皇后 | 正宫娘娘 | [ tɕiŋ³³ kyoŋ³³ n̠ia²² n̠ia⁴⁵² ] | 但以理书 5：2 |
| 68 | 妃宫 | fi-kyüong | 妃嫔 | 妃宫娘娘 | [ fi³³ kyoŋ³³ n̠ia²² n̠ia⁴⁵² ] | 但以理书 5：2 |
| 69 | 酒政 | tsiu-tsing | 侍酒总管 | / | | 创世纪 40：1 |
| 70 | 膳长 | zin-tsiang | 膳食总管 | 厨倌头 | [ dʑy²² kuø³³ də⁴⁵² ] | 创世纪 40：1 |
| 71 | 粗蛮人 | tsʻu-mæn n-ying | 土人 | 土人 | [ tʻu⁴² n̠iŋ²¹ ] | 使徒行传 28：2 |
| 72 | 大向= | da-hyiang | 众人；大伙儿 | 我倷班人 | [ ʔŋe⁴² nə⁰ pɛ³³ n̠iŋ²¹ ] | 马可 6：54 |
| 73 | 粗人 | tsʻu-nying | 小民 | 粗人 | [ tsʻu³³ n̠iŋ⁴⁵² ] | 使徒行传 4：13 |
| 74 | 收生 | siu-sang | 接生。名词 | 接生 | [ tɕiʔ³ sã³¹ ] | 创世纪 35：17 |
| 75 | 相好 | siang-hao | 朋友 | 朋友 | [ boŋ²² ʔiu⁴² ] | 使徒行传 19：31 |
| 76 | 老师 | lao-s | 师傅；手艺人 | ＝ | [ ʔlɔ⁴² sɿ³¹ ] | 使徒行传 19：25 |
| 77 | 木匠老师 | moh-ziang lao-s | 木匠师傅 | ＝ | [ moʔ² ziã²² ʔlɔ⁴² sɿ³¹ ] | 马可 6：3 |
| 78 | 起屋老师 | kyʻi-oh lao-s | 造房子师傅 | ＝ | [ kʻi⁴² ʔoʔ⁵ ʔlɔ⁴² sɿ³¹ ] | 马可 12：10 |
| 79 | 硝皮老师 | siao-bi lao-s | 皮革匠 | / | | 使徒行传 9：43 |

续表

| | 词条 | 罗马字拼音 | 释义 | 今台州话 | 国际音标 | 圣经出处 |
|---|---|---|---|---|---|---|
| 80 | 烧窑老师 | siao-yiao lao-s | 窑匠 | = | [ ɕiɔ³³ ɦiɔ²² ʔlɔ⁴²sɿ³¹ ] | 罗马书 9：21 |
| 81 | 筑头老师 | tsôh-deo lao-s | 建筑师；工头 | 工头 | [ koŋ³³ də⁴⁵²] | 哥林多前书 3：10 |
| 82 | 打铜老师 | tang-dong lao-s | 铜匠 | 小铜匠 | [ ɕiɔ⁴² doŋ²² ziã⁵⁵] | 提摩太后书 4：14 |
| 83 | 剃头老师 | t'i-deo lao-s | 理发师 | = | [ t'i³³ də²² ʔlɔ⁴²sɿ³¹ ] | 以西结 5：1 |
| 84 | 始祖 | s-tsu | 指父亲 | 上代 | [ zɔ̃²²de⁵⁵] | 罗马书 4：11 |
| 85 | 对手 | te-siu | 同伴 | = | [ te³³ ɕiu⁴⁵²] | 腓立比 4：3 |
| 86 | 同年朋友 | dong-nyin bong-yiu | 同岁的人；同辈 | 同年人 | [ doŋ²² ȵi²² ȵiŋ⁴⁵²] | 加拉太 1：14 |
| 87 | 中保 | cong-pao | 中间人 | 中间人 | [ tɕyoŋ³³ kɛ³³ ȵiŋ⁴⁵²] | 加拉太 3：19 |
| 88 | 眼前花 | ngæn-zin-hwa | 当面讨人喜欢的人 | / | | 以弗所 6：6 |
| 89 | 外路 | nga-lu | 外地人 | 外路人 | [ ŋa²² lu²² ȵiŋ⁴⁵²] | 耶利米哀歌 5：2 |
| 90 | 和事人 | 'o-z-nying | 和事佬 | 和事佬 | [ ɦo²² zɿ²² ʔlɔ⁴⁵²] | 以弗所 2：14 |
| 91 | 远乡人 | yün-hyiang nying | 远方的人 | 外面人 | [ ŋa²² mi²² ȵiŋ²¹ ] | 以弗所 2：17 |
| 92 | 近地人 | gying-di n-ying | 近处的人 | / | | 以弗所 2：17 |
| 93 | 出门人 | c'ih-meng n-ying | 外乡人 | = | [ tɕ'yʔ³ məŋ²² ŋiŋ⁴⁵²] | 以弗所 2：19 |
| 94 | 族种 | zoh-cong | 亲族 | 亲族 | [ tɕ'iŋ³³ zyoʔ² ] | 使徒行传 4：6 |
| 95 | 老<u>大</u> | lao-da | 船夫 | 老<u>大</u> | [ ʔlɔ⁴²da²¹³ ] | 使徒行传 27：11 |
| 96 | 使差 | s-ts'a | 使者 | 差走 | [ ts'a³³ tsə⁴⁵²] | 启示录 3：1 |
| 97 | 百总 | pah-tsong | 百夫长 | / | | 使徒行传 10：1 |
| 98 | 千总 | ts'in-tsong | 千夫长 | / | | 使徒行传 23：19 |
| 99 | 马兵 | mo-ping | 骑兵 | = | [ ʔmo⁴²piŋ³¹ ] | 使徒行传 23：23 |
| 100 | 锐鬼 | ze kyü | 厉鬼 | 恶鬼 | [ ʔɔʔ³ky⁴⁵²] | 使徒行传 7：60 |

续表

| | 词条 | 罗马字拼音 | 释义 | 今台州话 | 国际音标 | 圣经出处 |
|---|---|---|---|---|---|---|
| 101 | 喫粮人 | ky'üoh-liang nying | 兵丁；有公职的人 | 吃皇粮箇人 | [ tɕʻyʔ³ fiɔ²² liã⁴⁵² kəʔ⁰ ɲiŋ²¹ ] | 路加 3：14 |
| 102 | 醒醒鬼 | 'ô-cʻôh kyü | 污鬼 | = | [ fiɔʔ² tɕʻyɔʔ³ ky⁴⁵² ] | 马太 12：43 |

（二）身体

| 103 | 面 | min | 脸 | = | [ mi²¹³ ] | 马太 18：10 |
| 104 | 面脸 | min-lin | 脸；相貌 | = | [ mi²² ʔli⁴⁵² ] | 马太 17：2 |
| 105 | 口气 | kʻeo-kyʻi | 气息 | = | [ kʻə⁴²kʻi⁵⁵ ] | 使徒行传 17：25 |
| 106 | 躺身 | kyi-sing | 身体 | = | [ gi²² ɕiŋ³¹ ] | 马可 5：29 |
| 107 | □身 | 'en-sing | 全身 | 整身 | [ tɕiŋ⁴² ɕiŋ³¹ ] | 但以理书 10：17 |
| 108 | 张嘴 | tsiang-cü | 嘴 | 只嘴 | [ tɕiʔ³ tɕy⁴⁵² ] | 马可 7：6 |
| 109 | 条肚① | diao-du | 肚子 | 只肚 | [ tɕiʔ³ du²¹ ] | 以西结 3：3 |
| 110 | 头颈 | deo-kying | 脖子 | = | [ də²² kiŋ⁴² ] | 马可 9：42 |
| 111 | 两面门 | liang min-meng | 两腮 | 两面颊股 | [ ʔliã⁴² mi²² kiʔ³ ku⁴² ] | 申命记 18：3 |
| 112 | 肩胛头 | kyin-kæh-deo | 肩上 | = | [ ki³³ kiaʔ³ də²¹ ] | 路加 11：46 |
| 113 | 翼膀 | yih-pông | 翅膀 | 育＝膀 | [ fiyʔ²bɔ⁴² ] | 马太 23：37 |
| 114 | 顺手 | jing-siu | 右手 | = | [ ʐyŋ²² ɕiu⁴⁵² ] | 马太 6：3 |
| 115 | 济手 | tsi-siu | 左手 | 拄手 | [ tɕy³³ ɕiu⁴⁵² ] | 马太 6：3 |
| 116 | 潺唾 | zæn-tʻu | 唾液；唾沫 | 潺唾卤 | [ zɛ²² tʻu³³ ʔlu⁴⁵² ] | 马可 7：33 |
| 117 | 口舌 | kʻeo-zih | 舌头 | = | [ kʻə⁴²ziʔ² ] | 马可 7：33 |
| 118 | 面色 | min-seh | 脸色 | = | [ mi²² səʔ⁵ ] | 创世纪 40：6 |
| 119 | 白汛 | bah-væh | 白沫 | = | [ baʔ² vɛʔ² ] | 马可 9：18 |
| 120 | 眼泡皮 | ngæn-pʻao-bi | 眼皮 | = | [ ʔŋɛ⁴² pʻɔ³³ bi⁴⁵² ] | 耶利米 9：18 |
| 121 | 眼目 | ngæn-moh | 视力 | 眼力 | [ ʔŋɛ⁴²liʔ² ] | 申命记 34：7 |
| 122 | 脚肚 | kyiah-du | 腿 | 脚 | [ kiaʔ⁵ ] | 但以理书 2：32 |

① 台州土白中与"条肚"结构相似的词还有一个"双手"（shông-siu），但是一时找不到具体的圣经出处。今台州方言中，还有"双脚、双眼、张嘴"等"量词+名词"类型的词，都仅泛指身体器官"肚子、手、脚、眼睛、嘴"，并无真正的数量上的区别。

| | 词条 | 罗马字拼音 | 释义 | 今台州话 | 国际音标 | 圣经出处 |
|---|---|---|---|---|---|---|
| 123 | 肚 | tu | 胃 | = | [du²¹] | 申命记 18：3 |
| 124 | 胞衣 | pao-i | 胎盘 | 衣 | [ʔi³¹] | 申命记 28：57 |
| 125 | 眼乌珠 | ngæn-u-cü | 眼珠子 | = | [ʔŋɛ⁴² ʔu⁵⁵ tɕy³¹] | 申命记 32：10 |
| 126 | 腰骨 | iao-kweh | 腰；腰部脊椎骨 | 背脊骨 | [pe³³ tɕi²³ kuaʔ⁵] | 路加 13：11 |
| 127 | 额角头 | ngah－kôh－deo | 额头 | 眼角头 | [ʔŋɛ⁴² ko²³ də²¹] | 以西结 3：7 |
| 128 | 节灭"头 | tsih-mih-deo | 指头；脚趾头 | = | [tɕi²³ miʔ² də²¹] | 约翰 8：6 |
| 129 | 胸窟头 | hyüong－kw'eng-deo | 怀里。Kw'eng 是窟的小称音 | 胸背头 | [hyoŋ³³ pɛ⁴² də²¹] | 约翰 1：18。 |
| 130 | 脚胫 | kyiah-tsang | 脚踝 | = | [kiaʔ³tsã³¹] | 使徒行传 3：7 |
| 131 | 顺只手 | jing-tsih-siu | 右手 | 顺手 | [zyŋ²²ɕiu⁴²] | 使徒行传 3：7 |
| 132 | 顺只脚 | jing-tsih-ky-iah | 右脚 | 顺脚 | [zyŋ²²kiaʔ⁵] | 启示录 10：2 |
| 133 | 脚髁头 | kyiah－kw'e－deo | 膝盖 | = | [kiaʔ³ khue³³ də⁴⁵²] | 但以理书 5：6 |
| 134 | 歇力膨骨 | hyih－lih－bang kweh | 肋骨 | = | [hiʔ³ liʔ² bã²² kuaʔ⁵] | 创世纪 1：21 |
| 135 | □股 | gao-ku | 大腿窝 | 脚□ | [kiaʔ³ gɛ⁴⁵²] | 创世纪 32：25 |
| 136 | 毒潺 | doh-zæn | 毒涎 | = | [doʔ²zɛ²¹] | 申命记 32：33 |
| 137 | 下身 | ô-sing | 指男性生殖器 | = | [ʔo⁴²ɕiŋ³¹] | 申命记 25：11 |
| 138 | 月份 | nyüih-veng | 月经 | 月经 | [ŋyʔ²kiŋ³¹] | 创世纪 18：11 |
| 139 | 面情 | min-zing | 情面 | =面子 | [mi²² ziŋ²¹/ mi²² tsɿ⁴²] | 马太 22：16 |
| 140 | 外面子 | nga-min-ts | 外貌 | = | [ŋa²² mi²² tsɿ⁴⁵²] | 加拉太 2：6 |
| 141 | 力道 | lih-dao | 力气 | = | [liʔ²do²¹] | 路加 1：51 |

（三）疾病

| | | | | | | |
|---|---|---|---|---|---|---|
| 142 | 硬头颈 | ngang－deo－kying | 脖子僵硬；指倔强的人 | = | [ŋã²² də²² kiŋ⁴⁵²] | 使徒行传 7：51 |
| 143 | 疟病 | nyiah-bing | 疟疾 | 打直淋 | [tã⁴² dʑiʔ² liŋ⁴⁵²] | 申命记 28：22 |
| 144 | 疮毒 | ts'ông-doh | 毒疮 | 毒疮 | [doʔ²ts'ɔ³¹] | 提摩太后书 2：17 |
| 145 | 热病 | nyih-bing | 高烧；热症 | 骑身热 | [gi²¹ ɕiŋ³³ ȵi²²] | 马可 1：31 |

续表

| | 词条 | 罗马字拼音 | 释义 | 今台州话 | 国际音标 | 圣经出处 |
|---|---|---|---|---|---|---|
| 146 | 斑疤 | pæn-pô | 伤疤；瑕疵 | 疤记 | [ po³³ ki⁵⁵ ] | 创世纪 30：32 |
| 147 | 风瘫 | fong-t'æn | 中风瘫痪的人 | = | [ foŋ⁵⁵ t'ɛ³¹ ] | 马太 4：24 |
| 148 | 癫人 | tin-nying | 疯子 | = | [ ti³³ ɳiŋ⁴⁵² ] | 马可 5：16 |
| 149 | 聋耳朵 | long ng-to | 聋人 | = | [ loŋ²² ʔ ŋ⁴² to⁴² ] | 马太 11：5 |
| 150 | 聋膨 | long-bang | 聋人 | / | | 马可 7：32 |
| 151 | 割舌 | keh-zih | 结巴 | 大口舌 | [ do²² k'ə⁴² ẓiʔ² ] | 马可 7：32 |
| 152 | 哑佬 | ô-lao | 哑巴 | = | [ ʔo⁴² ʔlɔ⁴⁵² ] | 马可 9：25 |
| 153 | 哑佬鬼 | ô-lao kyü | 哑巴 | = | [ ʔo⁴² ʔlɔ⁴² ky⁴⁵² ] | 路加 11：14 |
| 154 | 跛脚 | pa-kyiah | 瘸子 | = | [ pa⁴² kia⁵ ] | 马可 9：45 |
| 155 | 尸首 | s-siu | 尸体 | 死人 | [ sɿ⁴² ɳiŋ²¹ ] | 马太 14：12 |
| 156 | 软脚骨 | nyün－kyiah－kweh | 软骨病 | 软骨病 | [ ɳyø⁴² kuə³ biŋ²¹³ ] | 使徒行传 14：8 |
| 157 | 梦泄 | mong-sih | 梦遗 | / | | 申命记 23：10 |
| 158 | 枯手 | k'u-siu | 手中风 | / | | 马可 3：3。1897 |
| 159 | 风手 | fong-siu | 手中风 | 手风 | [ ɕiu⁴² foŋ³¹ ] | 马可 3：3 |
| 160 | 血漏病 | hyüih－leo bing | 血漏、血崩病 | 血崩 | [ hyʔ⁵ poŋ³¹ ] | 马太 9：20 |
| 161 | 独只眼 | doh－tsih ngæn | 一个眼睛 | = | [ doʔ² tɕiʔ³ ʔŋɛ⁴⁵² ] | 马太 18：9 |
| 162 | 鼓胀病 | ku－tsiang bing | 肝腹水病；肚子饱胀的病 | = | [ ku⁴² tɕia³³ biŋ⁵⁵ ] | 路加 14：2 |
| 163 | 男风 | nön-fong | 娈童 | / | | 申命记 23：17 |
| 164 | 骑身冷 | kyi-sing lang | 受寒 | 冻爻/= | [ toŋ⁵⁵ fiɔ⁰/gi²¹ ɕiŋ³³ ʔlã⁴² ] | 哥林多后书 11：27 |
| 165 | 瘟病 | weng-bing | 瘟疫 | 人瘟 | [ ɳiŋ³⁵ ʔuəŋ³¹ ] | 以西结 5：12 |

（四）物品

| | 词条 | 罗马字拼音 | 释义 | 今台州话 | 国际音标 | 圣经出处 |
|---|---|---|---|---|---|---|
| 166 | 苏⸗头 | su-deo | 流苏 | = | [ su³³ dɔ⁴⁵² ] | 申命记 22：12 |
| 167 | 套衣 | t'ao-i | 套装 | 套装 | [ t'ɔ³³ tsɔ⁴⁵² ] | 出埃及记 40：14 |
| 168 | 大衣 | do-i | 斜襟衣服 | 大襟 | [ do²²kiŋ³¹ ] | 马太 22：11 |

续表

| | 词条 | 罗马字拼音 | 释义 | 今台州话 | 国际音标 | 圣经出处 |
|---|---|---|---|---|---|---|
| 169 | 麻衣 | mô-i | 麻衣；麻布 | 麻布衣 | [ mo²² pu³³ ʔi³¹ ] | 启示录 11：3 |
| 170 | 面衫 | min-sæn | 外衣 | 关衫 | [ kuɛ⁵⁵ sɛ³¹ ] | 约翰 21：7 |
| 171 | 朝衣 | dziao-i | 朝服 | 上朝衣裳 | [ zɔ̃²¹ dʑiə²¹ ʔi³³ zɔ̃⁴⁵² ] | 使徒行传 12：21 |
| 172 | 手巾 | siu-kying | 手帕 | = | [ ɕiu⁴² kiŋ⁴⁵² ] | 路加 19：20 |
| 173 | 眠床 | min-zông | 床 | = | [ mi²² zɔ̃⁴⁵² ] | 路加 8：16 |
| 174 | 家私 | kô-s | 家产 | = | [ ko⁵⁵ sɿ³¹ ] | 路加 8：43 |
| 175 | 衣裳襟 | i-zông-kying | 衣襟 | = | [ ʔi³³ zɔ̃³⁵ kiŋ³¹ ] | 路加 8：44 |
| 176 | 按手棒 | en-siu-bông | 拐杖 | 老按人棒 | [ ʔlɔ⁴² ʔø³³ n̠iŋ²² bɔ̃⁴⁵² ] | 路加 9：3 |
| 177 | 犁扫 | li-sao | 犁 | 犁 | [ li²¹ ] | 路加 9：62。1897 |
| 178 | 犁耙 | li-bô | 犁 | 耙 | [ bo²¹³ ] | 路加 9：62 |
| 179 | 长衣裳 | dziang i-zông | 长衫 | 长衫 | [ dʑiã³⁵ sɛ³¹ ] | 马可 12：38 |
| 180 | 腰围 | iao-yü | 钱囊 | / | | 路加 22：35。1897 |
| 181 | 扫马 | sao-mô | 钱囊 | / | | 路加 22：35 |
| 182 | 系腰带 | kyi-iao-ta | 腰带 | = | [ ki³³ ʔiə³³ ta⁵⁵ ] | 使徒行传 21：11 |
| 183 | 粉板 | feng-pæn | 写字板 | 小黑板/写字板 | [ ɕiə⁴² hə²³ pɛ⁴⁵²/ɕia⁴² zɿ²² pɛ⁴⁵² ] | 路加 1：63 |
| 184 | 铺板 | p'u-pæn | 褥子；床板 | 板铺 | [ pɛ⁴² pu⁵⁵ ] | 路加 5：19 |
| 185 | 当头 | tông-deo | 当物 | / | | 申命记 24：6 |
| 186 | 蓬尘 | bong-dzing | 灰尘 | 蓬埔 | [ bɔŋ³⁵ ʔyoŋ³¹ ] | 路加 10：11 |
| 187 | 碎孔 | se-k'ong | 破洞 | = | [ se³³ k'oŋ⁵⁵ ] | 马可 2：21 |
| 188 | 茅坑 | mang-k'ang | 茅坑 | = | [ mã³⁵ k'ã³¹ ] | 马可 7：19 |
| 189 | 剪刀 | kyin-tao | 镰刀 | 沙镙 | [ so³³ ki⁴⁵² ] | 申命记 16：9 |
| 190 | 秤锤 | ts'ing-djü | 秤砣 | = | [ ts'iŋ³³ dʑy²¹ ] | 申命记 25：13 |
| 191 | 轮盘 | leng-bön | 轮子 | = | [ ləŋ²² bø⁴⁵² ] | 但以理书 12：9 |
| 192 | 升斗 | sing-teo | 斗 | 斗 | [ tə⁴² ] | 申命记 25：14 |
| 193 | 灯盏 | teng-tsæn | 灯 | 灯 | [ təŋ³¹ ] | 出埃及记 37：23 |
| 194 | 丁香 | ting-hyiang | 耳环 | | [ tiŋ⁵⁵ hiã³¹ ] | 创世纪 35：4 |
| 195 | 锁匙 | so-z | 钥匙 | = | [ so³³ zɿ²¹ ] | 马太 16：19 |

续表

| | 词条 | 罗马字拼音 | 释义 | 今台州话 | 国际音标 | 圣经出处 |
|---|---|---|---|---|---|---|
| 196 | 麦磨 | mah-mo | 磨 | 磨 | [ mo²¹³ ] | 马太 18：6 |
| 197 | 铜钿 | dong-din | 铜钱；铜板 | = | [ doŋ²¹ di⁴⁵² ] | 马可 6：8 |
| 198 | 物事 | meh-z | 东西 | = | [ məʔ²² zʅ²¹³ ] | 马可 7：15 |
| 199 | 脚凳 | kyiah-teng | 踏脚凳 | 踏脚板 | [ daʔ² kiaʔ³ pɛ⁴⁵² ] | 马可 12：36 |
| 200 | 椅 | ü | 椅子 | = | [ ʔy⁴² ] | 马可 11：15 |
| 201 | 凳 | teng | 凳子 | = | [ təŋ⁵⁵ ] | 马可 11：15。1897 |
| 202 | 囥床 | k'ông-zông | 带柜子的床 | = | [ k'ɔ³³ zɔ̄²¹ ] | 马可 7：4 |
| 203 | 镬 | 'ôh | 锅 | = | [ fiɔʔ² ] | 出埃及记 16：3 |
| 204 | 镬灶 | 'ôh-tsao | 灶子 | = | [ fiɔʔ² tsɔ⁵⁵ ] | 利未记 11：35 |
| 205 | 铜盆 | dong-beng | 铜脸盆 | 面桶 | [ mi²² doŋ⁴⁵² ] | 马可 7：4 |
| 206 | 礌盘 | le-bön | 滚轮 | = | [ le²²bø²¹ ] | 以西结 1：16 |
| 207 | 滥污泥 | læn-u-nyi | 泥土 | 南＝污泥 | [ nɛ²² ʔu³³ ni⁴⁵² ] | 罗马书 9：21 |
| 208 | 蛎灰 | li-hwe | 近海贝壳类烧成的灰，砌墙用的 | = | [ li²²huø³¹ ] | 创世纪 11：3 |
| 209 | 宝贝物事 | pao - pe meh -z | 宝物；珍贵的东西 | = | [ pɔ⁴² pe⁵⁵ məʔ²² zʅ²¹³ ] | 创世纪 24：53 |
| 210 | 纺棉 | fông min | 纺线 | = | [ fɔ⁴²mi²² ] | 路加 12：27 |
| 211 | 春凳 | c'ing-teng | 小床 | = | [ tɕ'yŋ³³ təŋ⁵⁵ ] | 使徒行传 5：15 |
| 212 | 泥塑木雕 | nyi - su - moh -tiao | 神像；偶像 | 南＝泥菩萨 | [ nɛ²² ni²² boʔ² səʔ⁵ ] | 使徒行传 17：16 |
| 213 | 脚闸 | kyiah-zæh | 刹车 | 刹车 | [ səʔ³ tsʻo³¹ ] | 使徒行传 16：24 |
| 214 | 潮水 | dziao-shü | 海浪 | = | [ dʑiɒ²² çy⁴² ] | 使徒行传 27：41 |
| 215 | 戒方 | ka-fông | 戒尺 | = | [ ka⁵⁵fɔ³¹ ] | 哥林多前书 4：21 |
| 216 | 垃飒＝ | leh-seh | 垃圾 | = | [ lɛʔ²sɛʔ⁵ ] | 哥林多前书 4：13 |
| 217 | 镜 | kying | 镜子 | = | [ kiŋ⁵⁵ ] | 哥林多前书 13：12 |
| 218 | 荐书 | shü | 推荐信 | = | [ tɕi³³ çy³¹ ] | 哥林多后书 3：1 |
| 219 | 担头 | tæn-deo | 担子 | 担 | [ tɛ⁵⁵ ] | 加拉太 6：5 |
| 220 | 屋角石头 | oh k ô h zih -deo | 墙角石 | 墙角石头 | [ ziã²² koʔ³ ziʔ²² də⁴⁵² ] | 以弗所 2：20 |
| 221 | 火箭 | ho-tsin | 着火的箭 | | [ ho⁴² tɕi⁵⁵ ] | 以弗所 6：16 |

| | 词条 | 罗马字拼音 | 释义 | 今台州话 | 国际音标 | 圣经出处 |
|---|---|---|---|---|---|---|
| 222 | 锯 | ke | 锯子 | 锯 | [ke⁵⁵] | 希伯来书 11：37 |
| 223 | 灯琴= | teng-gying | 灯台 | 灯台 | [təŋ³³ de⁴⁵²] | 启示录 2：5 |
| 224 | 滥污泥货 | læn - wu - nyi ho | 瓦器 | = | [lɛ²² ʔu³³ ni²² ho⁵⁵] | 启示录 2：27 |
| 225 | 印 | ing | 印章 | = | [ʔiŋ⁵⁵] | 启示录 5：1 |
| 226 | 石岩 | zih-ngæn | 岩石穴 | 岩洞 | [ŋɛ²² doŋ⁵⁵] | 启示录 6：16 |
| 227 | 尝新果子 | zông-sing ko-ts | 初熟果子 | / | | 启示录 14：4 |
| 228 | 沙镍 | sò-kyin | 镰刀 | = | [so³³ ki⁴⁵²] | 启示录 14：18 |
| 229 | 汁车= | tsih-tsʻò | 酒榨 | / | | 启示录 14：19 |
| 230 | 封皮 | fong-bi | 封条 | 封条 | [foŋ³³ diə⁵] | 启示录 20：3 |
| 231 | 石油 | zih-yiu | 柏油；沥青 | 柏油/沥青 | [pəʔ⁵ ɦiu²¹/li²ʔ tɕʻiŋ³¹] | 创世纪 14：10 |
| 232 | 银包 | nying-pao | 钱包 | 皮包 | [bi³⁵ pɔ³¹] | 创世纪 42：35 |
| 233 | 船后 | jün-ʻeo | 船尾 | 船尾巴 | [ zyø²² ʔmi⁴² po³¹] | 使徒行传 27：29 |
| 234 | 头蓬 | deo-bong | 前帆 | / | | 使徒行传 27：40 |
| 235 | 柴 | za | 柴火 | 柴 | [za²¹] | 使徒行传 28：3 |
| 236 | 团箕 | dön-kyi | 圆形的畚箕 | = | [dø³⁵ ki³¹] | 路加 3：17 |
| 237 | 岩头 | ngæn-deo | 岩石上 | = | [ŋɛ²¹ də⁴⁵²] | 路可 4：29 |
| 238 | 材杠 | ze-kòng | 棺材杠。抬棺材的工具 | 棺材扛 | [ kuø³³ ze²² kɔ̃⁵⁵] | 路加 7：14。1897 |
| 239 | 军器 | kyʻüing-kyʻi | 兵器 | 兵器 | [piŋ³³ kʻi⁵⁵] | 路加 11：21 |
| 240 | 碗盏 | wön-tsæn | 碗碟杯盘 | = | [ʔue⁴² tsɛ⁴²] | 路加 11：39。1897 |
| 241 | 产业 | sæn-nyih | 财产 | 家私 | [ko⁵⁵ sʅ³¹] | 路加 12：13。1897 |
| 242 | 离书 | li-shü | 休书 | 休书 | [çiu⁵⁵ çy³¹] | 马可 10：4 |
| 243 | 柜桌 | gyü-côh | 一种柜子样的桌子 | = | [gy²² tɕyɔʔ⁵] | 马可 11：15。1897 |
| 244 | 柜头 | gyü-deo | 一种柜子样的桌子 | = | [gy²² də²¹] | 马可 11：15 |
| 245 | 家伙 | kò-ho | 东西、货物、工具、家具等 | 家生 | [ko⁵⁵ sã³¹] | 马可 11：16。1897 |
| 246 | 家生 | kò-sang | 东西、货物、工具、家具等 | = | [ko⁵⁵ sã³¹] | 马可 11：16 |

续表

| | 词条 | 罗马字拼音 | 释义 | 今台州话 | 国际音标 | 圣经出处 |
|---|---|---|---|---|---|---|
| 247 | 枪篱 | ts'iang-li | 篱笆 | = | [ tɕʰiɑ³³ li⁴⁵²] | 马太 21：33 |
| 248 | 地土 | di-t'u | 土地 | 地 | [ di²¹³] | 马可 4：27 |
| 249 | 海棉花 | he-min-hwa | 海绵 | 海绒 | [ he⁴² ʐyoŋ²¹] | 马可 15：36 |
| 250 | 蜜蜂篰 | mih-fong-bu | 蜂窝 | 蜂窠 | [ foŋ⁵⁵ kʰo³¹] | 路加 24：42。1897 |
| 251 | 蜜蜂窠 | mih-fong-k'o | 蜂窝 | 蜂窠 | [ foŋ⁵⁵ kʰo³¹] | 路加 24：42 |
| 252 | 青玉 | ts'ing-nyüoh | 蓝宝石 | 蓝宝石 | [ lɛ²² pɔ⁴² ziʔ²] | 启示录 21：19 |
| 253 | 苍玉 | ts'ang-nyüoh | 绿玛瑙 | 绿玛瑙 | [ loʔ² ʔmo⁴² ʔnɔ⁴²] | 启示录 21：19 |
| 254 | 葱玉 | ts'ong-nyüoh | 绿宝石 | 绿宝石 | [ loʔ² pɔ⁴² ziʔ²] | 启示录 21：19 |
| 255 | 杂红玉 | zeh－'ong－nyüoh | 红玛瑙 | 红玛瑙 | [ ɦoŋ²² ʔmo⁴² ʔnɔ⁴²] | 启示录 21：19 |
| 256 | 黄玉 | wòng-nyüoh | 黄碧玺 | 黄玉 | [ ɦɔ̃²² ȵyoʔ²] | 启示录 21：19 |
| 257 | 绿玉 | loh-nyüoh | 水苍玉 | 绿玉 | [ loʔ² ȵyoʔ²] | 启示录 21：19 |
| 258 | 淡黄玉 | dæn－wòng－nyüoh | 黄玉 | 黄玉 | [ ɦɔ̃²² ȵyoʔ²] | 启示录 21：19 |
| 259 | 紫色玉 | ts-seh-nyüoh | 紫晶 | 紫水晶 | [ tsɿ⁴² ɕy⁴² tɕiu³¹] | 启示录 21：19 |
| （五）食品 | | | | | | |
| 260 | 鸡子 | kyi-ts | 鸡蛋 | = | [ ki³³ tsɿ⁴²] | 路加 11：12 |
| 261 | 麦粉 | mah-feng | 面粉 | 小麦粉 | [ ɕiə⁴² maʔ² fəŋ⁴²] | 马太 13：33 |
| 262 | 老酒 | lao-tsiu | 黄酒。指淡酒 | = | [ ʔlɔ⁴² tɕiu⁴²] | 路加 1：15 |
| 263 | 烧酒 | siao-tsiu | 白酒。指浓酒 | 白酒 | [ baʔ² tɕiu⁴²] | 路加 1：15 |
| 264 | 新酒 | sing-tsiu | 结婚酒 | 日子酒 | [ ȵi² tsɿ⁴² tɕiu⁴²] | 使徒行传 2：13 |
| 265 | 清酒 | ts'ing-tsiu | wine。一般的酒 | / | | 申命记 29：6 |
| 266 | 浓酒 | nyüong-tsiu | 烈酒 | / | | 申命记 29：6 |
| 267 | 口粮 | k'eo-liang | 粮食 | = | [ kʰə⁴² liã²¹] | 马太 24：45 |
| 268 | 酵水 | kao-shü | 酵母 | 酵头 | [ kɔ³³ də²¹] | 哥林多前书 5：6 |
| 269 | 榧子 | fi-ts | 香榧 | 香榧 | [ hiã⁵⁵ fi³¹] | 创世纪 43：11 |
| 270 | 昼饭 | tsiu-væn | 午饭 | 日昼饭 | [ n²² tɕiu³³ vɛ⁵⁵] | 路加 14：12 |
| 271 | 夜饭 | yia-væn | 晚饭 | = | [ ɦia²² vɛ⁵⁵] | 路加 14：12 |

| | 词条 | 罗马字拼音 | 释义 | 今台州话 | 国际音标 | 圣经出处 |
|---|---|---|---|---|---|---|
| 272 | 菜蔬 | ts'e-su | 菜肴 | = | [ts'e³³ su³¹] | 创世记 43：16 |

**（六）动物**

| | 词条 | 罗马字拼音 | 释义 | 今台州话 | 国际音标 | 圣经出处 |
|---|---|---|---|---|---|---|
| 273 | 鸡娘 | kyi-nyiang | 母鸡 | = | [ki³³ n̠iã⁴⁵²] | 马太 23：37 |
| 274 | 羊娘 | yiang-nyiang | 母羊 | = | [ɦiã²² n̠iã⁴⁵²] | 申命记 14：21 |
| 275 | 鸟娘 | tiao-nyiang | 雌鸟 | = | [tiə⁴² n̠iã⁴⁵²] | 申命记 22：6 |
| 276 | 众生 | cong-sang | 畜牲；牲口 | = | [tɕyoŋ⁵⁵ sã³¹] | 马太 22：4。1897 |
| 277 | 赖鸦 | la-ȯ | 乌鸦 | = | [la²² ʔo³¹] | 路加 12：24 |
| 278 | 鹁鸽 | boh-kön | 鸽子。kön 是鸽字的小称音 | = | [poʔ³ kø⁴⁵²] | 马可 11：15 |
| 279 | 赖鹰 | la-ing | 老鹰 | = | [la²² ʔiŋ³¹] | 路加 17：37 |
| 280 | 沙番 | sȯ-fæn | 石獾；岩狸 | / | | 申命记 14：7 |
| 281 | 火蛇 | ho-zȯ | 大毒蛇 | 大蛇 | [do²² zo²¹] | 申命记 8：15 |
| 282 | 德胜 | teh-sing | 戴胜鸟。以色列国鸟 | / | | 申命记 14：18 |
| 283 | 鱼狗 | ng-keo | 鸬鹚 | 鸬鹚鸟 | [lu²² zɿ²² tiə⁴⁵²] | 申命记 14：17 |
| 284 | 鸟子 | tiao-ts | 鸟蛋 | = | [tiə⁴² tsɿ⁴⁵²] | 申命记 22：6 |
| 285 | 鸟儿 | tiao-n | 雏鸟 | = | [tiə⁴² n⁴⁵²] | 申命记 22：6 |

**（七）农作物**

| | 词条 | 罗马字拼音 | 释义 | 今台州话 | 国际音标 | 圣经出处 |
|---|---|---|---|---|---|---|
| 286 | 谷籶 | koh-hæn | 秕谷 | = | [koʔ³ hɛ⁴²] | 马太 3：12 |
| 287 | 枝蕻 | ts-hong | 树杈 | 小树杈 | [ɕiə⁴² zy²² ts'o³¹] | 马太 13：32 |
| 288 | 瓤 | nyiang | 核儿 | = | [n̠iã²¹] | 创世记 1：11 |
| 289 | 出产 | c'ih-sæn | 作物 | = | [tɕ'yʔ³ sɛ⁴²] | 路加 12：18 |
| 290 | 芦荻 | lu-dih | 芦苇 | = | [lu²² diʔ²] | 创世记 40：2 |
| 291 | 麦头 | mah-deo | 麦穗儿 | = | [maʔ² də⁴⁵²] | 创世记 41：7 |
| 292 | 萱草 | hyün-ts'ao | mandrake plants 曼陀罗草 | / | | 创世记 30：14 |
| 293 | 杨柳树 | yiang-liu jü | 柳树 | 凉柳树 | [liã²² ʔliu⁴² zy²¹³] | 创世记 30：37 |
| 294 | 稻秆 | dao-kön | 秸秆 | = | [dɔ²¹ kø⁴²] | 哥林多前书 3：12 |
| 295 | 芦秆 | lu-kön | 芦苇秆 | = | [lu²² kø⁴²] | 哥林多前书 3：12 |
| 296 | 刺蓬 | tsh-bang | 荆棘 | = | [ts'ɿ³³ boŋ²¹] | 路加 6：44 |

续表

| | 词条 | 罗马字拼音 | 释义 | 今台州话 | 国际音标 | 圣经出处 |
|---|---|---|---|---|---|---|
| 297 | 刺蓬树 | ts'-bang-jü | 荆棘 | = | [ ts'ๅ³³ boŋ²² zy⁵⁵] | 使徒行传 7：35 |
| 298 | 壅料 | ing-liao | 肥料 | = | [ʔiŋ³³ liɔ⁵⁵] | 路加 13：8 |
| 299 | 青树 | ts'ing jü | 绿树 | 绿树 | [lɔʔ² zy²¹³] | 路加 23：31 |
| 300 | 燥树 | sao jü | 枯树 | = | [sɔ³³ zy⁵⁵] | 路加 23：31 |
| 301 | 砻糠 | long-kông | 糠 | = | [loŋ³⁵k'ɔ̃³¹] | 但以理书 2：35 |
| 302 | 丫杈 | ô-ts'ô | 枝丫 | 树杈 | [zy²² ts'o⁵⁵] | 但以理书 3：14 |
| 303 | 芽头 | ngô-deo | 芽 | | [ŋə²² də⁴⁵²] | 马可 4：8 |
| (八) 自然现象 | | | | | | |
| 304 | 日头 | nyih-deo | 太阳 | = | [n̦iʔ² də²¹] | 路加 21：25 |
| 305 | 日头光 | nyih-deo kwòng | 太阳光 | 日头 | [n̦iʔ² də²¹] | 路加 1：78 |
| 306 | 红罗 | 'ong-lo | 红霞 | = | [ɦoŋ²¹lo⁴⁵²] | 马太 16：2 |
| 307 | 雾来 | wu-lao | 发雾 | = | [ɦu²⁴ləʔ⁰] | 马太 16：3 |
| 308 | 霓 | heo | 彩虹 | = | [hə⁵⁵] | 启示录 4：3 |
| 309 | 地动 | di-dong | 地震 | = | [di²² doŋ²¹] | 马可 13：8 |
| 310 | 雹 | bôh | 冰雹 | = | [bɔʔ²] | 启示录 8：7 |
| 311 | 雾露 | vu-lu | 露 | = | [ɦu²² lu⁵⁵] | 使徒行传 13：11 |
| 312 | 天架 | t'in-kô | 天气 | = | [t'i³³ ko⁵⁵] | 使徒行传 28：2 |
| 313 | 亮光 | liang-kwòng | 光 | = | [liã²² kɔ̃³¹] | 马太 17：2 |
| 314 | 屋里 | oh-li | 房屋里 | = | [ʔoʔ⁵li⁴⁵²] | 马太 2：11 |
| 315 | 屋角落头 | oh kôh-lôh -deo | 房子角落 | = | [ʔoʔ³ koʔ³ lɔʔ²² də⁴⁵²] | 马可 12：10 |
| 316 | 屋柱 | oh-djü | 房子的柱石 | = | [ʔoʔ³ dʑy²¹] | 加拉太 2：9 |
| 317 | 明堂 | ming-dòng | 公堂 | 公堂 | [koŋ³¹dɔ̃⁴⁵²] | 马可 14：66 |
| 318 | 田垟 | din-yiang | 田头 | 田垟头 | [ di²² ɦiã²² də⁴⁵²] | 马太 24：40 |
| 319 | 户①里 | u-li | 家里 | = | [ʔu³⁵li⁴⁵²] | 马太 12：44 |

① "户" 有 "门" 和 "人家" 之义。虽似乎不太合乎今台州方言连读变调规则，但好像没有比 "户" 更合适的本字了，本文姑且用之。

续表

| | 词条 | 罗马字拼音 | 释义 | 今台州话 | 国际音标 | 圣经出处 |
|---|---|---|---|---|---|---|
| 320 | 屋 | oh | 房子 | = | [ʔoʔ⁵] | 马太 12：44 |
| 321 | 平阳 | bing-yiang | 平原 | 平地 | [biŋ²² di⁵⁵] | 但以理书 3：1 |
| 322 | 头位 | deo-yü | 上座 | 上横头/大手位 | [zɔ²² ɦuã²² də⁴⁵²/do²² ɕiu⁴² ɦy²¹³] | 路加 14：7 |
| 323 | 四岔路口 | s‑ts‘ô‑lu‑k‘eo | 十字路口 | = | [sɿ³³ ts‘o³³ lu²² k‘ə⁴⁵²] | 马太 6：5 |
| 324 | 燥地 | sao-di | 干地 | = | [sɔ³³ di⁵⁵] | 希伯来书 11：29 |
| 325 | 岩头 | ngæn-deo | 山崖 | = | [ŋɛ²¹ də⁴⁵²] | 路加 4：29 |
| 326 | 屋背 | oh-pe | 屋顶；房顶 | = | [ʔoʔ³ pe⁵⁵] | 路加 5：19 |
| 327 | 路口头 | lu-k‘eo-deo | 路口 | = | [lu²² k‘ə⁴² də⁴⁵²] | 马可 11：4 |
| 328 | 各到处 | kôh-tao-c‘ü | 到处 | 四向 | [sɿ³³ ɦiã⁵⁵] | 路加 1：65 |
| 329 | 街路上 | ka-lu-zông | 街上 | 街哒 | [ka³¹ də ʔ⁰] | 启示录 11：8 |
| 330 | 后背 | ‘eo-pe | 背后 | 背后 | [pe³³ ʔə⁴²] | 启示录 12：15 |
| 331 | 后梢 | ‘eo-sao | 后头；后部 | 后头 | [ʔə⁴² də⁴⁵²] | 马太 4：38 |
| 332 | 羊栏 | yiang-læn | 羊圈 | = | [ɦiã²² lɛ⁴⁵²] | 创世纪 49：14 |
| 333 | 头圈 | deo-ky‘ün | 周围 | = | [də³⁵ k‘yø³¹] | 马太 3：5 |
| 334 | 横边 | wang-pin | 旁边 | = | [ɦuã³⁵ pi³¹] | 马可 14：47 |
| 335 | 沿街 | in-ka | 台阶 | = | [ʔi³³ ka³¹] | 使徒行传 21：35 |
| 336 | 下风岸 | ‘ô-fong-‘ön | 逆风处；背风处 | 倒风简地方 | [tɔ³³ foŋ³³ kə ʔ⁰ di²² fɿ³¹] | 使徒行传 27：5 |
| 337 | 城堵眼 | zing-tu-ngæn | 城墙上的窗户 | 城枪眼 | [ziŋ²² tɕ‘iã³³ ʔŋɛ⁴⁵²] | 哥林多后书 11：33 |
| 338 | 福园 | foh-yün | 乐园 | 福地 | [foʔ³ di²¹³] | 哥林多后书 12：4 |
| 339 | 门栿 | meng-boh | 门槛 | 地鲁=坎 | [di²² ʔlu⁴² k‘ɛ⁴⁵²] | 以西结 41：16 |
| 340 | 坑厕 | k‘ang-ts‘ | 茅坑 | 茅坑 | [mã³⁵ k‘ã³¹] | 马可 7：19。1897 |
| 341 | 四处地方 | s-c‘ü di-fông | 各处 | 四向 | [sɿ³³ hiã⁵⁵] | 马可 1：28 |
| 342 | 统天下 | t‘ong-t‘in-‘ô | 全天下 | 全天下 | [zyø²² t‘i³³ ʔo⁴²] | 马太 16：26 |
| 343 | 火哈= | ho-ha | 火中 | = | [ho⁴² ha⁵⁵] | 马可 9：22 |
| 344 | 水哈= | shü-ha | 水中 | = | [ɕy⁴² ha⁵⁵] | 马可 9：22 |
| 345 | 刺蓬哈= | ts‘-bang-ha | 荆棘丛中 | = | [ts‘ɿ³³ boŋ²² ha⁵⁵] | 路加 6：44 |

续表

| | 词条 | 罗马字拼音 | 释义 | 今台州话 | 国际音标 | 圣经出处 |
|---|---|---|---|---|---|---|
| 346 | 猪哈⁼ | ts-ha | 猪堆中 | = | [ tsɿ³³ ha⁵⁵ ] | 路加 8：32 |
| 347 | 石头哈⁼ | zih-deo ha | 之中；堆 | = | [ ʑiʔ² də²² ha⁵⁵ ] | 创世纪 28：10 |
| 348 | 穹苍 | ky'üong-tsóng | 苍穹 | / | | 创世纪 1：6 |
| 349 | 之界 | ts-ka | 边界 | 边界头 | [ pi³³　ka³³ də⁴⁵² ] | 创世纪 49：13 |
| 350 | 里转 | li-cün | 里面 | 肚里 | [ du²¹ ʔli⁴²] | 约翰 17：26 |
| 351 | 站房 | dzæn-vông | 仓库 | 库房 | [ kʻu³³ vɔ²¹] | 路加 12：24 |
| 352 | 强盗窠 | gyiang-dao-kʻo | 强盗窝 | 绿壳窠 | [ lɔʔ² kʻoʔ³ kʻo³¹] | 马可 11：17。1897 |
| 353 | 贼窠 | zeh-kʻo | 强盗窝 | 贼窠 | [ zəʔ² kʻo³¹] | 马可 11：17 |
| 354 | 钿库 | din-kʻu | 银库 | 铜钿库 | [ doŋ²² di²² kʻu⁵⁵] | 马可 12：41 |
| 355 | 山坑 | sæn-kʻang | 山洼 | = | [ sɛ⁵⁵ kʻã³¹] | 路加 3：5 |
| 356 | 监 | kæn | 监牢 | 班房 | [ pɛ³³ vɔ⁴⁵²] | 路加 23：25 |
| 357 | 廊屋 | lông-oh | 廊下；走廊 | 廊下 | [ lɔ²² ʔo⁴²] | 使徒行传 3：11 |
| 358 | 合家 | 'eh-kô | 全家 | 整家人 | [ tɕiŋ⁴² ko³⁵ ȵiŋ⁴⁵²] | 使徒行传 11：14 |
| 359 | 大监 | do-kæn | 大牢；内监 | 大牢 | [ do²² lɔ²¹] | 使徒行传 16：24 |
| 360 | 书院 | shü-yün | 学房 | = | [ ɕy³³ ɦiyø⁵⁵] | 使徒行传 19：9 |
| 361 | 遍天下 | pin-tʻin-ô | 全世界 | 全天下 | [ ʑyø²² tʻi³³ ʔo⁴²] | 使徒行传 19：27 |
| 362 | 戏馆 | hyi-kwön | 戏院；戏园 | 戏园 | [ ɕi³³ ɦiyø⁵⁵] | 使徒行传 19：29 |
| 363 | 岸头 | 'ön-deo | 岸 | = | [ ɦø²² də²¹] | 使徒行传 27：39 |
| 364 | 坳 | ao | 海湾 | / | | 使徒行传 27：39 |
| 365 | 顺手边 | jing-siu-pin | 右手边 | =/大手边 | [ ʑyŋ²² ɕiu⁴² pi³¹/do²² ɕiu⁴² pi³¹] | 马可 10：37 |
| 366 | 济手边 | tsi-siu-pin | 左手边 | = | [ tɕi³³ ɕiu⁴² pi³¹] | 马可 10：37 |
| 367 | 阴司 | ing-s | 阴间 | 阴间 | [ ʔiŋ⁵⁵ kɛ³¹] | 马太 16：18 |
| 368 | 呒底坑 | m-ti kʻang | 无底坑 | 呒底洞 | [ m̩²² tiʼ⁴² doŋ²¹³] | 路加 8：31 |
| 369 | 客店 | kʻah-tin | 旅店 | = | [ kʻaʔ³ ti⁵⁵] | 路加 10：34 |
| 370 | 上位 | zông-yü | 首位；高位 | 上横头 | [ zɔ²² ɦiuã²² də⁴⁵²] | 路加 11：43 |
| 371 | 黄坤 | wòng-kwʻeng | 黄昏 | 黄坤头 | [ ɦɔ²² kʻuəŋ³³ də⁴⁵²] | 马可 13：35 |

续表

| | 词条 | 罗马字拼音 | 释义 | 今台州话 | 国际音标 | 圣经出处 |
|---|---|---|---|---|---|---|
| 372 | 头日 | deo-nyih | 第一天 | = | [də²² n̩i?²] | 马可14:12 |
| 373 | 今日 | kying-nying | 今天。Nying是日的小称音 | 基日 | [ki³³ n̩iŋ⁴⁵²] | 马可14:27 |
| 374 | 当夜 | tòng-yia | 当晚 | = | [tɔ³³ ɦia⁵⁵] | 马可14:30 |
| 375 | 晏 | æn | 晚 | = | [ʔɛ⁵⁵] | 马太14:23 |
| 376 | 睏醒早 | kw'eng-sing-tsao | 早晨 | 枯星头 | [k'u³³ ɕiŋ³³ də⁴⁵²] | 马可16:3 |
| 377 | 枯星早 | k'u-sing tsao | 早上 | 枯星头 | [k'u³³ ɕiŋ³³ də⁴⁵²] | 马太21:18 |
| 378 | 天酿 = | t'in-nyiang | 明天 | = | [t'i³³ n̩ia⁵⁵] | 创世纪19:2 |
| 379 | 世代 | si-de | 时代 | = | [ɕi³³ de⁵⁵] | 马可8:12 |
| 380 | 枯星 | k'u-sing | 早晨 | = | [k'u⁵⁵ ɕiŋ³¹] | 创世纪40:6 |
| 381 | 早界 | tsao-ka | 上午 | = | [tsɔ⁴² ka⁵⁵] | 马太20:3 |
| 382 | 烧夜火跟 | siao-yia-ho keng | 傍晚 | 烧夜饭脚 | [ɕiə³³ ɦia²² vɛ²² kia⁴⁵²] | 马太20:6 |
| 383 | 日昼 | nyih-tsiu | 中午 | = | [n̩²² tɕiu⁵⁵] | 马太20:5 |
| 384 | 日头昼 | nyih-deo tsiu | 中午 | 日昼头 | [n̩²² tɕiu³³ də⁴⁵²] | 创世纪18:1 |
| 385 | 晏根 | æn-keng | 傍晚。下午五点左右 | = | [ʔɛ³³ kəŋ⁴⁵²] | 马太14:15 |
| 386 | 半晏界 | pö æn-ka | 下午三点左右;申时初 | = | [pø³³ ʔɛ³³ ka⁵⁵] | 马太20:5 |
| 387 | 长日 | dziang-nyih | 整天 | 整日 | [tɕiŋ⁴² n̩i?²] | 马太20:6。1897 |
| 388 | 落脚 | lôh-kyiang | 最后。"脚"读小称音 | | [lɔ?² kia⁴⁵²] | 马太20:8 |
| | | lôh-kyiah | 最后 | = | [lɔ?² kia?⁵] | 罗马书6:21 |
| 389 | 落脚日 | lôh-kyiah ny-ih | 最后一天 | = | [lɔ?² kia?³ n̩iŋ⁴⁵²] | 约翰7:37 |
| 390 | 长夜 | dziang yia | 整夜 | 整夜 | [tɕiŋ⁴² ɦia²¹³] | 路加6:12。1897 |
| 391 | 素常 | su-zông | 平常 | 闲时 | [fiɛ²¹ z̩⁴⁵²] | 路加22:39 |
| 392 | 节次 | tsih-ts' | 节期 | 节日头 | [tɕi?³ n̩i²² də⁴⁵²] | 路加23:17 |
| 393 | 起头 | ky'i-deo | 开始;开头 | = | [k'i⁴² də⁴⁵²] | 马太23:35 |
| 394 | 后头 | 'eo-deo | 后来;后部;将来 | = | [ʔə⁴² də²¹] | 马可13:19 |

续表

| | 词条 | 罗马字拼音 | 释义 | 今台州话 | 国际音标 | 圣经出处 |
|---|---|---|---|---|---|---|
| 395 | 过先 | ku-sin | 先；前头；前面 | = | [ ku$^{33}$ çi$^{452}$ ] | 马太 21：31 |
| 396 | 晚头 | mæn-deo | 晚上 | =/夜头 | [ ʔmɛ$^{42}$ də$^{452}$/ ɦia$^{22}$ də$^{21}$ ] | 路加 12：20 |
| 397 | 天亮棚 | t'in－liang－bang | 拂晓 | 天亮跟 | [ t'i$^{33}$ liã$^{22}$ kəŋ$^{452}$ ] | 约翰 18：28 |
| 398 | 闲常 | 'æn-zông | 平常 | 闲时 | [ ɦɛ$^{21}$ zŋ$^{452}$ ] | 但以理 3：19 |
| 399 | 下世 | 'ô-si | 下辈子 | = | [ ʔo$^{42}$ çi$^{55}$ ] | 马可 10：30 |
| 400 | 古时节 | ku-z-tsih | 古时候 | = | [ ku$^{42}$ zŋ$^{22}$ tçiʔ$^{5}$ ] | 马可 6：15 |
| 401 | 夜哒 | yia-deh | 夜里 | = | [ ɦia$^{22}$ dəʔ$^{0}$ ] | 约翰 9：4 |
| 402 | 日哒 | nyih-deh | 白天 | = | [ ȵiʔ$^{2}$dəʔ$^{0}$ ] | 约翰 9：4 |
| 403 | 记 | kyi | 动量词。一会儿；一下 | = | [ ki$^{452}$ ] | 哥林多前书 16：6 |
| 404 | 天亮晓 | t'in－liang－hyiao | 晨星 | 天亮星 | [ t'i$^{33}$ liã$^{22}$ çiŋ$^{31}$ ] | 启示录 2：28 |
| 405 | 头套 | deo-t'ao | 初次 | = | [ də$^{22}$t'ɔ$^{55}$ ] | 启示录 4：1 |
| 406 | 年庚 | nyin-kang | 年；年份 | 年份 | [ ȵi$^{22}$vəŋ$^{55}$ ] | 启示录 9：15 |
| 407 | 五更晓 | ng-kang-hy-iao | 启明星 | = | [ ʔ ŋ$^{42}$kã$^{33}$ çiə$^{452}$ ] | 启示录 22：16 |
| 408 | 头年 | deo-nyin | 第一年 | = | [ də$^{22}$ȵi$^{452}$ ] | 但以理 1：21 |
| 409 | 日数 | nyih-su | 天数 | = | [ ȵiʔ$^{2}$su$^{55}$ ] | 使徒行传 9：23 |
| 410 | 大熟年成 | da－joh nyin－zing | 丰年 | 大年 | [ do$^{22}$ȵi$^{21}$ ] | 使徒行传 14：17 |
| 411 | 好两日 | hao-liang ny-ih | 好几天 | = | [ hɔ$^{42}$ ʔliã$^{42}$ ȵiʔ$^{2}$ ] | 使徒行传 16：18 |
| 412 | 前头 | zin-deo | 以前 | = | [ zi$^{21}$ də$^{452}$ ] | 使徒行传 22：4 |
| 413 | 当日昼 | tông nyih-tsiu | 正当午 | 当大日昼 | [ tɔ$^{33}$ do$^{22}$ n$^{22}$ tçiu$^{55}$ ] | 使徒行传 26：12 |
| 414 | 一昶 | ih-ts'iang | 一会儿 | = | [ ʔiʔ$^{3}$tç'iã$^{452}$ ] | 马可 6：31 |
| 415 | □昶 | te-ts'iang | 刚才 | = | [ te$^{33}$ tç'iã$^{452}$ ] | 约翰 13：12 |
| 416 | 曩在 | nông-ze | 现在 | = | [ nɔ̃$^{21}$ze$^{452}$ ] | 马太 25：25 |

（九）生活

| | 词条 | 罗马字拼音 | 释义 | 今台州话 | 国际音标 | 圣经出处 |
|---|---|---|---|---|---|---|
| 417 | 种档 | cong-tông | 种类 | 种 | [ tçyoŋ$^{42}$ ] | 马太 3：7 |
| 418 | 福利 | foh-li | 祭物 | 祭物 | [ tçi$^{33}$ vəʔ$^{2}$ ] | 马太 9：13 |

续表

| | 词条 | 罗马字拼音 | 释义 | 今台州话 | 国际音标 | 圣经出处 |
|---|---|---|---|---|---|---|
| 419 | 故典 | ku-tin | 传统；规矩 | =（范围大）/行当（范围小） | [ku³³ ti⁴² /fiɔ̃²² tɔ̃⁵⁵] | 马太 15：2 |
| 420 | 心想 | sing-siang | 想法；意念 | 忖法 | [tsʻəŋ⁴²fɛʔ⁵] | 马太 16：24 |
| 421 | 丁税钿 | ting-shü dian | 丁税钱 | = | [tiŋ³³ ɕy³³ di²¹] | 马太 17：27。1897 |
| 422 | 娶亲酒 | cʻü - tsʻing tsiu | 结婚酒 | = | [tɕʻy⁴² tɕʻiŋ³³ tɕiu⁴²] | 马太 22：2 |
| 423 | 套数 | tʻao-su | 次数 | = | [tʻɔ³³ su⁵⁵] | 马太 23：37 |
| 424 | 利钿 | li-din | 利息 | = | [li²² di²¹] | 马太 25：27 |
| 425 | 价钿 | kô-din | 价钱 | = | [ko³³ di²¹] | 马太 27：6 |
| 426 | 淘成 | dao-dzing | 结果；收获 | 收成 | [ɕiu³³ ziŋ⁴⁵²] | 马可 4：7 |
| 427 | 忖头 | tsʻeng-deo | 想法；念头 | = | [tsʻəŋ⁴² də²¹] | 马可 7：21 |
| 428 | 名头 | ming-deo | 名义；名声 | = | [miŋ²¹ də⁴⁵²] | 马可 9：37 |
| 429 | 生活 | sang-weh | 活儿 | = | [sã³³ fiuə̃ʔ²] | 马可 13：34 |
| 430 | 反乱 | fæn-lön | 叛乱；暴动 | 暴乱 | [bɔ²²lø⁵⁵] | 马可 13：8 |
| 431 | 老例 | lao-li | 常例 | = | [ʔlɔ⁴²li²¹³] | 马可 15：8 |
| 432 | 岁岁 | shü-shü | 岁数 | = | [ɕy³³ ɕy⁵⁵] | 腓利门 1：9 |
| 433 | 力道 | lih-dao | 力气；能力 | = | [liʔ²²də²¹] | 路加 1：51 |
| 434 | 嘴掴 | cü-kwah | 耳光 | =（打嘴）/扪头（耳光） | [tɕy⁴² kuaʔ⁵/ məŋ²² də²¹] | 路加 6：29 |
| 435 | 用场 | yüong-dziang | 用处 | = | [fiyoŋ²² dʑiã²¹] | 路加 11：8 |
| 436 | 赚头 | dzæn-deo | 利润；收益 | = | [dzɛ²¹ də²¹] | 路加 19：15 |
| 437 | 咬头 | ngô-deo | 把柄 | = | [ʔŋɔ⁴²də²¹] | 路加 20：20 |
| 438 | 土话 | bih - cʻü tʻu-wa | 方言 | = | [tʻu⁴² fiua²¹³] | 使徒行传 2：1 |
| 439 | 声响 | sing-hyiang | 响声 | 响声 | [hiã⁴² ɕiŋ³¹] | 使徒行传 2：2 |
| 440 | 念头 | nyin-deo | 想法 | = | [ȵi²² də²¹] | 使徒行传 5：4 |
| 441 | 殡殓 | ping-lin | 埋葬 | 坞= | [ʔu⁵⁵] | 使徒行传 5：5 |
| 442 | 律例 | leh-li | 法律；条例 | 法律条例 | [fɛʔ³ liʔ² diə²² li⁵⁵] | 使徒行传 6：14 |
| 443 | 心想 | sing-siang | 心意；想法；意念 | 忖法 | [tsʻəŋ⁴²fɛʔ⁵] | 使徒行传 13：22 |
| | | | 意愿；主意 | 忖功 | [tsʻəŋ⁴²koŋ³¹] | 创世纪 49：6 |
| 444 | 记数 | kyi-su | 次数 | = | [ki³³ su⁵⁵] | 使徒行传 16：23 |

续表

| | 词条 | 罗马字拼音 | 释义 | 今台州话 | 国际音标 | 圣经出处 |
|---|---|---|---|---|---|---|
| 445 | 操乱 | ts'ao-lön | 骚乱 | = | [ ts'ɔ³³ lø⁵⁵ ] | 使徒行传 17：5 |
| 446 | 根脉 | keng-mah | 血脉 | = | [ kəŋ³³ maʔ² ] | 使徒行传 17：26 |
| 447 | 灵窍 | ling-ky'iao | 心思 | / | [ liŋ²² k'ɔ⁵⁵ ] | 使徒行传 17：29 |
| 448 | 旱路 | 'ön-lu | 陆路 | 燥路 | [ sɔ³³ lu⁵⁵ ] | 使徒行传 20：13 |
| 449 | 装法 | tsông-fæh | 做法 | = | [ tsɔ̃³³ fɛʔ⁵ ] | 使徒行传 21：22 |
| 450 | 赚处 | dzæn-c'ü | 错处 | = | [ dzɛ²² tɕ'y⁵⁵ ] | 使徒行传 24：20 |
| 451 | 势头 | si-deo | 势力；权力 | = | [ ɕi³³ də²¹ ] | 使徒行传 26：18 |
| 452 | 教门 | kao-meng | 宗教；教派 | = | [ kɔ³³ məŋ²¹ ] | 使徒行传 25：19 |
| 453 | 条规 | diao-kyü | 典章；条例 | 条例 | [ diə²²li⁵⁵ ] | 申命记 4：5 |
| 454 | 竖像 | jü-ziang | 塑像；偶像 | | [ zy²¹ ziã²¹ ] | 申命记 7：5 |
| 455 | 愿心 | nyün-sing | 许的愿；愿望 | 愿 | [ ȵyø²¹³ ] | 申命记 12：11 |
| 456 | 卜课 | poh-k'o | 占卜 | 八卦 | [ pəʔ³kua⁵⁵ ] | 申命记 18：9 |
| 457 | 关魂 | kwæn-weng | 招魂 | = | [ kuɛ³³ ɦuəŋ⁴⁵² ] | 申命记 18：11 |
| 458 | 信号 | sing-'ao | 意义 | / | [ ɕiŋ³³ ɦɔ⁵⁵ ] | 但以理 5：16 |
| 459 | 定规 | ding-kyü | 规定 | 规矩 | [ kuɛ³³ ky⁴² ] | 但以理 12：12 |
| 460 | 过犯 | ku-væn | 错误 | 做赚 | [ tso⁵⁵ dzɛ²¹³ ] | 但以理 9：24 |
| 461 | 工钿 | kong-din | 工钱 | = | [ koŋ³³ di⁴⁵² ] | 创世纪 29：15 |
| 462 | 定头 | ding-deo | 信物；抵押物 | = | [ diŋ²² də²¹ ] | 创世纪 38：17 |
| 463 | 私欲心 | s-yüoh sing | 私心 | = | [ sɿ³³ ɦyoʔ² ɕiŋ³¹ ] | 创世纪 39：7 |
| 464 | 定例 | ding-li | 规定；常例 | / | | 创世纪 47：22 |
| 465 | 寿岁 | ziu-shü | 寿命 | 寿年 | [ ziu²² ȵi²¹ ] | 创世纪 47：28 |
| 466 | 口嘴 | k'eo-cü | 纷争 | = | [ k'ə⁴² tɕy⁴⁵² ] | 哥林多前书 1：11 |
| 467 | 祸灾 | 'o-tse | 灾祸 | 祸 | [ ʔu⁴² ] | 哥林多前书 9：16 |
| 468 | 切心 | ts'ih-sing | 热切的心 | = | [ tɕ'iʔ³ ɕiŋ³¹ ] | 哥林多前书 12：31 |
| 469 | 心意 | sing-i | 心思 | 忖法 | [ ts'əŋ⁴²fɛʔ⁵ ] | 哥林多前书 13：11 |
| 470 | 忖功 | ts'eng-kong | 想法；思想 | = | [ ts'əŋ⁴² koŋ³¹ ] | 哥林多前书 13：11 |
| 471 | 号数 | 'ao-su | 种类 | = | [ ɦɔ²² su⁵⁵ ] | 哥林多前书 14：10 |

续表

| | 词条 | 罗马字拼音 | 释义 | 今台州话 | 国际音标 | 圣经出处 |
|---|---|---|---|---|---|---|
| 472 | 门路 | meng-lu | 门 | = | [məŋ²²lu⁵⁵] | 歌林多后书 2：12 |
| 473 | 香味 | hyiang-mi | 香气 | 香气 | [hiã³³k'i⁵⁵] | 哥林多后书 2：14 |
| 474 | 患难 | wæn-næn | 名词。困难；磨难 | 难 | [nɛ²¹³] | 哥林多后书4：8 |
| 475 | 难头 | næn-deo | 苦难 | = | [nɛ²²də²¹] | 加拉太4：14 |
| 476 | 愿头 | nyün-deo | 心意；愿望 | 愿 | [ȵyø²¹³] | 以弗所1：11（提要） |
| 477 | 衔头 | 'æn-deo | 头衔 | 衔头/头衔 | [fiɛ²² də⁴⁵² / də²² fiɛ⁴⁵²] | 以弗所1：21 |
| 478 | 想头 | siang-deo | 想法 | 忖法 | [tsʻəŋ⁴²fɛʔ⁵] | 以弗所2：3 |
| 479 | 乱话 | lön-wa | 胡话 | = | [lø²²fiua⁵⁵] | 以弗所5：4 |
| 480 | 立标地方 | lih-piao di-fông | 目标；标杆 | / | | 腓立比3：14 |
| 481 | 呒影踪说话 | m ying-tsong shih-wa | 无稽之谈 | 乱劲自念 | [lø²² te⁴² zʅ²² ȵi⁵⁵] | 提摩太前书4：7 |
| 482 | 心得 | sing-teh | 信心 | 信心 | [çiŋ³³ çiŋ³¹] | 提摩太后书 2：18 |
| 483 | 性情 | sing-zing | 心地；心思 | / | | 提多书1：15 |
| 484 | 体质 | t'i-tsih | 本质；本体 | 本质 | [pəŋ⁴²tɕiʔ⁵] | 希伯来书1：3 |
| 485 | 恩座 | eng-zo | 施恩的宝座 | 宝座 | [pɔ⁴²zo²¹³] | 希伯来书4：16 |
| 486 | 班次 | pæn-ts' | 等次；次序 | = | [pɛ³³ tsʻʅ⁵⁵] | 希伯来书5：6 |
| 487 | 威势 | yü-si | 威吓；恐吓 | 吓吓 | [hɔʔ⁵hɔʔ⁰] | 彼得前书3：14 |
| 488 | 财势 | ze-si | 势力；运气 | = | [ze²²çi⁵⁵] | 彼得前书4：3 |
| 489 | 渍瘤 | tsih-le | 污点 | 污凼= | [ʔu³³ dɔ²¹] | 彼得后书2：13 |
| 490 | 灵气 | ling-ky'i | 心灵；圣灵 | = | [liŋ²²k'i⁵⁵] | 罗马书7：6 |
| 491 | 理路 | li-lu | 真知识 | / | | 罗马书10：2 |
| 492 | 结捆 | kyih-kw'eng | 终极；总结 | / | | 罗马书10：4 |
| 493 | 行止 | 'ang-ts | 行为举止 | 行为 | [fiã²²fiŋ⁴⁵²] | 罗马书15：18 |
| 494 | 口供 | k'eo-kyüong | 言语 | 话 | [fiua²¹³] | 罗马书15：18 |

二、动词类

| | 词条 | 罗马字拼音 | 释义 | 今台州话 | 国际音标 | 圣经出处 |
|---|---|---|---|---|---|---|
| 495 | □起 | nang-ky'i | 起床；坐起来 | = | [nã²²k'i⁴²] | 马太1：24 |
| 496 | 龙= | long | 伸（手脚） | = | [loŋ²¹] | 马太14：31 |

续表

| | 词条 | 罗马字拼音 | 释义 | 今台州话 | 国际音标 | 圣经出处 |
|---|---|---|---|---|---|---|
| 497 | 駄 | do | 拿 | = | [do²¹] | 马太 2：11 |
| 498 | 断＝ | tön | 扔 | = | [tø⁵⁵] | 马太 3：10 |
| 499 | 绷碎 | pang-se | 撑破 | 撑碎 | [tsʻā³³ se⁵⁵] | 马太 9：16 |
| 500 | 倒 | tao | 躺 | = | [tɔ⁴²] | 马可 1：30 |
| 501 | 识得 | sih-teh | 认识 | =/认得 | [çiʔ⁵ təʔ⁰/ ȵiŋ²⁴təʔ⁰] | 马太 1：34 |
| 502 | 聚队 | jü-de | 一起 | = | [zy²¹de⁵⁵] | 马可 5：18 |
| 503 | 吓 | hòh | 害怕 | = | [hɔʔ⁵] | 马可 16：8 |
| 504 | 惊吓 | kying-hòh | 害怕；受惊吓 | 吓 | [hɔʔ⁵] | 马太 14：26。 1897 |
| 505 | 落山 | lòh sæn | 下山 | = | [lɔʔ²sɛ³¹] | 马太 17：9 |
| 506 | 备办 | bi-bæn | 准备；安排 | 备 | [bi²¹³] | 马可 3：9 |
| 507 | 癫 | tin | 发疯 | = | [ti³¹] | 马可 3：21 |
| 508 | 拌跌 | pæn-tih | 跌跤；捣鬼；加害 | = | [pɛ³³ tiʔ⁵] | 马可 4：17 |
| 509 | 管账 | kwön-tsiang | 过问 | = | [kuø⁴²tçiā⁵⁵] | 马可 4：38 |
| 510 | 落船 | lòh jün | 上船 | = | [lɔʔ²zyø⁴⁵²] | 马可 5：18 |
| 511 | 罚咒 | væh-tsiu | 发誓 | 赌誓 | [tu⁴²zi²¹³] | 马可 6：23 |
| 512 | 起身 | ky'i-sing | 动身；出发 | = | [kʻi⁴²çiŋ³¹] | 马可 7：24 |
| 513 | 扬 | yiang | 传播 | 散 | [sɛ⁵⁵] | 马太 9：26 |
| 514 | 划算 | wa-sön | 计划；打算 | = | [ɦua²²sø⁵⁵] | 马可 11：18 |
| 515 | 医病 | i-bing | 治病 | = | [ʔi³³ biŋ⁵⁵] | 马太 12：10 |
| 516 | 担心事 | tæn sing-z | 担心 | 挂心 | [kua³³ çiŋ³¹] | 马可 14：6 |
| 517 | 交代 | kao-de | 上交；交出；出卖 | = | [kɔ³³ de⁵⁵] | 马可 14：11 |
| 518 | 招认 | tsiao-nying | 证明认识 | = | [tçiə³³ ȵiŋ⁵⁵] | 马可 14：30 |
| 519 | 放胆 | fòng-tæn | 大着胆子 | = | [fɔ³³ tɛ⁴²] | 马可 15：43 |
| 520 | 走转到 | tseo-cün tao | 回到 | 走转头 | [tsə⁴² tçyø⁴² də⁴⁵²] | 马太 12：44 |
| 521 | 抽苗 | ts'iu-miao | 发芽 | 抽芽 | [tçʻiu³³ ŋo⁴⁵²] | 马太 13：26 |
| 522 | 空肚 | k'ong-du | 空腹 | 夹空肚 | [kəʔ³ kʻoŋ³³ du²¹] | 马太 15：32 |
| 523 | 祝谢 | coh-zia | 祷告；祝福 | 谢 | [zia²¹³] | 马太 15：36 |
| 524 | 起造 | ky'i-zao | 建造 | 起/造 | [kʻi⁴²/zɔ²¹] | 马太 16：18 |

续表

| | 词条 | 罗马字拼音 | 释义 | 今台州话 | 国际音标 | 圣经出处 |
|---|---|---|---|---|---|---|
| 525 | 敲实 | k'ao-zih | 确认；确证 | 敲落当 | [ k'ɔ³³　lɔʔ²　tɔ⁵⁵ ] | 马太 18：16 |
| 526 | 讨散工 | t'ao sæn-kong | 雇小工 | = | [ t'ɔ⁴²　sɛ⁴²　koŋ⁴⁵² ] | 马太 20：1 |
| 527 | 跌糊 | tih-wu | 跌碎 | 敲碎 | [ k'ɔ³³　se⁵⁵ ] | 马太 21：44 |
| 528 | 兑铜钿 | de dong-din | 换钱 | = | [ de²²　doŋ²²　di⁴⁵² ] | 马太 21：12 |
| 529 | 做生活 | tso sang-weh | 干活儿 | = | [ tso³³　sã³³　ɦuəʔ² ] | 马太 21：28 |
| 530 | 打枪篱 | tang ts'iang-li | 扎篱笆 | = | [ tã⁴²　tɕ'iã³³　li⁴⁵² ] | 马太 21：33 |
| 531 | 做圈套 | tso ky'ün-t'ao | 设圈套 | = | [ tso³³　k'yø³³　t'ɔ⁵⁵ ] | 马太 22：15 |
| 532 | 讨 | t'ao | 娶 | = | [ t'ɔ⁴² ] | 马太 22：25 |
| 533 | 教训 | kao-hyüing | 教导；书道；布道 | / | | 马太 22：33 |
| 534 | 候= | 'eo | 任凭 | = | [ ɦə²¹³ ] | 马太 24：43 |
| 535 | 讴 | ao | 叫唤 | = | [ ʔɔ³¹ ] | 马太 27：23 |
| 536 | 挨次序 | a-ts'-jü | 依次 | 照挨 | [ tɕiə³³　ʔa³¹ ] | 路加 1：3 |
| 537 | 做月里 | tso nyüih-li | 坐月子 | = | [ tso³³　ȵyʔ²ʔ　li⁴² ] | 路加 1：57 |
| 538 | 拼伙计 | p'ing ho-kyi | 合伙 | = | [ p'iŋ³³　ho⁴²　ki⁵⁵ ] | 路加 1：57 |
| 539 | 上船 | zông jün | 离开船 | = | [ zɔ⁵⁵　zyø²¹ ] | 路加 5：2 |
| 540 | 照数 | tsiao-su | 如数 | = | [ tɕiə³³　su⁵⁵ ] | 路加 6：34 |
| 541 | 关着 | kwæn-djôh | 关乎；关系到 | = | [ kuɛ³³　dʑyɔʔ² ] | 路加 22：37 |
| 542 | 断=开 | tön-k'e | 扔走 | 断=爻 | [ tø⁵⁵　gɔ²¹ ] | 路加 22：41 |
| 543 | 谣惑 | yiao-'ôh | 妖言惑众 | 哄人 | [ hoŋ⁴²　ȵiŋ²¹ ] | 路加 23：2 |
| 544 | 责罚 | tsah-væh | 责备 | 怪 | [ kua⁵⁵ ] | 约翰 8：8 |
| | | kwön-kao | 管教 | 教 | [ kɔ⁵⁵ ] | 希伯来书 12：8 |
| 545 | 对证 | te-tsing | 见证 | = | [ te³³　tɕiŋ⁵⁵ ] | 约翰 8：13 |
| 546 | 上前 | zông-zin | 进步 | = | [ zɔ²¹　zi²¹ ] | 提摩太前书 4：15 |
| 547 | 回头 | we-deo | 回绝 | 回 | [ ɦue²¹ ] | 提摩太前书 5：11 |
| 548 | 招接 | tsiao-tsih | 接待 | 招待 | [ tɕiə³³　de²¹ ] | 路加 10：10 |
| 549 | 过路 | ku-lu | 路过 | = | ku³³　lu⁵⁵ | 路加 10：33 |

续表

| | 词条 | 罗马字拼音 | 释义 | 今台州话 | 国际音标 | 圣经出处 |
|---|---|---|---|---|---|---|
| 550 | 弗管账 | feh kwön-tsiang | 不算数 | 弗算数 | [fəʔ³sø³³ su⁵⁵] | 路加 10：40 |
| 551 | 分剖 | feng-p'eo | 表白 | / | | 路加 12：11 |
| 552 | 起 | ky'i | 造（房子） | = | [k'i⁴²] | 路加 12：18 |
| 553 | 积储 | tsih-djü | 积蓄 | 积蓄 | [tɕi³³ɕy⁵] | 路加 12：21 |
| 554 | 落监 | lôh-kæn | 关进监狱 | 落班房 | [lɔʔ²pɛ³³ vɔ⁴⁵²] | 马可 1：14 |
| 555 | 迷牢 | mi-lao | 附着 | 迫ᵘ牢 | [paʔ⁵lɔ⁴⁵²] | 马可 1：32 |
| 556 | 加凑 | kô-ts'eo | 增加 | = | [ko³³ ts'ə⁵⁵] | 马可 4：24 |
| 557 | 盖管 | ke-kwön | 看管 | 望牢 | [mɔ̃²⁴lɔ²¹] | 马可 6：34；12：9 |
| 558 | 拢岸 | long-'ön | 靠岸 | 靠岸 | [k'ɔ³³ ɦø⁵⁵] | 马可 6：53 |
| 559 | 落市 | lôh-z | 赶集 | =/赶市 | [lɔʔ² zʅ²¹/kø⁴² zʅ⁴⁵²] | 马可 7：4 |
| 560 | 祝赞 | coh-tsæn | 称赞 | 傲 | [ŋɔ²¹³] | 马可 11：9 |
| 561 | 纳田粮 | næh din-liang | 缴田税 | 解粮 | [ka³³ liã²¹] | 马可 12：14 |
| 562 | 服猎ᵘ | voh-læh | 服 | 服 | [voʔ²] | 路加 10：17 |
| 563 | □□ | ts-deh | 想；以为 | 忖 | [ts'əŋ⁴²] | 路加 12：51 |
| 564 | 顺埭 | jing-da | 顺路 | 顺路 | [zʑyŋ²²lu⁵⁵] | 路加 13：22 |
| 565 | 派 | p'a | 计算。~费用 | = | [p'a⁵⁵] | 路加 14：28 |
| 566 | 壅田 | ing din | 肥田 | 壅 | [ʔiŋ³¹] | 路加 14：35 |
| 567 | 下肥 | 'o bi | 施肥 | 壅 | [ʔiŋ³¹] | 路加 14：35 |
| 568 | 新鲜 | sing-sin | 醒悟 | 醒 | [ɕiŋ⁴²] | 路加 15：17 |
| 569 | 泛涨 | fæn-tsiang | 泛滥 | 滥 | [lɛ²¹³] | 路加 17：27 |
| 570 | 啰唆 | lŏ-so | 麻烦 | = | [ʔlo⁵⁵so³¹] | 路加 18：5 |
| 571 | 助来 | zu-le | 化缘；募捐 | 助落 | [zu²⁴lɔʔ²] | 路加 21：5 |
| 572 | 捉阄 | côh kyiu | 抓阄 | 捉纸阄 | [tɕyʔ³ tsʅ⁴² tɕiu⁴⁵²] | 路加 23：34 |
| 573 | 归家 | kyü-kô | 回家 | = | [ky³³ ko³¹] | 路加 24：12。1897 |
| 574 | 昏迷 | hweng-mi | 迷糊；模糊 | 昏去 | [huəŋ³³ k'e³³] | 路加 24：16。1897 |
| 575 | （日头）斜山 | zia-sæn | 日落 | 落山 | [lɔʔ²sɛ³¹] | 路加 24：29 |
| 576 | 弗来去 | feh le-k'e | 无来往 | = | [fəʔ⁵le²²k'e⁵⁵] | 约翰 4：9 |
| 577 | 有活 | yiu weh | 存活 | 会活 | [ʔuəʔ²³ɦuəʔ²] | 约翰 6：57 |

续表

| | 词条 | 罗马字拼音 | 释义 | 今台州话 | 国际音标 | 圣经出处 |
|---|---|---|---|---|---|---|
| 578 | 垫 | din | 装 | = | [di²¹³] | 马可 2：22 |
| 579 | 摆 | pa | 放 | = | [pa⁴²] | 马可 2：26 |
| 580 | 张 | tsiang | 窥视；觇觎 | = | [tɕiã³¹] | 马可 3：2 |
| 581 | 扭牢 | nyiu-lao | 拧住 | = | [ʔŋiu⁴²lɔ²¹] | 马可 9：18 |
| 582 | 求恳 | gyiu-k'eng | 恳求 | 求 | [giu²¹] | 马可 5：10。1897 |
| 583 | 应许 | ing-hyü | 允许 | 允许 | [ʔyoŋ⁴²hy⁴²] | 马可 5：12 |
| 584 | 费 | fi | 花费 | 花 | [hua³¹] | 马可 5：26 |
| 585 | 馅 | gæn | 挤；塞 | = | [gɛ²¹³] | 马可 5：27 |
| 586 | 张⁼ | tsiang | 停留；待 | 在 | [ze²¹] | 马可 6：31 |
| 587 | 扛 | kông | 抬 | = | [kɔ³¹] | 马可 6：55 |
| 588 | 转来 | cün-le | 回来 | 转头 | [tsø⁴²də⁴⁵²] | 马太 10：8 |
| 589 | 辱 | zòh | 辱骂；谩骂 | = | [zyɔʔ²] | 马可 7：10 |
| 590 | 解落 | ka-lôh | 解手进 | 拉呀⁼ | [la²⁴ʔia⁰] | 马可 7：19。1897 |
| 591 | 行落 | 'ang-lôh | 掉落；滑落 | 流落 | [liu²⁴lɔʔ²] | 马可 7：19 |
| 592 | 肋 | te | 拉扯 | = | [te⁴²] | 马太 16：22te |
| 593 | 搭 | tæh | 搭建 | 搭建 | [tɛʔ³ki⁵⁵] | 马可 9：5 |
| 594 | 护 | wu | 围 | 围 | [fiy²¹] | 马可 9：14 |
| 595 | 僵来 | tsiang-le | 收缩 | = | [tɕiã⁵⁵le²¹] | 马可 9：18 |
| 596 | 乌 | u | 熄灭 | = | [ʔu³¹] | 马可 9：43 |
| 597 | 解 | ka | 押解 | = | [ka⁵⁵] | 马可 10：33 |
| 598 | 设 | shih | 放置 | = | [çiʔ⁵] | 马可 11：7 |
| 599 | 徛 | gyi | 站 | = | [gi²¹] | 路加 5：1 |
| 600 | 劳 | lao | 要求；劳驾；麻烦 | = | [lɔ²¹] | 马可 10：51 |
| 601 | 褪 | t'eng | 脱出；褪下 | = | [t'əŋ⁵⁵] | 马可 14：52 |
| 602 | 扯 | ts'e | 撕 | = | [tsʻe⁴²] | 马可 14：63 |
| 603 | 戳 | c'òh | 插 | = | [tɕʻyɔʔ⁵] | 马可 15：36 |
| 604 | 簸 | pe | 上下抖落 | = | [pe⁵⁵] | 马太 3：12 |
| 605 | 扎⁼ | tsæh | 播撒 | = | [tsɛʔ⁵] | 马太 13：18 |
| 606 | 揌 | hwæh | 甩 | = | [huɛʔ⁵] | 马太 13：47 |
| 607 | 礌转 | le-cün | 转身；翻转 | = | [le²⁴tɕyø⁴²] | 马太 16：23 |

续表

| | 词条 | 罗马字拼音 | 释义 | 今台州话 | 国际音标 | 圣经出处 |
|---|---|---|---|---|---|---|
| 608 | 摜 | gwæn | 背 | = | [guɛ²¹] | 马太 16：24 |
| 609 | 摜 | gwæn | 扔 | = | [guɛ²¹³] | 马太 18：12 |
| 610 | 捺 | næh | 按压 | = | [nɛʔ²] | 马太 21：44 |
| 611 | 齒 | ts | 装；盛 | = | [tsɻ⁵⁵] | 马太 23：27 |
| 612 | 趵 | pao | 绽出；突出 | = | [pɔ⁵⁵] | 马太 24：32 |
| 613 | 没 | meh | 淹没 | = | [mə ʔ²] | 马太 24：39 |
| 614 | □嘴 | o-cü | 亲嘴 | = | [ʔo³³ tɕy⁴⁵²] | 马太 26：48 |
| 615 | 拔 | bæh | 抓捕；拉 | = | [bɛʔ²] | 路加 4：29 |
| 616 | 反 | fæn | 推；推搡 | = | [fɛ⁴²] | 路加 4：29 |
| 617 | 抛 | p'ao | 扔掉 | 断= | [tø⁵⁵] | 路加 5：11 |
| 618 | 脈 | p'ah | 用手分开；裂开 | = | [p'aʔ⁵] | 路加 5：36 |
| 619 | 剶 | leo | 挖 | = | [ʔlə³¹] | 路加 6：48 |
| 620 | 揩 | k'a | 擦 | = | [k'a³¹] | 路加 7：38 |
| 621 | □ | keng | 盖 | = | [kəŋ⁴²] | 路加 8：16 |
| 622 | 驶 | sa | 开 | = | [sa⁴²] | 路加 8：26 |
| 623 | 硬压 | ngang-æh | 强迫 | = | [ŋã²² ʔɛʔ⁵] | 路加 8：29 |
| 624 | 入进 | zih-tsing | 进入 | 进去 | [tɕiŋ⁵⁵ k'e³³] | 路加 8：32。1897 |
| 625 | 蹲 | ts'ön | 跳 | = | [ts'ø⁵⁵] | 路加 8：33。1897 |
| 626 | 趒 | diao | 跑 | 逃 | [dɔ²¹] | 创世纪 39：12 |
| | | | 走 | 走 | [tsə⁴²] | 路加 10：30 |
| 627 | 壅 | üong | 蒙灰 | = | [ʔyoŋ³¹] | 路加 10：11 |
| 628 | 反落 | fæn-lôh | 滚下；跌落 | 礑落 | [le²⁴ lɔʔ²] | 路加 10：15 |
| 629 | 档 | tòng | 扶 | = | [tɔ̃⁵⁵] | 路加 10：34 |
| 630 | 吵 | ts'ao | 搅扰 | = | [ts'ɔ⁴²] | 路加 11：7 |
| 631 | 装 | tsòng | 弄；搞 | = | [tsɔ̃³¹] | 路加 11：49 |
| 632 | □ | heo | 佝偻 | = | [hə³¹] | 路加 13：11 |
| 633 | 幽 | iu | 躲藏 | = | [ʔiu⁵⁵] | 路加 13：34 |
| 634 | 撩 | liao | 捞 | = | [liɔ²¹] | 路加 14：5 |
| 635 | 勒转 | læh-cün | 拦住；环绕 | 兜 | [tə³¹] | 路加 19：43 |
| 636 | 啼 | di | 啼叫 | = | [di²¹] | 路加 22：34 |

| | 词条 | 罗马字拼音 | 释义 | 今台州话 | 国际音标 | 圣经出处 |
|---|---|---|---|---|---|---|
| 637 | 渧 | ti | 滴 | = | [ti⁵⁵] | 路加 22：44 |
| 638 | 清盯 | tsʻing-ting | 注视 | = | [tɕʻiŋ³³ tiŋ⁵⁵] | 路加 22：56 |
| 639 | □ | kôh | 烘烤 | = | [kɔʔ⁵] | 路加 24：42 |
| 640 | □ | shih | 理睬 | = | [çyʔ⁵] | 约翰 12：48 |
| 641 | 转头 | cün-deo | 返回 | = | [tsø⁴² də²¹] | 申命记 1：24 |
| 642 | 侧（耳朵） | tsih | 侧耳 | = | [tɕi²ʔ⁵] | 申命记 1：45 |
| 643 | 浇瘫 | kyiao-ing | 浇灌 | 瘫 | [ʔiŋ³¹] | 申命记 11：10 |
| 644 | 讨信 | tʻao-sing | 访问；问候 | = | [tʻɔ⁴² çiŋ⁵⁵] | 申命记 12：30 |
| 645 | 转嚼 | cün-ziao | 反刍 | 转咬 | [tsø⁴² ʔ ʊ ɔ⁴²] | 申命记 14：7 |
| 646 | 划水 | wa-shü | 游泳 | = | [ɦua²¹ çy⁴⁵²] | 申命记 14：9 |
| 647 | 讨 | tʻao | 雇佣 | 讨客 | [tʻɔ⁴² kʻaʔ⁵] | 申命记 24：14 |
| 648 | 打脚弹 | tang kyiah-dæn | 踢跳 | / | | 申命记 32：15 |
| 649 | 绊脚 | pæn-kyiah | 失足；跛脚 | = | [pɛ³³ kiaʔ⁵] | 申命记 32：35 |
| 650 | 定准 | ding-cing | 确定；确认 | 讲落定 | [kɔ̄⁴² lɔʔ⁰ diŋ²¹³] | 但以理 11：7 |
| 651 | 爪 | tsao | 握紧 | = | [tsɔ⁴²] | 但以理 11：24 |
| 652 | 礧倒 | le-tao | 摔倒 | = | [le²² tɔ⁴²] | 但以理 11：19 |
| 653 | 泥 | nyi | 动词。抹 | = | [ʔni⁵⁵] | 创世纪 6：14 |
| 654 | □ | tʻeng | 漂浮 | 浮 | [və²¹] | 创世纪 7：18 |
| 655 | □ | nyin | 侧；歪 | = | [ʔȵi³¹] | 创世纪 9：23 |
| 656 | 抐 | nyüoh | 揉；和（面） | = | [ȵyɔʔ²] | 创世纪 18：6 |
| 657 | 搿牢 | gæh-lao | 抱住 | 搿牢停 | [gɛ²² lɔʔ⁰ diŋ²¹] | 创世纪 22：13 |
| 658 | 佝头 | geo-deo | 磕头 | 磕头 | [kʻəʔ³ də⁴⁵²] | 创世纪 23：7 |
| 659 | 泄 | sih | 遗精；排泄 spill（one's semen） | / | | 创世纪 38：9 |
| 660 | □ | dzang | 抢。~过先：抢先 | = | [dza̱²¹] | 创世纪 38：29 |
| 661 | 拐 | kwa | 拐骗 | = | [kua⁴²] | 创世纪 40：15 |
| 662 | □ | si | 大声斥责；叫嚷 | 呀= | [ʔia³¹] | 创世纪 42：7 |
| 663 | 醒转 | sing-cün | 苏醒 | = | [çiŋ⁴² tsø⁴²] | 创世纪 45：27 |
| 664 | 踡 | gweng | 蹲；蜷伏 | = | [guəŋ²¹] | 创世纪 49：9 |

续表

| | 词条 | 罗马字拼音 | 释义 | 今台州话 | 国际音标 | 圣经出处 |
|---|---|---|---|---|---|---|
| 665 | 伏 | voh | 卧 | = | [voʔ²] | 创世纪 49：9 |
| 666 | 扛 | kòng | 抬 | = | [kɔ̃³¹] | 使徒行传 3：1 |
| 667 | 碰 | p'ang | 扔；撞 | = | [p'oŋ⁵⁵] | 使徒行传 5：26 |
| 668 | 撑 | ts'ang | 睁 | = | [ts'ã³¹] | 使徒行传 9：8 |
| 669 | 掇拾 | còh-zih | 收拾 | = | [tɕyɔʔ³ziʔ²] | 使徒行传 9：34 |
| 670 | □ | tæh | 拍打 | = | [tɛʔ⁵] | 使徒行传 12：7 |
| 671 | 篓 | k'u | 双手紧抱 | = | [k'u³¹] | 使徒行传 20：10 |
| 672 | 划 | wa | 游 | = | [ɦua²¹] | 使徒行传 27：42 |
| 673 | 败 | ba | 毁灭；消灭 | = | [ba²¹³] | 哥林多前书 15：24 |
| 674 | 起手 | ky'i-siu | 动手；着手 | = | [k'i⁴²ɕiu⁴²] | 哥林多后书 8：6 |
| 675 | 捺乌 | næh-u | 扑灭 | = | [nɛʔ²ʔu³¹] | 以弗所 6：16 |
| 676 | 敆 | t'eo | 展开；抖露 | = | [t'ə⁴²] | 提摩太后书 1：10 |
| 677 | 烊 | yiang | 融化 | = | [ɦiã²¹] | 彼得后书 3：12 |
| 678 | 奔过 | peng-ku | 挪掉 | 移 | [ɦi²¹] | 启示录 2：5 |
| 679 | 趴倒 | p'oh-tao | 下拜 | = | [p'oʔ⁵tɔ⁴²] | 启示录 3：9 |
| 680 | 揭 | t'æh | 涂抹 | = | [t'ɛʔ⁵] | 启示录 3：18 |
| 681 | 围转 | yü-cün | 围着 | 围牢停 | [ɦiy²¹ləʔ⁰diŋ²¹] | 启示录 4：3 |
| 682 | 捉落 | còh-lôh | 摘下 | = | [tɕyɔʔ⁵lɔʔ²] | 启示录 4：10 |
| 683 | 打 | tang | 摔 | 敲 | [k'ɔ³¹] | 启示录 8：12 |
| 684 | 且= | ts'ia | 斟酒；倒（茶、开水） | = | [tɕ'ia⁴²] | 启示录 14：10 |
| 685 | 缚 | vôh | 捆绑 | 系 | [tɕi⁵⁵] | 启示录 20：2 |
| 686 | 倒坍 | tao-t'æn | 坍塌；倒闭 | = | [tɔ⁴²t'ɛ³¹] | 启示录 16：19 |
| 687 | 荡 | dòng | 晃荡着落下 | = | [dɔ̃²¹³] | 使徒行传 10：11 |
| 688 | 得贿 | teh-hwe | 受贿 | / | | 申命记 10：17 |
| 689 | 考究 | k'ao-kyiu | 查究；审查 | 查究 | [dzo²²kiu⁵⁵] | 申命记 13：13 |
| 690 | 欺待 | ky'i-de | 欺负 | = | [k'i³³de²¹] | 申命记 23：16 |
| 691 | 出息 | c'ih-sih | 生利 | = | [tɕ'yʔ³ɕiʔ⁵] | 申命记 23：19 |
| 692 | 呒关异 | m kwæn-yi | 没关系 | = | [m²²kuɛ³³ɦii⁵⁵] | 申命记 32：47 |
| 693 | 操动 | ts'ao-dong | 煽动；鼓动 | □ | [ʔloŋ⁵⁵] | 但以理 11：2 |
| 694 | 咒诅 | tsiu-cü | 诅咒 | 咒 | [tɕiu⁵⁵] | 创世纪 3：14 |

续表

| | 词条 | 罗马字拼音 | 释义 | 今台州话 | 国际音标 | 圣经出处 |
|---|---|---|---|---|---|---|
| 695 | 戏漫 | hyi-mæn | 玩笑；戏弄 | = | [hi³³ mɛ⁴⁵²] | 以弗所5：4 |
| 696 | 讲戏漫 | kông hyi-mæn | 开玩笑 | = | [kɔ̃⁴² hi³³ mɛ⁴⁵²] | 创世纪19：14 |
| 697 | 捱捱 | nga-nga | 拖延；犹豫 | = | [ŋa²² ŋa⁴⁵²] | 创世纪19：16 |
| 698 | 摘奶 | tsah na | 断奶 | = | [tsaʔ²³ ʔna⁴⁵²] | 创世纪21：8 |
| 699 | 办大菜 | bæn do-ts'e | 设宴；办酒席 | 办酒 | [bɛ²² tɕiu⁴²] | 创世纪21：8 |
| 700 | 受胎 | ziu t'e | 怀孕 | 拖骑身 | [t'a³³ gi²¹ ɕiŋ³¹] | 创世纪30：38 |
| 701 | 落胎 | lôh t'e | 流产 | 落身 | [lɔʔ² ɕiŋ³¹] | 创世纪31：38 |
| 702 | 思想 | s-siang | 爱慕；迷恋 | 想 | [ɕiã³¹] | 创世纪34：8 |
| 703 | 敢胆 | kön-tæn | 胆敢；敢 | 有胆 | [ʔiu⁴²tɛ⁴²] | 创世纪39：9 |
| 704 | 假作 | kô-tsôh | 假装 | 假装 | [ko⁴²tsɔ̃³¹] | 创世纪42：7 |
| 705 | 做保 | tso-pao | 担保 | = | [tso³³ pɔ⁴²] | 创世纪43：9 |
| 706 | 洗面 | si-min | 洗脸 | = | [ɕi⁴²mi²¹³] | 创世纪43：31 |
| 707 | 起课 | ky'i-k'o | 占卜 | 算卦 | [sø³³ kua⁵⁵] | 创世纪44：5 |
| 708 | 错开 | ts'ô-k'e | 偏离 | 错滴= | [ts'o³³ tiʔ⁰] | 提摩太后书2：18 |
| 709 | 应嘴 | ing-cü | 反驳；顶嘴 | = | [ʔiŋ³³ tɕy⁴⁵²] | 提多书2：9 |
| 710 | 落头 | lôh-deo | 窃取；私取财物 | = | [lɔʔ² də⁴⁵²] | 提多书2：10 |
| 711 | 进益 | tsing-ih | 增进；进步 | 长进 | [tɕiã⁴²tɕiŋ⁵⁵] | 希伯来书6：1 |
| 712 | 没死 | meh-s | 淹死 | 浸死 | [tɕiŋ⁵⁵sɿ⁴²] | 希伯来书11：29 |
| 713 | 解 | ka | 锯 | = | [ka⁴²] | 希伯来书11：37 |
| 714 | 试炼 | s-lin | 试探；考验 | 探 | [t'ø⁵⁵] | 希伯来书11：37 |
| 715 | 卸爻 | sia-gao | 卸下 | 卸落来 | [ho⁴²lɔʔ⁰leʔ⁰] | 希伯来书12：1 |
| 716 | 抽出 | ts'iu-c'ih | 长出（发芽） | = | [tɕ'iu³³ tɕ'yʔ⁰] | 希伯来书12：15 |
| 717 | 染着 | nyin-djòh | 沾染 | 迫=着 | [paʔ⁵ dzyɔʔ⁰] | 雅各书1：27 |
| 718 | 着爻 | dziah-gao | 烧掉 | = | [dziaʔ² fiɔ⁰] | 雅各书3：5 |
| 719 | 求站= | gyiu-dzæn | 妄求 | / | | 雅各书4：3 |
| 720 | 毁谤 | hyü-pòng | 批评 | 滴=刻 | [tiʔ³k'ɔʔ⁵] | 雅各书4：11 |
| 721 | 赚铜钿 | dzæn dong-din | 赚钱 | = | [dzɛ²¹ doŋ²² di⁴⁵²] | 雅各书4：13 |
| 722 | 犹疑 | yiu-yi | 亏欠 | / | | 雅各书5：4 |

续表

| | 词条 | 罗马字拼音 | 释义 | 今台州话 | 国际音标 | 圣经出处 |
|---|---|---|---|---|---|---|
| 723 | 行 | ang | 流行；盛行 | ＝ | [ ɦia²¹ ] | 以西结 5：17 |
| 724 | 拖骑身 | t'a-gyi-sing | 怀孕 | ＝ | [ t'a³³ gi²¹ ɕiŋ³¹ ] | 路加 1：24 |
| 725 | 瞅睬 | ts'iu-ts'e | 理睬 | / | | 路加 18：2 |
| 726 | 栅＝诈 | sah-tsô | 讹诈 | 敲诈 | [ k'ɔ³³ tso⁵⁵ ] | 路加 19：8 |
| 727 | 则＝谎 | tseh-hông | 撒谎 | ＝ | [ tsəʔ³ hɔ⁴⁵² ] | 利未记 19：11 |
| 728 | 挑嘴 | t'iao-cü | 挑拨离间 | ＝ | [ t'iə³³ tɕy⁴⁵² ] | 罗马书 1：30 |
| 729 | 上＝ | zòng | 像 | ＝ | [ zɔ²¹³ ] | 罗马书 8：29 |
| 730 | 扳驳 | pæn-pôh | 顶嘴 | 顶嘴/应嘴 | [ tiŋ⁴² tɕy⁴⁵²/ ʔiŋ³³ tɕy⁴⁵² ] | 罗马书 9：20 |
| | | | 争论 | 辩 | [ bi²¹ ] | 使徒行传 17：18 |
| 731 | 绷脚 | pang-kyiah | 绊脚 | ＝ | [ pã³³ kiaʔ⁵ ] | 罗马书 9：33 |
| 732 | 查察 | dzò-ts'æh | 细察；探明 | / | | 哥林多前书 2：10 |
| 733 | 理处 | li-c'ü | 审断；处理 | 处理；料理 | [ tɕ'y⁴² ʔli⁴²/ liɔ²² ʔli⁴² ] | 哥林多前书 6：5 |
| 734 | 爱男风 | e nön-fong | 亲男色 | / | | 哥林多前书 6：9 |
| 735 | 呒事得 | m-z-teh | 没关系；没事儿 | ＝ | [ m̩²² zɿ²¹ təʔ⁵ ] | 哥林多前书 7：21 |
| 736 | 有份 | yiu-veng | 分享 | ＝ | [ ʔiu⁴² vəŋ²¹³ ] | 哥林多前书 10：16 |
| 737 | 配搭 | p'e-teh | 搭配 | 搭配 | [ tɛʔ³ p'e⁵⁵ ] | 哥林多前书 12：24 |
| 738 | 歇作 | hyih-tsôh | 停止 | 歇爻 | [ hiʔ⁵ ɦɔ⁰ ] | 哥林多前书 13：8 |
| 739 | 立定 | lih-ding | 坚定；打定 | 定 | [ diŋ²¹³ ] | 哥林多前书 15：58 |
| 740 | 别开 | b'ih-k'e | 离开；辞别 | 去爻 | [ k'e⁵⁵ ɦɔ⁰ ] | 哥林多后书 2：13 |
| 741 | 拉天 | la-t'in | 夸大 | ＝ | [ la⁵⁵ t'i³¹ ] | 哥林多后书 5：12 |
| 742 | 激动 | kyih-dong | 激励 | 激励 | [ kiʔ³ li²¹³ ] | 哥林多后书 5：14 |
| 743 | 赚打 | dzæn-tang | 挨打 | ＝ | [ dzɛ²¹ tã⁴² ] | 哥林多后书 6：5 |
| 744 | 量度 | liang-dôh | 度量；衡量 | 量量 | [ liã²² liã⁵⁵ ] | 哥林多后书 10：12 |
| 745 | 聘定 | p'ing-ding | 许配 | 许 | [ hy⁴² ] | 哥林多后书 11：2 |

续表

| | 词条 | 罗马字拼音 | 释义 | 今台州话 | 国际音标 | 圣经出处 |
|---|---|---|---|---|---|---|
| 746 | 呒得睏 | m-teh kw'eng | 睡不了 | = | [ m$^{22}$ tə$ʔ^0$ k'uə$ŋ^{55}$ ] | 哥林多后书 11：27 |
| 747 | 相劳 | siang-lao | 劳驾；麻烦 | 劳 | [ lɔ$^{21}$ ] | 哥林多后书 12：18 |
| 748 | 掠进 | liah-tsing | 圈进 | = | [ lia$ʔ^5$ tɕiŋ$^{33}$ ] | 加拉太 3：22 |
| 749 | 喫酒醉 | ky'üoh－tsiu-cü | 醉酒 | 酒喫醉 | [ tɕiu$^{42}$ tɕ'y$ʔ^5$ tɕy$^{33}$ ] | 以弗所 5：18 |
| 750 | 忖 | ts'eng | 猜疑 | = | [ ts'əŋ$^{42}$ ] | 路加 3：15 |
| 751 | 疑心 | nyi-sing | 动词。起疑心 | = | [ ni$^{35}$ ɕiŋ$^{31}$ ] | 马太 14：31 |
| 752 | 傲 | ngao | 称赞 | = | [ ŋɔ$^{213}$ ] | 路加 6：26 |
| 753 | 弄怂 | long-song | 捉弄 | = | [ ʔloŋ$^{33}$ soŋ$^{55}$ ] | 路加 6：28 |
| 754 | 担心事 | tæn sing-z | 担心；忧愁 | = | [ tɛ$^{33}$ ɕiŋ$^{33}$ z$ʅ^{55}$ ] | 彼得前书 1：6 |
| 755 | 缚牢 | voh-lao | 捆住 | 系牢 | [ ki$^{55}$lɔ$ʔ^0$ ] | 使徒行传 2：24 |
| 756 | 做对症 | tso te-tsing | 做证据 | = | [ tso$^{33}$ te$^{33}$ tɕiŋ$^{55}$ ] | 使徒行传 2：40 |
| 757 | 相通 | siang-t'ong | 交流；交往 | 有来去 | [ ʔiu$^{42}$ le$^{22}$ k'e$^{55}$ ] | 使徒行传 2：42 |
| 758 | 舍施 | sô-s | 施舍 | = | [ so$^{42}$ sʅ$^{55}$ ] | 使徒行传 3：2 |
| 759 | 关锁 | kwæn-so | 关着锁着 | 锁牢 | [ so$^{42}$lɔ$ʔ^0$ ] | 使徒行传 5：23 |
| 760 | 硬做 | ngang tso | 强迫 | = | [ ŋã$^{22}$tso$^{55}$ ] | 使徒行传 5：26 |
| 761 | 妖惑 | yiao-'oh | 鼓惑；鼓动 | 弄怂 | [ ʔloŋ$^{33}$soŋ$^{55}$ ] | 使徒行传 5：37 |
| 762 | 取赎 | c'ü-joh | 救赎 | 赎 | [ zyo$ʔ^2$ ] | 使徒行传 7：35 |
| 763 | 蒙牢 | meng-lao | 蒙住 | = | [ moŋ$^{21}$lə$^0$ ] | 使徒行传 7：57 |
| 764 | 呒份 | m-veng | 无关 | = | [ m$^{22}$vəŋ$^{55}$ ] | 使徒行传 8：21 |
| 765 | 阻隔 | tsu-kah | 妨碍 | 等＝ | [ təŋ$^{42}$ ] | 使徒行传 8：36 |
| 766 | 捉拾 | tsôh-zih | 收拾 | = | [ tɕy$ʔ^3$zi$ʔ^2$ ] | 使徒行传 9：34 |
| 767 | 起口 | ky'i-k'eo | 开口 | = | [ k'i$^{42}$k'ə$^{42}$ ] | 使徒行传 10：34 |
| 768 | 偏缺 | p'in-ky'üih | 偏待 | 偏心 | [ p'i$^{55}$ɕiŋ$^{31}$ ] | 使徒行传 10：34 |
| 769 | 阻牢 | tsu-lao | 阻挠；禁止 | 等＝ | [ təŋ$^{42}$ ] | 使徒行传 10：47 |
| 770 | 阻除 | tsu-djü | 阻拦 | 等＝ | [ təŋ$^{42}$ ] | 使徒行传 11：17 |
| 771 | 发癫 | fæh-tin | 发疯 | 癫爻 | [ ti$^{31}$fiɔ$^0$ ] | 使徒行传 12：15 |
| 772 | 耽搁 | tæn-kôh | 住（几天） | 搁 | [ go$ʔ^2$ ] | 使徒行传 15：33 |
| 773 | 操扰 | ts'ao-ziao | 为难；干扰 | □ | [ ga$ʔ^2$ ] | 使徒行传 15：19 |

续表

| | 词条 | 罗马字拼音 | 释义 | 今台州话 | 国际音标 | 圣经出处 |
|---|---|---|---|---|---|---|
| 774 | 歇口 | hyih-k'eo | 住口 | 儴讲 | [ɕiə⁵⁵kɔ⁴²] | 使徒行传 15：13 |
| 775 | 想 | siang | 希望；要 | 想 | [ɕiã⁴²] | 使徒行传 16：3 |
| 776 | 保守 | pao-siu | 遵守 | 遵守 | [tsəŋ³³ɕiu⁴²] | 使徒行传 16：4 |
| 777 | 闸 | zæh | 刹停 | 刹 | [sɔʔ⁵] | 使徒行传 16：24 |
| 778 | 掐妒 | k'eh-tu | 忌妒 | 眼红 | [ʔŋɛ⁴²ɦioŋ²¹] | 使徒行传 17：5 |
| 779 | 手□□ | siu yüih-yüih | 摆手示意 | = | [ɕiu⁴² ɦiʏʔ² ɦiʏʔ⁰] | 使徒行传 19：33 |
| 780 | 劝息 | ky'ün-sih | 安抚 | 劝 | [k'yø⁵⁵] | 使徒行传 19：35 |
| 781 | 箍牢 | k'u-lao | 抱住 | 牚牢 | [gɛʔ²lɔ⁰] | 使徒行传 20：10 |
| 782 | 抛 | p'ao | 停靠；抛锚 | 抛 | [p'ɔ³¹] | 使徒行传 20：15 |
| 783 | 起货 | ky'i-ho | 卸货 | 起货/下货 | [k'i⁴²ho⁵⁵/ho⁴²ho⁵⁵] | 使徒行传 21：3 |
| 784 | 代 | de | 替 | = | [de²¹³] | 使徒行传 21：24 |
| 785 | 中意 | cong-i | 赞同 | = | [tɕyoŋ³³ ʔi⁵⁵] | 使徒行传 22：20 |
| 786 | 粉白 | feng-bah | 粉刷白 | 粉 | [fəŋ⁴²] | 使徒行传 23：3 |
| 787 | 奢望 | sô-mông | 盼望；期盼；指望 | 坐望 | [zo²¹mɔ̃²¹³] | 使徒行传 23：6 |
| 788 | 判断 | pön-tön | 审判 | 判 | [p'ø⁵⁵] | 使徒行传 24：6 |
| 789 | 硬强 | ngang-gyiang | 强迫 | = | [ŋã²²giã²¹] | 使徒行传 24：7 |
| 790 | 对得住 | te-teh-djü | 无亏；对得起 | = | [te⁵⁵ təʔ⁰ dʑy²¹³] | 使徒行传 24：15 |
| 791 | 审结 | sing-kyih | 审断 | 审 | [ɕiŋ⁴²] | 使徒行传 24：22 |
| 792 | 接……印 | tsih……ing | 接……任 | 接……班 | [tɕiʔ³ ……pɛ³¹] | 使徒行传 24：27 |
| 793 | 量料 | liang-liao | 预料；猜想 | 料 | [liɔ²¹³] | 使徒行传 25：18 |
| 794 | 连近 | lin-gying | 临近；接近 | = | [li²²giŋ²¹] | 使徒行传 27：8 |
| 795 | 搁燥 | gôh-sô | 搁浅 | = | [gɔʔ²sɔ⁵⁵] | 使徒行传 27：17 |
| 796 | 搁 | gôh | 搁浅；搁置 | = | [gɔʔ²] | 使徒行传 27：26 |
| 797 | 税⁼ | shü | 租 | = | [ɕy⁵⁵] | 使徒行传 28：30 |
| 798 | 大肚 | do du | 怀孕 | = | [do²²du²¹] | 路加 2：4 |
| 799 | 调班 | diao-pæn | 换班 | = | [diɔ²²pɛ⁴⁵²] | 路加 2：8 |
| 800 | 情愿 | zing-nyün | 甘心 | 甘心 | [kø³³ ɕiŋ³¹] | 路加 22：33 |
| 801 | 呒告 | m-kao | 没什么 | = | [m²¹kɔ⁵⁵] | 马太 18：25 |
| 802 | 随时候 | jû z-'eo | 按时 | 随时 | [zy²²zɿ⁴⁵²] | 马太 24：45 |

续表

| | 词条 | 罗马字拼音 | 释义 | 今台州话 | 国际音标 | 圣经出处 |
|---|---|---|---|---|---|---|
| 803 | 劳动 | lao-dong | 劳驾；麻烦 | 劳 | [lɔ²¹] | 马可 5：35 |
| 804 | 抵敌 | ti-dih | 反对；对抗 | 反 | [fɛ⁴²] | 马可 9：38 |
| 805 | 走空脚 | tseo k'ong -kyiah | 空跑 | = | [tsə⁴² k'oŋ³³ kiaʔ⁵] | 腓立比 2：16 |
| 806 | 捐弃 | kyün-ky'i | 捐出 | 捐 | [kyø³¹] | 罗马书 15：26 |
| 三、形容词类 | | | | | | |
| 807 | 合 | 'eh | 全 | 整 | [tɕiŋ⁴²] | 马太 1：33。1897 |
| 808 | 全备 | jün-bi | 全部；完全 | 全 | [zyø²¹] | 马太 5：48 |
| 809 | 牢 | lao | 坚固；稳固 | = | [lɔ²¹] | 马太 12：25 |
| 810 | 细 | si | 小 | = | [çi⁵⁵] | 马太 13：32 |
| 811 | 光亮 | kwòng-liang | 明亮 | 駒亮 | [fiə²²liã⁵⁵] | 马太 17：2 |
| 812 | 雪刮亮 | shih - kwah -liang | 闪亮；锃亮 | 塞刮亮 | [səʔ³ kuəʔ³ liã²¹³] | 马太 17：5 |
| 813 | 作兴 | tsôh-hying | 可以 | 好用 | [hɔ⁴²fiyoŋ²¹³] | 马太 19：3 |
| 814 | 平直 | bing-dzih | 公道（价钱） | 平 | [biŋ²¹] | 马太 20：4 |
| 815 | 心愿 | sing-nyün | 愿意 | = | [çiŋ³³ ȵyø⁵⁵] | 马太 20：14 |
| 816 | 壮 | cong | 肥胖 | = | [tɕyɔ⁵⁵] | 马太 22：4 |
| 817 | 好痞 | hao t'eng | 好坏 | = | [hɔ⁴²t'əŋ³¹] | 马太 22：10 |
| 818 | 一顶 | ih-ting | 一点儿 | = | [ʔiʔ³ tiŋ⁴⁵²] | 马太 22：16 |
| 819 | 赚 | dzæn | 错 | = | [dzɛ²¹³] | 马太 22：29 |
| 820 | 强横 | gyiang-wang | 蛮横；强横 | = | [giã²² fiuã⁴⁵²] | 马太 23：25 |
| 821 | 墨黑 | moh-heh | 漆黑 | = | [məʔ²həʔ⁵] | 马太 24：29 |
| 822 | 未 | mi | 还 ~：为时尚早 | 早 | [tsɔ⁴²] | 马太 24：48。1897 |
| 823 | 秽污 | we-u | 污秽 | 醒齷/邋遢 | [fiɔʔ² tɕ'yɔʔ⁵/ lɛʔ²tɛʔ⁵] | 马太 10：1。1897 |
| 824 | 清确 | ts'ing-k'òh | 干净；清爽 | = | [tɕ'iŋ³³ k'ɔʔ⁵] | 马可 5：15 |
| 825 | □□抖 | gæh-gæh-teo | 直哆嗦 | = | [gɛʔ²gɛʔ²tə⁴²] | 马可 5：33 |
| 826 | 喫力 | ky'üoh-lih | 吃力；累 | = | [tɕ'yʔ³liʔ²] | 马可 6：48 |
| 827 | 厘清 | li-ts'ing | 清爽；干净 | = | [li²²tɕ'iŋ³¹] | 马可 7：35 |
| 828 | 恶⁼人相 | ôh-nying- siang | 害臊；难为情 | 学⁼人相 | [fiɔʔ² ȵiŋ²² çiã⁵⁵] | 马可 8：38 |

续表

| | 词条 | 罗马字拼音 | 释义 | 今台州话 | 国际音标 | 圣经出处 |
|---|---|---|---|---|---|---|
| 829 | 中意 | cong-i | 喜欢；满意 | = | [ tɕyoŋ³³ ʔi⁵⁵ ] | 马可 10：14。1897 |
| 830 | 惊险 | kying-hyin | 震惊 | 呆 | [ ŋe²¹ ] | 马可 10：32 |
| 831 | 煞甲 | sæh-kæh | 尽力；用力 | = | [ səʔ³kɛʔ⁵ ] | 马可 14：31 |
| 832 | 出膊 | c'ih-pôh | 赤裸 | 出条条（白）/出膊（文） | [ tɕ'yʔ³ diə²² diə⁴⁵²/tɕ'yʔ³ pɔʔ⁵ ] | 马可 14：51 |
| 833 | 倒霉 | tao-me | 丢脸 | = | [ tɔ⁴²me²¹ ] | 路加 1：25 |
| 834 | 虔心 | gyin-sing | 虔诚 | 诚心 | [ ziŋ²¹ ɕiŋ³¹ ] | 路加 2：25 |
| 835 | 大喉咙 | do 'eo-long | 大声 | = | [ do²² fiə²² loŋ⁴⁵² ] | 路可 4：33 |
| 836 | 健 | gyin | 健康；硬朗 | = | [ gi²¹³ ] | 路加 5：31。1897 |
| 837 | 安耽 | ön-tæn | 安慰；安心，舒适； | = | [ ʔø³³ tɛ³¹ ] | 路可 6：24 |
| 838 | 切心 | ts'ih-sing | 迫切；急切；热切 | = | [ tɕ'iʔ³ ɕiŋ³¹ ] | 路加 7：4 |
| 839 | 滥 | læn | 湿 | = | [ lɛ²¹³ ] | 路加 7：38 |
| 840 | 呒道成 | m dao-dzing | 没有结果；不成功 | / | | 路加 8：14 |
| 841 | 冷静 | lang-zing | 清净；冷清 | = | [ ʔla⁴²ziŋ²¹ ] | 路加 12：3 |
| 842 | 劳碌 | lao-loh | 淘气；劳苦 | = | [ lɔ²²loʔ² ] | 路加 12：27 |
| 843 | 矮细 | a-si | 矮小 | 小细 | [ ɕiə⁴²ɕi⁵⁵ ] | 路加 19：3 |
| 844 | 拔直 | bæh-dzih | 直着 | = | [ bɛʔ²dziʔ² ] | 路加 19：28 |
| 845 | (V+) 糊 | wu | 碎 | 碎 | [ se⁵⁵ ] | 路加 20：18 |
| 846 | 假夜＝意① | kô-yia-yi | 假意 | = | [ ko⁴² fiia²² fii⁴⁵² ] | 但以理 11：17 |
| 847 | 呒歇＝法 | m shih-fæh | 不安；惊慌失措 | = | [ m²² ɕiʔ³fɛʔ⁵ ] | 路加 21：25 |
| 848 | 簇崭新 | ts'oh－tsæn－sing | 簇新 | = | [ ts'o²³ tsɛ⁴² ɕiŋ³¹ ] | 路加 22：20 |
| 849 | 扎实 | tsæh-zih | 着实；明确 | = | [ tsɛʔ³ziʔ² ] | 路加 22：59。1897 |
| 850 | 退版 | t'e-pæn | 差劲 | 痞 | [ t'əŋ³¹ ] | 约翰 2：10 |

① 在"路加 20：47"中为"kô-ia-i"。

续表

| | 词条 | 罗马字拼音 | 释义 | 今台州话 | 国际音标 | 圣经出处 |
|---|---|---|---|---|---|---|
| 851 | 出条条 | c‘ih-diao-di-ao | 赤裸 | = | [tɕ‘yʔ$^{3}$diə$^{2}$ diə$^{452}$] | 约翰 21：7 |
| 852 | 长大 | dziang-do | 高大 | = | [dʑiã$^{22}$do$^{55}$] | 申命记 2：10 |
| 853 | 滚壮 | kweng-côg | 肥胖 | = | [kuəŋ$^{42}$tɕyɔ̃$^{55}$] | 但以理 1：15 |
| 854 | 煝焦 | me-tsiao | 烧焦 | = | [me$^{55}$tɕiə$^{31}$] | 但以理 3：27 |
| 855 | 孬慢 | wa-mæn | 毁坏 | 浪费 | [lɔ̃$^{22}$fi$^{55}$] | 但以理 7：11 |
| 856 | 奸巧 | kæn-ky‘iao | 奸猾 | 奸/鬼 | [kiɛ$^{31}$/ky$^{42}$] | 但以理 8：25 |
| 857 | 调皮 | diao-bi | 谄媚；奸诈 | = | [diə$^{22}$bi$^{21}$] | 但以理 11：21 |
| 858 | 顺溜 | jing-liu | 顺利 | 顺 | [ʑyŋ$^{213}$] | 但以理 11：28 |
| 859 | 大略 | da-liah | 大致；大概 | 大约摸 | [da$^{22}$ʔiaʔ$^{3}$ ʔmɔ̃$^{452}$] | 但以理 12：1 |
| 860 | 调皮 | diao-bi | 凶恶 | 恶 | [ʔɔʔ$^{5}$] | 创世纪 3：1 |
| 861 | 作摸黑 | tsôh-môh-heh | 漆黑；墨黑 | 测⁼墨黑 | [ts‘əʔ$^{3}$məʔ$^{2}$ həʔ$^{5}$] | 创世纪 15：12 |
| 862 | 实足价钿 | zih-coh kô-din | 实在价；最便宜的价格 | 实价 | [ʑiʔ$^{2}$ko$^{55}$] | 创世纪 23：9 |
| 863 | 有爻 | yiu-gao | 够了；足够 | = | [ʔiu$^{33}$ ɦɔ$^{0}$] | 创世纪 33：15 |
| 864 | 难望 | næn môg | 难看；丑陋 | = | [nɛ$^{22}$mɔ̃$^{55}$] | 创世纪 41：3 |
| 865 | 瘵 | za | 瘦 | = | [za$^{213}$] | 创世纪 41：3 |
| 866 | 余多 | yü -to | 其余 | 剩落 | [dʑiŋ$^{22}$lɔʔ$^{2}$] | 创世纪 42：16 |
| 867 | 组 | tso | 同。～桌：同桌 | = | [tso$^{42}$] | 创世纪 43：32 |
| 868 | 力气刚强 | lih-ky‘i kôg -gyiang | 有力量 | 有力道 | [ʔiu$^{42}$liʔ$^{2}$dɔ$^{21}$] | 创世纪 49：3 |
| 869 | 有劲道 | yiu kying-dao | 有力;有劲儿 | = | [ʔiu$^{42}$ tɕiŋ$^{33}$ dɔ$^{21}$] | 创世纪 49：14 |
| 870 | 戳心 | c‘ôh-sing | 钻心 | = | [tɕ‘yɔʔ$^{3}$ɕiŋ$^{31}$] | 使徒行传 2：37 |
| 871 | 硬挣 | ngang-tsang | 健壮 | = | [ŋã$^{22}$tsã$^{55}$] | 使徒行传 3：7 |
| 872 | 依顺 | i-jing | 顺从 | 候⁼ | [ɦə$^{213}$] | 使徒行传 5：29 |
| 873 | 硬头颈 | ngang - deo -kying | 顽固 | = | [ŋã$^{22}$də$^{21}$ kiŋ$^{42}$] | 使徒行传 7：51 |
| 874 | 烂污 | læn-wu | 肮脏邋遢；腐朽、腐烂 | = | [lɛ$^{22}$ɦu$^{55}$] | 使徒行传 2：27 |
| 875 | 光明 | kwôg-ming | 光亮；金光闪闪 | 睛亮 | [ɦə$^{22}$liã$^{55}$] | 使徒行传 10：30 |
| 876 | 簇齐 | ts‘oh-zi | 很齐 | = | [ts‘oʔ$^{3}$ʑi$^{21}$] | 使徒行传 12：20 |
| 877 | 组样 | tso-yiang | 一样 | = | [tso$^{42}$ɦiã$^{213}$] | 使徒行传 14：15 |

续表

| | 词条 | 罗马字拼音 | 释义 | 今台州话 | 国际音标 | 圣经出处 |
|---|---|---|---|---|---|---|
| 878 | 讲多话 | kòng to wa | 胡言乱语 | 自绕自歇 | [ z̩²² n̠ia²² z̩²² hiʔ⁵ ] | 使徒行传 17：18 |
| 879 | 乱纷纷 | lön-feng-feng | 乱糟糟 | 乱糟糟 | [ lø²² tsɔ⁵⁵ tsɔ⁰ ] | 使徒行传 19：32 |
| 880 | 有名声 | yiu ming-sing | 有名气 | = | [ ʔiu⁴² miŋ⁵⁵ çiŋ³¹ ] | 使徒行传 21：39 |
| 881 | 犹疑 | yiu-yi | 支吾；拖延 | 腻腻糊糊 | [ ni²² ni²² ɦu²² ɦu⁴⁵² ] | 使徒行传 24：22 |
| 882 | 闹热 | nao-nyih | 热闹 | = | [ nɔ²² n̠iʔ² ] | 使徒行传 24：18 |
| 883 | 造化 | zao-hwa | 万幸；幸运 | = | [ zɔ²¹ hua⁵⁵ ] | 使徒行传 26：2 |
| 884 | 勤力 | gying-lih | 勤快；努力 | =/巴结 | [ giŋ²² liʔ²/po³³ kiʔ⁵ ] | 使徒行传 26：7 |
| 885 | 假意 | kò-i | 假装 | 假装 | [ ko⁴² tsɔ³¹ ] | 使徒行传 27：30 |
| 886 | 生风 | sang-fong | 顺风 | = | [ sã⁵⁵ foŋ³¹ ] | 使徒行传 27：40 |
| 887 | 生成 | sang-zing | 生来；天生 | = | [ sã³³ ziŋ⁴⁵² ] | 罗马书 2：14 |
| 888 | 信实 | sing-zih | 可信；可靠 | 牢靠 | [ lɔ²² kʻɔ⁵⁵ ] | 哥林多前书 1：9 |
| 889 | 呆笨 | nge-beng | 愚笨 | 大痴 | [ do²² tɕʻy³¹ ] | 哥林多前书 1：18 |
| 890 | 有用场 | yiu yüong-dziang | 有用 | = | [ ʔiu⁴² ɦyoŋ²² dʑia²¹ ] | 哥林多前书 12：22 |
| 891 | 有体面 | yiu tʻi-min | 光荣 | 光荣 | [ kɔ̃³³ ɦyoŋ⁴⁵² ] | 哥林多前书 12：26 |
| 892 | 各窍 | kòh-kyʻiao | 不同 | 弗样 | [ fəʔ⁵ ɦia²¹³ ] | 哥林多前书 14：7 |
| 893 | 有便 | yiu bin | 方便 | 带便 | [ ta³³ bi⁵⁵ ] | 哥林多前书 16：12 |
| 894 | 坚信 | kyin-sing | 坚定 | 駒相信 | [ ɦiə²² çia³³ çiŋ⁵⁵ ] | 哥林多后书 1：7 |
| 895 | 空头 | kʻong-deo | 不确定；飘忽不定 | = | [ kʻoŋ³³ də²¹ ] | 哥林多后书 1：17 |
| 896 | 歇力 | hyih-lih | 气馁；沮丧 | 气瘪 | [ kʻi⁵⁵ piʔ³ ] | 哥林多后书 4：1 |
| 897 | 逼倒 | pih-tao | 绝望 | = | [ piʔ³ tɔ⁴² ] | 哥林多后书 4：8 |
| 898 | 上算 | zòng-sön | 合算 | 合算 | [ kəʔ³ sø⁵⁵ ] | 哥林多后书 13：6 |
| 899 | 别样 | bih-yiang | 另外的 | = | [ biʔ² ɦia²¹³ ] | 加拉太 1：8（提要） |
| 900 | 各样 | kòh-yiang | 不同 | 各窍 | [ koʔ³ kʻia⁵⁵ ] | 加拉太 1：8 |
| 901 | 端方 | tön-fông | 节制 | 熬嘞 | [ ŋɔ²¹ lə⁰ ] | 加拉太 5：23 |
| 902 | 定当 | ding-tông | 确定 | 敲落定 | [ kʻɔ³³ lɔ²² diŋ²¹³ ] | 以弗所 1：11 |

| | 词条 | 罗马字拼音 | 释义 | 今台州话 | 国际音标 | 圣经出处 |
|---|---|---|---|---|---|---|
| 903 | 投服 | deo-voh | 顺服 | 顺服 | $[\text{ʑyŋ}^{22}\text{voʔ}^2]$ | 以弗所 2：2 |
| 904 | 知静 | ts-zing | 文静整洁 | = | $[\text{tsʅ}^{33}\text{ziŋ}^{21}]$ | 提摩太前书 5：2 |
| 905 | 便当 | bin-tông | 方便 | = | $[\text{bi}^{22}\text{tɔ}^{55}]$ | 提摩太后书 4：2 |
| 906 | 锋快 | fong-kw'a | 锋利 | = | $[\text{foŋ}^{33}\text{k'ua}^{55}]$ | 希伯来书 4：12 |
| 907 | 心善 | sing-zin | 圣洁 | = | $[\text{çiŋ}^{33}\text{zi}^{21}]$ | 彼得前书 2：9 |
| 908 | 康健 | k'ông-gyin | 健康 | = | $[\text{k'ɔ}^{33}\text{gi}^{55}]$ | 约翰书 3：2 |
| 909 | 毕静 | pih-zing | 寂静 | = | $[\text{piʔ}^3\text{ziŋ}^{21}]$ | 启示录 8：1 |
| 910 | 夹活 | kæh-weh | 鲜活 | = | $[\text{kəʔ}^3\text{ɦiuə}^2]$ | 启示录 19：20 |
| 911 | 弗知弗觉 | feh-ts feh-k ôh | 不知不觉 | = | $[\text{fəʔ}^3\text{tsʅ}^{33}\text{fəʔ}^3\text{kɔʔ}^5]$ | 马太 24：39。1897 |
| 912 | 低声小意 | ti-sing-siao-i | 谨小慎微 | = | $[\text{ti}^{33}\text{çiŋ}^{33}\text{çiə}^{42}\text{ʔi}^{55}]$ | 马太 18：4 |
| 913 | 活狂活癫 | weh-gyüông-weh-tin | 疯疯癫癫 | 疯疯癫癫 | $[\text{foŋ}^{33}\text{foŋ}^{33}\text{ti}^{55}\text{ti}^{31}]$ | 马可 1：26 |
| 914 | 从头至尾 | jong-deo-ts-mi | 从头到尾 | 从头到尾 | $[\text{dʑyoŋ}^{22}\text{də}^{22}\text{tɔ}^{33}\text{ʔmi}^{452}]$ | 路加 1：2。1897 |
| 915 | 抽筋拔骨 | ts'iu-kying-bæh-kweh | 抽筋；抽搐 | = | $[\text{tɕ'iu}^{55}\text{kiŋ}^{33}\text{bɛʔ}^2\text{kuə}^5]$ | 马可 9：20。1897 |
| 916 | 口吐白乏 = | k'eo t'u bah -væh | 口吐白沫 | = | $[\text{k'ə}^{42}\text{t'u}^{42}\text{baʔ}^{22}\text{vɛʔ}^2]$ | 路加 9：39 |
| 917 | 坷定主意 | k'o ding cü-i | 拿定主意 | = | $[\text{k'o}^{55}\text{diŋ}^{21}\text{tɕy}^{42}\text{ʔi}^{55}]$ | 路加 9：51 |
| 918 | 披麻带灰 | p'i-mô ta-hwe | 披麻戴孝 | 披麻戴孝 | $[\text{p'i}^{33}\text{mo}^{22}\text{ta}^{33}\text{hɔ}^{55}]$ | 路加 10：13 |
| 919 | 街街巷巷 | ka-ka 'ông-'ông | 大街小巷 | = | $[\text{ka}^{33}\text{ka}^{33}\text{ɦɔ}^{21}\text{ɦɔ}^{452}]$ | 路加 14：21 |
| 920 | 同心合意 | dong-sing 'eh-i | 一心一意 | = | $[\text{doŋ}^{22}\text{çiŋ}^{33}\text{ɦiə}^2\text{ʔi}^{55}]$ | 使徒行传 1：14 |
| 921 | 非义之财 | fi-nyi-ts-ze | 不义之财 | 不义之财 | $[\text{pəʔ}^3\text{ni}^{24}\text{tsʅ}^{42}\text{ze}^{21}]$ | 使徒行传 1：18 |
| 922 | 疑惑不决 | nyi-'oh-peh-kyüih | 困惑；犹豫 | 犹犹豫豫 | $[\text{ɦiu}^{22}\text{ɦiu}^{22}\text{ɦiy}^{22}\text{ɦiy}^{452}]$ | 使徒行传 2：12 |
| 923 | 弃邪归正 | ky'i-zia kyü-tsing | 改邪归正 | 改邪归正 | $[\text{ke}^{42}\text{zia}^{22}\text{ky}^{33}\text{tɕiŋ}^{55}]$ | 使徒行传 3：17 |

续表

| | 词条 | 罗马字拼音 | 释义 | 今台州话 | 国际音标 | 圣经出处 |
|---|---|---|---|---|---|---|
| 924 | 白落划算 | bah－lôh wa－sön | 希望落空；白算计 | = | [ ba?²² lɔ?² fiua²² sø⁵⁵ ] | 使徒行传 4：25 |
| 925 | 自讲自大 | z kòng z do | 自负 | 自负 | [ zŋ²² vu²¹ ] | 使徒行传 8：9 |
| 926 | 合口齐动 | 'eh－k'eo－zi－dong | 异口同声 | / | | 使徒行传 19：34 |
| 927 | 闭口无言 | pi k'eo vu－nyin | 哑口无言 | 吭话好讲 | [ m²² fiua²² hɔ⁴² kɔ⁴² ] | 创世纪 34：5 |
| 928 | 两和情愿 | liang－'ô zing－nyün | 两相情愿 | 两相情愿 | [ ?lia⁴² çia³³ ziŋ²² ȵyø⁵⁵ ] | 哥林多前书 7：5 |
| 929 | 弗到之处 | feh－tao－ts－c'ü | 不到之处 | = | [ fə?³ tɔ⁵⁵ tsŋ⁴² tɕ'y⁵⁵ ] | 哥林多前书 16：17 |
| 930 | 抵挡弗牢 | ti－tông feh－lao | 抵挡不住 | = | [ ti⁴² tɔ̄⁴² fə?⁵ lɔ⁴⁵² ] | 歌林多后书 1：8 |
| 931 | 心挂两长 | sing－kwa－liang-dziang | 进退两难 | 进退两难 | [ tɕiŋ³³ te⁵⁵ ?lia⁴²nɛ²¹ ] | 腓立比 1：23 |
| 932 | 同心一力 | dong－sing－yih-lih | 一心一意；同心协力 | 同心合力 | [ doŋ²⁴ çiŋ³³ fiə?²li?² ] | 腓立比 1：27 |
| 933 | 糖甜蜜底 | dông－din－mih-ti | 花言巧语 | 糖霜嘴 | [ dɔ̄²² sɔ̄³³ tɕy⁴⁵² ] | 歌罗西书 2：4 |
| 934 | 弃旧换新 | ky'i－gyiu－wön-sing | 振兴 | / | | 希伯来书 9：10 |
| 935 | 三心两意 | sæn－sing－liang-i | 三心二意 | = | [ sɛ⁵⁵ çiŋ³³ ?lia⁴²?i⁵⁵ ] | 雅各书 1：8 |
| 936 | 改恶从善 | ke－ôh jong－zin | 弃恶从善 | 弃恶从善 | [ k'i³³ ?ɔ?⁵ zyoŋ²² zi²¹ ] | 彼得前书 3：11 |
| 937 | 候⊟自性格 | 'eo z sing-kah | 任性 | 候⊟自讲 | [ fiə²²zŋ²²kɔ̄⁴² ] | 彼得后书 2：10 |
| 938 | 轻嘴薄舌 | ky'ing-cü-bôh-zih | 好讥讽 | / | | 彼得后书 3：3 |
| 939 | 雾千<u>大</u>万 | vu－ts'in－da－mæn | 千千万万；众多 | 雾千雾万 | [ vu²² tɕ'i³³ vu²² mɛ⁵⁵ ] | 犹大书 1：15 |

四、副词类

| | 词条 | 罗马字拼音 | 释义 | 今台州话 | 国际音标 | 圣经出处 |
|---|---|---|---|---|---|---|
| 940 | 扣扣 | k'eo-k'eo | 正好；凑巧 | = | [ k'ə³³ k'ə⁴⁵² ] | 马可 16：10 |
| 941 | 扣 | k'eo | 正 | = | [ k'ə⁵⁵ ] | 马太 17：5 |
| 942 | 千定 | ts'in-ding | 千万；留心 | 千万 | [ tɕ'i³³ vɛ⁵⁵ ] | 马可 1：44 |
| 943 | 蛮 | mæn | 挺；比较 | = | [ ?mɛ³³ ] | 马可 12：40 |
| 944 | 煞甲 | sæh-kæh | 尽力；用力 | = | [ sɛ?³kɛ?⁵ ] | 马可 14：31 |
| 945 | 拔直 | bæh-dzih | 副词：直接；形容词:笔直 | = | [ bɛ?² dʑi?² ] | 路加 19：28 |

| | 词条 | 罗马字拼音 | 释义 | 今台州话 | 国际音标 | 圣经出处 |
|---|---|---|---|---|---|---|
| 946 | 白落 | bah-lòh | 徒劳；白白地 | = | [ baʔ²² lɔʔ² ] | 使徒行传 4：25 |
| 947 | 明明 | ming-ming | 明着；光明正大地；清清楚楚 | = | [ miŋ²² miŋ⁴⁵² ] | 使徒行传 10：3 |
| 948 | 定当 | ding-tông | 副词：肯定；必定；形容词：确定 | | [ diŋ²² tɔ⁵⁵ ] | 哥林多前书 4：9 |
| 949 | 呒数 | m-su | 可能 | = | [ m̩²² su⁵⁵ ] | 哥林多前书 16：6 |
| 950 | 过先 | ku-sin | 先 | = | [ ku⁵⁵ ɕi³¹ ] | 马太 21：31； |
| 951 | 全全 | jün-jün | 完全 | = | [ ʑyø²² ʑyø⁴⁵² ] | 哥林多前书 13：12 |
| 952 | 到脚 | tao kyiah | 彻底；到底 | = | [ tɔ³³ kiaʔ⁵ ] | 哥林多后书 1：13 |
| 953 | 一记…… 一记…… | ih - kyi …… ih-kyi…… | 一会儿……一会儿…… | = | [ ʔiʔ³ ki⁴⁵² …… ʔiʔ³ ki⁴⁵² …… ] | 哥林多后书 1：17 |
| 954 | 多少 | to-siao | 多么；多少 | 嘈= | [ zɔ²¹³ ] | 路加 12：24 |
| 955 | 逐顶 | djoh-ting | 逐渐；一点一点地 | = | [ dʑyɔʔ² tiŋ⁴⁵² ] | 以弗所 2：21 |
| 956 | 老实 | lao-zih | 确实；真的 | = | [ ʔlɔ⁴² ziʔ² ] | 腓立比 2：27 |
| 957 | 争顶 | tsang-ting | 几乎 | 差弗多 | [ tsʻo³³ fəʔ³ to⁴⁵² ] | 腓立比 2：27 |
| 958 | 数弗遍 | su-feh-pin | 数不过来 | = | [ su⁴² fəʔ⁰ pi⁵⁵ ] | 希伯来书 11：12 |
| 959 | 堆= | te | 刚刚 | = | [ te³³ ] | 彼得前书 2：2 |
| | | | 刚；才 | 扣 | [ kʻə⁵⁵ ] | 使徒行传 11：15 |
| 960 | 血性 | hyüih-sing | 切实；发奋 | = | [ hyʔ³ ɕiŋ⁵⁵ ] | 彼得前书 4：8 |
| 961 | 单只 | tæn-tsih | 单独 | 单单 | [ tɛ³³ tɛ⁴⁵² ] | 马太 4：10。1897 |
| 962 | 独门 | doh-meng | 单独 | = | [ doʔ² məŋ²¹ ] | 马太 4：10 |
| 963 | 敌地 | dih-di | 特地 | 特地 | [ dəʔ² di²¹³ ] | 马太 6：5 |
| 964 | 真式 | kying-sih | 真的 | = | [ tɕiŋ³³ ɕiʔ⁵ ] | 马太 13：22 |
| 965 | □儿 | 'en-kyi | 全部 | 整个 | [ tɕiŋ⁴² ke⁵⁵ ] | 马太 13：33 |
| 966 | □料 | tah-liao | 这么多 | = | [ tɛʔ³ liə⁵⁵ ] | 马太 15：33 |
| 967 | 愈发 | yüih-fæh | 更加 | 益发 | [ ʔiʔ³ fɛʔ⁵ ] | 马太 27：23 |
| 968 | 便 | beh | 就；这时候；那么 | = | [ bɛʔ² ] | 马太 17：20 |

续表

| | 词条 | 罗马字拼音 | 释义 | 今台州话 | 国际音标 | 圣经出处 |
|---|---|---|---|---|---|---|
| 969 | 便是 | beh-z | 就是 | = | $[bɛʔ^2z̩^{21}]$ | 马太 11：9。1897 |
| 970 | 内中 | nen-cong | 其中 | 当中 | $[tɔ̃^{55}tɕyoŋ^{31}]$ | 马太 27：56 |
| 971 | 恁之 | neng-ts | 宁可；宁愿 | = | $[nəŋ^{22}ts̩^{42}]$ | 马太 5：29 |
| 972 | 细微 | si-vi | 稍微 | 稍微 | $[sɔ^{33}ʔue^{452}]$ | 提摩太前书 5：23 |
| 973 | 统 | t'ong | 全。~身 | 整 | $[tɕiŋ^{42}]$ | 路加 5：12 |
| 974 | 虽只 | shü-tsih | 虽然 | / | | 路加 7：47 |
| 975 | 毛 | mao | 大约；大概 | = | $[mɔ^{21}]$ | 路加 22：59 |
| 976 | 薴定 | mah-ding | 突然 | 盲灵头 | $[mã^{21}liŋ^{22}də^{452}]$ | 马可 13：36 |
| 977 | 组队 | tso de | 一起 | | $[tso^{42}de^{213}]$ | 马可 14：69 |
| 978 | 伤心 | siang-sing | 形容词作补语，用在动词后，表程度之高 | 呛心 | $[tɕʰia^{33}ɕiŋ^{31}]$ | 路加 2：48 |
| 979 | □ | tsang | 怎么。"怎生"的合音 | 咋 | $[tsa^{452}]$ | 路加 12：24 |
| 980 | 何用 | 'o-yüong | 语气副词。反问 | □□用 | $[\text{ka}̃^{42}\text{ m}^{21}ɦyoŋ^{213}]$ | 马可 5：35 |
| 981 | 反转 | fæn-cün | 反倒 | = | $[fɛ^{42}tsø^{42}]$ | 马可 10：48 |
| 982 | 呒处 | m-c'ü | 不能 | = | $[m̩^{22}tɕʰy^{55}]$ | 约拿书 3：7 |
| 983 | 每套 | me-t'ao | 每次 | =/套加套 | $[ʔme^{42}tʰɔ^{55}/tʰɔ^{33}ko^{33}tʰɔ^{55}]$ | 申命记 26：12 |
| 984 | 呒有 | m-yiu | 没有 | = | $[m̩^{24}ʔiu^{33}]$ | 使徒行传 23：7 |
| 985 | 好 | hao | 可以；能 | = | $[hɔ^{42}]$ | 约翰前书 1：4 |
| 986 | 尽力 | zing-lih | 拼命；一个劲儿地 | 拼老命 | $[pʰiŋ^{33}ʔlɔ^{42}miŋ^{213}]$ | 马可 14：31。1897 |
| 987 | 讲起头 | kông ky'i-deo | 先讲 | 讲过先 | $[kɔ̃^{42}ku^{55}ɕi^{31}]$ | 希伯来书 2：3 |
| 988 | 立意 | lih-i | 执意 | 执牢停 | $[tɕiʔ^5lə^0diŋ^{21}]$ | 但以理 1：8 |
| 989 | 差弗多 | ts'o-feh-to | 差不多；几乎 | = | $[tsʰo^{33}fə^3to^{452}]$ | 使徒行传 13：44 |
| 990 | 断 | tön | 万万；千万 | = | $[tø^{55}]$ | 使徒行传 10：14 |
| 991 | 盉 | fe | 不会；不愿不能 | 勥 | $[fi^{55}]$ | 马太 15：20 |
| 992 | 儌 | hyiao | 别；不要 | = | $[hiə^{55}]$ | 马太 20：31 |
| 993 | 孀 | vong | 未曾；尚未还没有 | = | $[voŋ^{21}]$ | 路加 22：34 |

续表

| | 词条 | 罗马字拼音 | 释义 | 今台州话 | 国际音标 | 圣经出处 |
|---|---|---|---|---|---|---|
| 994 | 何弗 | 'o-feh | 何不 | / | | 约翰 12：5 |
| 五、量词类 | | | | | | |
| 995 | 顶 | ting | 一~网 | 张 | [tɕiã³¹] | 马太 13：47 |
| 996 | 枚 | mæ① | 一~钓钩 | ＝ | [ʔme⁴²] | 马太 17：27 |
| 997 | 爿 | bæn | 一~大磨/田 | ＝ | [bɛ²¹] | 马太 18：6。1897 |
| 998 | 套 | t'ao | 动量词：次、回、遍；名量词：一~衣服 | ＝ | [t'ɔ⁵⁵] | 马太 18：20 |
| 999 | 伐＝ | væh | 次；回 | 套 | [t'ɔ⁵⁵] | 马太 20：10 |
| 1000 | 钿 | din | 钱。一~银子 | ＝ | [di²¹] | 马太 20：9 |
| 1001 | 园 | yün | 一~葡萄 | 片 | [p'i⁵⁵] | 马太 21：33 |
| 1002 | 起 | ky'i | 件。一~事干 | ＝ | [k'i⁴²] | 马可 5：14 |
| 1003 | 营 | ying | 班。一~鬼 | 班 | [pɛ³¹] | 马可 5：15 |
| 1004 | 份 | veng | 户。一~人家 | ＝ | [vəŋ²¹³] | 马太 6：10 |
| 1005 | 梗 | kwang | 条；根。一~蛇/线/鱼 | ＝ | [kuã⁴²] | 马可 6：38 |
| 1006 | 号 | 'ao | 种 | 种 | [tɕyoŋ⁴²] | 马可 9：29 |
| 1007 | 盏 | tsæn | 一~水 | ＝ | [tsɛ⁴²] | 马可 9：41 |
| 1008 | 根 | keng | 一~芦秆/栋梁 | 梗 | [kuã⁴²] | 马可 15：19 |
| 1009 | 堵 | tu | 座：一~山/墙/城 | ＝ | [tu⁴²] | 马可 11：23 |
| 1010 | 朵 | tu | 一~云 | ＝ | [to⁴²] | 马可 9：7 |
| 1011 | 株 | cü | 一~无花果/石柱 | ＝ | [tɕy³¹] | 马可 11：13 |
| 1012 | 双 | shòng | 一~斑鸠/金手镯 | ＝ | [çyɔ̃³¹] | 路加 2：24 |
| 1013 | 班 | pæn | 帮。一~人 | ＝ | [pɛ³¹] | 路加 1：5 |
| 1014 | 只 | tsih | 一~鹁鸽 | ＝ | [tɕiʔ⁵] | 路加 2：24 |

---

① 在"哥林多后书 12：7"中的量词为"me（一~刺）"，疑为"枚"字的不同读音。

续表

| | 词条 | 罗马字拼音 | 释义 | 今台州话 | 国际音标 | 圣经出处 |
|---|---|---|---|---|---|---|
| 1015 | 席 | zih | 一~大菜 | 桌 | [tɕyɔʔ⁵] | 路加 5：29 |
| 1016 | 埭 | da | 行；条。五十一~一：五十人一行 | = | [da²¹³] | 路加 9：14。1897 |
| 1017 | 股 | ku | 分数。十~之一/十~得一：十分之一 | = | [ku⁴²] | 路加 11：42 |
| 1018 | 条 | diao | 一~驴 | 只 | [tɕiʔ⁵] | 路加 14：5 |
| 1019 | 头 | deo | 一~牛 | 只 | [tɕiʔ⁵] | 路加 14：5 |
| 1020 | 颗 | kʻo | 一~印 | 只 | [tɕiʔ⁵] | 约翰 3：33 |
| 1021 | 口 | kʻeo | 一~集水缸 | 口 | [kʻə⁴²] | 约翰 2：6 |
| 1022 | 丘 | kyʻiu | 一~田 | = | [kʻiu³¹] | 使徒行传 1：19 |
| 1023 | 副 | fu | 量词。一~信 | 封 | [foŋ³¹] | 使徒行传 23：33 |
| 1024 | 门 | meng | 四~锚 | 只 | [tɕiʔ⁵] | 使徒行传 27：29 |
| 1025 | 支 | ts | 次。两~潮水；座。一~塔 | = | [tsʅ³¹] | 使徒行传 27：41 |
| 1026 | 脸＝ | lin | 块：一~板 | = | [ʔli⁴²] | 使徒行传 27：44 |
| 1027 | 退＝ | tʻe | 旧时院落，类似于"排进"或"座"。全~屋宇 | = | [tʻe⁵⁵] | 以弗所 2：21 |
| 1028 | 厨 | djü | 一~餐 | = | [dʑy²¹] | 希伯来书 12：16 |
| 1029 | 年 | nyin | 岁。三~个箇雌牛：三岁的雌牛 | = | [ȵi²¹] | 创世纪 15：9 |
| 1030 | 张 | tsiang | 一~梯 | 把 | [po⁴²] | 创世纪 28：12 |
| 1031 | 粒 | leh | 十七~星 | = | [ʔløʔ⁵] | 创世纪 37：9 |
| 1032 | 杈 | tsʻò | 三~枝蕨：三枝树叉 | = | [tsʻo³¹] | 创世纪 40：10 |
| 1033 | 球 | gyiu | 串：一~葡萄 | = | [giu²¹] | 创世纪 40：10 |
| 1034 | 统 | tʻong | 身。一~衣裳 | = | [tʻoŋ⁴²] | 创世纪 45：22 |
| 1035 | 副 | fu | 封。一~信 | = | [fu⁵⁵] | 罗马书 16：22 |
| 1036 | 卷 | kyün | 箇这~书 | = | [kyø⁵⁵] | 启示录 5：2 |

续表

|  | 词条 | 罗马字拼音 | 释义 | 今台州话 | 国际音标 | 圣经出处 |
|---|---|---|---|---|---|---|
| 1037 | 橛 | gyüih | 段；截儿。一~城池 | = | ［gyʔ²²］ | 启示录16：19 |
| 六、代词类 | | | | | | |
| 1038 | 我 | ngô | 我 | = | ［ʔŋe⁴²］ | 马太2：6 |
| 1039 | 尔 | ng | 你 | = | ［ʔŋ̍⁴²］ | 马太2：13 |
| 1040 | 渠 | ge | 第三人称单数 | = | ［ge²¹］ | 马太4：6 |
| 1041 | 我许 | ngô-he | 我们 | 我徕 | ［ʔŋe⁴²nə⁰］ | 马太3：9 |
| 1042 | 尔许 | ng-he | 你们 | 尔徕 | ［ʔŋ̍⁴²nə⁰］ | 马太3：2 |
| 1043 | 渠许 | ge-he | 第三人称复数 | 渠班人 | ［ge²¹pɛ³³n̠iŋ²¹］ | 马太4：6 |
| 1044 | 间= | kæn | 那；那儿 | 间哒 | ［kɛ³⁵də⁰］ | 马太2：15 |
| 1045 | 嘈= | zao | 什么 | □□ | ［kã³⁵ʔm̩⁰］ | 马太19：17 |
| 1046 | 嘈=得 | zao-teh | 什么 | = | ［zɔ²²tə⁰］ | 马太21：10 |
| 1047 | 夹=人 | kæh-nying | 谁 | 何人 | ［ka³⁵n̠iŋ²¹］ | 马太21：23 |
| 1048 | 箇铁= | keh-tʻih | 这样 | = | ［kəʔ³tʻiʔ⁵］ | 马太6：1 |
| 1049 | 铁= | tʻih | 这样 | = | ［tʻiʔ⁵］ | 马太3：3 |
| 1050 | 曷邑 | ʻah-yi | 哪里 | 何邑 | ［ka³⁵ɦii⁰］ | 马可6：2 |
| 1051 | 以= | i | 这里 | = | ［ʔi⁴²］ | 马太8：29 |
| 1052 | 箇样 | keh-yiang | 这样 | = | ［kəʔ³ɦiã⁴⁵²］ | 路加11：42 |
| 1053 | 间样 | kæn-yiang | 那样 | = | ［kɛ³⁵ɦiã⁰］ | 路加11：42 |
| 1054 | 别样 | bih-yiang | 那样 | = | ［biʔ²ɦiã²¹³］ | 马太15：30 |
| 1055 | 咋 | tsa | 多么；怎么 | = | ［tsa³³］ | 马可10：24 |
| 1056 | 咋生 | tsa-sang | 怎么样 | 只生 | ［tɕi³ʔ³səŋ⁴⁵²］ | 路加1：66 |
| 1057 | 什么 | zah-m | 什么 | 何物 | ［ka³⁵ʔm̩⁰］ | 马太5：13 |
| 1058 | 界 | ka | 那儿 | 间 | ［kɛ³¹］ | 启示录22：2 |
| 1059 | 许 | he | 那些 | 箇 | ［kəʔ⁵］ | 使徒行传14：15 |
| 1060 | 以=边 | i-pin | 这边 | = | ［ʔi⁴²pi⁴⁵²］ | 马太17：20 |
| 1061 | 间面 | kæn-min | 那边 | = | ［kɛ⁴⁵²mi²²］ | 马太17：20 |
| 1062 | 自 | z | 自己（可单用） | = | ［zɿ²¹³］ | 马太3：6 |
| 1063 | 哪所在 | nô su-ze | 哪里 | = | ［ʔno⁴²su⁴²ze²¹］ | 马太18：20 |

续表

| | 词条 | 罗马字拼音 | 释义 | 今台州话 | 国际音标 | 圣经出处 |
|---|---|---|---|---|---|---|
| 1064 | 几时 | kyi-z | 什么时候；很长时间 | = | [ ki$^{42}$z$\eta^{21}$ ] | 马太 24：3 |
| 1065 | 众位 | cong-yü | 诸位 | 我倈班人 | [ ʔŋe$^{42}$ nə$^0$ pɛ$^{33}$ n.iŋ$^{21}$ ] | 使徒行传 2：29 |
| 1066 | 转个 | cün-ke | 另外一个 | = | [ tsø$^{42}$ke$^{55}$ ] | 使徒行传 13：42 |
| 1067 | 两下 | liang-'ò | 彼此 | = | [ ʔliã$^{42}$ʔo$^{452}$ ] | 使徒行传 15：39 |

七、介词类

| | 词条 | 罗马字拼音 | 释义 | 今台州话 | 国际音标 | 圣经出处 |
|---|---|---|---|---|---|---|
| 1068 | 趁 | ts'ing | 沿着 | = | [ tɕ'iŋ$^{55}$ ] | 使徒行传 27：8 |
| 1069 | 打……过 | tang…ku | 介词。经过 | 搭……过 | [ təʔ$^3$……ku$^{33}$ ] | 马可 7：31 |
| 1070 | 问 | meng | 介词。向 | | [ məŋ$^{213}$ ] | 路加 11：50 |
| 1071 | 为 | yü | 因为；由于 | = | [ fiy$^{213}$ ] | 马可 4：5 |
| 1072 | 凭 | bing | 任凭；不用管。 | = | [ biŋ$^{21}$ ] | 马太 27：15 |

八、连词类

| | 词条 | 罗马字拼音 | 释义 | 今台州话 | 国际音标 | 圣经出处 |
|---|---|---|---|---|---|---|
| 1073 | 箇雀= | keh-ts'iah | 这时候；那么；于是 | = | [ kəʔ$^5$tɕ'iaʔ$^0$ ] | 马太 22：13 |
| | 但 | | = | | | 马可 2：10 |
| 1074 | 单 | tæn | 只要 | 只 | [ tɕi?$^5$ ] | 使徒行传 15：20 |
| 1075 | 非单 | fi-tæn | 不仅；不但 | = | [ fi$^{55}$tɛ$^{31}$ ] | 使徒行传 19：26 |
| 1076 | 为之 | yü-ts | 因此 | = | [ fiy$^{22}$tsʅ$^{31}$ ] | 使徒行传 26：21 |
| 1077 | 雀= | ts'iah | 然后；就 | = | [ tɕ'iaʔ$^5$ ] | 约翰 2：10 |

# 第三节　不同圣经版本的词汇比较

19 世纪传教士中文圣经译本的重要价值之一在于能就相同内容的不同版本进行对译比较，从而使官话和方言、方言和方言、英语和汉语之间的语音、词汇和语法方面的异同更加明晰。全世界范围内不同语种的圣经译本可谓进行语言对比研究的最佳平行语料。就传教士台州土白圣经语料而言，能进行内部比较的只有"四福音书"（指《马太福音》《马可福音》《路加福音》《约翰福音》，下同），因为有 1880 年版和 1897 年版两个版本。通过对"四福音书"文本的逐字逐句比较，我们发现，词汇之间的差异最大，其次是语法，语音差异最小。总体而言，1880 年版的口语色彩甚于 1897 年版，即 1897 年版"四福音书"比较书面化。如 1880 年版用"大肚、后坤、婊子、屋角落头、顶落脚、夜哒、日得"，而 1897 年版则分别用"怀孕、后头、妓女、屋角、后来、夜里、日里/白日"这些无须释义的汉语共同语词；1880 年版用"世界上"等复合方位名词，1897 年版很多时候只用单个名词而无方位名词。不过也存在两个版本的相反情况。

此外，由于当时的汉语特别是台州方言中，有时无英文版对应词可译，因此产生了两个版本的不同用词。如当时不知英语中的"bread"为何物，台州当地也没有"bread"，最接近的是"馒头"或"饼"，于是 1880 年版就译为"馒头"或"饼"，1897 年版则只译为"饼"；英文版中"seats"未详细交代其材料和形状，于是 1880 年版译为"椅"，而 1897 年版译为"凳"，相应的官话版用"凳子"的频率超过"椅子"；英文 KJV 版用的是"vinegar"，NIV 版用的则是"wine vinegar"，中文官话版中译为"醋"和"酸酒"的都有，台州土白则 1880 年版用"酸酒"，1897 年版用"醋"。

1880 年版和 1897 年版两个版本的主要差异性词汇有 400 余条，有些大同小异或者雷同的按普通话词义整理归纳后约 380 余条，具体如表 3-3 所示。与普通话词汇相同或相近的是书面语词汇，反之则是台州土白的口语词，不同版本语言差异由此可见一斑。

表 3-3    台州土白圣经译本不同版本词汇比较

|  | 普通话词汇 | 1880 年版 | 罗马字注音 | 1897 年版 | 罗马字注音 | 圣经出处 |
|---|---|---|---|---|---|---|
| 1 | 妻子 | 女客 | nyü-k'ah | 妻子 | tsʻ-ts | 马太 1：6 |
| 2 | 女人 | 女客 | nyü-k'ah | 女人 | nyü-nying | 马太 14：21 |
| 3 | 叫；称呼 | 叫 | kyiao | 称呼 | tsʻing-hwu | 马太 1：16 |
|  |  | 讴 | ao | ＝ | ＝ | 约翰 10：35 |
| 4 | 一共 | 统共 | t'onggyüong | 一共 | ih-gyüong | 马太 1：17 |
| 5 | 母亲 | 姆 | m | 娘 | ŋyiang | 马太 1：18 |
| 6 | 怀孕 | 受胎 | ziu-t'e | 怀孕 | wa-ying | 马太 1：18 |
|  |  | 拖骑身 | t'a-gyi-sing |  | hua-ying | 路加 1：24 |
|  |  | 大肚 | do-du | 怀孕 |  | 马可 13：17 |
| 7 | 好人 | 好人 | hao-nying | 正直人 | tsing-dzih nying | 马太 11：9 |

续表

| | 普通话词汇 | 1880 年版 | 罗马字注音 | 1897 年版 | 罗马字注音 | 圣经出处 |
|---|---|---|---|---|---|---|
| 8 | 不愿 | 弗要 | feh iao | 弗肯 | feh k'eng | 马太 1：19 |
| 9 | 梦中 | 梦里 | mong-li | 梦中 | mong-cong | 马太 1：20 |
| 10 | 应验 | 应着 | ing-djòh | 应验 | ing-nyin | 马太 1：22 |
| 11 | 儿子 | 儿 | N | 儿子 | N-ts | 马太 1：21 |
| 12 | 就是 | 便是 | beh-z | 就是 | ziu-z | 马太 1：23 |
| 13 | 勿曾 | 弗 | feh | 嬒 | vong | 马太 1：25 |
| 14 | 星宿 | 星 | sing | 星宿 | sing-siu | 马太 2：2 |
| 15 | 害怕 | 吓 | hôh | 怕惧 | p'ò-gyü | 马太 2：3 |
| 16 | 也 | 也 | yia/ah | 又 | yi | 马太 2：3 |
| 17 | 祭司长 | 祭司头 | tsi-s-deo | 祭司长 | tsi-s-tsiang | 马太 2：4 |
| | | | | 大祭司 | da-tsi-s | 马可 3：26 |
| 18 | 应该 | 该 | ke | 应该 | ing-ke | 马太 2：4 |
| 19 | 当中；中间 | 里面 | li-min | 中央 | congyiang | 马太 2：4 |
| 20 | 犹太 | 犹太 | yiu-t'a | 犹大 | yiu-da | 马太 2：6 |
| 21 | 君王 | 主宰 | Cü-tse | 君王 | kyüing-wông | 马太 2：6 |
| 22 | 洗礼 | 浸礼 | tsing-li | 洗礼 | si-li | 马太 3：1 |
| 23 | 传道 | 传教 | djün kao | 传道 | djün dao | 马太 3：1 |
| 24 | 悔改 | 回心转意 | we-sing-cün-i | 悔改 | hwe-ke | 路加 3：3 |
| 25 | 全 | 统 | t'ong | □ | 'en | 马太 3：6 |
| 26 | 惩罚 | 刑罚 | ying-væh | 大怒 | da nu | 马太 3：7 |
| 27 | 现在 | 曩在 | nông-ze | 现在 | yin-ze | 马太 3：15 |
| 28 | 喜欢；满意 | 值钿 | dzih-din | 中意 | cong-i | 马太 3：17 |
| 29 | 相争 | 自打自 | z tang z | 相争 | siang-tsang | 马可 3：24 |
| 30 | 国家 | 一国 | ih-koh | 国份 | koh-veng | 马太 12：25 |
| 31 | 审判 | 定罪 | dingze | 审判 | sing-pön | 马太 12：27 |
| 32 | 谁 | 夹=人 | kæh-nying | 哪一个 | nô ih-ke | 马太 12：29 |
| 33 | 财物 | 物事 | meh-z | 财物 | ze-veh | 马太 12：29 |
| 34 | 捆绑 | 捆牢 | kw'eng-lao | 捆绑 | kw'eng-pông | 马可 3：27 |
| 35 | 后面 | 后坤 | 'eo kw'eng | 后头 | 'eo-deo | 马太 12：29 |
| 36 | 散开 | 散爻 | sæn-gao | 散开 | sæn-k'e | 马太 12：30 |
| 37 | 差；不好 | 瘥 | t'eng | 弗好 | feh hao | 马太 12：33 |
| 38 | 溢 | 夹= | kæh | 满 | mön | 马太 12：33 |

| | 普通话词汇 | 1880 年版 | 罗马字注音 | 1897 年版 | 罗马字注音 | 圣经出处 |
|---|---|---|---|---|---|---|
| 39 | 种类 | 种 | cong | 种档 | cong-tông | 马太 12：34 |
| 40 | 嘴；口 | 嘴 | cü | 口 | k'eo | 马太 12：34 |
| | | 张嘴 | tsiang-cü | | | 路加 1：64 |
| 41 | 善人 | 好人 | hao-nying | 善人 | zin nying | 马太 12：35 |
| 42 | 善 | 好处 | hao-c'ü | 善 | zin | 马太 12：35 |
| 43 | 空话 | 白话 | bah wa | 空头说话 | k'ong-deo shih-wa | 马太 12：36 |
| 44 | 这样 | 铁= | t'ih | 箇样子 | keh yiang-ts | 马太 12：45 |
| 45 | 想；要 | 要 | iao | 想 | siang | 马太 12：50 |
| 46 | 指点 | 出点 | c'ih-tin | 指点 | ts-tin | 马太 12：49 |
| 47 | 聚集；包围 | 护来 | wu-le | 聚集 | jü-zih | 马太 13：2 |
| 48 | ……之中；堆 | □ | ha | 中央 | cong-yiang | 马太 13：7 |
| 49 | 应该；可以 | 好 | hao | 应该 | ying-ke | 马太 13：18 |
| 50 | 跌倒 | 绊倒 | pæn-tao | 绊跌 | pæn-tih | 马太 13：21 |
| 51 | 凶恶 | 恶 | ôh | 凶恶 | hyüong-ôh | 马太 13：19 |
| 52 | 忧愁 | 愁闷/忧愁 | zeo-meng/iu-zeo | 忧愁 | iu-zeo | 马太 13：22 |
| 53 | 结果 | 结果 | kyih-ko | 结实 | kyih-zih | 马太 13：23 |
| 54 | 空中 | 天里 | t'in-li | 空中 | k'ong-cong | 马太 13：32 |
| 55 | 世界末日 | 时世末箇时候 | z-si meh-keh-z-'eo | 时世末日 | z-si meh-nyih | 马太 13：39 |
| 56 | 所有 | □几物事 | 'en-kyi meh-z | 所有 | su yiu | 马太 13：44 |
| 57 | 全部；所有 | □几 | 'en-kyi | | | 马太 13：44 |
| 58 | 宝贵；值钱 | 值钿 | dzih-din | 宝贝 | pao-pe | 马太 13：47 |
| 59 | 教训 | 讲道理 | kông dao-li | 教训 | kao-hyüing | 马太 13：54 |
| 60 | 惊讶；吃惊 | 惊讶 | kying-nga | 稀奇 | hyi-gyi | 马太 13：54 |
| 61 | 厌弃 | 看轻 | k'ön-ky'ing | 绊跌 | pæn-tih | 马太 13：57 |
| 62 | 尊敬 | 体面 | t'i-min | 尊敬 | tseng-kying | 马太 13：57 |
| 63 | 挑唆 | 挑嘴 | t'iao-cü | 嘱咐 | coh-fu | 马太 14：8 |
| 64 | 告诉 | 告诉 | kao-su | 通知 | t'ong-ts | 马太 14：12 |
| 65 | 暗中 | 私下 | s-ô | 暗中 | ö-cong | 马太 14：13 |
| | | 偷半 | t'eo-pön | | | 约翰 11：28 |
| 66 | 许多 | 一大班人 | ih-do-pæn nying | 许多 | hyü-to | 马太 14：14 |

续表

| | 普通话词汇 | 1880 年版 | 罗马字注音 | 1897 年版 | 罗马字注音 | 圣经出处 |
|---|---|---|---|---|---|---|
| 67 | 众人 | 箇大班人 | keh‑do‑pæn n‑ying | 众人 | cong‑nying | 马太 14：15 |
| 68 | 饼 | 馒头 | mæn‑deo | 饼 | ping | 路加 22：19 |
| | | 饼 | ping | | | 约翰 6：32 |
| 69 | 祷告 | 祷告 | tao‑kao | 祝谢 | coh‑zia | 马太 14：19 |
| 70 | 篮；笋 | 笋 | lo | 篮 | læn | 马太 14：20 |
| 71 | 痊愈 | 好爻 | hao‑gao | 痊愈 | jün‑yü | 马可 3：5 |
| 72 | 地方 | 地方 | di‑fông | 地界 | di‑ka | 马太 14：34 |
| 73 | 立刻；连忙 | 连忙 | lin‑mông | 立刻 | lih‑k‘eh | 马太 14：27 |
| 74 | 水上 | 水上 | shü‑zông | 水面 | shü‑min | 马太 14：28 |
| 75 | 嘴；口 | 张嘴 | tsiangcü | 嘴唇 | cü‑jing | 马太 15：8 |
| 76 | 龌龊 | 龌龊 | ‘ôh‑c‘ôh | 秽污 | we‑u | 马太 15：11 |
| 77 | 传统；规矩 | 故典 | ku‑tin | 规矩 | kwe‑kyü | 马太 15：2 |
| 78 | 不服 | 弗中意 | feh cong‑i | 绊跌 | pæn‑tih | 马太 15：12 |
| 79 | 绊脚 | 阻隔 | tsu‑kah | | | 马太 16：23 |
| 80 | 凶杀 | 做凶手 | tso hyüong‑siu | 凶杀 | hyüong‑sæh | 马太 15：19 |
| 81 | 奸淫 | 偷女客 | t‘eo nyü‑k‘ah | 奸淫 | kæn‑ying | 马太 15：19 |
| 82 | 嫖戏 | 嫖婊子 | biao piao‑ts | 嫖戏 | biao‑hyi | 马太 15：19 |
| 83 | 偷盗 | 做贼 | tso zeh | 偷盗 | t‘eo‑dao | 马太 15：19 |
| 84 | 叫起来 | 讴得重 | ao‑te djong | 讴响 | ao‑hyiang | 马太 15：22 |
| 85 | 按照 | 依 | i | 照 | tsiao | 马太 15：28 |
| 86 | 疲倦 | 呒力 | m‑lih | 疲倦 | bi‑gyün | 马太 15：32 |
| 87 | 恐怕；免得 | 恐怕 | ky‘üong‑p‘ò | 省得 | sang‑teh | 马太 15：32 |
| 88 | 免得；省得 | 省得 | sang‑teh | 免得 | min‑teh | 路加 22：40 |
| 89 | 征兆 | 兆头 | dziao‑deo | 奇事 | gyi‑z | 马太 12：38 |
| 90 | 神迹 | 神迹 | zing‑tsih | | | 约翰 2：18 |
| 91 | 权柄 | 势头 | si‑deo | 权柄 | gyün‑ping | 马太 16：18 |
| 92 | 闪亮 | 雪刮亮 | shih‑kwah‑liang | 光亮 | kwông‑liang | 路加 24：4 |
| 93 | 遮住 | 遮牢 | tsô‑lao | 盖牢 | ke‑lao | 马太 17：5 |
| 94 | 怕 | 吓 | hôh | 怕 | p‘o | 马太 17：7 |
| 95 | 悖逆 | 弗依顺 | feh i‑jing | 悖逆 | be‑nyih | 马太 17：17 |

续表

| | 普通话词汇 | 1880 年版 | 罗马字注音 | 1897 年版 | 罗马字注音 | 圣经出处 |
|---|---|---|---|---|---|---|
| 96 | 屡次 | 好两套 | hao-liang-t'ao | 屡次 | lü-tsʻ | 马太 17：15 |
| | | 多套 | to t'ao | | | 马可 5：4 |
| 97 | 斥责 | 唏＝ | si | 责罚 | tsah-væh | 马可 10：13 |
| 98 | 丁税钱 | 丁税银子 | ting-shü nying-ts | 丁税钿 | ting-shü dian | 马太 17：27 |
| 99 | 中间 | 当中央 | tông-cong-yiang | 中央 | cong-yiang | 马太 18：2 |
| 100 | 磨 | 麦磨 | mah-mo | 大磨 | do-mo | 马太 18：6 |
| 101 | 世界上 | 世间上 | si-kæn-zòng | 世上 | si-zòng | 马太 18：7 |
| 102 | 特意；特地 | 特地 | deh-di | 敌地 | dih-di | 马太 18：11 |
| 103 | 批评 | 批评 | p'i-bing | 通知 | t'ong-ts | 马太 18：15 |
| | | | | 审判 | sing-pön | 约翰 8：26 |
| | | | | 责罚 | tsah-væh | 马可 7：2 |
| 104 | 聚集；包围 | 聚会 | jü-we | 聚集 | jü-zih | 马太 18：20 |
| 105 | 饶恕；赦免 | 饶（赦） | nyiao（sò） | 赦免 | sò-min | 马可 4：12 |
| 106 | 掌刑的 | 牢堂 | lao-dòng | 牢头 | lao-deo | 马太 18：34 |
| 107 | 可以 | 作兴 | tsôh-hying | 可以 | k'o-i | 马太 19：3 |
| 108 | 律法 | 律法 | leh-fæh | 诫命 | ka-ming | 马太 19：17 |
| 109 | 谎告 | 谎告 | hòng-kao | 做假见证 | tso kò kyin-tsing | 马太 19：18 |
| 110 | 最后 | 落脚 | lôh-kyiang | 后头 | 'eo-deo | 路加 20：32 |
| 111 | 第一次 | 头一伐＝ | deo-ih-væh | 起头 | ky'i-deo | 马太 20：10 |
| 112 | 做主 | 做主意 | tso cü-i | 做主 | tso cü | 马太 20：15 |
| 113 | 柜子上 | 柜头 | gyü-deo | 柜桌 | gyü-côh | 约翰 2：15 |
| 114 | 做买卖 | 卖物事 | ma meh-z | 做买卖 | tso ma-ma | 马可 11：15 |
| 115 | 贼窝；强盗窝 | 贼窠 | zeh-k'o | 强盗窠 | gyiang-dao k'o | 马可 11：17 |
| 116 | 后头 | 后坤 | 'eo-kw'eng | 后头 | 'eo-deo | 马太 21：29 |
| 117 | 妓女 | 婊子 | piao-ts | 妓女 | gyi-nyü | 路加 15：30 |
| 118 | 压酒池 | 酒榨 | tsiu-tsô | 葡萄汁榨 | bu-dao-tsih-tsô | 马太 21：33 |
| 119 | 通行费 | 通行钿 | t'ong-'ang-din | 银钿 | nying-din | 马太 22：19 |
| 120 | 屋角 | 屋角落头 | oh kòh-lôh-deo | 屋角 | oh kòh | 马太 21：42 |
| 121 | 扔 | 抛 | p'ao | 断＝ | tön | 马太 21：42 |
| 122 | 充满；塞满 | 塞满 | seh-mön | 充满 | c'ong-mön | 马太 23：28 |
| 123 | 坟前；坟头 | 坟头 | veng-deo | 坟墓 | veng-mo | 马可 16：2 |

续表

| | 普通话词汇 | 1880 年版 | 罗马字注音 | 1897 年版 | 罗马字注音 | 圣经出处 |
|---|---|---|---|---|---|---|
| 124 | 弄死 | 妆杀 | tsông-sæh | 妆死 | tsông-s | 马太 23：31 |
| 125 | 愿意 | 要 | iao | 心愿 | sing-nyün | 马太 23：37 |
| 126 | 屋 | 屋宇 | oh-ü | 屋 | oh | 马太 23：38 |
| 127 | 漆黑 | 墨黑 | moh-heh | 黑暗 | heh-ön | 马太 24：29 |
| 128 | 天上 | 天里 | t'in-li | 天上 | t'in-zòng | 马太 24：30 |
| 129 | 树叶 | 叶爿 | yih-bæn | 树叶 | jü-yih | 马太 24：32 |
| 130 | 牲口 | 牲口 | sang-k'eo | 众生 | cong-sang | 路加 10：34 |
| 131 | 排行老大 | 大个 | do-ke | 头一个 | deo-ih-ke | 马可 12：20 |
| 132 | 浸礼；洗礼 | 浸礼 | tsing-li | 洗礼 | si-li | 马可 1：4 |
| 133 | 洞 | 动 | dong | 孔 | k'ong | 马可 2：3 |
| 134 | 绽裂 | 趵 | pao | 裂开 | lih-k'e | 马可 2：22 |
| 135 | 痊愈 | 好爻 | hao gao | 痊愈 | jün-yü | 马可 3：5 |
| 136 | 应该 | 作兴 | tsôh-hying | 应该 | ing-ke | 马可 3：4 |
| | | | | 可以 | k'o-i | 马可 10：2 |
| 137 | 雷 | 响雷 | hyiang-le | 雷 | le | 马可 3：17 |
| 138 | 亲戚 | 自家人 | z-kô -nying | 亲戚 | ts'ing-ts'ih | 马可 3：21 |
| 139 | 赦免 | 赦爻 | sô-gao | 赦免 | sô-min | 马可 3：28 |
| 140 | 附着 | 附得 | vu-teh | 附箇 | vu-keh | 马可 3：30 |
| 141 | 摔跤 | 绊倒 | pæn-tao | 绊跌 | pæn-tih | 马可 4：17 |
| 142 | 显露出来 | 明出来 | ming-c'ih-le | 显露出来 | hyian-lu c'ih-le | 马可 4：22 |
| 143 | 欺诈 | 诈煞 | tsô-sæh | 诈死 | tsô-s | 马可 4：19 |
| 144 | 田地 | 田地 | din-di | 地土 | di-t'u | 马可 4：28 |
| 145 | 遮阴 | 遮阴 | tsô-ing | 阴凉 | ing-liang | 马可 4：32 |
| 146 | 近晚 | 晏跟 | æn-keng | 快晏 | k'ua-æn | 马可 4：35 |
| 147 | 坟墓里 | 坟洞 | veng-dong | 坟墓 | veng-mo | 马可 5：1 |
| 148 | 不要 | 覅 | hyiao | 弗要 | feh-iao | 马可 5：7 |
| 149 | 进入 | 走进 | tseo-tsing | 入进 | zih-tsing | 马可 5：12 |
| 150 | 恳求 | 求 | gyiu | 求恳 | gyiu-k'eng | 马可 5：10 |
| 151 | 山峡 | 山坎 | sæn-k'ön | 山脚 | sæn-kyiah | 马可 5：13 |
| 152 | 医生 | 先生 | sin-sang | 医生 | i-sang | 马可 5：26 |
| 153 | 后面 | 后背 | eo-pe | 后面 | eo-min | 马可 5：27 |
| 154 | 忙乱 | 落乱 | lôh-lön | 忙乱 | mòng-lôn | 马可 5：38 |

续表

| | 普通话词汇 | 1880 年版 | 罗马字注音 | 1897 年版 | 罗马字注音 | 圣经出处 |
|---|---|---|---|---|---|---|
| 155 | 讥笑；冷笑 | 笑 | siao | 冷笑 | lang-siao | 马可 5：40 |
| 156 | 父母 | 娘爸 | nyiang-pang | 父母 | vu-meo | 马可 5：40 |
| | | 父母 | vu-meo | | | 约翰 9：18 |
| 157 | 两个一组 | 两个组班 | liang-ke tso pæn | 两个两个 | liang-ke liang-ke | 马可 6：7 |
| 158 | 围腰 | 肚围 | du-yü | 腰围 | iao-yü | 马可 6：8 |
| 159 | 套 | （两）统（衣裳） | t'ong | （两）套（衣裳） | t'ao | 马可 6：9 |
| 160 | 尊贵 | 贵重 | kyü-djong | 尊贵 | tseng-kyü | 马可 6：21 |
| 161 | 求 | 讨 | t'ao | 求 | gyiu | 马可 6：22 |
| 162 | 母亲 | 母 | m | 娘 | nyiang | 马可 6：24 |
| 163 | 先 | 先 | sin | 过先 | ku-sin | 马可 6：45 |
| 164 | 撑船 | 撑船 | ts'ang jün | 摆船 | pa jün | 马可 6：48 |
| 165 | 嘴 | 张嘴 | tsiang-cü | 嘴唇 | cü-jing | 马可 7：6 |
| | | 嘴 | cü | 口 | k'eo | 马可 9：20 |
| 166 | 写着 | 写得 | sia-teh | 写落 | sia-lôh | 马可 7：6 |
| 167 | 茅坑 | 茅坑 | mang-k'ang | 坑厕 | k'ang-ts' | 马可 7：19 |
| 168 | 经过 | 打……过 | tang…ku | 经过 | kying-ku | 马可 7：31 |
| 169 | 聋子 | 聋聋 | long-bang | 聋耳朵 | long-ng-tô | 马可 7：32 |
| 170 | 留心 | 小心 | siao-sing | 留心 | liu-sing | 马可 8：15 |
| 171 | 明白 | 清确 | ts'ing-k'ôh | 明白 | ming-bah | 马可 8：25 |
| 172 | 漂布师父 | 漂白老师 | p'iao-bah lao-s | 漂布老师 | p'iao-pu lao-s | 马可 9：3 |
| 173 | 轻视 | 望弗起 | mông-feh-ky'i | 轻慢 | ky'ing-mæn | 马可 9：12 |
| 174 | 许多 | 一大班 | ih-do-pæn | 许多 | hyü-to | 马可 9：14 |
| 175 | 惊怕 | 惊险 | kying-hyin | 惊吓 | kying-hôh | 马可 9：15 |
| 176 | 癫狂 | 活狂活癫 | weh-gyüông-weh-tin | 抽筋拔骨 | ts'iu-kying-bæh-kweh | 马可 9：20 |
| 177 | 火中 | 火□ | ho-ha | 火里 | ho-li | 马可 9：22 |
| 178 | 水中 | 水□ | shü-ha | 水里 | shü-li | 马可 9：22 |
| 179 | 屡次；不时 | 不常 | peh-zông | 屡次 | lü-ts' | 马可 9：22 |
| 180 | 阻住 | 阻住 | tsu-djü | 阻牢 | tsu-lao | 马可 9：38 |
| 181 | 平常 | 如常 | jü-zông | 素常 | su-zông | 马可 10：1 |
| 182 | 诬告 | 谎告 | hông-kao | 做假见证 | tso kô kyin-tsing | 马可 10：19 |

续表

| | 普通话词汇 | 1880 年版 | 罗马字注音 | 1897 年版 | 罗马字注音 | 圣经出处 |
|---|---|---|---|---|---|---|
| 183 | 设 | 放置 | shih | 放 | fông | 马可 11：4 |
| 184 | 椅子；凳子 | 椅 | ü | 凳 | teng | 马可 11：15 |
| 185 | 器具 | 家生 | kô-sang | 家伙 | kô-ho | 马可 11：16 |
| 186 | 稀奇 | 奇特 | gyi-deh | 稀奇 | hyi-gyi | 马可 11：18 |
| 187 | 早晨 | 睏醒 | kw'eng-sing | 枯星 | k'u-sing | 马可 11：20 |
| 188 | 成功 | 成功 | zing-kong | 做成 | tso-zing | 马可 11：23 |
| 189 | 交付 | 交代 | kao-de | 交拨 | kao-peh | 马可 12：9 |
| 190 | 屋角 | 屋角落头 | oh kôh-lôh-deo | 屋角头 | oh kôh-deo | 马可 12：10 |
| 191 | 银钱 | 洋钿 | yiang-din | 银钿 | nying-din | 马可 12：15 |
| 192 | 娶 | 讨 | t'ao | 娶 | c'ü | 马可 12：21 |
| 193 | 最后 | 顶落脚 | ting lôh-kyiang | 后来 | eo-le | 马可 12：22 |
| 194 | 应该；应当 | 当该 | tông-ke | 应该 | ing-ke | 马可 12：30 |
| 195 | 尽心 | 全副心肠 | jün-fu sing-dziang | 尽心 | zing-sing | 马可 12：30 |
| 196 | 多余 | 多头 | to-deo | 有余 | yiu-yü | 马可 12：44 |
| 197 | 末日 | 末箇时候 | meh-keh z-'eo | 末日 | meh-nyih | 马可 13：7 |
| 198 | 开天辟地 | 开天辟地 | k'e-t'in p'ih-di | 造天地 | zao t'in-di | 马可 13：19 |
| 199 | 驾云 | 坐云 | zo yüing | 驾云 | kô yüing | 马可 13：26 |
| 200 | 前面 | 前头 | zin-deo | 之前 | ts-zin | 马可 14：1 |
| 201 | 次；回 | 伐 = | væh | 套 | t'ao | 马可 14：30 |
| 202 | 遍 | 遍 | pin | | | 马可 14：72 |
| 203 | 差役 | 差人 | ts'a-nying | 差役 | ts'a-yüoh | 马可 14：54 |
| 204 | 软弱 | 懦弱 | no-ziah | 软弱 | nyün-ziah | 马可 14：38 |
| 205 | 用力；尽力 | 煞甲 | sæh-kæh | 尽力 | zing-lih | 马可 14：31 |
| 206 | 父亲 | 阿爸 | ah-pang | 父亲 | vu-ts'ing | 马可 14：35 |
| 207 | 眼睛疲倦 | 眼开弗开 | ngæn k'e-feh-k'e | 疲倦 | bi-gyün | 马可 14：40 |
| 208 | 老实 | 实在 | zih-ze | 老实 | lao-zih | 马可 14：70 |
| 209 | 案子 | 案件 | ön-gyin | 事干 | z-kön | 马可 15：3 |
| 210 | 挑唆 | 掮断 | ts'ön-tön | 挑唆 | t'iao-so | 马可 15：11 |
| 211 | 公堂 | 官厅 | kwön-t'ing | 公堂 | kong-dông | 马可 15：16 |
| 212 | 贺喜；恭喜 | 恭喜 | kyüong-hyi | 贺喜 | 'o-hyi | 马可 15：18 |
| 213 | 字条 | 招纸 | tsiao-ts | 字条 | z-diao | 马可 15：26 |

续表

| | 普通话词汇 | 1880年版 | 罗马字注音 | 1897年版 | 罗马字注音 | 圣经出处 |
|---|---|---|---|---|---|---|
| 214 | 下午三点左右 | 半晏界 | pö æn-ka | 申时初 | sing-z ts'u | 马可15：33 |
| 215 | 喝（酒） | 喫 | ky'üoh | 喝 | hæh | 路加1：15 |
| 216 | 使得 | 使得 | s-teh | 拨 | peh | 路加1：16 |
| 217 | 离开 | 别去 | bih-k'e | 离开 | li-k'e | 路加1：38 |
| 218 | 离开；免除 | 退落 | t'e lôh | 歇爻 | sih-gao | 路加1：52 |
| 219 | 夜里 | 夜哒 | yia-deh | 夜里 | yia-li | 路加2：8 |
| 220 | 白天 | 日哒 | nyih-deh | 日里 | nyih-li | 约翰9：4 |
| | | | | 白日 | bah-nyih | 约翰11：9 |
| 221 | 地上 | 地得 | di-teh | 地 | 地 | 约翰8：6 |
| 222 | 记 | 存 | zeng | 记 | kyi | 路加2：19 |
| 223 | 相望 | 相望 | siang-vông | 仰望 | nyiang-vông | 路加2：25 |
| | | | | 奢望 | sô-mông | |
| 224 | 出嫁 | 做新妇 | tso sing-vu | 出家 | c'ih-kô | 路加2：36 |
| 225 | 感谢 | 谢谢 | zia-zia | 感谢 | kön-zia | 路加2：38 |
| 226 | 奉 | 接着 | tsih-djôh | 奉 | vong | 路加3：2 |
| 227 | 命令 | 号令 | 'ao-ling | 命令 | ming-ling | 路加3：2 |
| 228 | 四方 | 头圈地方 | deo-ky'ün di-fông | 四方 | s-fông | 路加3：3 |
| 229 | 山岗；山岭 | 山岭 | sæn-ling | 山岗 | sæn-kông | 路加3：5 |
| 230 | 妆 | 妆直 | tsông dzih | 修直 | siu dzih | 路加3：5 |
| 231 | 兵丁 | 喫粮人 | ky'üoh-liang n-ying | 兵丁 | ping-ding | 路加3：14 |
| 232 | 名分 | 门分 | meng-veng | 名分 | ming-veng | 路加3：14 |
| 233 | 麦子 wheat | 谷 | koh | 麦 | mah | 路加3：17 |
| 234 | 上面；头上 | 上头 | zông-deo | 头上 | deo-zông | 路加3：22 |
| | | | | 上面 | zông-min | 路加19：35 |
| 235 | 满意 | 得意 | teh-i | 中意 | cong-i | 路加3：22 |
| 236 | 屋顶 | 屋脑尖 | oh-nao-tsin | 屋顶 | oh-ting | 路加4：9 |
| 237 | 扶（助） | 档 | tòng | 扶助 | vu-zu | 路加4：11 |
| 238 | 四处 | 头圈地方 | deo-ky'ündifông | 遍四方 | pin s-fông | 路加4：14 |
| 239 | 悲伤 | 悲伤 | pe-siang | 心痛 | sing-t'ong | 路加4：18 |
| 240 | 饶恕释放 | 饶放 | nyiao-fông | 释放 | sih-fông | 路加4：18 |

续表

| | 普通话词汇 | 1880 年版 | 罗马字注音 | 1897 年版 | 罗马字注音 | 圣经出处 |
|---|---|---|---|---|---|---|
| 241 | 俗话 | 俗话 | joh-wa | 俗语 | joh-nyü | 路加 4：23 |
| 242 | 干净；洁净 | 干净 | kön-zing | 洁净 | kyih-zing | 路加 4：27 |
| 243 | 各处 | 各到处 | kôh tao-c'ü | 各处 | kôh-c'ü | 路加 4：25 |
| 244 | 整夜 | 整夜 | tsing-yia | 长夜 | dziang-yia | 路加 5：5 |
| 245 | 凭据 | 凭据 | bing-kyü | 对证 | te-tsing | 路加 5：14 |
| 246 | 盛 | 齿 | ts | 垫 | din | 路加 5：37 |
| 247 | 放；装 | 齿 | ts | 囥 | k'ông | 路加 9：44 |
| 248 | 裂 | 爆 | pao | 裂 | lih | 路加 5：37 |
| 249 | 麦穗 | 麦稗 | mah-be | 麦头 | mah-deo | 路加 6：1 |
| 250 | 手中风 | 风手 | fong-siu | 枯手 | k'u-siu | 路加 6：8 |
| 251 | 称赞 | 傲 | ngao | 称赞 | ts'ing-tsæn | 路加 6：26 |
| 252 | 捉弄 | 弄怂 | long-song | 委屈 | we-ky'üoh | 路加 6：28 |
| 253 | 泥土；泥涂 | 泥涂 | nyi-du | 泥土 | nyi-t'u | 路加 6：49 |
| 254 | 眼泪 | 眼泪水 | ngæn-li-shü | 眼泪 | ngæn-li | 路加 7：38 |
| 255 | 坏人 | 弗好人 | feh hao nying | 罪人 | ze-nying | 路加 7：39 |
| 256 | 什么样子 | 咋么样子 | zah-m yiang-ts | 嘈"范子 | zao væn-ts | 路加 7：39 |
| 257 | 结籽 | 结籽 | kyih ts | 结实 | kyih zih | 路加 8：8 |
| 258 | 吩咐 | 讴 | ao | 吩咐 | fen-fu | 路加 8：29 |
| 259 | 叫嚷；喊叫 | 呀呀声 | ia-ia-sing | 讴起来 | ao-ky'i-le | 路加 8：28 |
| 260 | 灵魂 | 魂灵 | weng-ling | 灵魂 | ling-weng | 路加 8：55 |
| 261 | 父母 | 大人 | do-nying | 父母 | vu-meo | 路加 8：56 |
| 262 | 奇怪 | 惊险 | kying-hyin | 顶奇怪 | ting gyi-kwa | 路加 8：56 |
| 263 | 嘱咐 | 吩咐 | feng-fu | 嘱咐 | coh-fu | 路加 8：56 |
| 264 | 脚底上 | 脚底箇 | kyiah-ti-keh | 脚上 | kyiah zòng | 路加 9：5 |
| 265 | 掸 | 刮 | kwah | 掸 | tæn | 路加 9：5 |
| 266 | 排 | 排 | ba | 塆 | da | 路加 9：14 |
| 267 | 害死 | 害死 | 'e-s | 妆死 | tsòng-s | 路加 9：22 |
| 268 | 遍天下 | 遍天下 | pin-t'in-ò | 统天下 | t'ong-t'in-'ò | 路加 9：25 |
| 269 | 醒过来；醒了 | 醒转来 | sing-cün-le | 醒爻 | sing-gao | 路加 9：32 |
| 270 | 辞别 | 辞别 | z-bih | 分别 | feng-bih | 路加 9：61 |
| 271 | 犁耙 | 犁耙 | li-bô | 犁扫 | li-sao | 路加 9：62 |

| | 普通话词汇 | 1880 年版 | 罗马字注音 | 1897 年版 | 罗马字注音 | 圣经出处 |
|---|---|---|---|---|---|---|
| 272 | 以后 | 后头 | eo-deo | 之后 | ts-'eo | 路加 10：1 |
| 273 | 腰围；腰袋 | 扫˯马˯ | sao-mô | 腰围 | iao-yü | 路加 10：4 |
| 274 | 蛇蝎 | 毒虫 | doh-djong | 蛇蝎 | zò-hyih | 路加 10：19 |
| 275 | 粮食；口粮 | 口粮 | k'eo-liang | 粮食 | liang-zih | 路加 11：3 |
| 276 | 衰败 | 衰败 | se-ba | 败爻 | ba-gao | 路加 11：17 |
| 277 | 安稳 | 安耽 | ön-tæn | 安稳 | ön-weng | 路加 11：24 |
| 278 | 生养（你） | 拖（尔箇）肚 | t'a（ng keh）du | 生养（尔） | sang-yiang（ng） | 路加 11：27 |
| 279 | 全身 | 满身 | mö-sing | 全身体 | jün sing-t'i | 路加 11：36 |
| 280 | 碗碟 | 搵盏 | un-tsæn | 碗盏 | wön-tsæn | 路加 11：39 |
| 281 | 愚蠢 | 愚笨 | nyü-beng | 呆笨 | nge-beng | 路加 11：40 |
| 282 | 知道 | 得知 | teh-ts | 晓得 | hyiao-teh | 路加 11：44 |
| 283 | 聚集 | 汇来 | we-le | 聚集 | jü-zih | 路加 12：1 |
| | | 汇齐 | we-zi | | | 路加 22：66 |
| 284 | 家产 | 家私 | kò-s | 产业 | sæn-nyih | 路加 12：13 |
| 285 | 封；立 | 封 | fong | 立 | lih | 路加 12：14 |
| 286 | 衣着 | 衣着 | i-tsiah | 着饰 | tsiah-sih | 路加 12：27 |
| 287 | 赶紧 | 上紧 | zòng-kying | 赶紧 | kön-kying | 路加 12：58 |
| 288 | 赞美 | 赞美 | tsæn-mi | 荣华 | yüong-wa | 路加 13：13 |
| 289 | 枝丫 | 桠权 | ò-ts'ò | 枝藄 | ts-hong | 路加 13：19 |
| 290 | 拼命 | 拼命 | p'ing-ming | 用力 | yüong-lih | 路加 13：24 |
| | | | | 尽力 | zing-lih | 路加 23：5 |
| 291 | 低微 | 落做底 | lôh tso ti | 低微 | ti-vi | 路加 14：11 |
| 292 | 大菜；大酒席 | 菜蔬 | ts'e-su | 大菜 | do-ts'e | 路加 14：13 |
| | | 大酒宴 | do tsiu-yin | | | 路加 14：16 |
| 293 | 刚；刚刚 | 扣扣 | k'eo-k'eo | □ | te | 路加 14：20 |
| 294 | 取笑；嘲笑 | 取笑 | c'ü-siao | 嘲笑 | tsao-siao | 路加 14：29 |
| 295 | 墙角（石、柱） | 磉盘 | sòng-bön | 墙脚 | ziang-kyiah | 路加 14：29 |
| 296 | 开工 | 起头 | ky'i-deo | 起工 | ky'i-kong | 路加 14：30 |
| 297 | 职务 | 阙份 | ky'üih-veng | 职司 | tsih-s | 路加 16：3 |
| 298 | 外国人；外省人 | 外国人 | nga-koh-nying | 各省人 | kôh-sang nying | 路加 17：18 |

| | 普通话词汇 | 1880年版 | 罗马字注音 | 1897年版 | 罗马字注音 | 圣经出处 |
|---|---|---|---|---|---|---|
| 299 | 敬重 | 瞅睬 | ts'iu-ts'e | 敬重 | kying-djong | 路加 18：2 |
| 300 | 挑选 | 拣择 | kæn-dzah | 拣选 | kæn-shün | 路加 18：6 |
| 301 | 总管 | 头脑 | deo-nao | 总管 | tsong-kwön | 路加 19：2 |
| 302 | 心爱；怜爱 | 值钿 | dzih-din | 亲爱 | ts'ing-e | 路加 20：13 |
| 303 | 冒充 | 充 | c'ong | 冒 | mao | 路加 20：20 |
| 304 | 把柄 | 咬头 | ngô-deo | 把柄 | pô-ping | 路加 20：20 |
| 305 | 丢弃 | 抛 | p'ao | 断゠ | tön | 路加 20：17 |
| 306 | 头像 | 头面 | deo-min | 像 | ziang | 路加 20：24 |
| 307 | 踏脚凳 | 踏脚凳 | dæh-kyiah-teng | 脚凳 | kyiah-teng | 路加 20：43 |
| 308 | 假意 | 假呀意 | kô-ia-i | 假意 | kô-i | 路加 20：47 |
| 309 | 剩余 | 余剩 | yü-dzing | 有余 | yiu-yü | 路加 21：4 |
| 310 | 灭亡；夷为平地 | 化平地 | hwa-bing-di | 灭亡 | mih-vông | 路加 21：20 |
| 311 | 山上；山里 | 山里 | sæn-li | 山上 | sæn-zông | 路加 21：21 |
| 312 | 避过 | 避爻 | bi-gao | 避过 | bi-ku | 路加 21：36 |
| 313 | 昏迷；呆呆 | 呆等等 | nge-teng-teng | 昏迷 | hweng-mi | 路加 21：34 |
| 314 | 情愿 | 着得 | dziah-teh | 情缘 | zing-nyün | 路加 22：15 |
| 315 | 记得；挂念 | 记得 | kyi-teh | 记念 | kyi-nyin | 路加 22：19 |
| 316 | 骨头和肉 | 骨头肉 | kweh-deo nyüoh | 肉骨头 | nyüoh kweh-deo | 路加 24：39 |
| 317 | 认识 | 认得 | nying-teh | 识得 | sih-teh | 路加 22：34 |
| 318 | 知道 | 得知 | teh-ts | | | 约翰 1：5 |
| 319 | 祈祷 | 求求 | gyiu-gyiu | 祷告 | tao-kao | 路加 22：40 |
| 320 | 悲伤 | 难过 | næn-ku | 哀痛 | e-t'ong | 路加 22：43 |
| 321 | 动手；下手 | 下手 | 'ô siu | 动手 | dong-siu | 路加 22：53 |
| 322 | 确认；肯定 | 着实 | dziah-zih | 扎实 | tsæh-zih | 路加 22：59 |
| 323 | 一起 | 同代 | dong-de | 聚代 | jü-de | 路加 22：59 |
| 324 | 齐声 | 合口齐动 | 'eh - k'eo - zi -dong | 一齐 | ih-zi | 路加 23：18 |
| 325 | 葡萄酒醋 | 酸酒 | sön-tsiu | 醋 | ts'u | 路加 23：36 |
| 326 | 蜂房 | 蜜蜂窠 | mih-fong-k'o | 蜜蜂箙 | mih-fong-bu | 路加 24：42 |
| 327 | 中午 | 日昼 | nyih-tsiu | 午时 | ng-z | 路加 23：44 |

续表

| | 普通话词汇 | 1880 年版 | 罗马字注音 | 1897 年版 | 罗马字注音 | 圣经出处 |
|---|---|---|---|---|---|---|
| 328 | 未曾；没 | 呒得 | m-teh | 曾 | vong | 路加 23：41 |
| 329 | 起初 | 起头 | ky'i-deo | 起初 | ky'i-ts'u | 约翰 1：1 |
| 330 | 靠；托 | 托 | t'ôh | 靠 | k'ao | 约翰 1：2 |
| 331 | 隐瞒；抵赖 | 赖 | la | 隐瞒 | ing-mön | 约翰 1：20 |
| 332 | 不够好 | 欠好 | ky'in hao | 弗敢当 | feh kön-tông | 约翰 1：27 |
| 333 | 指点 | 出点 | c'ih-tin | 指点 | ts-tin | 约翰 1：47 |
| 334 | 托付 | 交托 | kao-t'ôh | 托付 | t'ôh-fu | 约翰 2：24 |
| 335 | 依旧；仍旧 | 依旧 | i-gyiu | 仍旧 | nying-gyiu | 约翰 3：13 |
| 336 | 无限 | 呒底 | m-ti | 呒有限量 | m-yiu 'æn-liang | 约翰 3：34 |
| 337 | 水桶 | 凹斗 | ao-teo | 水桶 | shü-dong | 约翰 4：11 |
| 338 | 丈夫；男人 | 男人 | nön-nying | 丈夫 | dziang-fu | 约翰 4：16 |
| 339 | 凉亭 | 凉亭 | liang-ding | 廊屋 | lông-oh | 约翰 5：2 |
| 340 | 铺板；铺盖 | 铺盖 | p'u-ke | 铺板 | p'u-pæn | 约翰 5：8 |
| 341 | 单只 | 单只 | tæn-tsih | 非单 | fi-tæn | 约翰 5：18 |
| 342 | 男孩儿 | 小人 | siao-nying | 细佬 | si-lao | 约翰 6：9 |
| 343 | 总是 | 常常 | zông-zông | 长长 | dziang-dziang | 约翰 6：34 |
| 344 | 拉下 | 错落 | ts'o-loh | 失交 | sih-gao | 约翰 6：39 |
| 345 | 厉鬼 | 恶鬼 | ô-kyü | 魔鬼 | mo-kyü | 约翰 6：70 |
| 346 | 议论纷纷 | 议论纷纷 | nyi - leng - feng -feng | 聚队争论 | jü-de tsang-leng | 约翰 7：12 |
| 347 | 偏袒心 | 偏缺心 | p'in-ky'üoh-sing | 弗公义 | feh kong-nyi | 约翰 7：18 |
| 348 | 江河 | 河江 | 'o-kông | 江河 | kông-'o | 约翰 7：38 |
| 349 | 后代 | 子孙 | ts-seng | 后代 | 'eo-de | 约翰 7：42 |
| 350 | 说谎 | 说谎 | shih-hông | 扎谎 | tseh-hông | 约翰 8：44 |
| 351 | 全；整（班） | □ | 'en | 整 | tsing | 约翰 10：12 |
| 352 | 拎；带 | 拎 | ling | 带 | ta | 约翰 10：16 |
| 353 | 树枝 | 桠枝 | ô-ts | 树枝 | jü-ts | 约翰 12：13 |
| 354 | 回答 | 应起 | ing-ky'i | 回答 | we-teh | 约翰 12：30 |
| 355 | 光明（形容词） | 光明 | kwông-ming | 亮光 | liang-kwông | 约翰 12：36 |
| 356 | 到最后 | 到底 | tao-ti | 到落脚 | tao lôh-kyiah | 约翰 13：1 |

续表

| | 普通话词汇 | 1880 年版 | 罗马字注音 | 1897 年版 | 罗马字注音 | 圣经出处 |
|---|---|---|---|---|---|---|
| 357 | 无关 | 呒份 | m-veng | 呒相干 | m siang-kön | 约翰 13：8 |
| | | 呒关实 | m-kwæn-zih | | | 约翰 14：30 |
| 358 | 想；思忖 | □□ | tsih-deh | 忖 | ts'eng | 约翰 13：29 |
| 359 | 号令；诫命 | 号令 | ao-ling | 诫命 | ka-ming | 约翰 13：34 |
| 360 | 平安 | 安耽 | ön-tæn | 平安 | bing-ön | 约翰 14：27 |
| 361 | 烧 | 着 | dziah | 烧 | siao | 约翰 15：6 |
| 362 | 这里 | 以ᵈ地 | i-di | 以ᵈ | i | 约翰 14：31 |
| 363 | 种园师傅 | 种园师傅 | cong-jü s-vu | 种园箇主 | cong-yün-keh cü | 约翰 15：1 |
| 364 | 益处 | 便宜 | bin-i | 益处 | ih-c'ü | 约翰 18：14 |
| 365 | 门口 | 门口 | meng-k'eo | 门外 | meng-nga | 约翰 18：16 |
| 366 | 烤火 | 烘烘暖 | hong-hong-neng | 烘火 | hong-ho | 约翰 18：18 |
| | | 烘火 | hong-ho | | | 约翰 18：25 |
| 367 | 衙门 | 公馆 | kong-kwön | 公堂 | kong-dông | 约翰 18：28 |
| 368 | 衙门；官府 | 官厅 | kwön-t'ing | | | 约翰 19：9 |
| 369 | 得罪 | 得罪 | teh-ze | 叛逆 | bön-nyih | 约翰 19：12 |
| 370 | 抓阄 | 撮阄 | ts'eh kyiu | 捉阄 | coh-kyiu | 约翰 19：24 |
| 371 | 大约 | 考 | k'ao | 毛 | mao | 约翰 19：39 |
| 372 | 披衣 | 着面衫 | tsiah min-sæn | 披衣裳 | p'i i-zông | 约翰 21：7 |
| 373 | 时候 | 时节 | z-tsih | 时候 | z-'eo | 约翰 21：20 |
| 374 | 里面；中央 | 里转 | li-cün | 中央 | cong-yiang | 约翰 21：23 |
| 375 | 就 | 便 | beh | 就 | ziu | 约翰 4：49 |

# 第四章

# 台州方言的主要构词法

长期以来，汉语构词法在语言研究中的归属问题众说纷纭，或曰划归语法学，或曰划归词汇学，或曰介于语法学和词汇学之间，甚至与语义学、修辞学有关。（潘文国等，2004：4—6）我们现就语法部分介绍台州方言的构词法。

除了来自汉语共同语的强势冲击而有所同化外，百余年来台州方言的构词法比较稳定。因此，构词法的演变不是我们关注的重点，只是根据需要结合在台州方言构词法特点的介绍中。台州方言构词法中较有特色的有异序词、重叠式和附加式等。复合词和派生词中与普通话相同之处兹不赘述。

## 第一节　异序词

汉语方言中有一些复合词的用字、词义和普通话相同或大致相同，但字序不同；有时用字不完全相同，但性质相类。这类词被称为"异序词"或"逆序词""同素逆序词"。复合词异序是汉语方言词汇的一个重要现象（项梦冰，1988），也是一种重要的构词方式。有人觉得"异序词只不过是汉语词汇中的一种现象，而造成异序词的本质，还是汉语的各种构词法"（张寿康，1982：161）。这种认识揭示了异序词在词汇和语法之间的"接口"关系。异序词在上古汉语早已有之，例如"猷大""中谷""丘商""祖甲""鱼鲔""鸟乌""城濮""帝尧"（蒋绍愚，2000）。古汉语中的异序双音词约 65 组（郑奠，1964：445—452），近代汉语异序双音词约 85 组（张永绵，1980），现代汉语异序词则高达 521 组（张寿康，1982：152—157）。桥本万太郎（1985）把这种现象称作古汉语中存在的"顺行结构"，与现代汉语主流的"逆行结构"相对立。

这些异序词与原词（或常式）之间有的同音，有的不同音；有的同义或近义，有的异义；有的是并列式，有的是非并列式。曹先擢（1979）认为造成同素异序词的主要因素有三个：1. 单音节为主的古汉语中，两个同义的汉字之间的组合比较松散，先后次序并不固定；2. 每个时代的语言习惯不同；3. 字序的问题受到方言的影响。

汉语方言中部分异序词是古代汉语的遗存。百余年前台州土白圣经译本中除了这些古代汉语遗存的异序词外，还有通行于吴语区的异序词和台州方言特有的异序词。少数异序词则是译者个人的选择，反映了这些异序词在当时尚处于不稳定的状态之中。由于圣经特定内容的限制，异序词在台州土白译本中出现的数量不多，但是比较集中。这类异序词完全是同素异序词。异序词可按词类、内部结构、意义和来源进行分类。

按照词类来分，出现频率较高的异序词是名词，其次是动词，其他词类不太常见。名词如"地土、河江、腰围、面情、使差、牢监、菜蔬、住居、定规、穹苍"等，动词如"欢喜、成人长大、敢胆、求恳、舍施"等。

按照内部结构来分，包括异序同构和异序异构两种。异序同构是指前后词序的颠倒不会导致异序词内部结构性质的改变。其中联合式最常见，如"地土、河江、面情、使差、牢监、菜蔬、住居、欢喜、舍施"等。"由两个语义相同或相近的语素组合而成的联合式双音词，语素的次序更加灵活，比较容易发生倒置现象"，联合式复合词在其形成初期，"大都经过一个连用的过程，有相当大的灵活性，往往可以颠倒两个构词语素的序位；而且这种构词方式成熟以后，具有极强的构词功能。这是同素逆序词中联合式居多的一个重要原因"（张巍，2005：132）。游汝杰（2014）认为从语法结构来看，此类并列式词无所谓"顺序"或"逆序"，况且在古今汉语书面语中并不少见。异序异构则指前后词序的变换会导致异序词内部结构的改变，从而导致词性的改变。主要涉及非并列式结构，例如，"穹苍—苍穹"，前者是主谓式，后者是偏正式；"甘心情愿—心甘情愿"，本来"心甘"与"情愿"的组合是并列式，二者各为主谓式，而异序的"甘心"则是述宾式；"求恳—恳求"和"离远—远离"，都是前者为动补式，后者为偏正式；"腰围—围腰"，前者是主谓式，后者是述宾式；"敢胆—胆敢"，前者是述宾式，后者是主谓式。

按照意义来分，包括异序同义和异序异义两种。同素异序词以异序同义类居多。异序异义则多因异构而产生意义上的变化，甚至意义完全不同，如"腰围"等；也可能是一词多义，如"地土"等。

按照来源来分，包括汉语共同语异序词和方言异序词。前者如"地土、穹苍"等，后者如"腰围、面情"等。

下面列举台州土白圣经译本中出现的一些主要的异序词。

1. 地土

"地土"在现代汉语里已完全被"土地"所替，今台州方言中也不多见，一般用单音节词"地"。百余年前台州土白圣经译本中未见"土地"一词，多用"地"或"地土"。用"地土"的例句如：

（1）Keh-sih wĕng-ziu-keh yiu foh；ing-yü ge-he we teh-djôh di-t'u tso sæn-nyih. 箇些温柔箇的有福：因为渠许会得着地土做产业。（马太 5：5）

（2）a. Di-t'u ih-ts'ih keh ts'ao-moh wæ m-yiu，din-di ih-ts'ih keh su-ts'e wæ m-yiu fæh-c'ih-le. 地土一切箇的草木还咹有，田地一切箇的蔬菜还咹有发出来。（创世纪 2：5）

b. Yia-'o-wa Zông-ti peh kôh-yiang jü-moh jong di-t'u sang-c'ih，yi hao-k'ön，yi hao ky'üoh. 耶和华上帝拨让各样树木从地土生出，又好看又好喫。（创世纪 2：9）

例（1）在宁波和温州土白的对应译文中也用了"地土"；例（2）未见于所有官话版对应译句中。台州土白中的"地土"除了具有抽象的"土地"的意义外，还有具体的"地面、地上"的意义，如例（2），即英文版中的"on the earth"或"ground"。

黄小娅（2001）指出在近 200 年的广州方言中，构成"地土"一词的两个语素，在词序的排列上经历过正反双向的变化，即 1828 年文献中的"地土"→1871 年文献中的"土地"→1935 年文献中的"地土"→现在的"土地"。可见，广州方言关于"地土"一词的文献早于 1853 年版的宁波土白和 1880 年版的台州土白。和合本官话版中也使用"地土"一词，而在其他官话版中则相应地译为"土地、地、国土、疆域"等，对应于英文版的"land、territory"等词。和合本官话版《创世纪》和《出埃及记》中无一例"土地"句，却有 5 例"地土"句，见下例（3）。此

5 例在台州土白中均未用"地土"，而是或省略，或用其他词语代替。

　　（3）a. 这些人的后裔将各国的地土、海岛分开居住，各随各的方言、宗族立国。（创世纪 10：5）

　　b. 这就是含的后裔、各随他们的宗族、方言、所住的地土、邦国。（创世纪 10：20）

　　c. 这就是闪的子孙、各随他们的宗族、方言、所住的地土、邦国。（创世纪 10：31）

　　d. 又求你给我们种子、使我们得以存活、不至死亡、地土也不至荒凉。（创世纪 47：19）

　　e. 你一年三次上去朝见耶和华你神的时候、必没有人贪慕你的地土。（出埃及记 34：24）

　　"地土"在《汉语大词典》中释义为"犹土地；土壤"。"耽嗜观书……故天下地土、区产、山川夷岨，必究知之"（《新唐书·贾耽传》）和"［海陵］后土祠前后地土膏腴，尤宜芍药"（宋周辉《清波杂志》卷三）中皆指此义。《宋书》中也能检索到这个同素逆序词（张巍，2005：39）。此外，我们从清乾隆年间最长的一部长篇小说《野叟曝言》中发现了"地土"的影子："喜得是灰沙地土，水注、砚瓦，都没打碎。"（《野叟曝言》第 11 回。转引自石汝杰、宫田一郎①，2005：696）这部小说约成于乾隆四十四年（1779），作者夏敬渠是江苏江阴人。据此可断，"地土"一词古已有之，它在南方方言中保留的时间比较长，但终不敌"土地"之强势。无论从声调韵律，还是词的内部结构和词义大小来看，"土地"一词显得更符合现代汉语的构词特点。

　　2. 河江

　　台州土白中"河江"和"江河"都用，一般来说，1880 年版台州土白译本的口语化程度比 1897 年版高，例（4）显示"河江"比"江河"更具台州方言特色。

――――――――

　　① 本书中所用明清吴语文献，若无特殊说明，即指石汝杰、宫田一郎（2005）一书，下文不再一一注明。

（4）a. Jong ge du-li we liu-c'i weh-shü-keh 'o-kông. 从渠肚里会流出活水箇<sub>的</sub>河江。（约翰 7：38。1880）

b. Jong ge du-li we liu-c'i weh-shü-keh kông-'o. 从渠肚里会流出活水箇江河。（约翰 7：38。1897）

c. Weh-ming shü-keh 'o-kông。活命水箇河江。（启示录 22：1）

这些对应例句在宁波土白中用"河"，温州土白中用"江"。台州土白中"河""江"并列而与普通话"江河"异序，既说明吴语中"河""江"不分，又表明其词序没有受"阴平在前、阳平在后"的一般汉语词语韵律特点的影响。因为在汉语大量的同素异序词中，韵脚、平仄等语音上的和谐需求也是产生异序词的重要动因之一。

3. 腰围

（5）pao-voh, liang-zih, iao-yü-li-keh dong-din, tu feh iao ta. 包袱、粮食、腰围里箇铜钿，都弗要带。（马可 6：8。1897）

今指"腰的周长"义的"腰围"在台州土白中则指"腰袋"，1880年版的台州土白用"肚围"一词，大概意为前"肚"后"腰"，"腰""肚"相连。温州土白中用"腰带"，宁波土白中用"缭缴"，这些都指"旧时一种宽而且长的紧身带"具有腰袋的功能。比一般官话版译为"口袋"要精确得多。随着这种旧时之物退出人们的日常生活，"腰围"这个旧词便只剩下新义了。

4. 面情

（6）a. ih-ting feh p'ô nying, ah feh cing nying keh min-zing. 一顶弗怕人，也弗徇人箇面情。（马太 22：16）

b. hyiao tsih-i, ah feh iao cing min-zing. 㑩执意，也弗要徇面情。（提摩太前书 5：21）

这个"情面"义在温州土白中用"zing-nang 情能"，宁波土白中就用"面孔"。台州土白中的"面情"一词已见于《明清吴语词典》（第435页）："【面情】<名>情面。□逢着考试，公子虽是聪明，学力未到，未必能取。要年家们开填，撇不面情过的，将来后边搭一名；府间价重，就便推托，尚未得进。(《型世言》第 18 回) 面情难却，汇了五万银子给他。(《官场现形记》第 33 回) 到底被他把两船女子扣住，各各发回原籍，听其父母认领，不动通禀的公事，算卖了面情给嘉定府 (《二十年目睹之怪现状》第 80 回)。"面情"不但是明清时期的吴语词，而且也是古已有之 (张巍，2005：211)。

5. 住居

(7) ze-ü Geng-he ah jü-de ky'i-tsing ze-nen，hao ze-ü Sing-ling tso Zông-ti-keh djü-kyü. 在于渠尔许也聚代起进在内，好在于圣灵做上帝箇住居。=你们也靠他同被建造，成为神借着圣灵居住的所在。(以弗所 2：22)

和合本官话版中用"居住"的所在，在台州土白中颠倒词序后变成了名词"住居"，即为"居住的地方"或"居所、住所"。"住居"一词不但为明清吴语常用词，见下例 (8)，而且也是古汉语的留存 (张巍，2005：211)。

(8) a. 陈秀才有两个所在，一所庄房，一所住居，都在秦淮湖口，庄房却在对湖。(《拍案惊奇》第 15 卷)

b. 中间三间大厂厅，左右帮几间杂屋，那左屋就是管庄的住居。(《新平妖传》第 13 回)

c. 万一记差子住居，叫进去骂得头痛彭彭。(《西楼记》第 10 出)

d. 两个带了银子，去赎祖房，喜得周家不作住居，肯与回赎。只召了些中人酒水之费。(《型世言》第 15 回)

6. 使差

(9) a. Ngô S-ts'a we tseo-zeng min-zin。我使差会走在尔面前。(出埃及记 23：23)

b. Keh ts'ih-leh sing，z ts'ih-kao-we-keh s-ts'a. 箇<sub>这</sub>七粒星，是

七教会箇<sub>的</sub>使差。（启示录 1：20）

c. Yi hao sia sing peh Sæh-dih kao-we-keh s- ts'a. 又好写信拨<sub>给</sub>撒敌教会箇使差。（启示录 3：1）

d. Ge-he-keh wông-ti ziu-z m-ti-k'ang-keh s-ts'a. 渠许箇皇帝就是吭底坑箇使差。（启示录 9：11）

圣经中最常用的一个词"安琪儿 angel"，当时官话本都用"使者"，台州土白倒是大都用"天使"，与现、当代官话译本一样。无论是"差使"，还是"使差"都未见于《明清吴语词典》，更遑论随基督教而来的"天使"。动词"差使"异序后的"使差"在台州土白中作名词。

7. 穹苍 ky'üong-ts'ông

台州土白圣经译本《以西结》中共有 5 例"穹苍"，和合本官话版也用"穹苍"。这是一个汉语书面语色彩非常显著的异序词，是台州土白圣经译本书面化特征的体现。今台州方言中不用。如下：

（10）a. Ze weh-veh- keh zông-min yiu ziang ky'üong-ts'ông, ziang shü-tsing, ting k'o-p'ô, t'æ-k'e ze ge deo-zông. 在活物箇上面有像穹苍，像水晶，顶可怕，摊开在渠头上。（以西结 1：22）

b. Ze ky'üong-ts'ông 'o-min weh-veh- keh yih-pông ih-dzih hyiang-zông, yih-pông teh yih-pông siang-lin. 在穹苍下面活物箇翼膀一直向上，翼膀搭翼膀相连。（以西结 1：23）

c. ze ge deo-zông-keh ky'üong-ts'ông yiu sing-ing. 在渠头上箇穹苍有声音。（以西结 1：25）

d. ze ge deo-zông-keh ky'üong-ts'ông yiu ziang pao-zo-keh væn-ts, ngæn-seh ziang tsing-nyüoh①. 在渠头上箇穹苍有像宝座箇范子，颜色像真玉。（以西结 1：26）

e. Ngô mông-djôh ze kyi-lu-ping deo-zông-keh ky'üong-ts'ông ts-cong, yiu ziang pao-zo hyin-yin, ngæn-seh ziang ts'ing-nyüoh. 我望着在几路兵头上箇穹苍之中，有像宝座显现，颜色像青玉。（以西结

---

① 与下文的以西结 10：1 及其官话版和英文版对照后，发现此处应为"ts'ing-nyüoh 青玉"之误，即遗漏了一个送气符号。

10：1)

　　f. nyih-deo teh ky'üong-ts'ông yü k'ang-keh in heh-gao. 日头搭穹苍为坑箇烟黑爻。(启示录 9：2)

## 8. 成人长大

人应该先"长大"，后"成人"，"成人"是"长大"的程度和结果，所以"长大成人"这个短语的顺序是符合语言的时间像似性原则的。但台州土白中这两个词连用成短语时却用了异序，如：

　　(11) a. ge yi-kying zing-nying-tsiang-da, ng-he hao meng ge. 渠已经成人长大，尔许好问渠。(约翰 9：21)

　　b. teng-tao zing-nying-tsiang-da, ziu tön-gao siao-nying z-kön. 等到成人长大，就断＝爻<sub>抛掉；丢弃</sub>小人<sub>小孩儿</sub>事干。(哥林多前书 13：11)

　　c. Tsih-yiu zing-nying-tsiang-da hao ky'üoh væn-zih, ge kyin-sih yü zih-lin-ku neng-keo bin-pih zin ô. 只有成人长大好喫饭食，渠见识为习练过能够辨别善恶。(希伯来书 5：14)

这个异序词也见于明朝冯梦龙的《古今小说》中，如：

　　(12) 只恨自己老了，等不及重阳儿成人长大，日后少不得要在大儿子手里讨针线，今日与他结不得冤家，只索忍耐。(《古今小说》第 10 卷)

## 9. 敢胆 kön-tæn

　　(13) a. Meng-tu m-nying kön-tæn meng Ge. 门徒呒人敢胆问渠。(约翰 21：12)

　　b. NG-HE cong-yiang yiu nying siang-tsang, kön-tæn ze feh tsing-dzih cü-ts min-zin tang kwön-s, feh ze sing-du min-zin? 尔许中央有人相争，敢胆在弗正直主子面前打官司，弗在圣徒面前？(哥林多前书 6：1)

10. 求恳 gyiu-kʻeng

（14）a. Kyü ziu gyiu-kʻeng Yia-su feh iao kön ge cʻih keh di-fông. 鬼就求恳耶稣弗要赶渠出箇地方。（马可 5：10。1897）

b. ngô-he de kyi-toh gyiu-kʻeng ng teh zông-ti ʻo-hao. 我许代基督求恳尔搭上帝和好。（哥林多后书 5：20）

c. iao yüong ih-tsʻih-keh tao-kao, gyiu-kʻeng, ze-ü Sing-ling z-kʻeh tao-kao. 要用一切箇祷告、求恳，在于圣灵时刻祷告。（以弗所 6：18）

d. yiang-yiang iao tao-kao, gyiu-kʻeng, lin kön-zia shih-wa, peh zông-ti hyiao-teh ng-he-keh sing-nyün. 样样要祷告、求恳，连感谢说话，拨上帝晓得尔许箇心愿。（腓立比 4：6）

宁波土白也用了"求恳"，温州土白则另用他词。《史记》中出现的是"求请"一词（张巍，2005：22），与"求恳"的内部结构并不相同。"求恳"可能就是出现于 19 世纪的汉语"新词语"。

11. 欢喜 hwön-hyi

"欢喜"一词最早出现于作为中古汉语代表作之一的《三国志》中。在《三国志》多达 567 对的同素逆序词中，出现于正文中的是"欢喜"，而"喜欢"仅出现于裴松之注中（张巍，2005：28-31）。可见，"欢喜"的词序比"喜欢"更早。现代汉语中"欢喜"多用作心理动词和名词，带宾语时一般用"喜欢"。但是台州土白中"欢喜"和"喜欢"都用，且都可带宾语。如例（15）a 是 1897 年版的"欢喜"，b 是 1880 年版的"喜欢"。

（15）a. nying hwön-hyi heh-ön hao-jü liang-kwông. 人欢喜黑暗好如亮光。（约翰 3：19。1897）

b. nying hyi -hwön heh-ön wæ hao-jü liang-kwông. 人喜欢黑暗还好如亮光。（约翰 3：19。1880）

该句在宁波土白中也用"欢喜"，温州土白中则另用"爱"。"欢喜"也是明清吴语的一个常用词，释义就是"【欢喜】<动>喜欢"。如：

（16）a. 早知亲娘如此欢喜，家中大的、第二的，何不一发领来？（《笑府》第 9 卷）

b. 欢喜得那畜生跌脚扑手，连忙上楼，取了三封银子下来。（《欢喜冤家》第 3 回）

c. 宝玉虽不欢喜他，却因今夜无人伴宿，不如留他住下，填了空当也好。（《九尾狐》第 14 回）

## 12. 定规 ding-kyü

台州土白中的"定规"作名词和动词皆可。官话版中对应的词有"定旨、旨意、计划"等，都是名词的用法，英文版用的也是名词性短语 determinate counsel 或 set purpose。如：

（17）a. Keh joh-ze tsi-keh ngeo iao siao ze sing-su nga-min, ze din nga su ding-kyü-keh di-fòng. 箇牘罪祭箇牛要烧在圣所外面，在殿外所定规箇地方。= 你又要将那作牘罪祭的公牛犊烧在殿外，圣地之外预定之处。（以西结 43：21）

b. Ing-yü Ge yü-sin hyiao-teh cü-ts, ah yü-sin ding-kyü peh ge-he zòng Ge N-ts-keh væn-ts. 因为渠预先晓得主子，也预先定规拨渠许上渠儿子箇范子。（罗马书 8：29）

c. Ing-yü yiu kyi-ke nying kô-le zih-kao, z yü-sin ding-kyü iao ziu keh ying-væh. 因为有几个人加来入教，是预先定规要受箇刑罚。（犹大书 4）

百余年前传教士上海、宁波方言著作中也有"定规"一词。上海方言"定规"在《土话指南》中仅发现一例，见例（18）d，此句与 c 句性质相同，皆为形容词用于动词后作补语。《宁波方言字语汇解》（*A Vocabulary of the Ningbo Dialect*）中，"定规"为动词："determine, to ding-kwe 定规；ding cü-i 定主意；kyüih-ding 决定。"陆铭（2004：14）也提到，《宁波方言字语汇解》中"还有些副词，如'越发、定规、特为'等。这些词一百多年来活跃在宁波方言里，没有被替代，它们确实是宁波话里的常用词"，并对《宁波方言便览》中存在的动词用法心存疑惑，因为仅有一例："其已经定规主意，劝其也是无益"（第 49 页），"这种用法当时确实存在呢，还是作者的误记，现在没有其他材料予以证明，故在此存疑"。我们从这两本传教士宁波方言著作以及上海方言《土话指南》的旁证中可得出两点结论：1. "定规"的动词用法确实存在；2. "定规"的副词用法尚未发现。但是今宁波方言中的"定规"只有副词用法，"一定；坚决：我拨其钞票，其~弗肯佗。也说'定规性'、'定坚'"（朱彰年等，1990：221）。

"定规"实际上是明清吴语的一个常用词，又为"定归"，大都用作副词，相当于表示意志的"一定、偏、就是"或表示较肯定推测的"肯定"等，如例（18）a 和 b；或者用作补语的形容词，相当于"定"，如例（18）c。（石汝杰、宫田一郎，2005：143）

（18）a. 倪晓得耐格日仔勿到倪搭来，定规有个道理来浪里向。（《九尾龟》第 150 回）

b. 耐啥要紧得来？阿是倪小场花，定规勿肯坐一歇哉？（《海上花列传》第 29 回）

c. （正生白）你那里知他死定规了？（众白）大老爷，人阿勿做声，自然死个哉。（《珍珠塔》第 6 回）

d. 担伊拉个生意来算定规，值几化铜钱一两。（《土话指南》第 48 页）

可见，台州土白的"定规"用法与明清时期吴语中"定规"的常用用法差异较大。副词（形容词）用法和动词（名词）用法可视为北部吴语和南部吴语的区别特征，宁波方言的副词、动词兼用则反映其居于北部吴语和南部吴语之间的过渡特征。官话版圣经译本中未发现"定规"用例。汉语共同语中属并列结构的"规定"一词，意义上更接近于英文版和台州土白中属偏正式的"定规"。可见来源于中古汉语的"定规"一词至少在 19 世纪中后期已为"规定"所替代，而且意义和功能也发生了变化。"定规"与"规定"也是日语"汉音"时期的一对同素异序词，为中古汉语直接影响所致（张巍，2005：99—114）。

13. 甘心情愿 kön-sing zing-nyün

和合本官话版《四福音书》和《创世纪》《出埃及记》中发现 7 例"甘心"，无一例"心甘"。《明清吴语词典》中无"甘心"或"心甘"的

词条，但有 12 处"甘心"而无一例"心甘"的例句。和合本官话版中的
7 例"甘心"在台州土白中有 2 例译为"甘心情愿"，见例（19）a 和 b；
4 例译为"情愿"，1 例为其他用词。从以上历史文献来看，"甘心"早于
"心甘"。当"甘心"和"情愿"连用后，受词组内部结构趋同的要求，
"甘心"从述宾式变为与"情愿"相同的主谓式，从而成为两个结构完全
一致的主谓式并列短语。现代汉语中"甘心"和"心甘"皆用。

（19）a. væn-pah kön-sing zing-nyün hyin li-veh peh Ngô ng hao
tsih-ziu. 万百甘心情愿献礼物拨我尔好接受。＝凡甘心乐意的、你们
就可以收下归我。（出埃及记 25：2）

b. Væn-pah sing-li bi kyih-dong, kön-sing zing-nyün keh, ta Yia-
'o-wa-keh li-veh…… 万百心里被激动，甘心情愿箇，带耶和华箇礼
物……＝凡心里受感、和甘心乐意的、都拿耶和华的礼物来。（出埃
及记 35：21）

c. ziu-z teh Ng jü-de lôh-kæn jü-de s, ngô ah zing-nyün. 就是搭
尔聚队落监聚队死，我也情愿。＝我就是同你下监，同你受死，也是
甘心。（路加 22：33）

d. Pah-sing me-nyih k'u-sing yi ta-le zing-nyün hyin-keh li-veh.
百姓每日枯星又带来情愿献箇礼物。＝百姓每早晨还把甘心献的礼物
拿来。（出埃及记 36：3）

e. Mo-si ziu zing-nyün teh keh nying jü-de djü. 摩西就情愿搭箇人
聚队住。＝摩西甘心和那人同住。（出埃及记 2：21）

f. Yi-seh-lih nying zing-nyün hyin li-veh peh Yia-'o-wa. 以色列人
情愿献礼物拨耶和华。＝以色列人，无论男女，凡甘心乐意献礼物给
耶和华的。（出埃及记 35：29）

g. Ng kyi-zin wæ ze-teh, ngô teh ng kyin-min, shü-tsih s ah k'o-i.
尔既然还在得，我搭尔见面，虽只死也可以。＝我既得见你的面、知
道你还在、就是死我也甘心。（创世纪 46：30）

14. 秽污 we-u
和合本官话版圣经中用"污秽"的地方在台州土白中多用"秽污"。
下列 1897 年版《马太福音》中用"秽污"的例句在 1880 年版中相应地

都用"龌龊"，宁波土白中多用"鏖糟"，温州土白中多用"秽污"。

（20）a. Ziu ao Ge zih-nyi meng-du le, s-peh ge gyün-ping hao kön-c'ih we-u-keh kyü, i hao yiang-yiang bing-t'ong. 就讴渠十二门徒来，赐拨渠权柄好赶出秽污箇鬼，医好样样病痛。（马太10：1。1897）

b. We-u kyü li-k'e nying-keh sing-zóng ziu ze m-shü hông-di tseo-le-tseo-k'e zing ön-weng, zing feh djôh. 秽污鬼离开人箇心上就在呒水荒地走来走去寻安稳，寻弗着。（马太12：43。1897）

c. Feh-z tsing k'eo-li-keh meh-z we-u nying; tsih-yiu jong k'eo c'ih-le, keh z we-u nying. 弗是进口里箇物事秽污人；只有从口出来，箇是秽污人。（马太15：11。1897）

d. ing-yü ng-he k'o-pi feng-bah-keh veng-mo, nga-min z hao-mông, li-min yiu s-nying kweh-deo, teh yiang-yiang we-u ts-mön. 因为尔许可比粉白箇坟墓，外面是好望，里面有死人骨头，搭样样秽污齿满。（马太23：27。1897）

e. iao si kön-zing z-kyi nyüoh-sing teh ling-sing ih-ts'ih-keh we-u. 要洗干净自己肉身搭灵性一切箇秽污。（哥林多后书7：1）

f. Dæn-z kæn-ying, teh ih-ts'ih we-u, t'ön-sing z-kön, tsiao sing-du-keh ming-veng ze ng-he cong-yiang feh ing-ke kông. 但是奸淫，搭一切秽污、贪心事干，照信徒箇名分在尔许中央弗应该讲。（以弗所5：3）

g. ge sing-zing teh liang-sing tu z we-u. 渠性情搭良心都是秽污。（提多书1：15）

h. Dæn-z ng ze Sæh-dih yiu kyi-ke vong tsông we-u ge-keh i-zông. 但是尔在撒敌有几个艜装秽污渠箇衣裳。（启示录3：4）

下例（21）可见，台州土白"秽污"一词是明清吴语的共同词。

（21）a. 一日乘他在后园洗马桶，他闯进去，强去抱他，被他将刷帚泼了一身秽污去了。（《型世言》第6回）

b. 这狱卒诈钱，日间把来锁在东厕侧边，秽污触鼻，夜间把来

上了柙床有几个捉猪儿骂狗儿，摆布他要钱。有几个作好道："程老爷也是体面中人，不可冲撞他。"（《型世言》第8回）

15. 监牢 Kæn-lao

（22）Kæn-lao, ngô-he môñg-djôh lao-k'ao kwæn-so, kwön-siu cü-ts gyi ze meng-k'eo. 监牢，我许望着牢靠关锁，管守主子倚在门口。（使徒5：23）

台州土白圣经译本中基本上用"监牢"。其中《马太福音》中有10例全用"监牢"，未发现"牢监"例。《明清吴语词典》中"牢监"和"监牢"的词条都有。但是，和合本官话版《四福音书》和《出埃及记》中未见"监牢"和"牢监"，只见"监"，在《四福音书》中有20例，在《出埃及记》有1例，如"下监、在监里、坐监"等；《创世纪》中也有13例"监"，只有1例"监牢"，未见"牢监"。

宁波土白和温州土白则几乎用"牢监"。台州土白《马太福音》中所涉10例"监牢"在宁波土白中全部对应"牢监"，温州土白中除1例用"监"外，其余也都用"牢监"。《宁波方言字语汇解》中英文词条"JAIL"的中文注释也是"牢监"，而非"监牢"（第257页）。

16. 愿心 nyün-sing

下例（23）在台州土白和宁波土白圣经译本中都用"愿心"。其义与明清吴语时期一样，也是表示"（和迷信有关的）心愿"（石汝杰、宫田一郎，2005：731），见例（24）。"愿心"也是汉语中古已有之的（张巍，2005：211）。

（23）ing-yü yiu nyün-sing hyü-ku. 因为有愿心许过。（使徒行传18：18）

（24）a. 搭痴杀肉还愿心个。（《缀白裘》第5集第3卷）

b. 你到先去阿太庙里许下一个大大愿心，停妥了，再作成我表兄散福罢！（《鼓掌绝尘》第37回）

c. 我们遭了屈官司，幸赖官府明白，断明了这公事。向日许下神道愿心，今日特来拜偿。（《古今小说》第10卷）

d. 那卜监生已六十多岁，怕的是死，伤寒新好，是个喜日头，了还愿心，撞着这节魇钝，只是跌脚。(《生绡剪》第9回)

e. 这一回三太太虽又许下愿心，金阿姐倒不放在心上，她正主却注重在二少奶的六千元谢仪，所以第二天趁早就赶到花公馆内。(《歇浦潮》第98回)

f. 老爷，个是俚兀私下许兀革愿心，叫小人通说弗出啥意旨勾。(《文星榜》第22出)

17. 闹热 nao-nyih

下例（25）在台州土白和宁波土白圣经译本中都用"闹热"。其义与明清吴语时期一样，也是表示"<形>热闹；吵闹"（石汝杰、宫田一郎，2005：132），见例（26）。

(25) Nying feh to, yi feh nao-nyih. 人弗多，又弗闹热。(《使徒行传》第24：18)

(26) a. 介末大爷走罢，勿要来里闹热哉。(《珍珠塔》第2回)

b. 前日夜头末闹热仔一夜天，今朝夜头一个人也无拨。(《海上花列传》第52回)

c. 我今朝一走走到吉利桥头，阿哟哟，看见闹热得势，原来是新开一班大药材店。(《雷峰塔》第12出)

d. 八月十六同子俚一淘到山塘浪闹热场化，竟勿见哉。(《三笑》第19回)

据张巍（2005：137），"'闹热'和'热闹'意思相同。《水浒传》第三回'入得城来，见这市井闹热。'又《金瓶梅》第十四回'闻说二娘家门首就是灯市，好不热闹。'两词义同，区别在于吴语、粤语、江淮方言用'闹热'，北方话说'热闹'。"

18. 菜蔬 ts'e-su

官话版圣经中与"饭食、饭席、饭、筵席"等相关的词语在台州土白圣经译本中除了"菜"外，还可用"菜蔬"。如：

(27) a. Be ge-he tseo-tao z-kyi u-li, pa ts'e-su ts'ing ge. 陪渠许

走到自己户里<sub>家里</sub>，摆菜蔬请渠。＝于是禁卒领他们上自己家里去，给他们摆上饭。（使徒行传 16：34）

　　b. ngô ts'e-su-keh mi-dao ih-ke tu feh k'eng peh ge zông. 我菜蔬箇味道一个都弗肯拨渠尝。（路加 14：24）

"菜蔬"早在《宋书》中已出现（张巍，2005：37）。它也是明清吴语中的一个常用词。如：

　　（28）a. 六局者，果子局、蜜煎局、菜蔬局、油烛局、香药局、排办局也。祇应惯熟，不烦宾主之心。（《西湖游览志馀》第 25 卷）

　　b. 正拉乩烫酒，一个小男儿拿子一只锤子，说道："伯伯不呷酒拉我烹烹菜蔬。"（《缀白裘》第 7 集 1 卷）

　　c. 少间摆上一桌菜蔬：烧猪头、煨牛肚、熏蹄踵、卤煮鸡，约有七八碗。（《豆棚闲话》第 10 则）

　　d. 昨日回家来，吃些中饭，菜蔬不中用，就捶盘掷盏起来。（《隋史遗文》第 5 回）

和合本官话版中用"菜蔬"的地方也有，这些"菜蔬"在吕振中版和修订版中也用。如：

　　（29）a. 耶和华对摩西说、你向天伸杖、使埃及遍地的人身上、和牲畜身上、并田间各样菜蔬上、都有冰雹。（出埃及记 9：22）

　　b. 你们法利赛人有祸了，因为你们将薄荷芸香、并各样菜蔬、献上十分之一……（路加 11：42）

19. 配搭

台州土白圣经译本中目前仅发现一例"配搭"，见例（30）a。它是明清吴语的一个常用词，见例（30）b—f。"配搭"在《明清吴语词典》中单独成条，释义即为"搭配"（石汝杰、宫田一郎，2005：686）。官话本中未见，但今陕西方言中也多用"配搭"（张巍，2005：143）。

　　（30）a. Zông-ti z diao-yüing p'e-teh sing-t'i. 上帝是调匀配搭身

体。（歌林多前书 12：24）

b. 即将田产家私暗地配搭停当，只拣不好的留与侄子。（《醒世恒言》第 35 卷）

c. 荔甫翻腾颠倒配搭多时，抽出一张六筒，教陈小云打出去。（《海上花列传》第 25 回）

d. 许武弟兄三人，更不敢多言，只得凭他主张。当时将田产配搭三股分开，各自管业。（《醒世恒言》第 2 卷）

e. 花对花，柳对柳；破畚箕对折苕帚。编席女儿捕鱼郎，配搭无差堪匹偶。（《石点头》第 6 卷）

f. 荔甫翻腾颠倒配搭多时，抽出一张六筒，教陈小云打出去，被三家都猜着，是筒子一色。（《海上花列传》第 25 回）

20. 伤损 siang-seng

下例（31）a 是台州土白例句，b—c 是明清吴语用例。据张巍（2005：94），"伤损"一词在《论衡》中已出现。

（31）a. ting do sing-hyiang ao-ky'i-le vong-ts hao siang-seng di teh he s-ke t'in-s. 顶大声响讴起来奉旨好伤损地搭海四个天使。（启示录 7：2）

b. 按接成家桑后，再要移栽，恐有伤损，且根头渐大，移亦费事。（《广蚕桑说辑补》第上卷）

c. 今日玄女只是小小弄个神通恐唬袁公，虽然利害，只削去了些头毛眼毛，其他并无伤损。（《新平妖传》第 1 回）

21. 良善 liang-zin

例（32）是台州土白例句，例（33）是明清吴语用例。据张巍（2005：25），"良善"一词在《论衡》中已出现。今普通话也通用，但台州方言口语中并不用。

（32）a. Dæn-z Sing-ling-keh kyih-ko z zing-e, kw'a-lôh, 'o-bing, zing-ne, z-e, liang-zin, cong-sing. 但是圣灵箇结果是仁爱、快乐、和平、忍耐、慈爱、良善、忠心。（加拉太 5：22）

b. fi‒tæn liang‒zin 'o‒ky'i‒keh, ziu‒z k'eh‒bôh‒keh, ah iao z‒t'ih. 非单良善和气箇，就是刻薄箇，也要是铁=这样。（彼得前书2：18）

（33）a. 个家人家是良善得势个。（《九美图》第28回）

b. 每见人有恃势凌物，欺压良善的，也就奋不顾身，他便下老实不平起来。（《生绡剪》第7回）

22. 习练 zih‒lin

例（34）a 是台州土白例句，b、c 是明清吴语用例。

（34）a. Tsih‒yiu zing‒nying‒tsiang‒da hao ky'üoh væn‒zih, ge kyin‒sih yü zih‒lin‒ku, neng‒keo bin‒pih zinôh. 只有成人长大好喫饭食，渠见识与习练过，能够辨别善恶。（希伯来书5：14）

b. 开新又叫他逼着嗓子，习练妇女声音。（《续海上繁华梦》第3集8回）

c. 比方勿论啥手艺，要成为熟手，必要先习练，勿然就勿成功。（圣日功课丙辰秋季6课）

23. 取赎

例（35）a 是台州土白例句，b—d 是明清吴语用例。

（35）a. ing‒yü Ng bi sæh‒ku, yüong Ng‒keh hyüih c'ü‒joh ngô‒he jong kôh ts‒p'a, k'eo‒ing, pah‒sing, koh‒veng, tu kyü peh Zông‒ti. 因为尔被杀过，用尔箇血取赎我许从各支派、口音、百姓、国份，都归拨上帝。（启示录5：9）

b. 过了几时，陈祈端正起赎田的价银，径到毛烈处取赎。（《二刻拍案惊奇》第16卷）

c. 敲到五十两银子，四十亩田，卖契又写在一个衙院名下，约定十月取赎。（《型世言》第28回）

d. 亏你们还说得出照他们的要求如数送去取赎，非但被人小觑，而且将这班人引惯了，没钱用时便掳个人去勒赎。（《歇浦潮》第12回）

24. 衔头 'æn-deo

例（36）a 是台州土白例句，b、c 是明清吴语用例。

（36）a. ze ih-ts'ih kyüing-wô ng, kwön-fu, neng-kön, gyün-ping, feh-leng kying-si 'o-si, væn-pah su ts'ing-hwu-keh 'æn-deo ts-zông. 在一切君王、官府、能干、权柄，弗论今世下世，万百所称呼箇衔头之上。（以弗所 1：21）

b. 耐亹看轻仔俚，俚个衔头叫"赞礼佳儿"，"茂才高弟"。（《海上花列传》第 53 回）

c. 原来是一起大婚事，一对一对的执事过去，也看不清是什么衔头。（《泪珠缘》第 58 回）

25. 哀悲 e-pe

例（37）a—d 是台州土白例句，《明清吴语词典》中未见用例，但"哀悲"古已有之，如 e 句。

（37）a. ge li-min su sia-lô h yiu e-pe, t'æn-sih, teh t'ong-k'u shih-wa. 渠里面所写落有哀悲、叹息，搭痛苦说话。（以西结 2：10）

b. NG-HE ze-cü, yü iao ling-djô h ng-he-keh næn-deo, iao e-pe da k'oh. 尔许财主，为要临着尔许箇难头，要哀悲大哭。（雅各书 5：1）

c. Ge su-le z-kyi tseng-djong, sô-wa, tsiao-su peh ge t'ong-k'u e-pe. 渠素来自己尊重、奢华，照数拨渠痛苦哀悲。（启示录 18：7）

d. yi-'eo feh tse s, feh tse e-pe, feh tse k'oh, feh tse t'ong-k'u. 以后弗再死，弗再哀悲，弗再哭，弗再痛苦。（启示录 21：4）

e. 杀人之众，以哀悲莅之。（《老子》）

26. 奉侍 vong-z

例（38）a 是台州土白例句，b 是明清吴语用例。

（38）a. Ng-he siang-sing-keh sing tông tsi-veh vong-z zô ng-ti. 尔

许相信箇心当祭物奉侍上帝。(腓立比 2：17)

　　b. 自此日夜辛勤，帮家过活，奉侍刘公夫妇，极其尽礼孝敬。(《醒世恒言》第 10 卷)

27. 鲜新 Hyin-sing
例 (39) a 是台州土白中例句，b 是明清吴语用例。

　　(39) a. Hyin-sing-keh mah-feng kyi-zin z sing-zin, 'eh-dön ah z t'ih. 鲜新箇麦粉既然是心善，合团也是铁＝。(罗马书 11：16)
　　b. 今苏俗谓物之不鲜新者曰蔫。(《说文通训定声》第 14 卷)

28. 咒诅 tsiu-cü
例 (40) a 是台州土白例句，b 是明清吴语用例。

　　(40) a. Ng kyi-zin tso keh z-kön, ziu pih-ding pi væn-pah cong-sang yia-siu kang-kô ziu tsiu-cü. 尔既然做箇事干，就必定比万百众生野兽更加受咒诅。(创世纪 3：14)
　　b. 只道有人暗算着我，不是咒诅，定是下毒，正叫做肚痛怨灶君，吃跌怨泥神。(《醋葫芦》第 4 回)

29. 祸灾 'o-tse
"祸灾" 始见于《史记》(张巍，2005：22)。台州土白中的用例见下例 (41)，今台州方言也用。

　　(41) ziah feh djün foh-ing, ngô yiu 'o-tse. 若弗传福音，我有祸灾。(歌林多前书 9：16)

30. 硬强 ngang-gyiang

　　(42) jong ngô-he siu-li ngang-gyiang deh-k'e. 从我许手里硬强夺去。(使徒行传 24：7)

31. 离远 li-ün

（43）Yüong li-ün kæn-ying. 永离远奸淫。（歌林多前书 6：18）

32. 面脸 min-lin

（44）peh Yi-seh-lih nying yü Mô-si min-lin dzæn-z-keh yüong-wa feh neng ts'ing-ting mông ge-keh min-lin. 拨以色列人为摩西面脸暂时箇荣华弗能清盯望渠箇面脸。=（甚至）以色列人因摩西面上的荣光，不能定睛看他的脸。（哥林多后书 3：7）

33. 量度 liang-dôh

（45）ge-he z liang-dôh z-kyi, pi-kao z-kyi, z feh ts'ong-ming. 渠许是量度自己，比较自己，是弗聪明。（哥林多后书 10：12）

34. 疮毒 ts'ông-doh

（46）ge-keh shih-wa ah we ziang ts'ông-doh læn-k'e. 渠箇说话也会像疮毒烂开。（提摩太后书 2：17）

35. 理处 li-c'ü

（47）尔许中央呒有一个聪明人，能够理处渠兄弟事件弗？（哥林多前书 6：5）

上述 35 个台州土白中的异序词，或同现于明清吴语和中古汉语，或仅现于明清吴语，或仅现于中古汉语，甚至仅现于台州土白中。还有的异序词可能在中古汉语中找不到踪影，但出现在官话版圣经译本中，如"穹苍"。详见表 4-1。

表 4-1　　　　　　　　　　台州土白异序词比较

| 台州土白 | 中古汉语 | 明清吴语 |
|---|---|---|
| 地土、面情、腰围、住居、欢喜、定规、秽污、愿心、闹热、菜蔬、衔头、伤损、良善、习练 | √ | √ |
| 哀悲、祸灾、量度 | √ | × |
| 成人长大、监牢、配搭、鲜新、取赎、奉侍、咒诅 | × | √ |
| 河江、使差、穿苍、敢胆、求恳、甘心情愿、硬强、离远、疮毒、面脸、理处 | × | × |

# 第二节　重叠式

"重叠，有的属于构词法问题，有的（如动词重叠）则明显不属于构词法问题，还有的重叠包括了嵌音等种种变化。"（潘文国等，2004：393）台州土白圣经译本中出现的重叠式以词类为标准可分为名词重叠、动词重叠、形容词重叠、量词重叠等；以构成方式为标准可分为单纯重叠式和复合重叠式。单纯重叠式即完全相同成分的重叠，复合重叠式是附加其他成分的单纯重叠式，与附加式构词法有紧密的关系。本文将后缀式复合重叠归入附加式构词法类中讨论。重叠与否及其重叠的方式是体现不同台州土白圣经译本风格的重要参数。

## 一　名词重叠式

名词重叠式是普通话重叠式的重要组成部分，但是在台州土白圣经译本中，并不多见。为数不多的用例一般是方位词或形容词的重叠作名词短语，如：

（48）a. Keh-sih zin-zin 'eo-'eo keh nying do 'eo-long ao-ky'i-le. 箇些前前后后箇人大喉咙讴起来。（马可 11：9）

b. Ge-he ih t'ing-djòh, ziu bi z-keh liang-sing tzah-væh, lao-lao-siao-siao ih-ke ih-keh tu tseo- c'ih. 渠许一听着，就被自箇良心责罚，老老小小一个一个都走出。（约翰 8：9）

## 二　动词重叠式

台州土白圣经译本中的动词重叠式包括单纯动词重叠式和复合动词重叠式。不同版本的台州土白圣经译本使用动词重叠式的频率不同。比较1897年版和1880年版的《四福音书》，这个特点更加明显，由于1880年版用重叠式动词的频率非常高，从而使台州土白语言风格显得自然、形象。台州土白动词重叠式的语义功能除了表短暂、尝试和轻松以外，还可表反复态，如例（49）中1880年版的"望望"和"听听"，动词重叠后在表反复的同时成为话题主语。例（50）各句中的重叠式动词在1897年版中都为相应的非重叠式单个动词。

（49）马太 13：13

1880年版：ing-yü ge mông-mông mông-feh-c'ih, t'ing-t'ing t'ing-feh-tsing, ah feh ming-bah. 因为渠望望望弗出，听听听弗进，也弗明白。

1897年版：因为渠望又望弗着，听又听弗进，又弗明白。

（50）a. Yia-su ze Kô-li-li he-pin tseo-tseo, mông-djôh Si-meng teh ge hyüong-diö-teh-lih, ze he-li tang mông. 耶稣在加利利海边走走，望着西门搭渠兄弟安德烈，在海里打网。（马可 1：16）

b. Yia-su ze sing-din, So-lo-meng lông-oh tseo-tseo. 耶稣在圣殿，所罗门廊屋走走。（约翰 10：23）

c. Pi-teh te-te Ge, ky'ün Ge. 彼得劻劻渠，劝渠。（马可 8：32）

d. Cü le-cün mông-mông Pi-teh. 主礌转望望彼得。（路加 22：61）

e. keh-do-pæn nying a-a-tsi-tsi tu bang-djôh Ng. 箇大班人挨挨挤挤都碰着尔。（路加 8：45）

f. hao peh ng-he ze Ngô koh-li teh Ngô tso-côh ky'üoh-ky'üoh hæh-hæh. 好拨尔许在我国里搭我组桌喫喫喝喝。（路加 22：30）

g. Hao k'e dzô-dzô. 好去查查。（约翰 7：52）

h. væn-pah jong Ngô tseo tsing, we teh-djôh kyiu, ah hao tsing-tsing-c'ih-c'ih, teh-djôh ts'ing-ts'ao ky'üoh. 万百从我走进，会得着救，也好进进出出，得着青草喫。（约翰 10：9）

今台州方言中还有两种主要的单纯动词重叠式：一是"VV+（结果/趋向）补语"，如"扫扫+清爽/出去"；二是"VVVV+VP"，如"望望望望<sub>看着看着</sub>望眠去爻<sub>看睡着了</sub>"。前者也广泛存在于闽语、吴语、昆明话（西南官话）、广西桂平（粤语）等方言中（汪国胜、付欣晴，2013），后者的语法形式、语法意义与温州话如出一辙（池常海、王纯，2004）。但这两种单纯动词重叠式未见于台州土白圣经译本中。

复合动词重叠式是指插入其他成分的动词重叠式，一般这种动词为单音节。今台州方言中的复合动词重叠式的主要插入成分是"上"，即构成"V+上+V"的形式，表示动作的反复进行。如"讲上讲<sub>说了又说</sub>，望上望<sub>看了又看</sub>"。同样，台州土白圣经译本中也未见这种类型的复合动词重叠式。

以上这些动词重叠式在传教士台州土白圣经译本中的阙如，可能是由于统计不足，但更有可能因译者忽视或书面语化而未能如实反映 19 世纪台州方言的语法事实，因为这种广泛存在而又独具地方特色的语法特征不可能在短时间内才形成。

### 三 形容词重叠式

形容词重叠式既有单纯和复合之分，又有单音节和双音节之分。志村良治（1995：69）指出，形容词从上古语开始就有各种各样的拟声词和拟态词。形容词重叠式多因修辞上的需要而产生，主要表强调。

百余年前的台州土白圣经译本中存在不少拟声词和单纯的形容词重叠式，如"AA"式、"AABB"式等，今台州方言中还存在复合形容词重叠式"A+蛮+A"。ABB 式是单音节形容词加叠音后缀而成，其中 AB 并非单独的形容词，所以与单纯重叠式和复合重叠式均有差异，如"乱纷纷、黑洞洞"等。

（一）单纯形容词重叠式

例（51）各句中重叠式形容词是 1880 年版的，1897 年版中相应的一般是单个形容词。

（51）a. ziu lao-k'ao pao-siu, ping-ts'ia ne-ne-sing-sing kyih-ts. 就牢靠保守，并且耐耐心心结籽。（路加 8：15）

b. Tsih yiu lao-lao-zih-zih kông Zông-ti-keh dao-li. 只有老老实实讲上帝箇道理。（马可 12：14）

c. Yiu ih-ke kyü-djong-keh nying iao tao yün-yün di-fông k‘e ziu ih-ke koh-wông tsih-veng，cûn-le. 有一个贵重箇人要到远远地方去受一个国王职分，转来。(路加 19：12)

d. Hao-hao nu-boh；ng siao-siao z-kön kyi-zin yiu cong-sing，hao k‘e tsông-kwön zih-ke yün-veng. 好好奴仆，尔小小事干既然有忠心，好去掌管十个园份。(路加 19：17)

与动词重叠式一样，1880 年版和 1897 年版台州土白《四福音书》中形容词重叠式的运用也是差异明显。例（52）各句均为 1880 年版的形容词重叠式例句，括号内略附 1897 年版形容词的相关表达式。

（52）a. Yün-yün mông-djôh Yia-su，ziu diao-le pa Ge，djong-djong ao-hyiang. 远远望着耶稣，就趒来拜渠，重重讴响。(马可 5：6-7。1897：大声音)

b. hao ön-ön-ŭeng-ŭeng k‘e. 好安安稳稳去。(马可 5：34。1897：安稳)

c. ziah feh-z ts-ts-si-si si-siu，feh ky‘üoh-væn. 若弗是仔仔细细洗手，弗喫饭。(马可 7：3。1897：仔细)

d. Keh ts‘ih-zih-ke meng-du hwön-hwön-hyi-hyi cün-le. 箇七十个门徒欢欢喜喜转来。(路加 10：17；24：52。1897：顶欢喜)

e. Zing-djôh-gao，ziu hwön-hwön-hyi-hyi kyin-kæh-deo gwæn-le. 寻着爻，就欢欢喜喜肩胛头□$_{\text{背}}$来。（路加 15：5；路加 19：37。1897：欢喜)

f. Yia-su t‘in vong liang tsao-tsao nang ky‘i，tseo-c‘ih tao hông-ia di-fông k‘e. 耶稣天𣍐亮早早□起$_{\text{起床}}$，走出到荒野地方去。(马可 1：35。1897：顶早)

（二）复合形容词重叠式

相当于“很、挺”的程度副词“蛮”修饰形容词构成“蛮+A”是吴语常见的格式。但“A+蛮+A”这种格式特别通行于今临海话中，未见于百余年前的台州土白圣经译本中。蔡勇飞（2015）认为“蛮好｜好蛮好$_{\text{比较好}}$｜佑好$_{\text{很好}}$｜好得猛$_{\text{好得很}}$｜好猛介$_{\text{好很啦,反话}}$”存在程度上的差异，而且副词"佑"属临海特有的。但据我们调查并非如此，副词"佑"其实跟温岭等地的"齁"是同一个字，也同属相当于"很、非常"类的程度副词。真正属临海特有的则是"好蛮好"这种格式，而且并非表示"比较"的程度而是表示"很、非常"的程度。因此，上述以形容词"好"的不同程度结构为例，撇开"好猛介"这个属于语用层面的结构外（"介"相当于语气助词），"蛮好"才是"比较好"，而"好蛮好、佑好、好得猛"表示"很、非常"的程度相似，只是句法功能有所差异，如三者都可以作谓语，"好得猛"不作定语，"好蛮好"作定语时带不带结构助词皆可，而"佑好"作定语时一般后带结构助词。

## 四　量词重叠式

台州方言的量词重叠式非常有特色。除了受官话影响的那类单纯的量词重叠外，还存在"M+加+M"或"M+打+M"的形式，表达量词重叠的遍指和逐指语义功能，相当于"每"的意思，而且这种形式比单纯的量词重叠更常用，是台州方言的底层量词重叠构词形式。

（一）量词重叠式的类型

1. M+M

台州土白中单纯量词重叠式的语法功能和语义内容与官话相同，明显是受官话的影响，甚至是官话的直译，如例（53）。但有一点不同的是，（53）b 句中量词重叠后可直接带名词，形成"MM+N"的格式。而一般普通话中这个格式的相应表达式为"每+M+N"，如"每个人"等。

（53）a. Yiu ih-ke ze-cü, tsiah pao-læn-dön, teh si-mô pu i-zông, nyih-nyih ky'üoh-teh sô-wa. 有一个财主，着宝蓝缎，搭细麻布衣裳，日日喫得奢华。（路加 16：19）

b. Ke-ke nying tu ze-teh yüong lih dzang-tsing-k'e. 个个人都在得用力□进去。（路加 16：16）

2. M+加+M

（54）a. Yia-su ziu feng-fu ge-he ao cong-nying ze ts'ing-ts'ao di ba-ko-ba zo-lôh. 耶稣就吩咐渠许讴众人在青草地排加排坐落。（马可 6：39）

b. Ge-he ziu mông-djôh k'eo-zih ziang ho-kwông, ts'ô-kô-ts'ô feng-k'e, ding ze kôh-nying-keh deo-zông. 渠许就望着口舌像火光，叉加叉分开，停在各人箇头上。（使徒行传 2：3）

c. Ge-keh 'ön ziang hyüih tin-kô-tin ti-lôh di. 渠箇汗像血点加点沛落地。（路加 22：44。1897）

d. kyih bu-dao giu-kô-giu jing-joh. 结葡萄球加球成熟。（创世纪 40：10）

### 3. M+打+M

（55）a. Yia-su ke-tang-ke siu môh-môh, i ge hao. 耶稣个打个手摸摸，医渠好。（路加 4：40）

b. Cü-tang-cü jü, môngge-z-keh ko-ts, hao nying-c'ih. 株打株树，望渠自箇果子，好认出。（路加 6：44）

c. Ge-he ziu iu-zeo, ke-tang-ke meng Ge：kông, "Z ngô feh?" 渠许就忧愁，个打个问渠：讲，"是我弗？"（马可 14：19）

d. tsih yiu Iah-'ön kông-tao keh Nying kyü-tang-kyü shih-wa tu feh-dzæn. 只有约翰讲到箇人句打句说话都弗赚错。（约翰 10：41）

e. KYI-ZIN yiu hao-kyi-ke nying dong-siu iao peh ngô-he k'ôh-zih siang-sing keh-sih z-kön gin-tang-gin sia ze shü-li. 既然有好几个人动手要拨我许确实相信箇些事干件打件写在书里。（路加 1：1）

f. Ge-keh 'ön ziang hyüih tin-tang-tin nying-c'ih-le ti-lôh di. 渠箇汗像血点打点凝出来沛落地。（路加 22：44）

与动词重叠式、形容词重叠式一样，1880 年版的台州土白《四福音书》在复合量词重叠式的使用上比 1897 年版多，如例（56）各句为 1880 年版的，1897 年版的相应量词表达式在括号内简单列出。

（56）a. z iao k'ao-djôh Zông-ti kyü-tang-kyü shih-wa. 是要靠着上帝句打句说话。（路加 4：4。1897：一切）

b. Yiu liang-sæn-ke nying tsu kyin-tsing, kyü-tang-kyü shih-wa hao k'ao-zih. 有两三个人做见证，句打句说话好敲实。（马太18：16。1897：句句）

c. KEH z-kön 'eo-deo Cü yi sih-lih ts'ih-zih-ke nying, shông-tang-shông ts'a ge-he sin tao Ge su iao tao-keh kôh zing-li kôh di-fông. 箇事干后头主又设立七十个人，双打双差渠许先到渠所要到箇各城里各地方。（路加10：1。1897：两个两个）

潘文国等（2004：395）认为"这一量词重叠式已有了形容词的性质。在重叠问题上，有时往往难以区分构词与'构形'"。其较强的描写性使这种量词重叠式除了充当主语、谓语外，较多地充当定语、状语和补语，可作介词的宾语，但不充当谓语后的宾语，而且重叠的第二个量词还可通过变音来表小称，与其本音构成程度高低、数量多少、感情喜恶等方面的差异。

（二）与宁波、温州土白的比较

从量词重叠式的类型来看，同时期的温州土白与官话相同，用"M+M"或其他方式表达。宁波土白除了"M+M"外，也有"M+打+M"的形式，与台州土白部分相同。如：

（57）马太12：36

台州：Nying su kông-keh bah wa, tao sing-p'ön nyih-ts kyü-tang-kyü iao teh ge sön-tsiang. 人所讲箇白话，到审判日子句打句要搭渠算账。

宁波：nying sô kông-go hyü-wô, tao sing-p'un nyih-ts sön-tsiang, kyü-tang-kyü tu iao sön-tsing. 人所讲箇虚话，到审判日子算账，句打句都要算进。

温州：nang só koá-ge shü-'ò, töé-da sáng p'ò-ge neh-tsź, chù-chù oh whaì sò-tsiè. 人所讲个虚话，到达审判箇日子，句句沃ᵓ会算账。

（58）马太26：22

台州：Ge-he iu-zeo-mang, ke-tang-ke meng Ge kông. 渠许忧愁猛，个打个问渠讲。

宁波：Gyi-lah do-nyiang iu-meng, ko-tang-ko ziu meng gyi. 其拉<u>大</u>娘忧闷，个打个就问其。

温州：Gi-dà-ko kah-whà iao-zao, koh nang màng Yi-sû koá. 渠大家格外忧愁，各人问耶稣讲。

（59）马太 13：30

台州：Ng-he sin siu-zih ba-ts'ao, pô-tang-pô kyi-ky'i-le hao siao ho . 尔许先收拾稗草，把打把系起来好烧火。

宁波：Ng-lah sin siu-jih keh-sing bô-ts'ao., pô-tang-pô bo-tæn-long, hao siao-ho. 尔拉先收拾箇醒<sup>=</sup>稗草，把打把缚单拢，好烧火。

温州：Nyí-dà-ko sie pó ch'ang-tsź siu-lúng, ih-pó ih-pó kw'áng-ch'í é pó gi shiæ-goa. 尔大家先把苘子收拢，一把一把捆起爱<sup>=</sup>把渠烧爻。

台州土白中出现的两种复合量词重叠式中，"M+打+M"与北部吴语一样，而"M+加+M"相对来说具有南部吴语的特色，虽然 19 世纪温州土白圣经译本并未呈现这种量词重叠的特征。

从台州土白本身来看，"M+打+M"的使用频率高于"M+加+M"。百余年来这种量词重叠式仍然完好地保存在台州方言中，并且呈现出台州方言的地理差异。北台片与北部吴语一样多用"M+打+M"式，南台片则多用"M+加+M"式。阮咏梅（2013：254）在介绍温岭方言量词重叠模式时指出，"与'量+加+量'相似的是'量+打+量'的格式。'量+打+量'中量词的选择受限较大，一般只能是个体量词"，"与普通话中的量词重叠式的语义认知模式不同的是，温岭方言中的'量+加+量'式兼有普通话统合型'一+量+量'式与离散型'量+量'式或'一+量+一+量'式的语义认知特征"。叶晨（2011）对台州内部 9 个县市及其周边地区的方言进行考察后发现，"A 加 A"式在宁波宁海的桑洲、台州以及温州等地的使用显示了语言地理类型学的特点，而且"A 加 A"中的"加①"还以词根面貌出现，在语义上并没有完全虚化，是一个类语缀。

此外，普通话中重叠式量词不能作宾语，不能说"通知人人"或通知"个个"，也不能说"把间间都打扫一遍"（朱德熙，2007：26）。但是

---

① 原文为"A"。

今台州方言中"M+加+M"和"M+打+M"可用于"把"字句中作宾语，如"把间加间打扫一遍""把样加样望过去"，实际上是省略了重叠式量词修饰的真正宾语。当然，台州方言中处置式可以不用处置标记，上述把字句也可以说"间加间扫一遍/样加样望过去"。

# 第三节　附加式

附加式构词法中的附加成分与语缀相关，根据出现位置的不同可分为前缀、中缀和后缀。这些高度虚化的构词成分都是定位的黏着语素，往往有类化的历程，具有标示词性的作用和表达性功能。在构型上，前缀基本上是和一个单音词根组合为双音词，而后缀则复杂得多，与单音词、叠音词、词组等句法单位皆可组合（蒋宗许，2009：58—64）。除了那些普通的多用于名词、称谓语之类的附加成分"老、头、阿"等外，台州方言中比较有特色的是后缀式附加成分，它们黏着于动词、形容词、数量词等后面，具有标记词性和摹状的功能。名词附加式比较简单，主要形式是行为动词后带"功"能改变词性为名词，意为"具有某种行为的能力、意义、功能、方式"等。如"忖功（ts'eng-kong）"（哥林多前书 13：11）。最突出的是动词附加式、形容词附加式和数量词附加式。

## 一　动词附加式

### 1. V+响

"V+响"的结构具有表达进行体的功能。从例（60）a、b 两句中1880 年版和 1897 年版的对文便可看出。"在得+讴叫"与"讴响""讴起来"这三种不同的形式在语境中都用来表示正在进行的意义。即使是趋向动词的引申用法，如表示起始态的"V 起来"结构，实际上也可视为动作行为起始后的短时进行或持续状态。即"V+响"与"在得+V""V 起来"具有相似的语法意义。

（60）a. Nen-cong ih-ke-nying ao-ky'i-le. 内中一个人讴起来。（路加 9：38。1897：讴响）

b. Hông-ia di-fông yiu nying-keh sing-hyiang ze-teh ao. 荒野地方有人箇声响在得讴。（约翰 1：23。1897：讴响）

c. kæn-min yiu ngao-ngô ts'ih-ts' k'oh-hyiang. 间面有咬牙切齿哭响。（马太 22：13）

## 2. VV+动

这种重叠式表示动作发生的持续状态，具有形容词类的描摹性。如例（61）中"抖抖动、挈挈动、影影动"。"抖抖动"表示抖个不停的样子，"挈挈动"表示忐忑不安的样子，"影影动"表示影像晃动的样子，"影"作动词用。"VV+动"重叠式在今台州方言中也很常见。

（61）a. tu teo-teo-dong jü-de kông, Zông-ti keh-yiang-ts de ngô z tsa-sang？都抖抖动聚代讲，上帝箇样子待我是咋生？（创世纪 42：28）

b. Sæh-kô-li-ô mông-djôh, teo-teo-dong, hôh-mang. 撒迦利亚望着，抖抖动，吓猛<sub>很害怕</sub>。（路加 1：12）

c. Mô-li-ô mông-djôh, yü ge shih-wa sing-li ky'ih-ky'ih-dong, ts'eng-ts'eng keh 'o-hyi shih-wa tao-ti tsa i-s？玛利亚望着，为他说话心里挈挈动，忖忖箇贺喜说话到底咋意思？（路加 1：29）

d. Ngô-he yin-ze kying li-min ing-ing-dong mông-djôh. 我许现在镜里面影影动望着。（哥林多前书 13：12）

## 3. VV+相

这种重叠式表示动作的尝试态和短暂貌，具有普通话中"V一V"、"VV"相似的语法意义，尤其等同于"VV+看"。如下例（62）a 反映的是台州土白的地道用法，而 b 句则相当于官话中的"V一V"。今台州方言中仍然广泛使用，如"尝尝相<sub>尝尝看</sub>、读读相<sub>读读看</sub>"等。

（62）a. Ng-he yiu kyi-ke mæn-deo ze-i hao k'e mông-mông-siang. 尔许有几个馒头在以<sub>这儿</sub>好去望望相。（马可 6：38。1897：望）

b. tæn-tsih k'e peh tsi-s mông-ih-mông. 单只去拨祭司望一望 = 只是去给祭司看一下。（马可 1：44）

## 二 形容词附加式

### 1. 象声词+声

这种重叠式形容某种声音的样子，语缀"声"用在象声词后面，构成形容词性短语。今台州方言中仍然广泛使用。

（63）a. Nyih-yia dziang-ze sæn-li teh veng-dong ia-ia sing, yi do zih-deo tang-siang z. 日夜长在山里搭坟洞呀呀声，又驮石头打伤自。（马可5：5）

b. Ge-he ia-ia-sing pih Pi-læh-to, z iao Yia-su ting ze zih-z-kò-zòng. 渠许呀呀声逼彼拉多，是要耶稣钉在十字架上。（路加23：23。1897：讴起来）

c. he-yiang fong-lòng gwang-gwang sing. 海洋风浪□□声。（路加21：25。1897：海洋风浪箇声响）

### 2. AA+尔（而）/个

这类形容词重叠式未见于台州土白圣经译本中，但为今台州方言中的显著特征。因此如前文一样，很有必要特此说明。

汉语史上"而"和"尔"都可作为后缀，二字在台州方言中同音，因此台州方言中的这个叠音形容词后缀的用字写作"而"或"尔"皆可。"而"和"尔"的用法与"然"相似，只是在组合形式上略有差异，"然"缀其前可以是单音词，也可以是叠音词，"而"与"尔"一般只与单音的形容词或副词重叠后结合，很少例外。周法高认为"而"和"尔"是由鲁语进入通语的，且和"然"一样，在汉语文言和白话时期表现出强劲的生命力，但在现代汉语中除间或用于"偶尔、率尔；忽而、倏而"外，其他构型已被淘汰，特别是"而"缀在宋以后已不大能产，更无法与"然"相比（蒋宗许，2010：162）。与汉语官话不同的是，台州方言中的"尔（而）/"只能作单音节叠音形容词的后缀，而且经久不衰。

量词"个"发展到与形容词组合成双音节作状语的现象始于唐代，元代后"个"作为后缀的用法更多（蒋宗许，2010：270）。在台州方言中，作为助词的"箇"与作为后缀的"个"并不同音，前者读轻声，后者则读阴去本调或变音形式。但是，蒋宗许（2010：271）认为现代汉语中"让他说个痛快；今天看个够"中的"个"是后缀，我们则认为此类"个"是省略了数词"一"的量词。

## 三　数量词附加式

数量词带附加成分"生"的格式一般表示以该数量组成的单位作为一个整体或分类使用的意义，该格式百余年来一直活跃在台州方言中。

（64）a. ge zông-min ziang pe, ziang gyiu, ziang hwa, iao yüong kying-ts ih-kw'e-sang. 渠上面像杯，像球，像花，要用金子一块生。（出埃及记 25：31）

b. Yi-feh zông-min tsih-c'ih-keh hwa-ta iao teh yi-feh ih-yiang tsih-fæh, ih-kw'e-sang, tu yüong kying-sin, læn, 'ong, teh si-mô-pu tso. 以弗上面织出箇花带要搭以弗一样织法，一块生，都用金线、蓝、红，搭细麻布做。（出埃及记 28：8）

c. jong teng-gying c'ih-keh ts'ô liang ts'ô 'o-min yiu ih-ke gyiu, zih-kw'e-sang, loh-ts'ô tu z ih-yiang. 从灯樫出箇杈两杈下面有一个球，十块生，六杈都是一样。（出埃及记 37：21）

宁波土白中也有这种"数量词+生"的格式，如例（65）b、（66）b。温州土白对句中全未用这种格式，如例（65）c、（66）c、（67）c。但今温州方言中则存在这种格式，如"一绺生"（郑张尚芳，2008：99）。温州方言的"数量词+生"格式的产生不可能如此晚近，可见百余年前的温州土白圣经译本未能全面反映这一语言事实。

（65）马太 25：32

台州：a. Ge ziu we feng-c'ih liang-'ao-sang, ziang k'ön-yiang cü-ts feng-c'ih min-yiang æn-yiang. 渠就会分出两号生，像看羊主子分出绵羊山羊。

宁波：b. Gyi ziu we feng-c'ih liang-'ao-sang, tsing-ziang k'en-yiang cü-kwu, feng-c'ih wu-yiang sæn-yiang ka. 其就会分出两号生，正像看羊主顾分出胡羊山羊介。

温州：c. Gi whaì fang-k'e gi-dà-ko, höé-pí yie-muh joa mie-yie

fang-ch'üeh sa-yie. 渠会分开渠大家，好比羊牧从绵阳分出山羊。

（66）约翰 11：52

台州：a. ah feh tæn-tsih yü keh ih-koh pa-sing s, ah iao siu-zih keh-sih sæn-k'e Zòng-ti-keh n-nô peh ge-he tso ih-ke-sang. 也弗单只为箇一国百姓死，也要收集箇些散开上帝箇儿因拨渠许做一个生。

宁波：b. Yia feh tæn-tsih we-leh keh-go pah-sing, wa iao siu-ji-long keh-sing sæn-k'æ-kæn Jing-ming-go ng-ts, peh gyi-lah tso ih-koh-sang-go. 也弗单只为了一国百姓，还要收集拢箇醒＝散开间神明个儿子，拨其拉做一个生个。

温州：c. Yih fi-dà-tsz 'ù keh-kaih pah-sìng sź, ź è chiæ sá-k'e sż-foa Ziè-tì-ge n-nyú ah höé jï-lúng tsù iaih. 亦弗单只为箇一国百姓死，是要叫散开四方上帝箇儿因也好聚拢做一。

（67）约翰 19：23

台州：a. keh t'i-li i-zòng m-vong, ing-yü jong zòng tao-'ô tso ih-gyin sang. 箇体里衣裳呒缝，因为从上到下做一件生。

宁波：b. keh t'i-li i-zòng, zòng-'ô tu m-neh vong-u. 箇体里衣裳，上下都呒有缝坞<sub></sub>印记。

温州：c. keh-djié i-zie n-naó vùng, ź joa ziè töè 'ó zing djié tsih-ch'ï-ge. 箇件衣裳唔有缝，是从上到下成件织起渠。


蒋宗许（2010：219—224）认为汉语史上，后缀"生"来源于"馨"，始现于唐五代，开始时只用于形容词后缀，后来扩展至副词、指示代词、疑问代词后，元代后变化更大，可以用于动词后。志村良治（1995：303—314）分析了三组以"生"为词缀的结构：太~生、~生、生~。它们几乎在同一时期出现，很难确定其先后关系。前两种"生"前为形容词，第三种"生"后为形容词或动词。这些词缀"生"有表现主观感觉、形象描写状态或改变词性的作用。曹广顺（1995）认为，"生"缀用在形容词后时，有强调、夸张的意味；用在名词后时，则把对人的称呼，变成了对人物特征的描写，使这些名词具备了形容词的功能；用在动词后时，可以把动作变成相对静止的状态，使之具有形容词的性质，用来描摹人或事物的情状，充当描写性谓语。总之，从六朝的"馨"缀到唐宋以后的"生"缀均为形容词性。在现代汉语中，人们通常以为后缀

"生"已大大萎缩，仅在一些方言中偶有遗迹，这实为误识。只要翻检一下《方言大词典》，我们便会惊讶于后缀"生"的旺盛的生命力以及它在相当广阔的方言区中的活力。　（蒋宗许，2010：224—225）崔山佳（2016）认为从方言地理分布角度来看，"数量+生"广泛存在于吴语和南方方言中。从历时和共时的比较来看，台州方言中的"生"缀亦来源于近代汉语，只是在演变过程中，除了充当疑问代词的后缀构成"咋生"外，主要语法功能是充当数量短语的后缀，但其表义功能仍可归为描摹人或事物的情状，这跟数量词修饰名词的性质或词缀"生"本来就凸显形容词性的功能是一致的。

# 第五章

# 台州方言代词系统的演变

"吴语词汇的一个特点是人称代词、指示词等出现频率很高的词，在各地方言很不一致。……通常，词汇项目愈是文，愈是新，方言之间或者读书音和口语之间的变异就愈少。"（赵元任，2002：855）实际上，代词除了作为词汇成分外，它与语法之间也存在紧密的接口关系。

代词，具有指示和代替的作用，兼具实词和虚词的特性。有的代词是体词性的，有的代词是谓词性的，有的则体词性和谓词性兼得。因其系统封闭，数量明确但词形不定且本字难考，所以成为汉语词类中非常特殊的一类。代词的分类标准不一，如太田辰夫（1987）分为"人称代名词、指示代名词、连代词"，吕叔湘（1994：9）的指代词包括指别词和称代词两类，细分为"人称代词、定指指代词、不定指指代词、其他指别词"。我们现根据朱德熙（1982：80）分类标准从人称代词、指示代词、疑问代词三方面来介绍和分析。

## 第一节 人称代词

### 一 百余年前台州土白中的人称代词系统

表5-1是19世纪传教士台州土白圣经译本中出现的人称代词系统。

表5-1       19世纪台州土白人称代词

|  | 第一人称 | 第二人称 | 第三人称 |
|---|---|---|---|
| 单数 | ngô 我 | ng 尔 | ge 渠 |
| 复数 | ngô-he 我许① | ng-he 尔许 | ge-he 渠许 |

---

① 从音韵、语义和语法上看，其本字为"许"。张美兰（2013：608）将1897年版台州土白《新约》罗马字书名转写为汉字时就用"我许救主耶稣基督个新约书"。

其主要特征可概括为以下几点：

1. 人称代词系统非常简单。单数和复数形式单一，复数标记只有一个 "he"。

2. 第一人称复数无包括式和排除式之别。下例（1）中的 "我许"，在相应的和合本官话版和英文版圣经译文中皆指包括式。如：

（1）a. Ge ts-me ky'i feh-z teh ngô-he tso di-fông djü？渠姊妹岂弗是搭我许组地方住<sub>他妹妹难道不是跟咱们同地方住(的吗)</sub>？＝她妹妹不是都在我们这里吗？（马太 13：56）

b. Ngô-he ze-i tsih yiu ng-ke mæn-deo liang-kwang ng. 我许在以只有五个馒头，两梗鱼。＝我们这里只有五个饼，两条鱼。（马太 14：17）

c. Keh pi-fông shih-wa, ts'ing Ng kông peh ngô-he t'ing. 箇比方说话，请尔讲拨我许听。＝请将这比喻讲给我们听。（马太 15：15）

3. 人称代词尤其是第三人称的单数形式常常兼表复数义。有些字面上是单数形式，实际上有的是真正的单数义，有的却是复数义。如例（2）a 和 b 中 "尔" 实际是指 "你们"，"尔个先生" 意为 "你们的先生"；例 2（c）中的 "渠" 是指代前面的 "百姓"，"百姓" 当然不是一个，而是指埃及当地的百姓们；例（2）d 的 "渠" 显得指代不明，实际上英文版圣经中是指代前文出现的 "约瑟的哥哥们"；例（2）e 和 f 中的 "渠" 皆指 "他们"，英文版用的都是 "them"，前一句 "渠" 指耶稣的十二门徒，后一句 "渠" 指祭司长等人；例（2）g 中有两个 "渠"，前一个就是复数义，指代 "约瑟的哥哥们"，后一个才是单数义，指代 "约瑟"，全句内容大意是 "（约瑟做了一个梦，告诉他的哥哥们，）他的哥哥们就越发恨约瑟"；例（3）是 "约翰 9：20" 在台州土白中的不同译本，1880 年版用的是复数 "我许"，1897 年版用的则是单数 "我"。如果所有的英文版和官话版都用 "我们"，我们也许可以得出 "也许台州土白 1897 年版漏译或漏印了复数标记" 的结论，但事实上我们发现文理本官话版就用了单数 "我"，虽然其他官话版和英文版用的都是第一人称复数形式。

（2）a. Ng-keh Sin-sang tsa-sang teh siu-din-liang teh ze-nying jü-de ky'üoh-væn？尔箇先生咋生搭收田粮搭罪人聚队喫饭？＝你们的先生为什么跟税吏并罪人一起吃饭呢？（马太9：11）

b. Ng yi tso hyü-to keh-yiang-ts z-kön. 尔又做许多箇样子事干。＝你们还作许多这样的事。（马可7：13）

c. Yi-gyih t'ong di-fông ky'üih-siao liang-zih，pah-sing gyiu Fæh-lao peh ge. 埃及统地方<sub>全境</sub>缺少粮食，百姓求法老拨<sub>给</sub>渠。（创世纪41：55）

d. ziu keh-yiang-ts de ge. 就箇样子<sub>这样</sub>待渠。（创世纪42：25）

e. Ge feh ing：ing-yü lu-zông z jü-de nyi-leng tao-di kæh-nying do. 渠弗<sub>不</sub>应：因为路上是聚队<sub>一起</sub>议论到底夹<sup>=</sup>人<sub>哪个人</sub>大。（马可9：34）

f. Yiu-da ziu zing kyi-we hao peh Yia-su kao-de ge. 犹大就寻机会好拨<sub>把</sub>耶稣交代<sub>交给</sub>渠。（马可14：11）

g. ge ziu kah-nga ky'i ge. 渠就格外气渠。（创世纪37：5）

（3）a. ge sang-c'ih z hæh-ngæn，ngô-he yi hyiao-teh. 渠生出是瞎眼，我许已晓得。（约翰9：20。1880）

b. ge jong sang z hæh-ngæn，ngô yi hyiao-teh. 渠从生是瞎眼，我已晓得。（约翰9：20。1897）

我们虽知"古代汉语人称代词没有单复数的区别"（太田辰夫，1987：101），但也不能据此直接断定百余年前台州土白人称代词就是完好地保留了古代汉语的特点。因为由于这些台州土白圣经译本都是"只记声韵不记声调"的，导致我们无法得出这些罗马字拼音字母表面上相同的单数形式，是否包括声调也完全一致，而且从今天台州方言的语言事实来看，即使汉字字形完全相同，通过语音的内部曲折也能体现单复数的差异。台州温岭话的这一特征尤为显著，即三身人称代词本调表单数，变音则既可表单数，也可表复数，但具有小称的语义功能，需要从具体语境中加以辨别。如例（4）a中"我"若读本调［ʔŋo⁴²］，仅指代"我"一人，若读变音［ʔŋo¹⁵］，就指"我"或排除式的复数形式"我们"；例（4）b中"渠"若读本调［gie³¹］，就指代第三人称单数，而若读变音［gie¹⁵］时，则同时具备第三人称单数义、复数义或小称义。

（4）a. 尔早顶到屋里去，我迟顶来呒告<sub>你早点回家，我/我们晚点来没关系</sub>。

b. 我搭渠咋儿比法<sub>我跟他（她）/他（她）们怎么比</sub>？

## 二　从人称代词的演变看传教士台州土白圣经译本的基础方言

　　人称代词在今台州方言内部之间的差异主要表现为两点：一是读音；二是复数形式。读音的差异集中在第一人称和第三人称上，复数形式则可谓多姿多彩，几乎点点不同，甚至一点多个。因此，人称代词可成为区别台州内部各地方言的首要特征项。

　　第一人称代词的字形都是"我"。由于各地读音不同（见表5-2），导致有人认为其第一人称是"俺""伢"或"卬"。实际上，因"第一身代词我来源甚古。语音自然免不了若干变动，但是我们可以相信近代汉语里的'我'跟古代汉语里的'我'是一个语词"（吕叔湘，1985：2）。从来源上看，台州方言第一人称单数与殷商时期甲骨文中的"我"一脉相承。

表5-2　　　　　　　　台州方言第一人称代词的内部差异

|  | 临海 | 三门 | 仙居 | 天台 | 椒江 | 黄岩 | 温岭 | 玉环 |
|---|---|---|---|---|---|---|---|---|
| 我 | ［ʔŋe⁴²］ | ［ɦio²¹⁴］ | ［ʔŋo³²⁵］ | ［ɦiɔ²¹⁴］ | ［ʔŋo⁴²］ | ［ʔŋo⁴²］ | ［ʔŋo⁴²］ | ［ʔŋo⁵²］ |

　　语料来源：浙江省档案馆"浙江方言语音档案资料库"；戴昭铭（2010）《天台方言研究》；夏吟（2012）《黄岩方言汇编》。其他未注明来源之处皆为本人调查所得。

　　以上读音按声母分为两类：［ʔŋ］和［ɦ］；按韵母也分为两类：［e］和［o］［ɔ］。从声母来看，三门和天台二地读音因丢失鼻辅音后弱化为喉音而显得较为特别，属于鼻辅音声母和零声母之间的过渡音，其他地方都保留了古疑母读鼻辅音声母的特点；从韵母来看，"我"属歌韵字，在歌韵的历史演变层次上，［e］早于［o］［ɔ］。除上述传统八县外，在台州椒江的葭沚话中，还存在第三种读音［ʔŋa⁵¹］（小称音），被周边人戏称为"葭沚我"，足见葭沚的"我"这个读音是多么特别。"a为中古隋唐音层次，ai（包括e、ei）是上古音层次，o是近古层次"（郑张尚芳，2008：22）。台州方言口语中至今仍保留着一些读［e］韵母的歌韵字，如"饿鹅个"等。百余年前台州土白圣经译本中的第一人称用的是ngô，显然与今临海话［ʔŋe⁴²］大相径庭，而与南台片①各点一致。因此，就今

_____

　　① 一般将台州传统八县分为"上乡片"（包括临海、天台、仙居、三门四县，本文叫"北台片"）和"下乡片"（包括椒江、黄岩、温岭、玉环四县，本文叫"南台片"）。

临海话这与众不同的第一人称"我"的读音而言，百余年前台州土白圣经译本的基础方言似乎与台州府城临海话不太一致。

我们用第三人称单数的读音再排除一个点，那就是三门话。表 5-3 是今台州各地方言中第三人称单数形式及其读音。表中显示仅三门一地用"其"，其余各地皆用"渠"，虽然"渠"的读音仍有内部差异，但其主要元音基本上是［e］类。

表 5-3　　　　　　　　　　台州方言第三人称代词的内部差异

| | 临海 | 三门 | 仙居 | 天台 | 椒江 | 黄岩 | 温岭 | 玉环 |
|---|---|---|---|---|---|---|---|---|
| 第三人称单数 | 渠<br>［ge²¹］ | 其<br>［dʑi²¹⁴］ | 渠<br>［gE²¹⁴］ | 渠<br>［gei²²⁴］ | 渠<br>［gə³¹¹］ | 渠<br>［gie³¹］ | 渠<br>［gie³¹］ | 渠<br>［gie²²］ |

"渠"由上古汉语第三人称"其"发展而来（吕叔湘，1985；太田辰夫，1987；志村良治，1995；王力，2004）。"其"在上古时的用法通常被认为是代名词，但它原来是特殊的"副用词"，即不但可与名词相配，也可放在动词、形容词或者句子前面，使其名词化。"其"发展成专门的第三人称代词后，就另用了"渠"字。"渠"的最早用例在汉乐府诗《古诗为焦仲卿妻作》中就已出现（"渠会永无缘"）。东汉和隋唐时期也不少，唐后盛行。（太田辰夫，1987：101）"其、渠"之别，不但可以作为台州方言第三人称单数内部差异的特征，也是北部吴语和南部吴语的方言区别特征之一。北部吴语多用"其"或"伊"，南部吴语则多用"渠"。台州以北的宁波方言用"其"，台州以南的温州方言则用"渠"。可见，三门话用"其"很大程度上是受了北邻宁波方言的影响。

今台州方言内部三身人称代词的复数形式见表 5-4。表中"黄版"指黄晓东（2004），"卢版"指卢笑予（2013），"浙档版"① 根据浙江省档案馆"浙江方言语音档案资料库"记音，天台话指戴昭铭（2006）的天台东乡方言。因表中空间所限，"黄版"和"卢版"中原有国际音标从略。表中"包括式"是指"第一人称包括式"的简称，第一人称排除式与其他人称复数相同，不再另注。

---

① 包括临海、仙居、三门、椒江、黄岩、温岭、玉环七点。

表 5-4　　　　　　　　　台州方言人称代词复数的内部差异

| | | 临海 | 三门 | 仙居 | 天台 | 椒江 | 黄岩 | 温岭 | 玉环 |
|---|---|---|---|---|---|---|---|---|---|
| 复数标记 | 黄版 | *搭渠<br>*搭人<br>*等（包括式）<br>*搭尔（包括式） | *尔帮人<br>*搭尔（包括式） | *两个<br>*家人<br>*搭尔（包括式） | *两个<br>*等（包括式） | （缺） | *推<br>*等（包括式）<br>*搭尔（包括式） | *海＝<br>*等（包括式）<br>*搭尔（包括式） | *班人<br>*海＝<br>*腾＝（包括式） |
| | 卢版 | *搭人（城关）<br>*班人（城关）<br>*侬（城关包括式）<br>*堆（杜桥） | *帮人 | *家人<br>*两个 | *等<br>*拉 | （缺） | （缺） | （缺） | *腾<br>*来<br>*楞 |
| | 浙档版 | *搭人 | *班人 | *家人 | *拉个<br>*等（包括式） | *态＝ | *态＝ | *许 | *勒/唻 |

卢笑予（2013）指出"'我侬'可以包括说话者群体和听话者群体在内，相当于普通话的'咱们'，老派使用'我搭人/班人'时通常不包含听话者在内。但现在临海方言（也包括大部分台州地区方言）已经不区分包括式和排除式了"。虽然"浙档版"中各地发音人也未显示第一人称代词排除式和包括式之别，但黄晓东（2004）和笔者的实地调查结果表明台州方言第一人称代词的包括式基本上是"＊等"类或"＊侬"类的变体，"＊等"类比"＊侬"类常用。在人称代词后面加"侪""曹""属""等""辈"等是古已有之，一般视为复数形式，但是太田辰夫（1987：102）认为"其实不能把它们和现代汉语人称代名词的复数形看成同一的东西"，它们实际上是和现代汉语中的"我们这一类人"相当的。这种解释非常符合台州方言人称代词的复数形式和语义所指。

虽然今台州方言人称代词的复数形式非常繁杂，但是与百余年前台州土白圣经译本的唯一一套复数标记相比，只有温岭话的复数标记与之相仿。

除了人称代词系统这种单点一致外，百余年前台州土白圣经译本中的有些词汇也与今温岭话同而与今临海话异。另外，从传教士其他历史文献和我们对百余年前传教士在台州的传教经历的最新实地调查采访来看，百余年前传教士在台州的传教活动是流动的，并非局限在府城临海。前文提到的原台州基督教协会会长张锦彩老先生就回忆说，当时的西洋传教士在温岭、黄岩、椒江一带周游较多，出访频繁，至今温岭沿海一带的基督教比较兴盛，而且百余年前温黄平原一带方言的差异更小。

既然台州土白圣经译本展现的人称代词系统与今温岭话一致而异于今临海话，既然历史文献和今人物访谈都提及传教士及其台州土白圣经翻译与温岭关系密切，是否就能得出台州土白圣经译本的基础方言就是温岭话的结论？有观点认为这些文本事实和旁证仍然无法排除另外三种可能性：1. 当时临海话人称代词的语法功能与今天台州方言相近或相同，而到现在发生了变化。2. 当时台州话的人称代词到现在也已经不同，与材料中的用法正好相近或一致。参看其他方言区的传教士材料，人称代词语音在100年间发生的变化，并不少见。3. 由于人称代词有特定的语法功能，不同的调值可能表达不同的语法意义，用其来判定文献的基础方言并不可靠。

排除上述三种可能性，或寻找更多的人称代词的文献和语言事实证据，尚需进一步的研究并另文讨论。

## 三　复数标记的来源及其语法化类型

黄晓东（2004）认为"'推='、'海='来源尚不明了，把它们归入任何一类都不太合适，但它们应该是同源的"；游汝杰（1999）、卢笑予（2013）把临海杜桥的"堆"和黄岩的"推"和温岭的"海"都归为"数量型"；盛益民（2013）认为这类数量型复数标记是南部吴语复数标记的主要形式，而且可能都是从多音节的数量名结构发展而来。我们认为实际情况可能没有那么简单。

黄晓东（2004）所记温岭话的"海="注音为［he⁵³］，我们在调查中发现这个［he］在温岭话中的声调实际上不止一种，可读［he⁵¹］［he⁵⁵］［he³³］［he⁰］。其语义句法功能也有差异，主要有以下几种：一是在名词前，表示指示义，读音为［he⁵⁵］，如"~地方/人/物事/时间"，相当于"这些"和"那些"。二是在人称代词或名词后，读音为［he³³］，如"我~、老师~、学生~、物事~、早凡以前~"，相当于人称代词和指人名词的复数标记"们"和指物名词的"这些（东西）"。三是在其他成分后，如"还许［ɦua¹³he⁵⁵］"，指"另外一些"；"各许［koʔ⁵⁻³he⁵⁵］"指"其他一些"；在表示"一些"的意思时除了用"一眼"外，老派还用"一许"，其中"许"读［hɛ⁵¹］，这种用法和读音与苏州昆山话颇为相似，是北部吴语"许"从处所型向数量型复数标记语法化的留痕（刘丹青，2015）。此外，这种"许+名词"除了表示中性义的"这些/那些"外，还能表示"这种/那种"或"这样/那样"的意思，作为性状指示词，无单复数之分。这种"许"一般重读，表示轻蔑的小称义。如：

（5）a. 许人都好上桌介 这种人怎么能坐到酒桌上呢？

b. 许物事减⸗尔⸗会要啊 这种东西谁会要啊！

c. 许地方我老要去显 这种地方我才不去呢！

以上温岭话中"许"的功能与中古时期简单指示词"许"相当，包括可以独立充当论元成分，可以用在定语位置限定其后的名词性成分，相当于"如此、这样"用于指示性状方式等（盛益民，2012）。但是盛益民（2012）、冯赫（2014）认为中古汉语指示词"许"和近代汉语指示词"许"的来源不同，中古时期指称事物的"许"有着浓厚的南方方言色彩，而指示性状的盛行于晚唐五代以后。冯春田（2000：505）此前也发现近代汉语的"许"与中古汉语的"许"相比，其指示用法有比较显著的变化。我们根据已有史料和方言事实认为这两个"许"并非同形语素，实乃同一语素，是先秦便具有处所义的"许"（吴福祥，1996：327）在语法化进程中的不同路径。"许"在六朝时由处所名词演变为近指代词（吴福祥，1996：327），但也可由 Diessel（1999：150）所谓的"省缩"（reduce）方式演变而来，即脱落居前的指示词而使其后的处所词具有指示功能，"这种演变机制具有跨方言、跨时代的共性"（盛益民，2012）。温岭话第一种"许"便属此类。而"×许"从空间表达式到"×许"数量表达式，是由空间到数量的范畴转移（冯赫，2013），然后进一步演变为复数标记。这种语法化方式与官话、晋语和少数近江方言使用"些"作指代词、疑问代词不定量（汪化云，2008：299—307），以及西南官话许多方言中存在的名词复数标记"些"的语法化类型不谋而合。丁加勇、沈祎（2014）认为贵阳话"娃儿些、老师些、虫虫些、桌子些"等西南官话中用于名词性成分之后充当复数形式的"些"，可推测其来自带

"些"的后置复数指示词。复数指示词被重新分析为表列举的后附成分，然后用于连类复数，其语法化过程应该是：复数指示词→后置列举助词→复数后缀"些"（指示词脱落）。而温岭话中的第一类"许"就是对西南官话"些"类复数标记的扩展，它可同时用于后置型或前置型表不定量定语。温岭方言"量词+名词"中的量词除了表量功能外兼具指示功能，而且单复数量词皆可，"许+名词"中的"许"兼具指示和复数功能便不足为奇，因此，"许"可视为复数指示词。此外，无论近代汉语指示"许"是否从"尔许""如许"等省略或感染生义而来，从空间认知域到性状、样态域的跳跃是"许"抽象为性状指示词的认知基础，既然是性状指示词，它具有定语的性质，后带名词或形容词并无本质差异，其源头都最后追溯到处所词"许"。这也是汉语空间性特质（王文斌，2013）的显著表征之一。总而言之，从温岭方言中"许"的语法多功能性看出其兼具中古和近古、南方和北方、南部吴语和北部吴语的多种特性，能够反映"许"的不同语法化类型、轨迹和结果。

若此，杜桥的"堆"，黄岩、椒江的"推="之来源便可迎刃而解。黄岩话的"推="，黄晓东（2004）注音为 [tʰE⁵²]。李蓝（2008）归纳的 63 种人称代词增标法复数类型也属"推"字型。在民国后期的《黄岩县新志》（卷五）"方言概述"中提到："我邑方言属于滨海语系吴语类之台州话。实汉以前之吴语与随晋室东迁、宋室南渡之中原人士（民国后期），并五季时自闽赣徙族而来之语言融合而成。现今之方言与温岭全县及乐清北部几全相似，人数达一百五十万人以上。"今黄岩话和温岭话之间的差异虽已超过民国后期，但因其同处温黄平原，二者在台州内部各县市之间的相近度算是最高的。其变音规律也与温岭话相似。黄岩话的人称代词复数标记的读音声调不如温岭话多变，它只有一个高降调，黄岩本地人记为"态"或"退"，根据其变音规律，这个本字的同音字应该是仄声字，所以不可能是平声字"推="。此字在黄岩话中除了用于人称代词复数标记外，其他句法语义功能也与温岭话相同。因此，我们认为黄岩话中的人称代词复数标记很有可能也跟"许"有关系。黄岩和椒江介于临海和温岭之间，复数标记"态="是临海处所型标记"（搭=）"与温岭数量型标记"许"融合的产物，处于临海与黄岩、椒江之间的杜桥话中的复数标记"堆"也属同类，既有语法化演变的动因，又有语流音变导致的结果。与温岭话"许"一样，这些不同标记可以说是来自汉语共同语的"顶层"、方言自身的"底层"以及周边方言"旁层"的多种历史层次的叠置（游汝杰，2005）。

此外，关于玉环话人称代词的复数形式，黄晓东（2004）认为"'～班人'是玉环话中固有的，'～海ᵉ'是受温岭话的影响产生的"，除了共同记录的"～腾"外，卢笑予（2013）还提及另外两个标记"～来"和"楞"。根据笔者调查，玉环城关吴语用"～徕"表示复数形式，基本上无包括式和排除式之分。我们认为，"～腾"可视为台州方言第一人称复数包括式的主流形式"～等"的变体；"楞"是"人"（或"侬"）的变体，受闽语的影响。温岭方言中也有使用"我侬［ʔŋo⁴²nuŋ¹⁵］"作包含式的，沿袭了明嘉靖时的用法；"勒/徕"可能是受温州话的影响，因为温州话的人称代词复数是"～厘［le⁰］等读音相近。这三种类型也是玉环境内太平话（温岭话）、温州话、闽南话三足鼎立的真实写照。

# 第二节　指示代词

## 一　百余年前台州土白圣经译本中的指示代词

1. keh（箇①）

汉语方言中近指代词用字至少32个，远指代词用字至少28个。K-系舌根音声母的指代词广泛存在于东南方言中（汪化云，2008：21），但字形纷呈如"格、葛、搿、嗰、个、该、居"等。指示代词"箇"在台州土白中无远近之分，集"这、那"义于一身。和合本官话版中用"那"的地方在台州土白中要么不用指示词，要么也用"箇"。"箇"既指且代，但只能充当主语，不能充当宾语，如例（6）；作指示词时可直接后带一般名词，如例（7），也可带量词，如例（8），用于指示人、处所、时间、事、物等。

（6）a. Keh z Yia-su, Yiu-T'a NYING KEH WÔNG-TI. 箇<sub>这</sub>是耶稣，犹太人箇<sub>的</sub>皇帝。（马太 27：37）

---

① 台州土白圣经译本中表示指示和结构的词记作"keh"，量词记作"ke"。为了以示区别，便于解读，我们将前者转写为"箇"，后者转写为"个"。引用其他方言点文献时，尽量保留原字形或一般通用字形。前文已出现，此处特再次强调说明。

　　b. Keh-z Ngô su e-keh N, Ngô ting dzih-din-keh. 箇<sub>这</sub>是我所爱箇<sub>的</sub>儿，我顶值钿箇<sub>最喜爱的</sub>。（马太3：17）

　　（7）a. Keh nyü-k'ah mao-bing tông-z hao-gao. 箇女客毛病当时好爻<sub>这女人的毛病当时就痊愈了</sub>。（马太9：22）

　　b. Yia-su jong keh su-ze tseo-ku, yi môhg-djôh liang hyüong-di. 耶稣从箇所在<sub>那里</sub>走过，又望着<sub>看到</sub>两兄弟。（马太4：21。1897）

　　c. Dæn-z ge c'ih-le peh Yia-su ming-sing ze keh di-fông tao-c'ü djün-k'e. 但是渠出来拨<sub>把</sub>耶稣名声在箇地方<sub>那儿</sub>到处传开。（马太9：31）

　　d. Nyi-nyi-vi nying tao sing-p'ön-nyih-ts we nang-ky'i-le, ding keh si-de-keh ze. 尼尼微人到审判日子会□起来，定箇<sub>这</sub>世代箇<sub>的</sub>罪。（马太12：41）

　　e. Keh hyüong-ôh kæn-ying-keh si-de, tsih iao môhg dziao-deo. 箇<sub>这</sub>凶恶奸淫箇<sub>的</sub>世代，只要望<sub>看</sub>兆头<sub>神迹</sub>。（马太12：39）

　　f. Keh din-li ba-ts'ao-keh pi-fông, ts'ing Ng kông peh ngô-he t'ing. 箇<sub>这</sub>田里稗草箇<sub>的</sub>比方，请尔将拨我许听<sub>请你讲给我们听</sub>。（马太13：36）

　　（8）a. Jong Keh z-'eo Yia-su djün dao kông. 从箇<sub>那</sub>时候耶稣传道讲。（马太4：17。1897）

　　b. Ze Yi-seh-lih di-fông jong-le m-yiu keh-yiang-ts z-kön môhg-djôh-ku. 在以色列地方从来呒有箇样子事干望着过。＝在以色列地方，从来没有见过这样的事。（马太9：33）

　　c. Tseo-tsing keh-veng nying-kô, iao gyiu ge bing-ön. 走进箇份<sub>这户</sub>人家，要求渠平安。（马太10：12）

　　以上数例中的"箇"如果脱离圣经文本背景信息便难以知晓其究竟表近指还是远指。对照和合本官话版和英文版后，才知晓台州土白指代词"箇"对应的都是远指代词，如上例（8）a和例（9）a—d。或者省略远指代词而转用其他方式表达，尤其在近指和远指对举或者表示列举性质的严苛语境中，台州土白对指示代词的选择更加鲜明地反映了这一特点。如和合本官话版中对举的"这城—那城"在台州土白中，要么对应"箇城—别城"，如例（9）e，要么就用"到处城里"来概括。而例（9）g

中，和合本官话版中对举的"这个—那个"，在台州土白中则对应为"一个—别个"。可以说，台州土白中单用"箇"时具备中性指示词的特征，具有直指功能却无距离意义，但在需要远近对举的特定语境中，多用旁称代词语素"别"（只能作限定成分）来表远指与"箇"对举，从而使平时远近不分的"箇"仅承担直指功能。

（9）a. Keh ziu-z sang Yia-su kyiao Kyi-toh keh Mô-li-ô. 箇<sub>这</sub>就是生耶稣叫基督箇<sub>的</sub>玛利亚。（马太 1：16）

b. Keh-ts'iah Hyi-leh s-'ô ao keh pôh-'ôh-keh nying le, ts-si bön-meng ge, keh sing zao z-'eo yin-c'ih-le. 箇雀 ̄希律私下讴箇博学箇人来，仔细盘问渠，箇星嘈 ̄时候现出来。＝当下希律暗暗地召了博士来，细问那星是什么时候出现的。（马太 2：7）

c. KEH z-'eo 'Ang-tsing-li-keh Iah-'ön tao Yiu-t'a hông-ia di-fông le djün kao. 箇时候<sub>那时</sub>，行浸礼箇<sub>的</sub>约翰到犹太荒野地方来传教。（马太 3：1）

d. Ge ky'i feh-z gwæn-gao keh kyiu-zih kyiu tsih, tao sæn-li k'e zing keh tsih mi-lu-keh? 渠岂弗是掼爻箇九十九只，到山里去寻箇只迷路箇<sub>的</sub>？＝他岂不撇下这九十九只，往山里去找那只迷路的羊麽 。（马太 18：12）

e. Ziah yiu nying ze keh zing-li pih-næn ng-he, iao dao tao bih-zing li. 若有人在箇城里逼难尔许，要逃到别城里。＝有人在这城逼迫你们，就逃到那城去。（马太 10：23）

f. yiu-sih ze ng-he jü-we-dông pin tang ge, wæ-yiu tao-c'ü zing-li kön ge tseo. 有些在尔许聚会堂鞭打渠，还有到处城里赶渠走：＝有的你们要在会堂里鞭打，从这城追逼到那城。（马太 23：34）

g. M-yiu ih-ke nying neng-keo voh-z liang-ke cü-nying-kô：'oh-tsia k'o-u ih-ke, e-kying bih-ke. 呒有一个人能够服侍两个主人家：或者可恶一个，爱敬别个。＝一个人不能事奉两个主。不是恶这个爱那个。（马太 6：24）

林素娥（2018）在分析早期吴语指示词"个"时指出，"台州话'个'的功能较上海、宁波、金华更丰富，不限于指示词的基本功能，已发展为定冠词、类指标记和名词化标记等。这与台州话文献中'个+NP'组合的强势或高频使用一致"。从本书诸多例句来看，实际上台州土白"keh"除了上述功能外，还有助词的功能，相当于普通话的"的"，兼表结构、语气、时态等。

2. i（已/以）和 kæn（间）

关于指代词"i"的本字问题，卢笑予（2017）认为临海方言更近指指示语素"以＂"属于"存古"成分，来源于 tɕ-类近指词，并可能较早就变为了零声母，并一直保留至今。此词与义可追溯至《尔雅·释诂》中的" 兹斯咨呰些已①此也"。对此，郭璞注为"呰、已，皆方俗异语"，邢昺疏为"呰、已与此，皆音相近，故得为'此'也"。《书·皋陶谟》："迩可远在兹。"《史记·夏本纪》引作"近可远在已"（胡奇光、方环海，2004：70）。"兹斯咨呰已此也"，"已者，止也，止亦此之训，故又为此也。此从止而训，止盖声兼义也。已古读如似而亦训止，其声近也兹，亦声近"。（郝懿行，1982：251）杨树达（2013）的"已（以）"则表示两者通用。汉语"以+方位词"结构表示时空的如"以上/东/前"等，今作为介词的"以"，可理解为将"以"表示的地点和时间作为参照点来指示并构成复合方位词。台州方言中"已/以"二字同音，现采其一"以"记之。

19 世纪台州土白圣经译本显示，与前文所述"箇"词不同的是，"以"和"间"可视为专门的处所指代词，二者的句法功能和语义类别相同。台州土白的这个特点正应了陈玉洁（2011：80—81）的一个观点："指示词并不一定要在直指功能上体现出距离对立"，"指示词一定会在某个对象范畴内体现出距离对立，一般而言，一个语言不可能连处所指示词都无法体现距离对立，同时基本指示语素或个体指示词可能出现不表示距离对立的一分现象"。

首先可充当论元，但不作主语，只作宾语，或在句中单用充当处所宾语，其前动词常常是表存在的"在"或趋向动词"到"，如例（10）。虽然"在以"和"到以"的句法结构和内部语义关系完全相同，但台州土白中的罗马字拼写规则却不同，"在以"连写为一个词"ze-i"，"到以"

---

① （晋）郭璞注，王世伟校点：《尔雅》，上海古籍出版社 2015 年版，第 17 页（" 兹、斯、咨、呰、些、已，此也。"并注曰："呰、已，皆方俗异语。"其中"巳"皆为"已"之误）。

则分写为一个短语 "tao i"。可见，"在以" 比 "到以" 虚化程度高，以至于可彻底语法化为表存在和进行的 "在得"。今台州方言中表进行时，"在以" 中的 "以" 可读轻声。1880 年版《四福音书》用 "在以" 的地方，1897 年版则相应地用 "在得" 比较多。或作方所介词 "在" "从" 等的宾语构成处所介宾短语，如例（11）和（12）。这两种句法环境中的 "以" 表示 "这儿"，"间" 表示 "那儿"。

（10）a. Ge feh ze-i. 渠弗在已。＝他不在这里。（马太 28：6）

b. Kyi-tôh ze-i, 'oh-tsia ze-kæn. 基督在以，或者在间。（马太 24：23）

c. Z-'eo vong tao Ng we tao i le mo-næn ngô-he. 时候嬼到尔会到以来磨难我许？＝时候还没有到，你就上这里来叫我们受苦吗？（马太 8：29）

d. Ng tao i le, tsa-sang feh tsiah 'o-c'ü ts'ing keh do-i? 尔到以来，咋生弗着贺娶亲箇大衣？＝你到这里来，怎么不穿（婚宴）礼服呢？（马太 22：12）

e. Sin-sang, peh ngô keh shü; s-teh ngô fe k'eo-k'eh, ah feh tao i le t'iao shü. 先生，拨我箇水；使得我嬔口渴，也弗到以来挑水。＝先生，请把这水赐给我，叫我不渴，也不用来这么远打水。（约翰 4：15）

f. Su-i ge-he ih tao-i le, ngô feh tæn-kôh. 所以渠许一到以来，我弗耽搁。（使徒行传 25：17）

g. teh ts'a-yüoh jü-de ze kæn. 搭差役聚队在间。＝跟差役一起在那儿。（马太 26：58）

（11）a. Ze-i yiu ih-ke pi sing-din wæ do. 在以有一个比圣殿还大。（马太 12：6）

b. 'Ang si-li Iah-'ön-keh deo fông ze bön-zông ze-i peh ngô. 行洗礼约翰箇的头放在盘上在以拨我。（马太 14：8。1897）

c. Ngô-he ze i tsih yiu ng-ke ping, liang kuang ng. 我许在以只有五个饼，两梗鱼。（马太 14：17）

d. Gyi ze-i yiu nying, wæ-vong s, we môhg-djôh Nying-keh N tshih-tsông Ge kôh-Kô- keh gyün-ping le. 倚在以有人，还嬼死，会望

着人箇儿执掌渠国家箇权柄来。＝站在这里的，有人在没尝死味以前，必看见人子降临在他的国里。（马太 16：28）

e. Yiu zah-m ky'üoh-zih ze-i feh? 有□么喫食在以弗？＝你们这里有什么吃的没有？（路加 24：41。1897）

f. Ngô ziah iao ge ze-i dzih tao Ngô le z-'eo, teh ng zao siang-kön? 我若要渠在以直到我来时候，搭尔嘈﹦相干？＝我若要他等到我来的时候，与你何干？（约翰 21：23。1897）

g. ze-kæn hao djü; ah iao jong kæn ky'i-sing. 在间好住<sub>可住在那儿</sub>；也要从间起身<sub>动身</sub>。（路加 9：4）

其次，"以"和"间"都可以用于方所名词前构成方所指示短语，这些方所名词主要有"边"和"面"，"以"相当于近指词"这"，"间"相当于远指词"那"，而且二者常常前后对举出现。如：

（12）a. Ge ziu ze kæn-min i ge bing. 渠就在间面医渠病。（马太 19：2）

b. ziu hao kyiao keh tu sæn jong i-pin yi tao kæn-min, ge beh we yi-ku k'e. 就好叫箇<sub>这</sub>堵<sub>座</sub>山从以边<sub>这边</sub>移到间面<sub>那边</sub>，渠便会移过去。（马太 17：20）

c. jong t'in-'ô i-pin zing-deo ih-dzih tao kæn-pin zing-deo, k'e jü-zih s-fông t'iao-shün-keh nying. 从天下以边城头，一直到间边城头，去聚集四方挑选箇人。＝从天这边到天那边，都招聚了来。（马太 24：31）

d. 'oh-tsia ts'ing-gying i-pin, k'ön-ky'ing kæn-min. 或者亲近以边，看轻间面。（马太 6：24）

e. YIA-SU jong kæn-min ky'i-sing, tang Iah-dæn 'o-nga ku tao Yiu-t'a-keh di-ka le. 耶稣从间面起身，打约旦河外过到犹太箇<sub>的</sub>地界来。（马可 10：1）

此外，还可以用于名词后面，表示名词所在的地方，相当于"～这儿/那儿/中"等，如：

（13）ziah-z kô-ts'eo z jongôh-i le. 若是加凑是从恶以来。=若再多说，就是出于那恶者。（马太 5：37）

如果仅从台州土白罗马字译本很难确定例（13）中"ôh-i"为何意，结合官话本和英文版才明白此结构为"恶这儿/恶的地方"的意思。英文版"the evil one"是指"恶"本身，受汉语介词框式结构的影响，"从"不能后跟单个普通名词，而是"从+NP+处所成分"。汉语中与"从"搭配的处所成分一般是处所指示代词"这儿、那儿"或方位词"中、当中、里、上"等，这些处所成分的多样性导致了汉语官话译本和方言土白译本的不同选择。和合本官话版中译为"恶者"或"恶里"，前者更接近英文版译文，后者是汉语的结构。温州土白则译为"zaí-oh toa-chung（罪恶当中）"。台州土白之所以译为"恶以"而非"恶间"，是因为"以"不但表近指，而且与说话人之间可谓"零距离"（张薇、尉万传，2012），或者所涉空间包括说话人在内，常常与第一人称复数形式"咱们"类共现，相当于空间指示代词中的"包括式"。

3. t'ih（铁＝）/keh t'ih 箇铁＝

与"箇、以、间"这些纯粹的指名代词不同的是，"铁＝"除了指代名词外，还可指示动词和形容词，如下例（14）a—d 指代性状；e—g 指代动作"讲、做、逼难"等的方式；h—j 用于形容词"远、大、白"前指示程度。"铁＝"兼具"这样、那样、这么、那么"的用法和意义。换言之，官话中的"这样、那样、这么、那么"的语义和用法在台州土白中集于"铁＝"一身。只是"铁＝"一般不像"这样"可充当主语。

（14）a. di-sæn-ke ah z-t'ih. 第三个也是铁＝。=第三个也是这样。（马可 12：21）

b. ziah-z keh-t'ih, ng-he T'in-Vu su-ze feh neng-keo teh-djôh sòng-s. 若是箇铁＝，尔许天父所在弗能够得着赏赐。（马太 6：1）

c. ing-yü Ngô-he ing-ke z- t'ih tso-zing ih-ts'ih-keh kong-nyi. 因为我许应该是铁＝做尽一切箇公义。（马太 3：15。1897）

d. keh-sih ng ah z-t'ih, 'eo ge-he ky'üoh. 箇些鱼也是铁＝，候＝渠许喫。=分鱼也是这样，都随着他们所要的。（约翰 6：11）

e. Cong meng-du ah z-t'ih kông. 众门徒也是铁＝讲。=众门徒都是

这样说。（马可 14：31）

f. Ziu-z siu-din-liang-keh, ge ky'i feh-z keh-t'ih tso？就是收田粮箇<sub>的</sub>，渠岂弗是铁<sup>=</sup>做？（马太 5：46）

g. ing-yü pi ng-he zin-deo keh-sih sin-ts-nying, nying ah z-t'ih pih-næn ge. 因为比尔许前头箇<sub>这</sub>些先知人，人也是铁<sup>=</sup>逼难渠。（马太 5：12）

h. Ziu li-k'e ge-he, mao ih-kw'e zih-deo tön-k'e t'ih yün, kyiah-kw'e-deo gyü-lôh gyiu gyiu, kông……就离开渠许，毛一块石头断<sup>=</sup>开铁<sup>=</sup>远，脚髁头跪落求求，讲……＝于是离开他们，约有扔一块石头那么远，跪下祷告。（路加 22：41）

i. T'ih do siang-sing-keh sing, ziu-z zeYi-she-lih pah-sing cong-yiang Ngô vong p'ong-djôh-ku. 铁<sup>=</sup>大相信箇心，就是在以色列百姓中央我也<sub></sub>碰着过。＝这么大的信心，就是在以色列中我也没有遇见过。（路加 7：9）

j. Si-zông m-yiu ih-ke p'iao-bah lao-s neng-keo p'iao ge t'ih bah. 世上呒有一个漂白老师能够漂渠铁<sup>=</sup>白。＝没有一个能漂得那样白。（马可 9：3）

1880 年版《四福音书》中也有用"箇铁<sup>=</sup>"来代替"铁<sup>=</sup>"的，如例（15），它们在 1897 年版中都用"铁<sup>=</sup>"。

（15）a. Zông-ti ah we keh-t'ih tang-pæn ge。＝上帝也会箇铁<sup>=</sup>打扮渠。（马太 6：30）

b. Keh sih tsi-s-deo teh dô-shü-nying ah z keh-t'ih. 箇些祭司头搭读书人也是箇铁<sup>=</sup>。＝祭司长和文士也是这样。（马可 15：31）

c. Teh ge te-min gyi kæn keh pah-tsong, mông-djôh Yia-su keh-t'ih eo ih-sing ziu dön ky'i. 搭渠对面徛间个百总，望着耶稣箇铁<sup>=</sup>讴一声气就断爻。＝对面站着的百夫长，看见耶稣这样喊叫断气。（马可 15：39）

此外，"铁<sup>=</sup>"充当定语时，一般用结构助词"箇"来标记，或者用意义实在的"箇样子"来代替，如例（16）。台州土白译本中几乎未见用

"铁⁼"充当主语或承接上下文的，和合本官话版中很多用"这样"的译句，特别是这种用于句首的"这样"，台州土白译本中采用要么省略，要么用其他连词代替的方式。

（16）a. ing-yü keh yiang-ts nying, Zông-ti-keh koh z ge-ke. 因为箇样子人，上帝箇国是渠个。＝因为在　神①国的，正是这样的人。（马可10：14）

b. Ge yüong hyü-to keh yiang-ts pi-fông kông dao-li peh cong-nying t'ing, tsiao ge su neng-keo t'ing keh. 渠用许多箇样子比方讲道理拨众人听，照渠所能够听箇。＝耶稣用许多这样的比喻、照他们所能听的、对他们讲道。（马可4：33）

c. Ng yi tsu hyü-to keh yiang-ts z-kön. 尔又做许多箇样子事干。＝你们还做许多这样的事。（马可7：13）

## 二　台州方言指示代词的内部差异及其演变

今台州方言指示代词的内部差异主要表现在是否有表更近指的"以"，以及远指代词、指形代词的读音异同等方面。具体见表5-5。

表5-5　　　　　　　台州方言指示代词的内部差异

|  | 临海 | 三门 | 仙居 | 天台 | 椒江 | 黄岩 | 温岭 | 玉环 |
|---|---|---|---|---|---|---|---|---|
| 近指 | 以（更近指）箇（近指） | 箇 | 箇 | 箇 | 箇 | 以（更近指）箇（近指） | 以（更近指）箇（近指） | 箇 |
| 远指 | 解 | 旁 | 解 | 解 | 解 | 解 | 解 | 解 |

（一）"以"的内部差异和演变

表更近指的"以"主要出现在临海和南台片中②，内部之间尚有差

---

① 和合本中遇到"神"字时，均前有空格。

② 据卢笑予（2017）调查和研究：仙居方言完整展现了三类基本指示语素叠加现象。"益⁼"（入声）和"葛⁼"分别表示更近指和近指，"旁"表示远指。三者都可以跟处所、个体及时间本体语素组合，其中"以⁼/葛⁼""以⁼/旁""葛⁼/旁⁼"三者均能对举使用，"葛⁼"更接近于中性指情况。仙居方言中的这个"益⁼"与"以⁼"应属同类。

异。"以"相对于其他指示代词，其使用范围受限颇多。临海话中，"以"的构词能力有限，只能与部分处所词以及时间词组合形成处所指示词和时间指示词，本身无法独立充当论元，而且不能和量词组合作为个体指示词使用（卢笑予，2017）。但在南台片中，"以"除了能与处所语素构成处所指示词外，如"以垯/底/埠"；它与时间语素构成时间指示词的能力远不及与处所语素的组合。此外"以"还能独立充当处所介词宾语，并能作为指示词与量词组合。如：

（17）黄岩①：a. 我以边上车方便得猛我这边上车很方便。

b. 我以该买来用用蛮好个我买这个用挺好的。

c. 我以垯地方侯大个我这儿地方很大的。

温岭：a. 以件呒洗清爽这件没洗干净，各许都洗起勪清爽爻其他都洗得很干净。

b. 我等屋都买以这儿是爻咱们都在这儿买房子好了。

c. 尔落爻个 100 块头钞票在以喏你掉了的100块钱在这儿呢！

d. 个句话以底止"弗讲个这句话（我们）这儿并不说的。

"以"的有无成为决定台州方言指示代词"二分"或者"三分"的依据。台州土白圣经译本表明"以"在台州方言中至少已有 100 多年的历史，那时的"以"是个单纯的处所指示词，与远指词"间"构成远近之别。传教士文献中未出现指示词"以—箇—间"共现一句的语料，我们自然就无法作出百余年前台州土白指示代词"三分"的结论。如果从时间和空间两个因素来观照，"以"在台州方言的演变和分布可以概括如下：

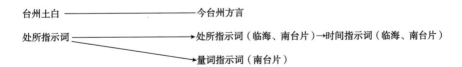

根据李荣（1993—2003）主编的《现代汉语方言大词典》42 个方言

---

① 黄岩话例句引自夏吟编著《黄岩方言汇编》，中国文联出版社 2012 年版，第 34 页。例（17）b "以该"应为"以个"，即"这个"义。

点代词的使用情况，仅湖南娄底方言的近指代词也是"已（音ᶜi）"。除了上文提及台州方言的这个更近指"以"与《尔雅》中表"此"义的"以"可能一脉相承外，也有可能来自于一个处所词。由于指示词与体标记一样来源于处所词是人类语言的共性特征之一，结合"以"的语义和语法功能推断出"以"的本义是一个处所词应无异议。在此基础上，由空间隐喻为时间，从而使"以"具有指示时间的功能，但是这一功能在台州方言内未能得到充分的发展。同时，由空间指示扩展为指示该空间内存在的"人"和"物"，以及正在谈论的"事"也就顺理成章了。由于汉语的量词类型特征，因此名词定指时一般需要前加限定量词，于是"以"就与量词组合具有指示量词的功能，量词后的名词可以省略，但是量词不能省略，即"以"不能直接指示名词。"以"指示量词的功能只存于南台片方言中。台州方言指示代词三分的特征完全符合储泽祥、邓云华（2003）提出的指代词二分与多分之间存在的等级序列：形状程度、动作方式＞时间＞人或物＞方所。这个序列意味着，"如果一种语言的指代词，一部分是多分的，一部分是二分的，那么，指方所的多分可能性最大，而指性状程度或方式的二分可能性最大"。

（二）远指代词的差异和读音

据表5-5，今台州方言远指代词的差异主要表现在三门话的特立独行上，因为只有它用"旁"，其他所有点都用"解⁼"。实际上，据我们调查，除了三门外，温岭、玉环等地也有用"旁"作远指代词的，即包括"解⁼"和"旁"的双远指代词形式。

台州片近远指形式除韵母舌位对立外，声调上也有"近指为入声，远指非入声"（曹志耘，2008）的区别。百余年前台州土白中无远近之别的"箇"，在汉语史上，包括"个、個"记录的词可以是量词、指代词、结构助词。其量词用法始见于先秦，指代词、结构助词的用法先后出现于南北朝后期和唐代（吕叔湘，1985：243；曹广顺，1995：139—147；张谊

生，2003：193—198；汪化云，2008：76）。结合汉语史和汉语方言事实来看，台州方言"个"的语法化路径如下：

$$
\text{量词}\to\text{中性指}\to
\begin{array}{l}
\nearrow\ \text{结构助词}[\,k\text{ə}ʔ^{0}\,]\\
\text{近指词}(\,[\,k\text{ə}ʔ^{0}\,]\,)\\
\searrow\ \text{远指词}[\,ka^{42}\,]
\end{array}
$$
$$
(\text{ke})\quad(\text{keh})
$$

从量词发展为中性指示词的阶段是"个"语法化的第一步，表现为远近指不分，其后开始在各个方言中的分化，有的分化为近指词，有的分化为远指词。李荣先生主编的《现代汉语方言大词典》42个方言点中，存在k-系声母指代词的方言点有18个，其中9个点用作近指代词，3个点用作远指代词，6个点远近兼用，不过读音有所差异（汪化云，2008：32—33）。在潘悟云、陶寰（1999：38—39）考察的36个近指代词方言点中，有23个点用了"个"类字。可见，"个"从远近不分的中性指示词发展为近指词为多，发展为远指词较少，而且往往经历语音、构词等变化。一般来说，近指是无标记的，远指是有标记的，距离像似性原则在语音上的反映可以通过内部曲折的方式来实现，如近指用开口度小的元音，远指用开口度大的元音；近指用本调，远指用变音等。台州方言中的"个"在分化为近指和远指时，首先通过"感染作用"（李荣，1985），使得这两个词的声母相同，保留k-系声母，而又因为临摹距离的远近而造成了韵母主要元音的不同，从而形成了"箇"［kəʔ⁵］和"解⁼"［ka⁴²］的对立。有些方言用小称表示远指，但"并非小称必定表示远指"（陈玉洁，2010：152），台州方言中更近指"以"也可以读变音。"以""箇"和"解⁼"这三个指示词的距离像似性在声调（变音）、辅音和元音（高低、前后）上都有体现，但不是严格对应。结构助词"keh"则是"箇"在中性指示词分化的基础上进一步虚化的结果。

（三）指形代词的内部差异

今临海话保留了19世纪台州土白中的指形代词"铁⁼"和"箇铁⁼"，可谓台州方言指形代词的主流形式。但是台州方言内部有较大的差异，具体如表5-6所示。

表5-6 台州方言指形代词的内部差异

| | 临海 | 三门 | 仙居 | 天台 | 椒江 | 黄岩 | 温岭 | | 玉环 |
|---|---|---|---|---|---|---|---|---|---|
| 指形代词 | 铁= 箇铁= | 箇记 | 箇则 | 格=子 介=子 | 铁=箇 铁= | 铁= | 替= ; 替= 日= ; 替=捺 ; 峆= ; 峆=日= ; 峆=娘= ; 恁 | | 箇恁 ; 恁箇 |

表5-6 台州各地指形代词的差异，可以分为三类：1. "铁="型。包括临海、椒江和黄岩。2. "子"型。包括三门、仙居和天台。"子、则、记"是不同的变体。3. "恁"型或多元型。包括温岭和玉环，温岭尤为复杂，可细分为"恁"型、"替="型和"峆="型。其中"替="型与"铁="型同类。

"铁="本字不详，"子"型可能类似普通话中"这样子"的音变，"恁"和"峆"则是从中古的指示词"宁馨"一词分化而来的。据志村良治（1995：41—42），《晋书》等历史文献中已经出现"宁馨""如馨""尔馨"等口语词，可解为"这个""这样"。这种说法还没有固定化，还可以采用分离形式，像"如……馨"，相当于现代汉语的"像……一样"。《证俗文》六说"宁馨"读若"涅杭"，"馨"有平、去二音，作语助时读"峆"的音。《嬾真子》三记载"宁馨儿，作去声，馨音亨。今南人尚言之，犹言恁地"。与此相关的还有"宁许""宁底""能底"等。后来还有把"个"当作语助词的，如"贫养山禽能个瘦"（皮日休《夏首病愈因招鲁望》），现在吴语仍这样用，意思上和"恁地"相通。台州温岭话中的"恁""峆="型指形代词便与这"恁地"相通，溯其源头则是中古时期的"宁馨"，是"宁馨"一词或分离或整体使用的流变。鉴于温岭话和玉环话的实际发音，我们写作"恁"（阴去）而非"能"（阳平）。

## 三 台、甬、温三地指示词演变比较

为了便于考察百余年来台州方言指示代词的演变情况，我们将其与周边的宁波和温州进行比较。表5-7是百余年前三地土白圣经译本时期的指示代词和现代的情况。

**表5-7**　　　　　　　　　　　　台、甬、温三地指示代词比较

| | 方言土白时期 | 现代 |
|---|---|---|
| 台州 | i 以<sup>=</sup>（近指）；keh 箇（近指、远指）；<br>kæn 间（远指） | 以<sup>=</sup>（有条件零近指）；箇（近指）；<br>解<sup>=</sup>（远指）；旁（有条件远指） |
| 宁波 | dòng 荡（近指）；keh 个（远指） | 荡（近指）；该（近指、远指） |
| 温州 | keh 个（近指）；hé 许（远指）；<br>boa 旁（部分远指） | 个（近指）；许（远指）；<br>旁（部分远指） |

总体而言，三地指示代词的关系和特点涉及以下三点：

1. "二分"还是"三分"？宽泛地说，无论是百余年前还是今天，台州方言的指示代词属于有条件的"三分"。如果就严格意义上的二分法而言，则是比较复杂的"二分"。而宁波和温州只有"二分"。

2. "箇"的不同辐射方向。从"箇"的中性指示代词分化为近指代词和远指代词时，三地的辐射方向有所不同。台州方言和温州方言分化为近指代词，而宁波方言仍然保留远近不分的中性指代词性质。此外，宁波土白时期结构助词的读音为go，与单个量词同音，已经表现出与指示代词keh在读音上的差异。

3. 独特的指示词。三地都有各自独特的指示代词，主要有表近指的台州"以<sup>=</sup>"和宁波"荡"，以及表远指的温州"许"。

4. 稳定程度。从三地指示代词的演变速度来看，温州方言基本未变，发展最慢。宁波和台州相对复杂。

# 第三节　疑问代词

台州方言疑问代词比人称代词和指示代词简单一些，其性质和功能与汉语共同语无太大差异，如例（18）中三个疑问代词"什么<sub>zah-m什么</sub>、咋<sub>怎么</sub>、嘈<sup>=</sup>得<sub>什么；什么样</sub>"共用了4处，表特指和任意指的都有。

（18）ge ziah fæh-c'ih sing-ing m-kao zah-m kôh-ky'iao, tsa hyiao-teh c'ü-c'ih zao-teh ing, dæn- c'ih zao-teh diao? 渠若发出声音呒告什么各窍，咋晓得吹出嘈<sup>=</sup>得音，弹出嘈<sup>=</sup>得调？（哥林多前书14：7）

1. nô［nɔ］哪

"哪"在台州土白中的声母为 n，不能单独充当句子成分，总是与其他成分一起构成复合疑问短语后使用，所以只能作限定成分表对人、物、事、时间、地点等的疑问。"哪"可以用于数量词前，如例（19）"哪一样、哪一个、哪一位、哪一日"等，其中的数词"一"一般不省略。台州土白"哪"还能直接带名词，无须再加量词，如例（19）c—f 中的"时辰/城里/乡村/所在"等。这种用法在丽水遂昌话中也存在（王文胜2017）。其中例（19）d 在 1880 年版中用的是"哪个城里""哪一个乡村"。可以说，带量词的用法是受官话的影响，而不带量词的用法是一种本土用法。

（19）a. Ngô teh nô-ih-yü o-cü, ziu-z ge. 我搭<sub>和</sub>哪一位□嘴<sub>亲嘴</sub>，就是渠。（马太 26：48。1897）

b. nô ih-yiang do, wæ-z sing-din do, wæ-z bi sing-din tseng-djong-keh kying-ts do? 哪一样大，还是圣殿大，还是被圣殿尊重箇<sub>的</sub>金子大？（马太 23：17）

c. ing-yü feh hyiao-teh Nying-keh N-ts nô ih-nyih, nô z-zing le. 因为弗晓得人箇<sub>的</sub>儿子哪一日，哪时辰来。（马太 25：13。1897）

d. Ng-he jü-bin tseo-tsing nô zing-li, nô hyiang-ts'eng, iao tang-t'ing keh su-ze nô ih-ke z hao nying. 尔许随便走进哪城里，哪乡村，要打听箇所在<sub>那儿</sub>哪一个是好人。（马太 10：11。1897）

e. Ing-yü feh-leng nô su-ze, ziah yiu liang-sæn-ke nying yü Ngô-keh ming-deo jü-we, Ngô pih-ding ze ge cong-yiang. 因为弗论哪所在<sub>哪个地方</sub>，若有两三个人为我箇<sub>的</sub>名头聚会，我必定在渠中央。（马太 18：20）

今台州方言中"哪"字的白读声母为［l］，上声。临海话为［lo<sup>52</sup> ke<sup>0</sup>］。吕叔湘（1985：246）认为这个有别择作用的疑问代词"哪"是从"若"字变来的，但始终保持上声，不像指示代词"那"在近代变成去声。为了跟去声的指示代词相区别，"五四"时期以后，"哪"才出现，但有时仍然写做"那"。最初出现的形式是"若个"，如例（20）（吕叔湘，1985：247）a 和 b。

（20）a. 若个游人不竞攀？若个娼家不来折？（《幽忧子集》2.2）

b. 秋色凋春草，王孙若个边？（杜甫《哭李尚书诗》）

c. 遂被单于放火烧，欲走知从若边过？（《李陵变》86）

今台州方言中，由"若哪"构成的疑问代词，除了"若个哪个"外，还有处所疑问代词"若底、若埭、若搭"，即使如例（20）c 中的"若边哪边"也仍在今台州温岭等方言中使用。此外，还有"若+（数）量词"的用法等。

据秋谷裕幸、汪维辉（2016），闽语中"若"字有两种疑问代词的用法。一种是问数量的"若"，分布在沿海闽语。另一种是表示"哪"的"若"，分布在闽北片。从现代闽语和上古音之间的韵母对应能够推测问数量的"若"代表了闽语的早期疑问代词用法，与南朝时期"若"的疑问代词用法一致，可以看作表示闽语和南朝通语之间继承关系的证据之一。表示"哪"的"若"则晚于问数量的"若"，与唐代以后的用法一致。从"若"字的音韵地位来看，它有三种读音：（1）人赊切，麻韵平声；（2）而灼切，药韵入声；（3）人者切，麻韵上声。台州方言中无对应于平声字的读音，入声字读音在 19 世纪台州土白中就已出现，标为 ziah［ziaʔ］，如：

（21）a. Ngô ziah iao ge ze-teh ih-dzih tao Ngô le z-'eo, teh ng zao siang-kön? 我若要渠在得一直到我来时候，搭尔嘈=相干？=我若要他等到我来的时候，与你何干？（约翰 21：23）

b. Ziah yiu nying teh ng kông zah-m shih-wa, hao kông, 'Z Cü iao yüong ge;' 若有人搭尔讲什么说话，好讲"是主要用渠。"=若有人对你们说什么，你们就说："主要用它。"（马太 21：3）

与闽语中疑问代词"若"读音相同的是"惹"，但今临海话中新老派均不用，温岭话中"惹"［ʑia³¹］是阳上字，如"惹祸［ʑia³¹ʔu⁴²］"。据石汝杰（2017），"啰"和"哪/那"这两个疑问词已经共存于明清时期的吴语里。这个"啰"其实就与"若"一脉相承。由于吴语中没有官话的舌尖后音 r，所以当官话中读舌尖后声母的"若"进入吴语后，经过音系适应，同化为语音接近的 l。从台州方言的内部差异来看，19 世纪传教士的台州土白中"哪"为 n 声母，而今大部分台州方言读 l 声母，只有天台话读 n 声母。推至整个吴语，疑问代词的声母也是 n、l 并存。

2. kæh-nying［kæʔ-ȵiŋ］夹＝人

用于问人。相当于"谁、哪个人"。我们推测这个"kæh"的本字是"何"，是"何"字的弱化结果。今临海话为［ka³⁵ȵiŋ³³］。如：

（22）a. Ng-he kông Ngô z kæh-nying? 尔许讲我是夹＝人？＝你们说我是谁？（马太 16：15）

b. Si-zông-keh koh-wông hyiang kæh-nying siu liang teh shü-din? 世上箇国王向夹＝人收粮搭税钿？＝世上的君王向谁征收关税、丁税？（马太 17：25）

c. Kæh-nying hao teh-kyiu? 夹＝人好得救？（马太 19：25）

d. Kæh-nying peh ng keh gyün-ping? 夹＝人拨尔箇权柄？＝给你这权柄的是谁呢？（马太 21：23）

e. Keh deo teh koh-'ao z Kæh-nying-ke? 箇头搭国号是夹＝人箇？＝这像和号是谁的？（马太 22：20）

3. zah-m［zaʔ-m］什么

用于问物，如下例（23）诸句。关于"zah-m"的本字问题，本文暂且直接写作"什么"，是基于志村良治（1995：159—211）对"是物、是没、没、阿没、甚、甚摩、什摩、甚麽①、什麽"等一系列疑问词的相互关系的探讨，他认为因"是物（是没、是勿）"的连音变读（Sandhi）才产生了"甚、甚谟、甚没、甚（什）摩"以及直至宋代出现的"甚（什）麽"。只是 19 世纪台州土白中的"甚（什）"仍保留入声的读音，尚未舒化为平声。

（23）a. wæ-yiu zah-m hao tsông ge 'æn? 还有什么好装渠咸？＝怎能叫它再咸呢？（马太 5：13）

b. Ngô-he yiu zah-m hao ky'üoh, yiu zah-m hao hæh, zah-m hao

---

① 原文为"甚摩"，与前面重复，故推测为"甚麽"。

tsiah？我许有什么喫，有什么好喝，什么好着？＝我们吃什么？喝什么？穿什么？（马太 6：31）

c. Ge peh ng-he song kwön z-'eo, feh yüong zeo zah-m shih-wa, 'ôh-tsia tsa kông-fæh. 渠拨尔许送官时候，弗用愁什么说话，或者咋讲法。＝你们被交的时候，不要思虑说什么话，或者怎样说话。（马太 10：19）

d. Ziah yiu nying teh ng kông zah-m shih-wa, hao kông, 'Z Cü iao yüong ge.' 若有人搭尔讲什么说话，好讲"是主要用渠。"＝若有人对你们说什么，你们就说："主要用它。"（马太 21：3）

e. wæ-yiu Ng le z-'eo, teh z-si meh-nyih, yiu zah-m dziao-deo? 还有尔来时候，搭<sub>和</sub>时世末日，有什么兆头？（马太 24：3。1897）

今临海话用"何物"［ka³⁵m⁰］表示"什么"。据志村良治（1995：173），在敦煌资料里，疑问代词"何"跟"甚"都普遍使用。"何物"是"何"的复音形式，也可写作"何勿"，功能和后来的"甚么"相当（志村良治，1995：43）。可见，19 世纪台州土白中表物的疑问代词与今来源有别，但均承接自中古汉语的一般用法。

4. 'ah-yi ［ɦiaʔ-ɦii］曷邑

用于问地点。相当于"什么地方、哪儿、哪里"。今临海话为"何邑"［ka³⁵ɦii⁰］。如：

（24）a. Iah-'ön-keh tsing-li z 'ah-yi le keh？约翰箇<sub>的</sub>浸礼是曷邑来箇？（马太 21：25）

b. Ng iao ngô-he 'ah-yi bi-bæn yü-yiah-tsih peh Ng ky'üoh？尔要我许曷邑备办逾越节拨尔喫<sub>给你吃</sub>？（马太 26：17）

c. Ing-yü ng-he-keh ze-veh ze 'ah-yi, ng-he-keh sing ah ze 'ah-yi. 因为尔箇<sub>的</sub>财物在曷邑，尔箇<sub>的</sub>心也在曷邑。（马太 6：21）

d. Ts'-bang ha 'ah-yi yiu bu-dao tsah？Zih-li cong-yiang 'ah-yi yiu vu-hwa-ko tsah？刺棚<sup>=</sup>哈<sup>=</sup>曷邑有葡萄摘？蒺藜中央曷邑有无花果摘？＝荆棘上岂能摘葡萄呢？蒺藜里岂能摘无花果呢？（马太 7：16）

e. Ge jong 'ah-yi teh-djôh keh z-kön？渠从曷邑得着箇事干？＝这人从哪里有这一切的事呢？（马太 13：56）

f. Keh Nying jong 'ah-yi teh-djôh keh ts'ong-ming, teh neng-kön？箇人从曷邑得着箇聪明，搭能干？＝这人从哪里有这等智慧和异能呢？（马太 13：54）

g. Ngô-he ze hông-ia　su-ze 'ah-yi le yiu tah-liao ky'üoh-zih, hao peh keh-pæn nying ky'üoh pao？我许在荒野所在曷邑来有□料喫食，好拨箇班人喫饱？＝我们在这野地，哪里有这么多的饼叫这许多人吃饱呢？（马太 15：33）

5. kyi-z［ci-z］几时

用于问时间。"几"是问数量的，"几时"开始时是问时间的久暂，相当于"多少时候""多长时间"，而把"几时"作"什么时候"用了。台州方言里的"几时"作后者解。如：

（25）a. Feh siang-sing be-nyih keh si-de, ngô wæ-iao teh ng-he jü-de tao kyi-z？弗相信悖孽箇世代，我还要搭尔许聚队到几时？＝这又不信、又悖谬的世代啊，我在你们这里要到几时呢？（马太 17：17）

b. kyi-z yiu keh z-kön？几时有箇事干？＝什么时候有这些事？（马太 24：3）

c. Cü, ngô-he kyi-z mông-djôh Ng du-hæh, peh Ng ky'üoh；'ôh-tsia k'eo k'eh, peh Ng hæh？kyi-z mông-djôh Ng c'ih-meng-k'e, siu-liu Ng；'ôh-tsia c'ih-diao-diao, peh Ng tsiah？Kyi-z mông-djôh Ng sang-bing, 'ôh-tsia lôh kæn-lao, le mông-mông Ng？主，我许几时望着尔肚喝=，拨尔吃；或者口渴，拨尔喝？几时望着尔出门去，收留尔；或者出条条，拨尔着？几时望着尔生病，或者落监牢，来望望尔？＝主啊，我们什么时候见你饿了，给你吃，渴了，给你喝？什么时候见你作客旅，留你住，或是赤身露体，给你穿？又什么时候见你病了，或是在监里，来看你呢？（马太 25：37—39）

6. zao-teh［zao-təʔ］嘈=得

用于问性状。相当于"什么样"，后面都带名词。如：

（26）a. Keh z zao-teh nying? 箇是嘈⁼得人？＝这是谁？（马太21：10）

b. Væn-pah yiu bing, feh-leng zao-teh mao-bing, tʻong-kʻu, bi kyü vu-keh, tin-gao, fong-tʻæn, tu ta-tao Yia-su su-ze. 万百有病，弗论嘈⁼得毛病，痛苦，被鬼附箇，癫爻，风瘫，都带到耶稣所在。＝那里的人把一切害病的，就是害各样疾病，各样疼痛的和被鬼附的、癫痫的、瘫痪的，都带了来。（马太4：24）

c. Keh z zao-teh dao-li? 箇这是嘈⁼得道理？（马可1：27）

d. Ng-he yü zao-teh ön kao keh Nying? 尔许为嘈⁼得案告箇人？＝你们告这人是为什么事呢？（约翰18：29）

e. Ge ziah fæh-cʻih sing-ing m-kao zah-m kôh-ky'iao, tsa hyiao-teh cʻü-cʻih zao-teh ing, dæn-cʻih zao-teh diao? 渠若发出声音呃告什么各窍，咋晓得吹出嘈⁼得音，弹出嘈⁼得调？＝若发出来的声音没有分别，怎能知道所吹、所弹的是什么呢？（哥林多前书14：7）

f. Ge-he yiu zao-teh kyi-sing le? 渠许有嘈⁼得肌身身体来？＝（他们）带着什么身体来呢？（哥林多前书15：35）

与同样兼表性状的"嘈⁼"相比，"嘈⁼得"所修饰的名词音节不受单双音节的限制，"嘈⁼名字"和"嘈⁼得名字"皆可，而"嘈⁼"一般只带双音节名词。而且"嘈⁼得"除了与"嘈⁼"一样具有中性意义外，还可用于反问句中表示消极的评价或轻蔑的感情色彩，如："渠嘈⁼得人？"

7. tsa［tsa］咋

用于问方式。相当于"怎么"。"咋"后带名词、动词、形容词皆可。带名词时，其实表示的也是如何处置的意义，如（27）a"咋办法"表方式，意为"怎么办、用什么办法"。

（27）a. Tsʻing kyi-toh-keh Yia-su, ngô tsa bæn fæh? 称基督箇耶稣，我咋办法？＝那成为基督的耶稣，我怎么办他呢？（马太27：22）

b. Ng-he doh-zô sang-keh doh-zô! tsa neng-keo min gao di-nyüoh-keh ying-væh? 尔许毒蛇生箇毒蛇，咋能够免爻地狱箇刑罚？＝你们这些蛇类、毒蛇之种啊！怎能逃脱地狱的刑罚呢？（马太23：33）

c. feh yüong zeo tsa kông-fæh, tsa feng-pʻeo, 'ôh-tsia zah-m shih-wa hao kông. 弗用愁咋讲法，咋分剖，或者什么说话好讲。＝不要思虑怎么分诉、说甚么话。（路加 12：11）

用于问原因。相当于"为什么"。可后带动词或形容词，也可置于主语前。如（28）a 中的"咋快"实际上表示"怎么这么快"的意思。由于台州土白中指示程度的代词不常用，导致"咋"可以直接带形容词表示程度。

（28）a. Vu-hwa-ko jü k'u-gao tsa kw'a! 无花果树枯爻咋快！＝无花果树怎么立刻枯干了呢？（马太 21：20）

b. Vu-hwa-ko jü tsa-sang mah-ding k'u-gao! 无花果树咋生蓦定枯爻！（马太 21：20 。1897）

问方式和原因时，"咋"和下文的"咋生"相当，但总的来说，"咋生"的使用频率比"咋"高。例（28）两句意义相当，但 b 用"咋生"，后面带的是动词性的"枯爻"。

8. tsa-sang［tsa-saŋ］咋生

今临海话读音为［tsaʔ³sə³⁵］。用于问状况。相当于"怎样、怎么样"。如：

（29）a. Keh si-lao tsiang-le we tsa-sang! 箇细佬将来会咋生！＝这个孩子将来怎么样呢？（路加 1：66）

b. Ge-he tso kyin-tsing kao Ng keh z-kön tao-ti tsa-sang? 渠许做见证告尔事干到底咋生？＝这些人作见证告你的是什么呢？（马太 26：62）

c. Ng-he-keh i-s tsa-sang? 尔许箇意思咋生？＝你们的意见如何？（马太 26：66）

d. Ng-he ziah-z mông-djôh Nying-keh N sing-zông Ge zin-deo su ze-teh su-ze, keh-ky'iah tsa-sang？尔许若是望着人个儿升上渠前头所在得所在，箇雀＝咋生！＝倘或你们看见人子升到他原来所在之处，怎么样呢？（约翰 6：62）

用于问方式。如：

（30）a. Hao ts'eng-ts'eng sæn-zông-keh pah-'eh hwa, ge tsa-sang do-ky'i-le. 好忖忖山上箇百合花，渠咋生大起来。=你想野地里的百合花，怎么长起来。（马太 6：28）

b. iao mông-mông keh z-kön tsa-sang kyih-gyüoh. 要望望箇事干咋生结局。=要看这事到底怎样。（马太 26：58）

c. Keh shih-wa tsa-sang yiu ing-nyin? 箇说话咋生有应验？（马太 26：54）

d. KEH z-'eo Fæh-li-se nying c'ih-k'e siang-liang, tsa-sang hao yüong Ge shih-wa tso ky'ün-t'ao 'e Ge. 箇这时候法利赛人出去商量，咋生好用渠说话做圈套害渠。=怎样就着耶稣的话陷害他。（马太 22：15）

用于问原因。如：

（31）a. Ng-he tsa-sang feh siang-sing ge? 尔许咋生弗相信渠？（马太 21：25）

b. Bong-yiu, ng tao i le, tsa-sang feh tsiah 'o c'ü-ts'ing keh do-i? 朋友，尔到以<sub>这儿</sub>来，咋生弗着<sub>穿</sub>贺娶亲箇大衣<sub>婚礼礼服</sub>？（马太 22：12）

c. Ge tsa-sang z Da-bih-keh 'Eo-de? 渠咋生是大别箇后代？=他怎么又是大卫的子孙呢。（马太 22：45）

d. Ng-he tseo-c'ih-le, tsa-sang do tao teh kweng le k'ô Ngô, ziang k'ô gyiang-dao? 尔许走出来，咋生驮刀搭棍来抲我，像抲强盗？=你们带着刀棒，出来拿我，如同拿强盗么？（马太 26：55）

e. Ngô-keh Zông-ti! tsa-sang li-k'e Ngô? 我箇上帝，咋生离开我？=我的神，为什么离弃我？（马太 27：46）

近代汉语中，"怎"和"怎么"同时存在。"单用怎字，在早期大概是因为实际语音如此（tsam）；在后期，恐怕只是省写一个'么'字，为了图省事，也因为自来有这个形式。"跟"怎么"结合成复合词的"生、地、样"三字中，"怎生"出现得最早，这个复合词在元代以后就很少用了。(吕叔湘，1985：304—305) 其实，这个"怎"是"作么"的合音。唐末时与"作么"一起出现的还有"作么生"和"作生"，皆作询问状态的疑问副词（志村良治，1995：85）。百余年前台州土白圣经译本中的"tsa"和"tsa-sang"可视为"作么"和"作么生"的沿用。而今台州温岭等方言中的［tsã⁴²m⁰］是"作么"音变过程中语音逆同化的结果。

9. zao yün-ku［zao ɦyn-ku］嘈⁼缘故；yü zah-m［ɦy zaʔ-m］为什么两个都用于问原因。相当于"为什么"。和合本官话版《四福音书》中有 3 例"为什么"，台州土白中 1 例译为"为什么"，见例（32）a，2 例译为"嘈⁼缘故"，见例（32）b 和 c。其他询问原因的句子用"怎么"较多，台州土白中相应地多译为"咋生"，如例（32）d。1912 年版台州土白《以西结到玛拉基》圣经，在和合本官话中有 2 例用"为什么"，台州土白中都用"嘈⁼缘故"，见例（32）e。不同的台州土白版本用"咋生"和"嘈⁼缘故"的都有，如（32）b 是 1880 年版的，用"嘈⁼缘故"，而在 1897 年修订版中则用"咋生"。可见，询问原因的疑问代词中，"嘈⁼缘故"和"咋生"是地道的台州土白，而"为什么"是受官话影响的书面语。今临海话用"为何物"［ɦy¹³kã⁵²m⁰］。

（32）a. Ng yü zah-m môngi-djòh hyüong-di ngæn-li yiu ts', feh ts'eng-tao z-keh ngæn-li yiu tong-liang ze-teh? 尔为什么望着兄弟眼里有刺，弗忖到自个眼里有栋梁在得？=为什么看见你弟兄眼中有刺，却不想自己眼中有梁木呢？（马太 7：3）

b. Zao yün-ku ts'ing-hu Ngô z hao? 嘈⁼缘故称呼我是好？=你为什么以善事问我呢？（马太 19：17。1897）

c. Zao yün-ku, Ge tso zah-m ôh z-kön? 嘈⁼缘故，渠做什么恶事干？=为什么呢，他做了什么恶事呢？（马太 27：23。1897）

d. Ng tsa-sang kông, Nying-keh N pih iao di-zông-k'e? 尔咋生讲，人个儿必要提上去？=你怎么说"人子必须被举起来"呢？（约翰 12：34）

e. Z zao yün-ku? 是嘈⁼缘故？=这是为什么呢？（哈该书 1：9；玛拉基 2：14）

10. zao［zao］嘈⁼
今老派台州方言仍在用"嘈⁼"，相当于"什么"或"什么样"，偶尔表示"多么"，修饰形容词，如例（33）g 句中的"难过"。"嘈﹦"不能单用，只能与其他语素或词组合使用。除了后带普通名词外，如"名字/时候/份机﹏时候/事干/地方/相貌"等，还常常有一些固定的搭配短语，如"嘈﹦相干﹏什么关系"，其回答的肯定形式和否定形式分别是"有相干"和"呒相干﹏不相干；没关系"。

（33）a. Ng zao ming-z? 尔嘈﹦名字？（路加 8：30）

b. Ing-yü feh hyiao-teh ng-he-keh Cü zao z-'eo le. 因为弗晓得尔许个主嘈﹦时候来。＝因为不知道你们的主是哪一天来到。（马太 24：42）

c. Ng yiu zao z-kön iao t'ong-ts ngô? 尔有嘈﹦事干要通知我？＝你有什么事告诉我呢？（使徒 23：19）

d. iao-siang mông Yia-su z zao siang-mao nying. 要想望耶稣是嘈﹦相貌人。＝他要看看耶稣是怎样的人。（路加 19：3。1897：渠想望耶稣是嘈﹦得人）

e. Ngô ziah iao ge ze-teh ih-dzih tao Ngô le z-'eo, teh ng zao siang-kön? 我若要渠在得一直到我来时候，搭尔嘈﹦相干？＝我若要他等到我来的时候，与你何干？（约翰 21：23）

f. feh-leng zao di-fông, feh-leng zao z-kön, 'oh ky'üoh-pao, 'oh du-hæh, 'oh yiu-yü, 'oh feh coh, ngô tu 'oh-zih-ku. 弗论嘈﹦地方，弗论嘈﹦事干，或喫饱，或肚喝﹏饥饿，或有余，或弗足，我都学习过。（腓立比 4：12）

g. ge kong-nyi-keh sing feh-ts zao næn-ku. 渠公义箇心弗知嘈﹦难过。＝他的义心就天天伤痛。（彼得后书 2：8）

"嘈﹦"表"什么"义时，大都可替换为"zah-m"，但"嘈﹦"多用于充当定语成分，"zah-m"一般作宾语。

戴昭铭（2006：117）提到今台州天台话中"哰"的意义与表示疑问的"什么"相当，可以用于问重量、大小、距离、时间等，并怀疑这个"哰"是由"多少"两个字音缩合成一个音节后再经声母浊化、声调类化为阳去后形成的。百余年前台州土白中出现的"嘈﹦"与此"哰"字应为同一回事，但我们目前尚无法推测其来源是"多少"或与"多少"有关。

　　在早期近代汉语里，"多少"不但可以用来问事物的数量，还可以用来问性状的程度，是"从用于动词、名词渐渐发展到用于形容词"（志村良治，1995：86）。后来在涉及性状的用法上，"多少"逐渐为"多"所取代，更后又出现了"多么"（吕叔湘，1985：350）。

# 第六章

# 台州方言的基本语序①

　　"汉语的语序是汉语语法研究中一个久盛不衰的题目，也对普遍语法理论形成了挑战。"（徐烈炯，2009：295）相比语音、词汇而言，汉语方言间的语法差异相对较小。赵元任（2002：854）在谈及吴语对比的问题时认为，吴语的词序和官话以及其他方言基本相同，可是有差别的地方通常都很有意思。人们常常提到的语法差异是吴语中直接宾语放在间接宾语之前。还有词缀和语助词，由于出现的频率高，在吴语和其他方言的对比中相当突出。可见，语序不但是语言类型学的主要参项，也是方言间比较的主要特点之一。

　　对语序特征尤其是动词与宾语之间的语序问题的研究实际始于 19 世纪，但直至 Greenberg 的经典论文发表，才标志着语言学界开始关注语序类型学（李云兵，2008：7），并逐渐成为当代语言学界的核心问题。一种语言最重要的语序类型通常表现在两个方面：1. 该语言中主语、宾语、动词的相对位置，可称为小句结构语序；2. 该语言的介词（adposition）使用前置词（preposition）还是后置词（postposition），可称为介词类型。一种语言其他句法结构的语序在很大程度上取决于这两种语序（刘丹青，2001）。

　　19 世纪台州土白圣经译本中所呈现出的台州方言语序特点，显然深受传教士翻译过程中欧化语言和官话语法的双重影响。百余年来台州方言的核心语序特征变化不大，但存在一定的内部差异，主要体现在话题结构、隔开型动结式和后置成分上。

---

　　① 本章第一二节内容以《从传教士文献看台州方言百余年来的两种语序特征》为题，发表在《宁波大学学报》（人文社科版，2018 年第 5 期）上。略有改动。

# 第一节　话题结构

话题问题具有语言类型学上的意义，对于汉语研究尤为重要，"因为汉语缺少形态变化，主语、谓语等句法成分没有明显的形式标志。于是，话题跟汉语句子的基本结构及有关成分的关系问题就显得非常复杂，特别值得研究"（袁毓林，2004）。从语言类型学的角度看，人类语言可以分为话题优先型语言和主语优先型语言两类。一般来说，"人类有选择施事性较强的实体充当谈论话题的强烈倾向，这就是说在施事和话题之间有一种自然的相互关系：在其他条件相同的情形下，可以预期施事跟话题重合。可见主语的概念只是反映这种预料之中的重合的语法化，这也解释了为什么有这么多语言的主语这个语法关系的核心可以用施事和话题的重合来定义，而只有少数语言用类似方式定义的语法关系反映的是像受事和话题的重合"（伯纳德·科姆里，1989：148）。汉语就属于这种"少数语言"之一。确切地说，它属于话题优先型语言。其中吴语是比北京话更不典型的 SVO 类型和比北京话更典型的话题优先类型（刘丹青，2001）。吴语中的台州方言更是话题优先类型中典型的典型。

根据话题与其后述题或述题中某些部分之间的语义关系，可分成四类：论元及准论元共指性话题、语域式话题、拷贝式话题、分句式话题。（徐烈炯、刘丹青，1998：120—122）台州土白中出现频率较高的是与论元相关的受事类话题和语域式话题。它们大都充当主话题或次话题。

## 一　受事话题

受事类话题，"指充当话题的成分在语义关系上属于句子主要动词的广义的受事性论元，其中包括动作行为的承受者、目标、对象、与事、致使对象、产物等，在汉语中还包括联系动词的表语性成分"，受事类话题大量存在是话题优先的一个突出表现。（徐烈炯、刘丹青，1998：250）台州土白中，受事话题在句首充当主话题的是 TSV 语序，如例（1）a 和 b；受事话题在主语后充当次话题的是 STV 语序，如例（1）c—h。如果这些受事话题不前置于主语或谓语前的话，本该处于宾语位置。这些前置的受事宾语一般是光杆名词，前无定语作修饰成分，如例（1）中的"网、饭、眼泪、酒、头、胸头、手"。即使是动词短语实际上也具有表事件的体词性质。

（1）a. mông tang-lôh k'ô ng. 网打落抲鱼<sub>放下网打鱼</sub>。（路加 5：4）

b. væn ky'üoh-ku, nying ziu gyin-ky'i-le. 饭喫过，人就健起来。
（使徒行传 9：19）

c. Ge-he lih-k'eh mông tön-gao. 渠许立刻网断<sup>=</sup>爻<sub>扔掉网</sub>，跟渠去。
（马可 1：18）

d. Yia-su ngæn-li liu-c'ih-le. 耶稣眼泪流出来。（约翰 11：35）

e. Ge-he tsiu m-gao. 渠许酒呒爻。（约翰 2：3）

f. Tseo ku cü-ts deo yiao-yiao, tsiao-siao Ge, z t'ih kông. 走过主子头摇摇，嘲笑渠，是铁<sub>这样</sub>讲。（马太 27：39。）

g. Keh siu-din-liang nying yün-yün gyi-kæn, ngæn tu feh kön de-ky'i hyiang t'in, tsih we hyüong-deo k'ao- k'ao. 箇收田粮人远远徛间<sub>站着</sub>，眼都弗敢抬起向天，只会胸头敲敲。（路加 18：13）

h. Ziu siu tin-tin, ao bih-tsih jün-li-keh ho-kyi le pông-zu. 就手点点，讴<sub>叫</sub>别只船里箇伙计来帮助。（路加 5：7）

1880 年版台州土白《四福音书》中的受事话题出现的频率高于 1897 年版的台州土白译本。如例（2）都是 1880 年版的例句，括号中加注 1897 年版中相应的动宾式结构。

（2）a. do-ke nyü-k'ah t'ao-le, 'eo-deo s-gao. 大箇女客<sub>妻子</sub>讨来，后头死爻。（马可 12：20。1897：头一个娶妻子）

b. ng su yiu-keh meh-z t'ong k'e ma-gao, feng-peh gyüong-nying, ng ziu yiu ze-veh ze t'in-zông. 尔所有箇物事统去卖爻，分拨穷人，尔就有财物在天上。（路加 18：22。1897：出卖尔所有）

c. Yia-su lih-keh siu long-c'ih ky'in ge. 耶稣立刻手龙<sup>=</sup><sub>伸</sub>出牵渠。
（马太 14：31。1897：龙<sup>=</sup>出手）

d. S-'ô z-kön m-yiu ih-yiang fe lu-c'ih-le. 私下事干呒有一样燴露出来。（路加 12：2。1897：没有私下事干）

e. Siao-nying-keh pang ziu ngæn-li c'ih, eo-hyiang kông. 小人箇爸就眼泪出，讴响讲。（马可 9：24。1897：出眼泪）

f. ngò ts'e-su-keh mi-dao ih-ke tu feh k'eng peh ge zông. 我菜蔬箇味道一个都弗肯拨渠尝。（路加 14：24。1897：吭有一个好尝着我夜饭）

g. ng-keh meng-du kông ge ih-sing. 尔箇门徒讲渠一声。（路加 19：39。1897：要责罚尔箇门徒）

与事与谓语动词之间的关系是间接的，它常常与介词一起构成与事结构，充当谓语动词的状语。作为介词的宾语，如果充当话题一般用于句中，这种与事话题既可视为与事宾语前置于谓语动词，也可视为与事介词"用"等省略的结果。比如，例（3）a 中的"枕头"是个工具性质的与事，意思是"枕着枕头睡觉"或"用枕头垫着睡觉"；b 中的"价钿"其实是指"高价钱"，作"买"的方式，即为"用高价买来的"意思。

（3）a. Yia-su ze jün 'eo-sao tsing-deo din-kæn kw'eng. 耶稣在船后梢枕头垫间眠垫着枕头睡。（马可 4：38）

b. Ng-he z kô-din ma-le; hyiao tso nying-keh nu-boh. 尔许是价钿买来；懐做人箇奴仆。（哥林多前书 7：23）

在现代汉语中，"NP+用来/拿来+VP"格式被认为与介词悬空、词汇化、关联化等因素和种类相关。其中，NP 的前置话题化由动宾移位的句式安排或介词悬空的句法后果导致而成。前者"用来/拿来"是谓词性的，后者是副词性的，在句中只能充当状语，修饰后面的 VP（张谊生，2016：137—138）。台州土白圣经译本中这种与事话题性质属于后者，但省略了介词。

## 二　语域式话题

语域式话题总体上跟述题的语义关系比较松散，它只为话题提供一种时空、个体等方面的范围和框架。语域式话题也是汉语或话题优先语言特点的一种体现。其中，时地语域式话题尤为常见。它与时间、地点状语之间的区别在于有无提顿、提顿词等标记。（徐烈炯、刘丹青，1998：121）

台州土白圣经译本中的处所宾语提前充当话题的一般是 STV 语序，即多充当次话题。如例（4）a 中的处所宾语"外面"和 b 中处所宾语"海上"都提前至主语和谓语之间充当次话题；c 和 d 中的处所宾语"马槽"虽然一个在分句句首，一个在句中，实际上其前均有主语，所以仍属主语和谓语之间的次话题性质；e 句充当主话题的则是整个包含处所的表状态持续的短语结构"横边徛间"，相当于"旁边站着"；f 句看似"坟里"前省略了介词"从"，实际上也是处所宾语作话题的结果。同前，括号中加注的是 1897 年版相应的介宾短语式。

(4) a. Ng-keh m teh hyüong-di nga-min gyi-kæn, iao kyin Ng. 尔箇母搭兄弟外面徛间，要见尔。（路加 8：20。1897：徛在外面）

b. Ge-he i-kying yiao zih-pô li lu, mông-djôh Yia-su he-zông ze-teh tseo. 渠许已经摇十把里路，望着耶稣海上在得走。（约翰 6：19。1897：在海上走）

c. Ng-he we zing-djôh ih-ke si-lao, yiu pu pao-teh, mô-zao-li kw'eng-kæn. 尔许会寻着一个细佬，有布包得，马槽里睏间。（路加 2：12。1897：睏在马槽）

d. wæ yiu mô-zao-li kw'eng-kæn-keh si-lao. 还有马槽里睏间箇细佬。（路加 2：16。1897：还有细佬睏在马槽）

e. Wang-pin gyi-kæn yiu ih-ke nying bæh-c'ih tao, tsôh tsi-s-deo-keh nu-boh, siah-lôh ge ng-to. 横边徛间有一个人拔出刀，斫祭司头箇奴仆，削落渠耳朵。（马可 14：47。1897：有一个人徛在横边）

f. Yiu nying peh Cü-keh s-siu veng-li do-c'ih. 有人拔主箇尸首坟里駄出。（约翰 20：2。1897：有人拔主从坟里駄出）

"时间处所词语对于谓语动词来说，不是论元。它们不是动词必要的同现成分，跟动词没有选择关系，比起论元成分来，它们跟谓语动词的关系要松散一些。但是，在语义上，它跟谓语动词有修饰限定关系"，"在汉语中，除了存现句外，其他句子也常会只有时地话题而没有主语，这样的句子在上海话中可能更加平常。"（徐烈炯、刘丹青，1998：132—134）台州土白圣经译本中，这种时地式话题尤为常见。如：

(5) a. sæn-nyih kong-fu Ngô we ky'i ge hao. 三日功夫我会起渠好。＝我三日内要再建立起来（约翰 2：19）

b. ön-sih-nyih tsi-s ze sing-din-li væn-djôh ön-sih-nyih, ah m-kao ze. 安息日祭司在圣殿里犯着安息日，也呒告<sub>没有</sub>罪，=当安息日，祭司在殿里犯了安息日，还是没有罪。（马太 12：5）

c. æn-keng, meng-du tseo-le, teh ge kông. 晏根<sub>天将晚的时候</sub>，门徒走来，搭渠讲。=天将晚的时候，门徒进前来说。（马太 14：15）

d. Yia-su kông, "T'ing-djôh: Shü-li su kông, 'Jong siao-nying teh ky'üoh-na-keh k'eo-li Ng hyin-c'ih tsæn-mi le,' keh-kyü shih-wang p'ô vong doh-ku? 耶稣讲，"听着：书里所讲，'从小人搭<sub>和</sub>吃奶箇口里尔显出赞美来，' 箇句说话尔怕嬉读过？"（马太 21：16）

e. Ziu li-k'e ge-he, tseo- c'ih zing-nga tao Pah-da-nyi; ze kæn shoh yia. 就离开渠许，走出城外到伯大尼，在间<sub>那儿</sub>宿夜。（马太 21：17）

f. K'u-sing tsao cün-le tao zing-li k'e z-'eo, du-hæh-gao. 枯星早<sub>清晨</sub>转来<sub>回来</sub>到城里去时候，肚喝<sup>=</sup>爻<sub>肚子饿了</sub>。（马太 21：18）

g. Lu-pin mông-djôh ih-cü vu-hwa-ko jü, tseo-k'e, tsih mông-djôh yih, bih-yiang m-yiu. 路边望着一株无花果树，走去，只望着叶，别样呒有。=早晨回城的时候，他饿了。看见路旁有一棵无花果树，就走到跟前，在树上找不着什么，不过有叶子。（马太 21：19）

h. Yiu ih-ke cü-nying-kô cong ih-yün bu-dao, deo-ky'ün tang ts'iang-li, yün-li gyüih ih-ke tsiu-tsô, zao ih-ke kao-leo, shü peh cong-din-nying, ziu c'ih-meng. 有一个主人家种一园葡萄，头圈打枪篱<sub>周围扎篱笆</sub>，园里掘一个酒榨<sub>压酒池</sub>，造一个高楼，税<sup>=</sup>拨<sub>租给</sub>种田人，就出门。（马太 21：33）

例（5）a—c 句均为时间词起首充当话题，它们在相应的和合本官话版中都用了作状语的时间短语；d—g 各句自成一段可以说是汉语中典型的一个"流水句"（吕叔湘，1979：27；胡明扬，1989），每一节都是一个流水句，包含两个以上的语段，而这么多流水句又连成一个超级流水句，没有出现关联词语，语义联系比较松散，感觉"哩哩啦啦"的，但由同一个真正的主语"耶稣"统领。其中 f 句段开头是时间话题，g 句段开头是地点话题，还不同于一般的存现句，因为谓语动词是"望"，而非存现动词；h 句中，"头圈""园里"小句也都是地点话题起首的，可以说主语也都是共用一个"主人家"。

徐烈炯（2009：293—299）在赵元任（Chao，1968）、朱德熙（1982）等传统语法学者归纳的"主语倾向于定指，宾语则倾向于不定指"的汉语语序特征的基础上，进一步扩展为"附加语和论元都有定指效应；表不定指的 NP，无论是论元还是附加语，都倾向处于动词的后面。但是当它们带有标记的时候，就可以处在动词的前面"。话题化就是台州方言这种语序特征中的一个标记。其他标记还有否定句、疑问句以及完成性、信息度和指称性等因素，如例（6）。

(6) a. 鸡我杀爻。
　　b. 间里尔扫清爽爻伐？
　　c. 汤我啜爻。
　　d. 我话吭讲完。

特别是受事次话题的产生条件与语言单位的可别度（Identifiability）有关。在其他条件相同的情况下受事论元的可别度越高在语序编码上也越倾向前置于动词充当次话题。影响受事论元可别度的因素主要有受事论元的指称性、信息度和动词的完成性等。这三个因素对可别度的影响程度也是不同的，它们之间构成了一个优先等级序列，即完成性＞信息度＞指称性。（丁健，2015）与上海话等北部吴语相比，浙江吴语动词前的话题位置更加泛化（刘丹青，2001），而台州方言中充当话题结构前置的论元更加多样化和句法更加虚化的特征在百余年前就已成熟和稳定。

## 第二节　　隔开型动结式

隔开型动结式即 VOC 式。它与非隔开型动结式"VC"都产生于六朝，在相当长的时期内同时使用。宋元以后逐渐衰落，现代仅存于某些方言之中。（蒋绍愚、曹广顺，2005；江蓝生，2013：215）台州方言中强势保留了这种隔开型动结式，并早见于 19 世纪传教士台州土白圣经译本中。根据结构语义学的义素分解法，这种动结式（使成式）的语义可分解为"动作 V 使受事对象 O 得到（或达到）结果 C"。在非隔开型动结式"VC"式中，动作 V 和结果 C 在句式表层得到显现，受试对象在隔开型

动结式 "VOC" 中被显现。相对于 V、O、C 三个成素来说, "使—得到" 的义素是隐含的, 它在句式表层没有显现, 是 "VC" 和 "VOC" 动结式的隐含义素。这种 "无标记的隔开型动结式的深层结构可以还原为一个隐含了致使义素的动宾句与使动兼语句的叠加句" (江蓝生, 2013: 215—216)。换言之, 隔开型无标记动补式 "VOC" 实际上是 "VO" 句式和 "使 OC" 句式叠加整合后, 删除重复的第二个 O 并隐含致使标记 "使" 的结果。

百余年前台州土白圣经译本中隔开型动结式所带宾语多为人称代词, 也有少量普通名词。如例 (7) a 中 "装人龌龊" 和 "装渠龌龊" 同时存在, 前者是普通名词, 后者是人称代词。补语一般为单音节补语, 也有个别双音节补语, 如例 (7) a 中的 "龌龊" 等。补语包括结果补语、趋向补语、可能补语等。

## 一　结果补语

充当结果补语的可以是动词, 也可以是形容词, 如例 (7) 中的 "走、死、醒" 是动词, "龌龊、牢、好、平、熟、干净" 等是形容词。其中 (7) h 句中 "VCO" 和 "VOC" 共存, "拉▪转尔、围牢尔" 是 "VCO" 式, "扒尔平" 则是无标记隔开型动补式。"VCO" 是台州方言受官话影响后产生的句式, 此外也与 V 和 C 之间的结合紧密度有关, 特别是词汇化后的 VC。

(7) a. Feh–z tseo–tsing k'eo–li keh meh–z we tsông nying 'ôh–c'ôh; tsih–yiu jong k'eo c'ih–le, keh–z we tsông ge 'ôh–c'ôh. 弗是走进口里箇物事会装人龌龊; 只有从口出来, 箇是会装渠龌龊。(马太 15: 11)

b. yiu–sih ng–he we sæh–gao, yiu–sih zih–z–kô ting ge s, yiu–sih ze ng–he jü–we–dông yüong pin tang ge, wæ–yiu tao–c'ü zing–li kön ge tseo. 有些尔许会杀爻, 有些十字架钉渠死; 有些在尔许聚会堂用鞭打渠, 还有到处城里赶渠走。(马太 23: 34)

c. Ge wæ vong tseo tao, hyüong–di yün–yün mông–djôh ge, ziu jü–de siang–liang meo ge s. 渠还缒走到, 兄弟远远望着渠, 就聚代商量谋渠死。(创世纪 37: 18)

d. Bæh ge c'ih-le siao ge s. 拔渠出来烧渠死。（创世纪 38：24）

e. Ge-he z jong da-næn c'ih-le, yüong Siao-yiang-keh hyüih si ge i-zông shih-bah. 渠许是从大难出来，用小羊箇血洗渠衣裳雪白。（启示录 7：14）

f. Ngô k'e ao ge sing. 我去讴渠醒。（约翰 11：11）

g. Yia-su ke-tang-ke siu môh-môh, i ge hao. 耶稣个打个手摸摸，医渠好。＝耶稣按手在他们各人身上，医好他们。（路加 4：40）

h. væn-pah ze di-'ông su kw'eng-lao keh, ze t'in-zông ah we kw'eng ge lao. 万百在地下尔所捆牢箇，在天上也会捆渠牢。（马太 16：19）

i. nying ziu-z yüong t'ih-lin, ah feh neng-keo so ge lao. 人就是用铁链，也弗能够锁渠牢。（马可 5：3）

j. ng-keh dziu-dih pih-ding deo-ky'ün coh t'u-zing læh-cün ng, s-min yü-lao ng, bô ng bing. 尔箇仇敌必定头圈筑土城拉┐转阻挡尔，四面围牢尔，扒尔平。（路加 19：43-44）

k. Ng iao ky'üoh ge ziang do mah-ping, ze cong-nying min-zin yüong nying-keh feng p'ang ge joh. 尔要吃渠像大麦饼，在众人面前用人箇粪烹渠熟。（以西结 4：12）

l. iao yüong dao-li teh shü si ge kön-zing, ts'ing-kyih ge. 要用道理搭和水洗渠干净，清洁渠。（以弗所 5：26）

还有一种"动+宾+过"的结构，与动补结构带宾语的语序相同。此处的"过"是表经历态的时态助词。"动+宾+过"中的动词，单双音节皆可，其间宾语可以是简单的名词或代词，也可以是很复杂的短语，如例（8）中的 g 句。

（8）a. zao-fæn z-'eo ge z sæh-nying ku. 造反时候渠是杀人过。（马可 15：7）

b. Ngô mông-djôh ng ku. 我望着尔过。（约翰 1：48）

c. ing-ü tu c'ü ge ku. 因为都娶渠过。（马太 22：28）

d. ziah yiu hông-kao sah-tsô nying ku, ngô kô sæn-be wæn ge. 若有谎告杀诈讹诈人过，我加三倍还渠。（路加 19：8）

e. Pao-lo t'ao-sing ge-he ku, ziu peh Zông-ti ze bih-koh cong-yiang yüong ge su tso ih-ts'ih z-kön t'ong-ts ge-he. 保罗讨信<sub>问候</sub>渠许过，就拨上帝在别国中央用渠所做一切事干<sub>事情</sub>通知渠许。（使徒行传21：19）

f. Ngô yü z-kyi liu ts'ih-ts'in nying, kyiah-kw'e-deo vong gyü-lôh pa Pô-lih ku. 我为自己留七千人，脚髁头儃跪落拜巴力过。（罗马书11：4）

g. ngô vong peh ge-he bih-nying 'ang si-li ku. 我儃拨渠许别人行洗礼过。（歌林多前书1：14）

h. Fe sang-keh, vong sang-keh t'e, teh vong jing-na ku nyü-nying, yiu foh-ky'i. 觟生箇，儃生箇胎，搭儃吮奶过女人<sub>未曾乳养过的女人</sub>，有福气。（路加23：29）

i. yiu kyih-tsih jün jong Di-pi-li-ô le, gying Cü coh-zia ge-he ky'üoh mæn-deo ku di-fông. 有几只船从地比利亚来，近主祝谢渠许喫馒头过地方。（约翰6：23）

## 二　趋向补语

台州土白中的趋向动词以简单趋向动词为多。被谓语动词的宾语隔开后，还能带另一个处所宾语，我们将这种趋向结构统称为趋向补语。台州土白圣经译本中常见的趋向补语有"上、落<sub>下</sub>、出、还<sub>回</sub>"等，而另带处所宾语的趋向补语以"出、到"为多，如例（9）。

（9）a. ti-vi cü-ts sing ge zông. 低微主子升渠上。＝把低微的人升上去。（路加1：52）

b. ziu nang-ky'i-le, kön Ge c'ih zing-nga, bæh tao ngæn-deo su-ze，（ziu-z zing zao-kæn -keh sæn，）iao fæn Ge lôh. 就□起来，赶渠出城外，拔到岩头所在，（就是城造间箇山，）要反渠落。＝就起来撵他出城。他们的城造在山上。他们带他到山崖，要把他推下去。（路加4：29）

c. Ziah z ng ih-tsih ngæn ta-li ng væn-ze, hao ľeo ge c'ih. 若是尔一只眼带离尔犯罪，好剾渠出。（马可9：47）

d. Kyü ziu tse-sæn gyiu Yia-su, feh iao kön ge c'ih keh di-fông. 鬼就再三求耶稣，弗要赶渠出箇地方。（马可 5：10）

e. Ngô we jong Ngô k'eo-li t'u ng c'ih. 我会从我口里吐尔出。（启示录 3：16）

f. Ön-tsông ng dziang-fu cü-ts-keh kyiah yi-kying tao meng-k'eo, ah iao kông ng c'ih. 安葬尔丈夫主子箇脚已经到门口，也要扛尔出。（使徒行传 5：9）

g. Keh nu-boh-keh cü fæh z-pe-sing fông ge c'ih, wæ-yiu sô-wön ge tsa. 箇奴仆箇主发慈悲心放渠出，还有赦完渠债。（马太 18：27）

h. peh ng-keh meh-z do-k'e cü-ts, feh iao t'ao ge wæ. 拨尔箇物事驮去主子，弗要讨渠还。（路可 6：30）

i. Nyü-beng-keh nying, kying-nying mæn-deo iao t'ao ng ling-weng wæn. 愚笨箇人，今日晚头要讨尔灵魂还。（路加 12：20）

j. Tsu-tsong tu-gyi Iah-seh, ma ge tao Yi-gyih k'e. 祖宗妒忌约瑟，卖渠到埃及去。（使徒行传 7：9）

k. ziu-z ön-sih-nyih kæh-nying feh lih-k'eh k'e liao ge zông-le. 就是安息日夹⁼人弗立刻去撩渠上来？（路加 14：5）

l. Zô jong ge k'eo-li t'u-c'ih shü ziang 'o-shü ze nyü-nying 'eo-pe, iao t'e ge k'e. 蛇从渠口里吐出水像河水在女人后背，要推冲渠去。（启示录 12：15）

m. tön ge ze m-ti-k'ang, kwæn ge tsing. 断扔弃渠在吭底坑，关渠进。（启示录 20：3）

## 三　可能补语

台州土白中出现的可能补语结构以否定式居多。动词和后面的补语之间可插入宾语成分，如例（10）。其中（10）e—f"数弗遍"指"数不过来"，"遍"意为"全、周遍"。

（10）a. Ts'a-yüoh tseo-tao, ze kæn-lao-li zing ge feh djôh. 差役走到，在监牢里寻渠弗着。（使徒行传 5：22）

b. ing-yü Ngô we s-peh ng-he k'eo-ze teh ts'ong-ming, peh ng-he te-deo 'en-kyi pôh ng feh tao, ti-dih ng feh ku. 因为我会赐拨尔许口才搭聪明，拨尔许对头□几都驳尔弗倒，抵敌尔弗过。（路加21：15）

c. Ying-yü hyiao-teh keh-sih tsi-s-deo z yü ky'i Ge feh-ku ka-zǒng-le. 因为晓得箇些祭司头是为气渠弗过解上来。（马可15：10）

d. ah hyiao kôh-nying yü keh yün-ku z tseng z do, môhg bih-ke feh ky'i. 也㑚各人为箇缘故自尊自大，望别个弗起。（哥林多前书4：6）

e. 'EO-LE ngô mông jong ih-ts'ih koh-kô, zoh-veng pah-sing k'eo-ing, yiu hyü-to nying, su tu su-feh-pin. 后来我望从一切国家、族份百姓口音，有许多人，数都数弗遍。（启示录7：9）

f. we sang-yiang ziang t'in-zông sing-siu t'ih to, ziang he-pin-keh sô su-feh-pin. 会生养像天上星宿铁<sup>那么</sup>多，像河边箇沙数弗遍。（希伯来书11：12）

还有一种由趋向动词"来"构成的"傀儡能性补语"（吴福祥，2010），属于可能补语的范畴。台州土白圣经译本中所见肯定式和否定式分布呈不平衡之态，否定式比肯定式多，如例（11）。今台州方言则两者均用。

（11）a. Iah-seh siu-le-keh liang-zih ziang he-pin sô-nyi t'ih-to, teng-tao liang-feh-le, ing-yü su tu su-feh-pin. 约瑟收来箇粮食像海边沙泥铁<sup>那么</sup>多，等到量弗来<sub>量不过来</sub>，因为数都数弗遍<sub>数不过来</sub>。（创世纪41：49）

b. Tseo tao Mo-læh, Mo-læh-keh shü ge-he ky'üoh-feh-le, ing-yü shü z k'u. 走到玛拉，玛拉箇水渠许喫弗来，因为水是苦。（出埃及记15：23）

c. Keh-ts'iah ng kwön-tsiang sin-sang tso-feh-le；ng kying-siu-keh tsiang-moh k'e peh ngô. 箇雀<sup>二</sup>尔管账先生做弗来<sub>现在你不能再做我的管家</sub>；尔经手箇账目去拨我。（路加16：2）

d. Nying tso-feh-le z-kön, Zông-ti we tso. 人做弗来事干，上帝会做。（路加18：27）

e. Keh-sih z-kön tsa tso-teh-le? 箇些事干咋做得来？（约翰3：9。1897：咋能够有箇事干？）

f. Ge-keh lu cü-gyiu feh-le！渠箇路追求弗来！＝他的踪迹何其难寻！（罗马书 11：33）

g. ing-yü ge ling-sing shü-tsih kông ao-miao z-kön，m-nying t'ing-teh-le. 因为渠灵性虽只讲奥妙事干，呒人听得来<sub>听得懂</sub>。（哥林多前书 14：2）

h. Zông-ti z ky'i-p'in-feh-le. 上帝是欺骗弗来<sub>不可欺骗</sub>。（加拉太 6：7）

台州土白动补结构中补语的特点也表明汉语中充当补语的动词或形容词的数量是有限的，尤其是动词。因为首先趋向动词是公认的一个封闭小类。其他动词能作补语的为数也不多（朱德熙，1982：126），汉语中主要的动词补语"走、跑、动、倒、翻、病、疯、死、见、懂、完、通、穿、透"（沈家煊，2003），在台州土白中并未全部出现。带宾语的结果补语和趋向补语结构大部分都有处置义或者致使义。这与始于先秦两汉的有些单音节从动词演变为动词补语的特征一脉相承。这些单音节动词最初既能通过使动用法带宾语，构成"V1+O+V2"的格式，又能不带任何宾语，构成"V1+V2"的格式。当这些动词从与 V1 并列使用到具有"完成"意义而开始出现在固定的位置上后，使动用法萎缩为只表一动作过程的终点意义。绝大部分动作动词渐渐只占据上字的位置，而表达结果的动词（包括形容词）只出现在下字的位置上。这种分布状况随着动补结构的形成和发展而逐步固定了下来。可以说，不带宾语的动补结构"V1+V2"是从带宾语的动补结构"V1+O+V2"紧缩而来，但反之很难成立（徐丹，2001）。太田辰夫（1987：228）、志村良治（1995：231）早就指出这种动结式的复合词是从兼语型或连动型的语言环境中缩约而来的，如"打破"等来源于"打~破"，而这种关系又以上古汉语的使役句为渊源。因此可以说，台州土白中这种带宾语的动补结构的语序是先秦两汉以来古代汉语语序的留存，百余年来也并无二致。

此外，这种带宾语的动补结构在台州土白不同译本中存在多种表达方式，正好反映其演变过程中的不同阶段和演变的脉络。如例（12）a 中的"□<sub>击</sub>杀渠"和 b 中的"□<sub>击</sub>渠死"，二者之间存在一定的联系。据吴福祥（2000）统计，明代以前的文献里，动补结构"V 杀 O"的使用明显多于"V 死 O"，特别是表程度的引申用法似乎只见"V 杀 O"，认为关于"V

死 O"格式的来源唯一可能的解释是，"死"替代" $S_施$ +V1+杀+O"格式中的"杀"而成。而在台州土白中，从" $S_施$ +V1+杀+O"到"V 死 O"之前，还经历了"VO 死"的阶段。如例（13）a"妆渠死"是"VO 死"的格式，而 b"妆死渠"则是"V 死 O"的格式。可以说，这种以单音节动词"死"为补语的动结式带宾语的语序发展经历了三个阶段，体现为三种形式，它们都叠置在台州土白的共时分布中。如（12）a"V 杀 O" → （12）b／（13）a"VO 死" → （13）b"V 死 O"。

（12）a. ng sæh-gao sin-ts-nying, keh-sih ts'a tao ng su-ze le-keh, yüong zih-deo p'ang-sæh ge! 尔杀爻先知人，箇些差到尔所在来箇，用石头□杀渠！（马太 23：37。1880）

b. ng sæh-gao sin-ts-nying, ts'a tao ng su-ze le-keh, yüong zih-deo p'ang ge s! 尔杀爻先知人，差到尔所在来箇，用石头□渠死！（马太 23：37。1897）

（13）a. Ping-ts'ia yüong pin tang Ge，tsòng-s Ge. 并且用鞭打渠，妆死渠。（路加 18：33。1880）

b. Yüong pin tang Ge，tsòng Ge s. 用鞭打渠，妆渠死。（路加 18：33。1897）

汉语动补结构的发展实际上是由原来两个独立的句法单位——动词和结果成分——融合成一个句法成分，融合的结果使得动词和补语之间不能再插入其他成分。石毓智（2016：456）认为据此"可以判断某个方言动补结构的发展速度，如果它的某一类或者几类动补组合仍允许被受事名词等分开，说明它们还没有达到完全融合，即发展速度较慢。南方的各大方言在这一点上都较北方方言滞后"。可以说，台州方言在这一点上明显滞后。

## 第三节　后置成分

修饰性成分后置是汉语东南方言的共性特点。修饰性成分可以是一个词，也可以是一个短语甚至更复杂的结构。19 世纪台州土白中的修饰性成分主要是表程度的。

## 一　表程度的后置成分"猛"

台州土白圣经译本中，形容词"猛"作后置修饰性成分可构成两种形式："A+得+猛"和"A+猛"。A若为形容词，此格式相当于普通话"很/非常+A"。"A+得+猛"可对应于普通话的"A+得+很"，如例（14），但普通话不存在"A+猛"的对应形式"A+很"，如例（15）a—f。A若为行为动词，此格式相当于普通话"大+A""太会+A"等表示动作的频率和程度等，如例（15）g句。

（14）a. Jü-we-dòng-li nying t'ing-djôh keh-kyü shih-wa, tu ky'i-teh-mang. 聚会堂里人听着箇句说话，都气得猛。（路加 4：28；6：11）

b. ing-yü ze t'in-zông ng-he-keh pao-ing do-teh-mang. 因为在天上尔许箇报应大得猛。（路加 6：23）

c. Yia-su næn-ku teh-mang, kah-nga gyiu-gyiu. 耶稣难过得猛，格外求求。（路加 22：44）

d. di ah dong-teh-mang, jong nying ze-si yi-le, m-yiu t'ih do di-dong. 地也动得猛，从人在世以来，呒有铁＝大地动。（启示录 16：18）

e. ing-yü ge yiu tin-bing, ky'üoh-k'u teh-mang. 因为渠有癫病，喫苦得猛。（马太 17：15）

（15）a. ngô-keh nô bi kyü vu-teh k'u-mang. 我箇囝被鬼附得苦猛。（马太 15：22）

b. Ge-he beh tseo-c'ih, jong veng diao-k'e；nying hôh-mang gæh-gæh-teo：ih-ting feh teh bih-nying kông, ing-yü hôh-mang. 渠许便走出，从坟越开；人吓猛觯觯抖：一顶＝弗搭别人讲，因为吓猛。（马可 16：8）

c. nying hyi-hwön heh-ön wæ hao-jü liang-kwông, ing-yü ge-he 'ang-yü z ôh-mang. 人喜欢黑暗还好如亮光，因为渠许行为是恶猛。（约翰 3：19）

d. yü ng to mang, môèng bæh-feh-dong. 为鱼多猛，网拔弗动。（约翰 21：6）

e. Tao in-ka-zôn, yü cong-nying tsi-mang, ying-ping tsih hao tông ge. 到沿街<sub>台阶</sub>上，为<sub>由于；因为</sub>众人挤猛，营兵只好档<sub>抬</sub>渠。（使徒行传 21：35）

f. yiu ih-kwang doh-zô yü nyih-mang ts'ön-c'ih. 有一梗毒蛇为热猛蹿出。（使徒行传 28：3）

g. Ngô ziu k'oh-mang ing-yü m-yiu hao t'æn-k'e keh-kyün shü mông ge. 我就哭猛因为呒有好摊开箇卷书望渠。（启示录 5：4）

"A+得+猛"和"A+猛"可以互相代替，如例（14）e 和（15）a 两句的形容词都是"苦"，一句用"苦得猛"，一句则用"苦猛"，两句语境和意义相当。但根据不同版本的译本可以看出，两者有时候在语义上有轻重，"A+得+猛"比"A+猛"程度高，"A+猛"对应的译句一般无须前加程度副词而只用光杆动词或形容词即可，如例（16）中 1880 年版的"吓猛"对应的是 1897 年版的"怕惧"，而"A+得+猛"则常常用台州土白中相当于最高级的程度副词"顶+A"来对译，如例（17）中 1880 年版的"吓得猛"对应的是 1897 年版的"顶怕惧"，例（18）中 1880 年版的"奇怪得猛"对应的是 1897 年版的"顶奇怪"，例（19）中 1880 年版的"好得猛"对应的是 1897 年版的"顶好"。例（20）和（21）也是如此。

（16）a. ge-he ziu hôh-mang. 渠许就吓猛。（路加 8：35。1880）

b. ge-he ziu p'ô-gyü. 渠许就怕惧。（路加 8：35。1897）

（17）a. Kô-da-læh s-ky'ün pah-sing tu gyiu Yia-su li-k'e ge-he; ing-yü hôh-teh-mang. 戈大拉四圈百姓都求耶稣离开渠许；因为吓得猛。（路加 8：37。1880）

b. Kô-da-læh s-fông pah-sing tu gyiu Yia-su li-k'e ge-he; ing-yü ting p'ô-gyü. 戈大拉四方百姓都求耶稣离开渠许；因为顶怕惧。（路加 8：37。1897）

（18）a. peh cong-nying gyi-kwa-teh-mang, ziu ts'ing-tsæn Zông-ti. 拨众人奇怪得猛，就称赞上帝。（马可 2：12。1880）

b. peh cong-nying ting gyi-kwa, ziu kyü yüong-wa peh Zông-ti. 拨众人顶奇怪，就归荣华拨上帝。（马可 2：12。1897）

（19）a. Yiu ih-ke ze-cü, ge din-di-keh nyin-zing hao-teh-mang.

有一个财主，渠田地箇年成好得猛。（路加 12：16。1880）

b. Yiu ih-ke ze-cü, ge din-di-keh nyin-zing ting hao. 有一个财主，渠田地箇年成顶好。（路加 12：16。1897）

（20）a. yiu-sih su-ze di dong-teh-mang. 有些所在地动得猛。（路加 21：11。1880）

b. Kôh-c'ü yiu ting do di-dong. 各处有顶大地动。（路加 21：11。1897）

（21）a. Keh shih-wa næn-teh-mang. 箇说话难得猛。（约翰 6：60。1880）

b. Keh shih-wa ting næn. 箇说话顶难。（约翰 6：60。1897）

今台州方言除了保留后置修饰成分"猛"构成的这两种形式外，还滋生了新的形式，即在原基础上重复形容词构成"A+得+猛+A"或"A+猛+A"。如：

（22）a. 我老实气得猛气，便拨渠打爻。

b. 件衣裳贵猛贵，我买弗起。

## 二　表重复或增加的后置成分"凑"

"凑"除了单独作动词外，它在台州土白圣经译本中还与"加"构成并列式动词作谓语，相当于"增加"义，带不带宾语皆可，如（23）a—g；如果后跟动词，"加凑"则作副词，相当于表程度的"更加"义，如（23）h 句中"加凑相信"在和合本官话版中对应的就是"更加相信"。

（23）a. ng-he t'ing-keh, ah we kô-ts'eo peh ng. 尔许听箇，也会加凑拨尔。（马可 4：24）

b. Keh si-lao do-ky'i-le, ling-sing zin-zin kô-ts'eo, ts'ong-ming c'ong-mön. 箇细佬大起来，灵性渐渐加凑，聪明充满。（路加 2：40。1897）

c. meng-du-keh su-moh ze Yia-lu-sæh-lang kah-nga kô-ts'eo. 门徒箇数目在耶路撒冷格外加凑。（使徒行传 6：7）

d. Ge jiu ling-nga yi kô-ts'eo ih-yiang, ziu-z, kwæn Iah-'ön ze kæn-lao. 渠就另外又加凑一样，就是，关约翰在监牢。（路加 3：20）

e. Cü peh teh-kyiu-keh nying nyih-nyih kô-ts'eo ze kao-we. 主拨得救箇人日日加凑在教会。（使徒行传 2：47）

f. keh nyih kô-ts'eo-keh su-moh mao sæn-ts'in nying. 箇日加凑箇数目毛三千人。（使徒行传 2：41）

g. p'ô-gyü Cü tso-nying，teh-djôh Sing-ling-keh ön-yü，kô-ts'eo su-moh. 怕惧主做人，得着圣灵箇安慰，加凑数目。（使徒行传 9：31）

h. Gyi-ü s-du tso hyü-to zing-tsih，kô-ts'eo siang-sing. 其余使徒做许多神绩，加凑相信。（使徒行传 5，提要）

今台州方言中广泛使用"凑"作动词、形容词、名词、数量词或助词的后置成分表重复和程度的增加。阮咏梅（2013：274—277）详细介绍了今温岭话中"凑"的语法意义，并与普通话中"再"和吴语中"添"进行比较。这些特点基本上适用于整个台州方言。"凑"与普通话中"再"的相同之处在于它也可"表示一个动作（或一种状态）重复或继续"，但不具备表示"一个动作将要在某一情况下出现"和"另外"的意义。它大致相当于普通话的"再"，也并不等同于吴语中的"添"。此外，用于带宾语或补语的动词或形容词后的"凑"还可重叠为"……凑凑"，语法意义不变，但光杆动词或形容词后的"凑"不能重叠，如例（24）a 和 b 不能重叠，其余均可。

（24）a. 渠还赖得弗肯去 他还赖着不肯走，还想嬉凑 还想再玩儿。
b. 同事都讲我小人还会长凑 同事都说我孩子还会再长高。
c. 我硕士读爻还想读博士凑。
d. 喫碗凑 再吃一碗。
e. 弗够喫，买眼凑。

宁波方言与台州方言一样从不用"添"，但宁波方言中表示重复的副词"凑"一般只用在动补结构的后面，相当于"再"，也可与"再"配合使用，意思相同。这种句式多见于老派宁波话，新派已经不大有人说（周志锋，2012：283），不像台州方言这样结构形式多样，使用范围广泛。可以说，后置成分"凑"是浙东吴语的特征之一，也是台州方言独立成片于吴语中的主要分片特征之一。

### 三 表程度的后置成分"显"

百余年前台州土白圣经译本中未发现后置成分"显"，但是今温岭话等南台片方言中十分常用。后置成分"显"（有的写作"险"）主要见于浙江吴语中的温州、青田、遂昌话中。温岭话中的"显"与它们同中有异，"显"多用于形容词后，其次是特定的动词（如心理动词、判断动词、能愿动词），也能用于时间名词或方位名词后。"显"用于形容词或动词后表示"很、非常"的程度，如"长显、好看显｜心痛显、想显"；用于时间或方位名词后表示接近该时间或方位，如"枯星早晨显、日昼中午显｜上面显、外头显"，实际上也是表程度。（阮咏梅，2013：266—268）这些特征为南台片方言所共有，北台片方言不用。因此，"显"不但可作为区分北部吴语和南部吴语的一项语法特征，也是区分台州片内部方言（确切地说是北台片和南台片）的一个重要依据。

### 四 表次序的后置成分"起"和"先"

这两个后置成分也均未见于百余年前的台州土白圣经译本却通行于今台州方言中。它们的语义指向都是位居其前的语法成分所代表的动作或事件等先于其他发生，其后不能带宾语或补语成分，但可用于连接两个动词或两个名词。如尔问渠起你先问他。｜课上爻起到屋里上了课再回家。（阮咏梅，2013：271—273）这两个后置成分的使用在台州方言内部有差异。温岭等地用"起"不用"先"，临海附近（如白水洋等地）用"先"不用"起"。因此，与其他吴语或徽语中有类似表次序的后置成分可以连用或并存的特点不同的是，台州方言中这两个后置成分只能二者居其一，非"起"即"先"。

## 第四节 其他

### 一 疑问句

百余年前台州土白圣经译本中除了偶尔出现正反疑问句外，疑问句的主要形式是在句末用否定词"弗""儥未曾;不曾"等，前者用于未然或表主观意愿、一般客观事实，后者用于已然。几乎未见疑问语气词。如例（25）除 a 句用"够弗够"构成正反疑问句外，其他全是句末添加否定词"弗"或"儥"。

（25）a. su-yiu-keh dong-din tao zing-kong keo-feh-keo？所有箇铜钿到成功够弗够？（路加 14：28）

b. tao-ti tang-teh-ku feh？到底打得过弗？（路加 14：31）

c. Ng z Yi-li-ô feh？尔是以利亚弗？（约翰 1：21）

d. Ng le djü-mih ngô-he feh？尔来除灭我许弗？（马可 1：24）

e. Ng-he su kông lao ah-pang z gyin feh，wæ ze-kæn feh？尔许所讲老阿爸是健弗，还在间弗？（创世纪 43：27）

f. Ngô-he hao k'e ma nyin-liang nying-ts-keh ping peh ge ky'üoh feh？我许好去买廿两银子箇饼拨渠喫弗？（马可 6：37。1897）

g. Lin ng-he ah feh ming-bah feh？连尔许也弗明白弗？（马可 7：18。1897）

h. Keh-sih do oh-yü ng mông-djôh feh？箇些大屋宇尔望着弗？（马可 13：2）

i. keh shih- wa ng doh-ku vong？箇说话尔读过儥？（马太 19：5。1897）

句末用"不、否、未"等否定词来表示疑问，是中古汉语疑问句的特点之一。一般认为这些句末的否定词可能是后来的"么"（吗）的来源。六朝的陈述句中加"不""否"的句型和后来加"么"的句型相同，而且它们的功能也大体相同。反复疑问句也从隋唐开始已经出现。（志村良治，1995：22—23）台州土白圣经译本中保留中古时期的句末否定词表疑问的使用频率非常高。今台州方言则两者并用，即："VP+弗+VP？"和"VP 弗？"台州方言内部其他点还用句丰语助词"哦"，实际上是"勿"和"哎"的合音。

## 二　名词谓语句

名词谓语句是汉语的一种特色句式。台州土白圣经译本和今台州方言中出现的名词谓语句除了与普通话一样的类型外，主要用于介绍人名的时候，如：

（26）a. Mô-da yiu ih-ke ts-me ming-z Mô-li-ô. 马大有一个姊妹名字玛利亚。（路加 10：39。1897）

b. Ngô ming-z "Ying". 我名字"阴"。（马可 5：9）

c. Ô-pi-ô keh-pæn yiu ih-ke tsi-s ming-z Sæh-kô-li-ô. 亚比亚箇班有一个祭司名字萨加利亚。（路加 1：5。1897）

d. Tseo tao ih-ke di-fông di-ming Kôh-kôh-t'a, fæn-c'ih-le ziu-z "k'u-leo su-ze". 走到一个地方地名各各他，翻出来就是"骷髅所在"。（马太 27：33。1897）

## 三　定中结构

定中结构中极具台州方言特色的有以下两点，百余年来未曾改变。

1. 无需结构助词

代词和量词之间无需结构助词、指示代词等。如：

（27）a. Ng pô tao hao t'ao-tsing tao-k'ôh-li. 尔把刀好套进刀壳里。（约翰 18：11）

b. yiu liang-ke-nying tsiah bah i-zông gyi ze ge-he-pin. 有两个人着白衣裳倚在渠许边。（使徒行传 1：10）

c. keh-sih 'eo-sang tsing-le, mông-djôh ge yi-kying s-gao, ziu kông ge c'ih, ön-tsông ze ge dziang-fu pin. 箇些后生进来，望着渠已经死爻，就扛渠出，安葬在渠丈夫边。（使徒行传 5：10）

2. 无需量词

"各"与双音节名词之间可无需量词。如：

（28）a. Dæn-z yü kæn-ying, kôh-nying ing-ke yiu z-keh ts'i-ts, kôh nyü-nying yiu z-keh dziang-fu. 但是为奸淫，各人应该有自箇妻子，各女人有自箇丈夫。（哥林多前书 7：2）

b. Yia-su tseo-pin kôh zing-li kôh hyiang-ts'eng. 耶稣走遍各城里各乡村。(马太 9：35)

c. Yia-su feng-fu-ku zih-nyi-ke meng-du, ziu li-k'e keh su-ze, tao kôh zing-li k'e kông dao-li djün kao. 耶稣吩咐过十二个门徒，就离开箇所在，到各城里去讲道理传教。(马太 11：1)

d. Yiu ih-do-pæn nying hyiao-teh, ziu jong kôh zing-li tseo-le keng Ge. 有一大班人晓得，就从各城里走来跟渠。(马太 14：13)

e. t'in-'ô-keh kôh ts-p'a tu we k'oh-teh siang-sing. 天下箇各支派都会哭得伤心。(马太 24：30)

## 第七章

# 台州方言主要动态范畴的演变

学界对汉语中是否真正存在作为一种语法范畴的"时"（tense）尚无定论，而在"体"（aspect）的界定上，又存在"体、体貌、时体、体态、情貌"等多种术语纷杂的局面，我们暂且采用"动态范畴"来概括汉语中与动词相关的动作行为的活动和状态的语法范畴，但在具体分类时，仍采用"体"的术语。语言中的"体"是与时间相关的语法范畴，它所关注的是情景或事件的内部时间属性，与过去、现在或将来等具体的外部时间点无关。汉语的特殊性使得"体"和"时"在概念的表达和语言的表现上常难泾渭分明。我们主要从将行体、进行体、持续体、完成体、经历体五个方面展现台州方言动态范畴的特征及其百余年来的演变。

## 第一节　19世纪台州土白中的主要动态范畴

### 一　将行体

英语中是否有真正的将来时是个颇具争议的问题，但不会有人反对将行体的存在，它们不是通过动词的形态变化而是通过词汇的方式来表达。在这一点上与汉语相同。英文版圣经中用"will""shall""be going to"标记来表达将来的句子，在汉语官话版中常用将行体标记"要、将、将要"等，它们在台州土白中的对应形式除了无任何时间相关标记或直接添加时间名词"将来"外，主要是用能愿动词"要/会"来表示。官话版中常用的将行体标记"将、将要"未见于台州土白中。

台州土白中有一些无任何时间相关标记的句子，这些句子本身不承载时间信息，需要从上下文去理解，如例（1）；有一些句子是直接用词汇（主要是时间名词"将来"）形式来表将来时间信息的，如例（2）——

（3）。

（1）Ze Cü min-zin ge hao sön do. 在主面前渠好算大。＝他在主面前将要为大。（路加 1：15）

（2）Ng-he ky'üoh-pao cü-ts yiu-'o; ing-yü tsiang-le we du hæh. 尔许喫饱主子有祸；因为将来会肚喝<sub>饿</sub>。（路加 6：25）

（3）Yia-su kòng keh shih-wa, z ts-tin Ge-z tsiang-le tsa s-fæh. 耶稣讲箇说话，是指点渠自将来咋死法。（约翰 12：33）

用能愿动词"要"或"会"构成"要/会＋VP"的格式表将来，是台州土白中最主要的方式。其中用"要＋VP"的如例（4）—（6），用"会＋VP"的如例（7）—（15）。

（4）Ing-yü yiu kô Kyi-toh, kô sin-ts-nying iao c'ih-le. 因为有假基督，假先知人要出来。（马可 13：22）

（5）Jong kying yi-'eo, ih-kô li-min ng-ke nying iao jü-de feng-k'e. 从今以后，一家里面五个人要聚代分开。（路加 12：52）

（6）Mông-djôh feng jong nön-pin c'ü-le, ziu kòng, 't'in-kô iao nih.' 望着风从南边吹来，就讲，天价<sub>天气</sub>要热。（路加 12：55）

（7）dæn-z hyü-to ze-zin we lôh-'eo; ze-'eo we zông-zin. 但是许多在前会落后；在后会上前。（马可 10：31）

（8）Su-i ng-he ze ön-cong su kòng, we peh bih-nying ze ming-liang t'ing-djôh; ng-he ze lang-zing-keh oh-li p'oh ng-to-deo kòng-keh, we peh nying ze oh-pe djün-c'ih-k'e. 所以尔许在暗中所讲，会拨别人在明亮<sub>明处</sub>听着；尔许在冷静个屋里<sub>内室</sub>趴耳朵头讲箇，会拨人在屋背传出去。（路加 12：3）

（9）Yiu nying we teh ng-he kòng. 有人会搭尔许讲。＝人将要对你们说。（路加 17：23）

（10）Ge we sang ih-ke N, ng hao c'ü Ge ming-z Yia-su. 渠会生一个儿，尔好取渠名字耶稣。＝她将要生一个儿子，你要给他起名字叫耶稣。（马太 1：21）

（11）Ge we ka peh bih-koh-nying. 渠会解拨别国人。＝他将要被

交给外邦人。(路加 18：32)

(12) Jong tong-pin jong si-pin yiu hyü-to nying we le. 从东边从西边有许多人会来。(马太 8：11)

(13) Ng 'eo-le wæ-yiu do-jü keh z-kön we mông-djôh. 尔后来还有大如箇事干会望着。＝你将要看见比这更大的事。(约翰 1：50)

(14) Jong-kying-yi-'eo ng-he we mông-djôh t'in k'e- k'e. 尔许会望着天开开。＝你们将要看见天开了。(约翰 1：51)

(15) Ge siu k'ô dön-kyi, we pe kön-zing sò-dziang-keh koh. 渠手拘团箕，会簁干净晒场箇谷。＝他手里拿着簁箕，要扬净他的场。(马太 3：12)

汉语共同语中与"要"作助动词可表将行体略有差异的是，"会"作助动词时并没有直接表"将要"的义项，而是表达某种可能性，"通常表示将来的可能性，但也可以表示过去的和现在的"，"有时可以和'要、肯'连用"(吕叔湘，1994)。但是台州土白中"会"表"将来的可能性"不但从"过去的可能性"和"现在的可能性"中凸显出来，而且更强调"将来"的时间信息而非一种可能性的信息。因此，不但上述例子中有很多用"会"的将行体句子，而且有些内容相近的句子用"要"和"会"的都有，如例(16)两句中的"要"和"会"出现的句法条件和语义完全相同，可以自由互换；例(17)是和合本"日子将到"这个短句在台州土白中的不同译句，译为"会""要"甚至时间名词"将来"的都有。据初步考察，台州土白中用"会"表将来的频率与"要"不相上下，甚至超过了"要"。今台州方言中"会"的读音大都弱化近入声。

(16) a. nying iao ts'ing-hwu Ge ming-z YI-MO-NE-LIH. 人要称呼渠名字以马内力。(马太 1：23)

b. Nying we ts'ing-hwu Ge z Nò-sæh-leh nying. 人会称呼渠拿撒勒人。(马太 2：23)

(17) a. 因为日子将到。(路加 19：43。和合本)

b. Ing-yü yiu nyih-ts we le. 因为有日子会来。(路加 19：43。1880)

c. Ing-yü nyih-ts iao le. 因为日子要来。(路加 19：43。1897)

d. dæn-z tsiang-le sing-lông iao li-k'e ge, keh-ts'iah iao kying-zih. 但是将来新郎要离开渠，箇雀⁼那时候要禁食。（马太 9：15）

## 二　进行体

台州土白圣经译本中除了用"在"表进行外，还有两个进行体标记"在得 ze-teh"和"在间 ze-kæn"，两个皆从表存在的述宾动词语法化而来。

"在得"和"在间"皆可作表存在的动词，但是"在得"最常用，"在间"偶尔作为一个动词表存在，更多的是作述宾短语"在那儿"来表存在，"间"表处所的意义比较实在。例（18）中的"在间"和"在得"都作存在动词，"在间"后带处所名词时用结构助词"箇"来限定，从而使述宾结构成为定中式名词短语；"在得"后带处所、时间宾语时不用结构助词"箇"，带表人宾语时用结构助词"箇"；例（19）—（34）均用"在得"表存在，其中例（19）—（23）中"在得"前可受副词"独自、常常、仍旧"和形容词"长长久"作状语来修饰；例（32）表明"在得"可后带时态助词"爻"，例（18）b 和例（33）"在得"后带处所名词"所在"和时间名词"时候"等作定语时不用结构助词。

（18）a. Ping-ts'ia Ngô, su ze-kæn-keh su-ze ng-he feh neng-keo tao. 并且我所在间箇所在尔许弗能够到。（约翰 7：34。1880）

b. Ngô su ze-teh su-ze ng-he feh neng tao. 我所在得所在尔许弗能到。（约翰 7：34。1897）

c. Ge-he ze-teh sæh-loh z-'eo tsih dzing ngô ih-ke nying. 渠许在得杀戮时候只剩我一个人。（以西结 9：8）

d. 'eo-deo Z ze-teh z-'eo , ziu ka-shih 'en-kyi z-kön peh Ge meng-du ming-bah. 后头自独自在得时候就解释□几一切事干事情拨使渠门徒明白。（马可 4：34）

e. Keh z-'eo jü-de ze-teh-keh nying tu tso kyin-tsing. 箇时候聚队在得箇人都做见证。（约翰 12：17）

（19）Ah-pang feh peh Ngô doh-z ze-teh, ing-yü Ngô zông-zông tso Ge su hwön-hyi z-kön. 阿爸弗拨我独自在得，因为我常常做渠所

欢喜事干。（约翰 8：29）

（20）ing-yü Ngô feh-z doh-z ze-teh, ts'a Ngô le-keh ah-pang teh ngô jü-de. 因为我弗是独自在得，差我来箇阿爸搭我聚队。（约翰 8：16）

（21）Ngô z-'eo wæ vong tao; ng-keh z-'eo zông-zông ze-teh. 我时候还嫱到；尔箇时候常常在得。（约翰 7：6）

（22）Su-i ng-he-keh ze nying-gyiu ze-teh. 所以尔许箇罪仍旧在得。（约翰 9：41）

（23）yi peh ng-he-keh ko-ts hao dziang ze-teh. 又拨尔许箇果子好长在得。（约翰 15：16）

（24）Ng-he yiu kyi-ke mæn-deo ze-teh? 尔许有几个馒头在得？（马可 8：5）

（25）ge jün-li m-kao bih-yiang ze-teh, tsih-yiu ih-ke mæn-deo. 渠船里呒告别样在得，只有一个馒头。（马可 8：14）

（26）Yün-yün mông-djôh ih-cü vu-hwa-ko jü, yiu yih ze-teh. 远远望着一株无花果树，有叶在得。（马可 11：13）

（27）ing-yü keh di-fông yiu ih-do-pæn nying ze-teh. 因为箇地方有一大班人在得。（约翰 5：13）

（28）Dæn-z Ngô hyiao-teh ng-he z m-yiu e-kying Zông-ti-keh sing ze-teh. 但是我晓得尔许是呒有爱敬上帝箇心在得。（约翰 5：42）

（29）ng-he sing-li tsong m-yiu weh-ming ze-teh. 尔许心里总呒有活命在得。（约翰 6：53）

（30）Keh sing-ling ku-k'e, tsih yiu Yia-su Z ze-teh. 箇圣灵过去，只有耶稣自在得。（路加 9：36）

（31）Yia-su dzih-ky'i-le, tsih mông-djôh keh nyü-nying ze-teh, ziu teh ge kông. 耶稣直起来，只望着箇女人在得，就搭渠讲。（约翰 8：10）

（32）Ô-pah-læh-hön vong c'ih-si, Ngô ze-teh-gao. 亚伯拉罕嫱出世，我在得爻。（约翰 8：58）

（33）Yia-su Z ze-teh z-'eo, zih-nyi-ke meng-du teh su-zông keng Ge-keh nying ziu le meng ge-keh pi-fông. 耶稣自在得时候，十二个门徒搭素常跟渠箇人就来问渠箇比方。（马可 4：10）

（34）Ge-he zǒng 'ön, môong-djôh yiu t'æn sa-'ong ze-kæn, ho-zǒng yiu ng; wæ-yiu mæn-deo ze-teh. 渠许上岸，望着有炭晒红在间，火上有鱼；还有馒头在得。（约翰21：9）

"在得"和"在间"语法化为进行体标记后，在有些语境和语意相近的圣经译句中可以互相代替。如例（35）是完全相同的章节译句在不同年代的台州土白译本中，一个用"在得"，一个用"在间"；例（36）是意思相同的译句在不同译本或不同年代中的两用，在《马太福音》中用"在间"，在《马可福音》中则用"在得"，倒无表现出1880年版和1897年版之间的差异。

（35）a. Môong Yia-su ze-kæn tseo, ziu kông. 望耶稣在间走，就讲。（约翰1：36。1880）

b. Môong Yia-se ze-teh tseo, ziu kông. 望耶稣在得走，就讲。（约翰1：36。1897）

（36）a. Yün su-ze yiu ih-do-pæn ts ze-kæn ky'üoh. 远所在有一大班猪在间喫。（马太8：30）

b. Ze-kæn, sæn-pin, yiu ih-do-pæn ts ze-teh ky'üoh. 在间，山边，有一大班猪在得喫。（马可5：11）

总体而言，台州土白圣经译本中"在得"使用频率远高于"在间"。我们在《马太福音》中只发现2例用"在间"作进行体标记的句子，其他台州土白圣经译本中也相对少见，除了上面所举数例外，又如（37）。而用"在得"作进行体标记的例子比比皆是，如例（38）—（61）。在这些"在得+VP"的进行体结构中，例（38）—（49）中的动词都是动作动词，如"断扔;放下、拜、做、睏睡、求、教、烘火、讲、哭、喫、喝、走、呕喊叫"等；例（50）—（56）中的动词是行为动词，如"备办、祷告、教训、禁食、接受、见证、行浸礼"等；例（57）—（59）中的动词是"议论、埋怨、称赞"等言语类动词；例（60）—（62）中的动词则是"疑心、思忖、奢望"等心理动词。这些动词前加"在得"后都表示动作或事件正在进行的过程中。

（37）a. Yia-su tseo-tsing sing-din, k'eo-k'eo ze-kæn kông dao-li, keh-pæn tsi-s-deo teh pah-sing-keh tsiang-lao tseo-c'ih-le. 耶稣走进圣殿，扣扣<sub>正好</sub>在间讲道理，箇班祭司头搭百姓箇长老走出来。（马太 21：23）

b. K'eo cong-nying ze-kæn hyi-gyi Yia-su ih-ts'ih su tso z-'eo, Yia-su teh meng-du kông. 扣众人在间稀奇耶稣一切所做时候，耶稣搭门徒讲。（路加 9：43）

（38）Yi mông ih-ke gyüong-kwa-vu ah ze-teh tön liang-ke dong-din. 又望一个穷寡妇也在得断<sub>扔</sub>两个铜钿。（路加 21：2）

（39）Ng-he ze-teh pa z ng-he feh hyiao-teh. 尔许在得拜时尔许弗晓得。（约翰 4：22）

（40）Ky'üong-p'ô Ge mah-ding cün-le p'ong-djôh ng-he ze-teh kw'eng. 恐怕渠蓦定转来碰着尔许在得睏<sub>睡</sub>。（马可 13：36）

（41）Ngô z Yü ge-he ze-teh gyiu. 我是为渠许在得求。（约翰 17：9）

（42）Keh nyü-nying ze-teh tso kæn-ying z-kön tông-z k'ô-lao. 箇女人在得做奸淫事干当时扪牢。（约翰 8：4）

（43）Yiu ih-ke ze-teh kao ng-he, ziu-z ng-he su i-k'ao-keh Mo-si. 有一个在得教尔许，就是尔许所依靠箇摩西。（约翰 5：45）

（44）（Da tsi-s）mông-djôh Pi-teh ze-teh hong-ho. （大祭司）望着彼得在得烘火。（马可 14：67）

（45）Yia-su mông-djôh Mô-li-ô ze-teh k'oh. 耶稣望着玛利亚在得哭。（约翰 11：33）

（46）Yiu ih-ke nying ze-teh kông, sing-din-li yiu ting hao zih-deo teh zu-le-keh meh-z côh-zi hao. 有一个人在得讲，圣殿里有顶好石头搭助来箇物事捉实好。（路加 21：5）

（47）dæn-z Ng-keh meng-du ze-teh ky'üoh, ze-teh hæh. 但是尔箇门徒在得喫，在得喝。（路加 5：33）

（48）Hông-ia di-fông yiu nying-keh sing-hyiang ze-teh ao. 荒野地方有人箇声响在得讴<sub>喊叫</sub>。（马可 1：3）

（49）Ngô mông-djôh nying, ziang jü ze-teh tseo. 我望着人，像树在得走。（马可 8：24）

（50）Iah-'ön-keh meng-du teh Fæh-li-se nying-keh meng-du ze-teh kying-zih, Ng-keh meng-du feh kying-zih; keh z tsa-sang? 约翰箇门徒搭法利赛人箇门徒在得禁食，尔箇门徒弗禁食，箇是咋生？（马可 2：18）

（51）Ge-he ze-teh bi-bæn, ge hweh-zin hweng-k'e. 渠许在得备办，渠忽然昏去。（使徒 10：10）

（52）Yiu ih-nyih Ge ze-teh kao-hyüing; bóng-pin zo-kæn yiu Fæh-li-se nying teh kao leh-fæh sin-sang. 有一日渠在得教训；旁边坐间有法利赛人搭教律法先生。（路加 5：17）

（53）Cong pah-sing ziu-ku tsing-li, Yia-su ah ziu-ku tsing-li, ze-teh tao-kao, t'in ziu k'e-k'e. 众百姓受过浸礼，耶稣也受过浸礼，在得祷告，天就开开。（路加 3：21）

（54）Ng-he z ze-teh ziu ng-ngô-keh ts'ing-tsæn, feh siang-tao keh doh ih-yü Zông-ti-keh ts'ing-tsæn, t'ih yiang-ts tsa neng-keo siang-sing. 尔许是在得受尔我箇称赞，弗想到箇独一位上帝箇称赞，铁这样子咋能够相信。（约翰 5：44）

（55）Iah-'ön ze Sæh-lang lin-gying-keh E-neng ah ze-teh 'ang tsing-li. 约翰在撒冷连近箇哀嫩也在得行浸礼。（约翰 3：23）

（56）Ge ze-teh kyin-tsing Z su mông-djôh su t'ing-djôh z-kön. 渠在得见证自所望着所听着事干。（约翰 3：32）

（57）Ng-he tsa-sang sing-li ze-teh nyi-leng keh-sih z-kön? 尔许咋生心里在得议论这些事干？（马可 2：8）

（58）Yia-su sing-li hyiao-teh Ge meng-du yü keh-kyü shih-wa s-'ô ze-teh ma-ün. 耶稣心里晓得渠门徒为箇句说话私下在得埋怨。（约翰 6：61）

（59）Keh fong-t'æn ze ge-he min-zin lih-k'eh nang-ky'i, do kw'eng-keh meh-z, cün u-li k'e, i-lu ze-teh ts'ing-tsæn Zông-ti. 箇风瘫在渠许面前立刻□起，驮睏箇物事，转户里家里去，依路在得称赞上帝。（路加 5：25）

（60）Pi-teh sing-li wæ ze-teh nyi-sing su mông-djôh-keh hyin-ling zao i-s, Ko-nyi-liu ts'a-le-keh nying t'ao-sing tao Si-meng u-li, gyi-ze meng-k'eo. 彼得心里还在得疑心望着箇显灵嘈意思，哥尼流

差来箇人讨信<sub>询问</sub>到西门户里，倚在门口，在得问。（使徒行传 10：17）

（61）Pi-teh ze-teh s-ts'eng keh hyin-ling，Sing-Ling teh ge kòng. 彼得在得思忖箇显灵，圣灵搭渠讲。（使徒行传 10：19）

（62）Pah-sing ze-teh sô-mông Kyi-toh le，sing-li tu ts'eng Iah-'ön feh-ts z Ge feh. 百姓在得奢望基督来，心里都忖约翰弗知是渠弗。（路加 3：15）

## 三　持续体

动作和状态之间的关系比较复杂，动作完成后可以变成状态，但不是所有能产生后果的动词都能形成状态的持续（吕叔湘，1982）。本文的持续体包括动作的持续以及动作完成后成为状态的持续。台州土白圣经译本中持续体的结构主要是"V+得/间"和"V+在得/在间"两组。"在得/在间"在动词前构成进行体结构，表示动作正在进行，在动词后构成持续体结构，相当于普通话的"V 着"。

不同年代的台州土白圣经译本对同一语句的翻译中先后使用"V+得"和"V+间"或"V+在得"和"V+在间"，说明两者在百余年前台州土白中作为持续体标记是可自由替代的，如动词"倚<sub>站</sub>"表持续状态时，就有四种格式，例（63）是"V+得"和"V+间"的替换，例（64）是"V+在得"和"V+在间"的替换。例（65）都是"V+得"的例句，例（66）都是"V+间/在间"的例句。

（63）a. tao sing-cü-le，ziu mòng-djôh Yia-su-keh yüong-wa，wæ-yiu jü-de gyi-teh liang-ke nying. 到醒转来，就望着耶稣箇荣华，还有聚队倚得两个人。（路加 9：32。1880）

b. Sing-gao，ziu mòng-djôh Yia-su-keh yüong-wa，wæ-yiu jü-de gyi-kæn liang-ke nying. 醒爻，就望着耶稣箇荣华，还有聚队倚间两个人。（路加 9：32。1897）

（64）a. Yia-su mòng-djôh Ge m，wæ-yiu su e-sih-keh meng-du gyi ze-teh，ziu teh Ge m kòng. 耶稣望着渠母，还有所爱惜箇门徒倚在得，就搭渠母讲。（约翰 19：26。1880）

b. Yia-su mông-djôh Ge niang, wæ-yiu su e-sih-keh meng-du gyi ze-kæn, ziu teh Ge niang kông. 耶稣望着渠娘，还有所爱惜箇门徒倚在间，就搭渠娘讲。（约翰 19：26，1897）

（65）a. Yia-su zông-min yiu ih-tsiang z-diao, yüong hyi-li-nyi, lo-mô, Hyi-pah-le z-ngæn sia-teh. 耶稣上面有一张字条，用希里尼、罗马、希伯来字眼写得。（路加 23：38）

b. Ng tao zing-li k'e, we p'ong-djôh ih-ke-nying yiu ih-bing shü ky'ih-teh. 尔到城里去，会碰着一个人有一瓶水挈得。（马可 14：13）

c. Ng-he we mông-djôh ih-ke si-lao, pu pao-teh, kw'eng-ze mô-zao. 尔许会望着一个细佬，布包得，眠在马槽。（路加 2：12）

d. Nu-boh feh-z üong-ün ze u-li, tsih-yiu n z üong-ün djü-teh. 奴仆弗是永远在户里，只有儿是永远住得。（约翰 8：35）

e. Ngô ky'üôh teh hæh z-'eo, ng kyi-iao-ta kyi-teh ze-i voh-z. 我喫搭喝时候，尔系腰带系得在以<sub>这儿</sub>服侍。（路加 17：8）

f. ing-yü ge z zeh, sao-mô z ge kwön, k'ông-teh-keh nying-ts iao t'eo. 因为渠是贼，扫马<sub>钱袋</sub>是渠管，园得箇银子要偷。（约翰 12：6）

（66）a. Yia-su yi coh-zia hao, feng-fu ah z-t'ih k'e pa-kæn. 耶稣又祝谢好，吩咐也是铁<sup>＝</sup>去摆间。（马可 8：7）

b. Li-min yiu hyü-to bing-nying, hæh-ngæn, pa-kyiah teh fong-t'æn, tao kæn, teng-'eo dz-li-keh shü dong-ky'i-le. 里面许多病人、瞎眼、跛脚搭风瘫，倒间，等候池里箇水动起来。（约翰 5：3）

c. Pi-teh yün-yün keng-djôh Ge, ih-dzih tao tsi-s-deo ngô-meng-li; teh ts'a-nying jü-de zo kæn, hong-hong ho. 彼得远远跟着渠，一直到祭司头衙门里；搭差人聚队坐间，烘烘火。（马可 14：54）

d. Keh siu-din-liang nying yün-yün gyi kæn, ngæn tu feh kön de-ky'i hyiang t'in, tsih we hyüong-deo k'ao-k'ao. 箇收田粮人远远倚间，眼都弗敢抬起向天，只会胸头敲敲。（路加 18：13）

e. Dæn-z Pi-teh nang-ky'i-sing diao-tao veng-deo; deo geo-lôh tsih mông-djôh mô-pu hyih-kæn. 但是彼得□起身趒到坟头；头佝落只望着麻布歇<sup>＝</sup><sub>放置</sub>间。（路加 24：12）

f. Ge-he 'eo-long z k'e-kæn-keh veng-mo. 渠许喉咙是开间箇坟墓。（罗马书 3：13）

g. Wæ-yiu keh-kw'e pao Ge deo-keh siu-kying, feh teh mô-pu jü-de, z ling-nga tsih ze-kæn. 还有箇块包渠头箇手巾，弗搭麻布聚队，是另外折在间。（约翰 20：7）

h. Ng-keh tao-kao, ng-keh hao-z, yi-kying sing-zông tao zông-ti min-zin kyi ze kæn. 尔箇祷告，尔箇好事，已经升上到上帝面前记在间。（使徒行传 10：4）

持续体格式不但可以充当句子的谓语成分，也可充当其他句子成分，如例（67）中 a—d 是充当定语，e—k 是充当表方式的状语。"V+得/间"或 "V+在得/在间"还可充当主语、宾语等成分。

（67）a. Ziu z tseo-tsing Zông-ti-keh oh-li, ky'üoh pa kæn-keh ping, yi feng peh jü-de nying. 就是走进上帝箇屋里，吃摆间箇饼，又分拨聚代人。（路加 6：4）

b. Ziu ta nô-keh niang-pang teh keng Ge cü-ts, tseo-tsing nô tao kæn su-ze. 就带因箇娘爸搭跟渠主子，走进因倒间所在。（马可 5：40）

c. Hao-nying, jong ge sing-li k'ông-teh-keh hao-c'ü, fæh-c'ih hao z-kön le; feh haon ying, jong ge sing-li k'ông-teh-keh ôh-i, fæh-c'ih ôh z-kön le. 好人，从渠心里园得箇好处，发出好事干来；弗好人，从渠心里园得个恶意，发出恶事干来。（路加 6：45）

d. K'ao-djôh siang-sing, mong Zông-ti-keh neng-kön su pao-wu cü-ts, we teh- djôh keh bi hao-kæn, tao lôh-kyiah nyih-ts we hyin-c'ih keh kyiu-fæh. 靠着相信，蒙上帝箇能干所保护主子，会得着箇备好间、到落脚日子会显出个救法。（彼得前书 1：5）

e. Keh-sih tsi-s-deo teh doh-shü-nying gyi-teh p'ing-ming kao Ge. 箇些祭司头搭读书人徛得拼命告渠。（路加 23：10）

f. sing-lông-keh bong-yiu gyi-teh t'ing, yü t'ing-djôh sing-lông-keh sing-ing ziu ting kao-hying. 新郎箇朋友徛得听，为听着新郎箇声音就顶高兴。（约翰 3：29）

g. ge-he hwön-hyi ze jü-we-dông teh do-ka-zông ts'ô-lu-k'eo gyi kæn tao-kao. 渠许欢喜在聚会堂搭大街上岔路口徛间祷告。（马

太6：5)

h. Ping-ts'ia gyi ze-teh tao-kao z-'eo, ng ziah teh bih-nying yiu ün-'eng, iao nyiao ge. 并且徛在得祷告时候，尔若搭别人有怨恨，要饶渠。（马可11：25）

i. Pah-sing gyi ze-kæn mông. 百姓徛在间望。（路加23：35）

j. Yia-su ze jün 'eo-sao tsing-deo din-kæn kw'eng. 耶稣在船后梢，枕头垫间眠。（马可4：38）

"V+间"可以单独作表持续的谓语动词，也可前有具体的处所状语先行，如例（68）b中的"门外路口"和例（69）b中的"在眠床"，此时"间"就有复指前面的处所功能，其本身表处所的意味减弱，而虚化为持续的功能则增强了。

（68）a. tseo tsing ziu we p'ong-djôh ih-p'ih siao-lü kyi kæn. 走进就会碰着一匹小驴系间。（马可11：2）

b. Meng-du ziu k'e, p'ong-djôh siao lü meng-nga lu-k'eo-deo kyi kæn. 门徒就去，碰着小驴门外路口头系间。（马可11：4）

（69）a. Cün-le, mông-djôh ge-he yi kw'eng kæn. 转来望着渠许又眠间。（马可14：40）

b. Ge tseo tao u-li；mông-djôh kyü yi-kying c'ih-k'e-gao, nô ze min-zông kw'eng kæn. 渠走到户里<sub>家里</sub>，望着鬼已经出去爻，囥在眠床眠间。（马可7：30）

此外，《以西结到玛拉基》（1912）中出现了一些用"V+牢"表持续的句子。这些句子在和合本官话版中都是用"V+着"格式的。如：

（70）a. ng feh ke-lao ng-keh k'eo, feh ky'üoh pe-siang-keh ping. 尔弗盖牢尔箇口，弗喫悲伤箇饼。=不蒙着嘴唇，也不吃吊丧的食物。（以西结24：22）

b. ng-ngæn-loh-seh-keh pu tsông ze hyiang-pah jü-keh siang-ts, yüong zing kw'eng-lao. 五颜六色箇布装在香柏树箇箱子，用绳捆牢<sub>捆着</sub>。（以西结27：24）

c. Ge meng-boh te-min s-min yiu moh-pæn keng-lao，jong di tao c'ông tu z keh-yiang-ts. 渠门枑对面四面有木板□牢<sub>盖着</sub>，从地到窗都是箇样子。(以西结 41：16)

## 四　完成体

百余年前台州土白完成体的标记是"爻（gao）"，有时候与时间副词"已经"共现。实际上，它的语法功能涵盖了普通话中的"了"和动结式补语"掉"，"相当于结果补语和时态助词的两大作用"（刘丹青，2013），但是与"了"和"掉"相比在语序和结构上存在一定的差异。与完成体相关的用法如下。

1. 用在动词后，表动作、行为的完成或状态的实现

（71）a. Keh 'eo-sang t'ing-djôh keh shih-wa，sing-li iu-zeo ziu k'e-gao. 箇后生听着箇说话，心里忧愁就去爻。(马太 19：22)

b. Ziu k'ô ge，t'a-c'ih yün-nga，sæh-gao. 就抲渠，拖出园外，杀爻。(马太 21：39)

c. Keh-ts'iah meng-du tu li-k'e Ge dao-gao. 箇雀＝门徒都离开渠逃爻。(马太 26：56)

d. Yia-su yi do 'eo-long ao ih-sing，ky'i ziu dön-gao. 耶稣又大喉咙讴一声，气就断爻。(马太 27：50)

e. Ge jong s-nying cong-yiang weh-cün-le-gao. 渠从死人中央活转来爻。(马太 27：64)

f. tsiu yi tao-gao，bi-de yi wa-gao. 酒又倒爻，皮袋又坏爻。(马可 2：22)

2. 用在形容词后，表示一种状态和情况的变化

（72）a. Kyü beh tseo-c'ih-k'e，keh si-lao tông-z hao-gao. 鬼便走出去，箇细佬当时好爻。(马太 17：18)

b. Vu-hwa-ko jü lih-k'eh k'u-gao. 无花果树立刻枯爻。(马太 21：19)

c. Ing-yü ze-ôh to-ky'i-le, hyü-to-nying-keh e-sih-sing we lang-gao. 因为罪恶多起来，许多人箇爱惜心会冷爻。（马太 24：12。1897）

d. C'ü-ts'ing-tsiu bi-hao-gao, tsih-z ts'ing-kæn-keh k'ah feh siang-p'e. 娶亲酒备好爻，只是请间箇客弗相配。（马太 22：8）

3. 用在动词后面构成动结式，相当于普通话中表示动作结果的"掉"

关于普通话的"掉"，吕叔湘（1994：148）将之归为"动结式第二成分"，在及物动词后表示"去除"，在不及物动词后表示"离开"；赵元任（1967；2005）认为有"移离、消除、完结"三种功能，其中第三种功能是从吴语借入的。台州方言中不用"掉、脱"等表示普通话的这些相应语法功能，而由"爻"来承担。例（73）中的"V+爻"格式都不仅表示"卷、撬、抛、断、废、拆、落、卖、解、烧、拔、踏、灭、脱掼"这些动作的完成体时态，同时也表明这些动作完成后的消失或偏离的结果。此外，台州方言中一般不用"V+爻+O"的格式表示带宾语动词的完成，如果译本中出现此类格式，更可判断这个"爻"相当于"掉"的意义，而非一般的完成，如例（73）j—o 句。

（73）a. Yia-su shü kyün-gao, kao-fu bæn-z-nying, ziu zo-lôh. 耶稣书卷爻，交付办事人，就坐落。（路加 4：20）

b. ziu tseo-zông oh-pe, zông-min ky'iao-gao, nying lin p'u-pæn fông-lôh cong-yiang. 就走上屋背，上面撬爻，人连铺板放落中央。（路加 5：19）

c. Ge ziu yiang-yiang p'ao-gao, nang-ky'i, keng Yia-su k'e. 渠就样样抛爻，□起，跟耶稣去。（路加 5：28）

d. peh ng-keh ming-sing sön ts'iu tön-gao z-'eo, ng-he yiu foh-ky'i. 拨尔箇名声算臭断"爻时候，尔许有福气。（路加 6：22）

e. Ngô le, feh-z iao peh ge fi-gao, z iao wön-jün ge. 我来，弗是要拨渠废爻，是要完全渠。（马太 5：17）

f. Ze-i tsiang-le lin ih-kw'e zih-deo tu m-yiu dzing-ze zih-deo zông-min, tu iao ts'ah-gao. 在以"将来连一块石头都呒有剩在石头上面，都要拆爻。（马太 24：2）

g. Dæn-z keh-yiang z ing-ke tso, kæn-yiang ah feh-k'o lôh-gao. 但是箇样是应该做，间样也弗可落爻。（马太 23：23）

h. Cü-nying-ko feng-fu peh ge nying, lin lao-bo n-nô teh væn-pah su-yiu, tu hao ma-gao, wæn-tsa. 主人家吩咐拨渠人，连老婆儿因搭万百所有，都好卖爻，还债。（马太 18：25）

i. hao ka-gao, ky'in-le peh ng. 好解爻，牵来拨尔。（马太 21：2）

j. ziu ts'a ping-mô djü-mih keh hyüong-siu, siao-gao ge-he zing-li. 就差兵马除灭箇凶手，烧爻渠许城里。（马太 22：7）

k. keh ôh cü-ts ziu le, bæh-gao ge sing-li su tsæh-keh cong. 箇恶主子就来，拔爻渠心里所扎<sub>播撒</sub>箇种。（马太 13：19）

l. Yin ziah z sih-gao ge 'æn-keh mi-dao, wæ-yiu zah-m hao tsông ge 'æn? 'Eo-deo z yiang-yiang vu-yüong, tsih-hao tao ze nga-min, peh nying dæh-gao. 盐若是失爻渠咸箇味道，还有什么好妆渠咸？后头是样样无用，只好倒在外面，拨人踏爻。（马太 5：13）

m. We mih-gao keh k'o-u-keh meh-z. 会灭爻箇可恶箇物事。（马太 24：15。1897）

n. C'ü-siao wön, t'eh-gao 'ong-bao, peh Ge tsiah Z keh i-zông, ziu t'a-c'ih-k'e ting Ge ze zih-z-kô-zông. 取笑完，脱爻红袍，拨渠着自箇衣裳，就拖出去钉渠在十字架上。（马太 27：31）

o. Ih-ke nying yiu ih-pah-tsih yiang, ziah yiu ih-tsih mi-lu, ge ky'i feh-z gwæn-gao keh kyiu-zih kyiu-tsih, tao sæn-li k'e zing keh tsih mi-lu-keh? 一个人有一百只羊，若有一只迷路，渠岂弗是掼<sub>扔</sub>爻箇九十九只，到山里去寻箇只迷路箇？（马太 18：12）

李小凡（2015：99）认为普通话"掉"的三种语义在概念空间里的位置前后应该是"移离→消失→完结"，移离义处于半实半虚之间，与实义动词的"脱落"义关系最直接，显然是语法化的第一步。但是台州方言中表示"脱落"义的词是"落"，由于尚不能确定从 [l] 声母的入声字"落"到"爻 gao"之间的语音演变关系，因此我们没法得出台州方言中表动结义的"爻"与语助词"爻"是同一个来源的词，或者是不同来源的词的结论，也就无法勾画台州方言虚词"爻"的语义地图。

4. 与普通话最大的差异之处

台州方言完成体结构中，宾语、时量补语常常提前作话题主语或次话题，基本上不存在类似普通话中"V+了+O"或者"V+了+C"的格式，而是"O+V+爻"，如例（74）。这也是由台州方言的话题主语特征决定的。

（74）a. Ze-kæn yiu ih-ke-nying ge ih-tsih siu fong-gao. 在间有一个人渠一只手风爻。（马太 12：10）

b. Kyi ziu di-nyi-pin di-gao. 鸡就第二遍啼爻。=立时鸡叫了第二遍。（马可 14：72）

5. 台州土白中存在大量的 V 后直接带受事宾语、处所宾语、时量补语的句子。那些在官话圣经译本中用"了"的地方，台州土白译本中并未用相应的"爻"，而且常常改变语序和表达方式，如例（75）。

（75）a. Yiu ih-ke nyü-k'ah, sang zih-nyi nyin hyüih-leo bing. 有一个女客，生十二年血漏病。=有一个女人，患了十二年的血漏。（马可 5：25）

b. din-mön zih-nyi læn. 填满十二篮。=装满了十二个篮子。（马可 6：43）

c. Tao di-loh-ke nyüih. 到第六个月。=到了第六个月。（路加 1：26）

d. tao di-sæn-nyih yi we weh-cün-le. 到第三天又会活转来。=过了三天，他要复活。（马可 10：34）

e. tseo ih-nyih lu, ziu tao ts'ing-kyün teh joh-nying su-ze zing Ge. 走一日路，就到亲眷搭熟人所在寻渠。=走了一天的路程、就在亲族和熟的人中找他。（路加 2：44）

f. YI-LI-SÔ-PAH tso nyüih-li nyih-ts tao-gao, ziu sang ih-ke n. 以利沙伯做月里日子到爻，就生一个儿。=以利沙伯的产期到了、就生了一个儿子。（路加 1：57）

g. Ku loh-nyih, Yia-su ta Pi-teh, Ngô-kôh, Iah-'ön, tseo-zông ih-tu kao sæn tao s-'ò su-ze Z ze-kæn. Ze ge-he min-zin pin kôh-yiang siang-mao. 过六日，耶稣带彼得、雅各、约翰，走上一堵高山到私下

所在自在间。在渠许面前变各样相貌。＝过了六天、耶稣带着彼得、雅各、约翰、暗暗的上了高山、就在他们面前变了形像。（马可 9：2）

h. Ge-he tseo-tao Yia-li-ko. 渠许走到耶利哥。＝到了耶利哥。（马可 10：46）

i. GE-HE kw'a tao Yia-lu-sæh-leng, yi-kying tao Pah-fæh-gyi teh Pah-da-nyi. 渠许快到耶路撒冷，已经到伯法其搭伯大尼。＝耶稣和门徒将近耶路撒冷，到了伯法其和伯大尼。（马可 11：1）

j. Yia-su tao Yia-lu-sæh-lang, tseo-tsing sing-din-li：deo-ky'ün 'en-kyi mòng-ku, ing-yü z-'eo yi-kying æn-gao, teh zih-nyi-ke meng-du tao Pah-da-nyi k'e. 耶稣到耶路撒冷，走进圣殿里：头圈□几全部望过，因为时候已经晏爻，搭十二个门徒到伯大尼去。＝耶稣进了耶路撒冷，入了圣殿，周围看了各样物件。天色已晚，就和十二个门徒出城，往伯大尼去了。（马可 11：11）

k. Yiu ih-ke nying cong ih-yün bu-dao, deo-ky'ün tang ts'iang-li, gyüih ih-ke tsiu-tsô, ky'i ih-ke kao-leo, shü-peh cong-din-nying, ziu c'ih-meng k'e. 有一个人种一园葡萄，头圈打枪篱，掘一个酒榨，起一个高楼，税拨种田人，就出门去。＝有人栽了一个葡萄园，周围圈上篱笆，挖了一个压酒池，盖了一座楼，租给园户，就往外国去了。（马可 12：1）

l. yiu ih-ke gyüong kwa-vu le, tön liang-ke dong-din, z dzih ih-li nying-ts. 有一个穷寡妇来，断゠两个铜钿，是值一厘银子。＝有一个穷寡妇来，往里投了两个小钱，就是一个大钱。（马可 12：42）

m. Wang-pin gyi-kæn yiu ih-ke nying bæh-c'ih tao, tsôh tsi-s-deo-keh nu-boh, siah-lôh ge ng-to. 横边徛间有一个人拔出刀，斫祭司头箇奴仆，削落渠耳朵。＝旁边站着的人，有一个拔出刀来，将大祭司的仆人砍了一刀，削掉他一个耳朵。（马可 14：47）

n. ge-keh nyü-k'ah Yi-li-sô-pah t'a gyi-sing, ziu ing-mön ng-ke nyüih. 渠箇女客以利沙伯拖骑身，就隐瞒五个月。＝他的妻子伊利沙伯怀了孕，就隐藏了五个月。（路加 1：24）

o. ngò ta ngô-keh n tao Ng su-ze le. 我带我箇儿到尔所在来。＝我带了我的儿子到你这里来。（马可 9：17）

6. 台州土白中一般不会两个"爻"连用，即不用"V+了₁+O+了₂"的格式，也不用"V₁+了+V₂"表两个动作相继完成的格式。官话中出现的这些"了"字连用或动词连用的格式，在台州土白中是用省略时态标记或上述其他方式完成的。如：

（76）z ng siang-sing-keh sing kyiu ng. 是尔相信箇心救尔。＝你的心救了你了。（马可 10：52）

## 五　经历体

台州土白圣经译本中的经历体一般用"V+过"式。当动词后面有宾语时，语序不像官话那样一般是"VO+过"，而是另有两种不同的形式：一是宾语，特别是结构比较复杂的宾语，常常提前作话题主语或次话题主语。这是台州方言话题主语特征的表现之一；二是"过"可以在动宾短语后构成"VO+过"或"VCO+过"的格式。如：

（77）a. Fe sang-keh, teh ge du-bi wæ vong sang-ku, teh ge na vong peh siao-nying jing-ku nyü-nying, yiu foh-ky'i. 燴生箇，搭渠肚皮还燴生过，搭渠奶燴拨小人吮过女人，有福气。（路加 23：29。1880）

b. Fe sang-keh, vong sang-keh t'e, teh vong jing-na ku nyü-nying, yiu foh-ky'i. 燴生箇，燴生箇胎，搭燴吮奶过女人，有福气。（路加 23：29。1897）

c. ng kæ kyi-teh ng-keh hao-c'ü sang-zin yi-kying ziu-ku, Læh-sæh-lu k'u-næn ah ziu-ku. 尔该记得尔箇好处生前已经受过，拉萨路苦难也受过。＝你该回想你生前享过福、拉撒路也受过苦。（路加 16：25）

d. Ge meng-du ts'eng-djòh Ge yiu keh-sih shih-wa teh ge-he kông-ku. 渠门徒忖着渠有箇些说话搭渠许讲过。＝门徒就想起他说过这话。（约翰 2：22）

e. yiu kyi-tsih jün jong Di-pi-li-ô le, gying Cü coh-zia ge-he ky'üoh mæn-deo ku di-fông. 有几只船从地比利亚来，近主祝谢渠许喫馒头

过地方。（约翰 6：23）

f. Tsih-z yü væh-ku nyün, yi yü tsiu-yin-zông k'ah ze-teh, feng-fu peh ge. 只是为罚过愿，又为酒宴上客在得，吩咐拨渠。（马太 14：9）

g. Tao weh-cün-le-keh z-'eo, keh ts'ih-ke cong-yiang ge sön kæh-nying-keh nyü-k'ah? ing-yü tu c'ü ge ku. 到活转来箇时候，箇七个中央渠算夹⁼人箇女客？因为都娶渠过。（马太 22：28）

h. zao-fæn z-'eo ge z sæh-nying ku. 造反时候渠是杀人过。＝他们作乱的时候、曾杀过人。（马可 15：7）

i. Jong t'in kông-lôh-le, i-gyiu ze t'in-zông Nying-keh N ts-nga, m-nying sing-zông t'in ku. 从天降落来，依旧在天上人箇儿之外，吭人升上天过。（约翰 3：13）

j. Wæ-yiu ts'a ngô le-keh Ah-pang Z ah te-tsing Ngô ku. 还有差我来箇阿爸自也对证我过。＝差我来的父也为我作过见证。（约翰 5：37）

k. Ah bing feh-z kông yiu nying môong-djôh Ah-pang ku. 也并弗是讲有人望着阿爸过。＝这不是说、有人看见过父。（约翰 6：46）

l. ing-yü ng-he-keh ön-tæn yi-kying teh-djôh-ku. 因为尔许箇安担已经得着过。＝因为你们受过你们的安慰。（路加 6：24）

普通话中用在动词后的助词"过"也可以"表示动作完毕。这种'动+过'也是一种动结式"（吕叔湘，1994：216）。这种用法在百余年前的台州土白中也有，如例（78）a中的"寻着过"并非是表经历体的"找到过"而是表完成的"找到了"；b句中的"讲过又讲"是表动作的反复，但是"讲过"是指动作的完成"讲了"而非曾经经历过；c句中的"试试过"则是动词重叠后再和时态助词"过"搭配，表示事件的完成，而这种看似前后矛盾的组合在官话中是不存在的。

（78）a. Ng-he k'e ts-si tang-t'ing keh Si-lao z-kön; zing-djôh-ku, ziu le t'ong-pao ngô, peh ngô ah hao k'e pa ge. 尔许去仔细打听箇细佬事干；寻着过，就来通报我，拨我也好去拜渠。（马太 2：8。1897）

b. Ng-he tao-kao feh iao kông-ku yi kông, ziang bih-koh-nying. 尔许祷告弗要讲过又讲，像别国人。（马太6：7）

c. ng yi-kying s-s-ku hyiao-teh ge z hyü-kô. 尔已经试试过晓得渠是虚假。（启示录2：2）

## 第二节　百余年来台州方言动态范畴的演变

百余年来台州方言动态范畴的演变不太明显，从今临海方言和台州内部其他方言动态范畴的现状来看，变化较大的是进行体、持续体、完成体的标记，表现出较明显的分化和多样性。以下语料主要来自浙江省档案馆录制的"浙江方音"和本人调查所得。

### 一　进行体标记

以普通话"他在吃饭"为例，今临海和台州内部各点的进行体标记总数不下十个。除了例（79）中所用的标记外，还有椒江、黄岩一带的"来得、来旁"、天台的"lei²¹⁴ aʔ⁵"（戴昭铭，2006：138），天台城关的还有"牢啊、在啊"。其实除了以上发音人提供的进行体标记外，还存在其他多种形式。比如临海周边的东塍和白水洋还有"来得、来间、来"等，温岭话还有"在得、在个、来得、来嘞、来埲"等。三门话的"牢"很有可能是"来啊"的合音，与天台话相近。温岭话和黄岩话中也有用"张＝得"作进行体标记的，这个"张＝"其实也是个表存在的动词，但是其表示"在、停留"的行为意义比一般的"在"更强，因此作为进行体的虚化程度也低于以"在"或"来"构成的标记。一般的进行体标记已高度虚化，故无远近之别。个别的如温岭话中的"来伏"和黄岩话中的"来旁"在特定的语境中与一般的近指对举时则属远指一类，与近指构成对立。总之，与百余年前台州土白中的两个进行体标记"在得"和"在间"相比，可以说今台州方言保留了"在得"而弱化了"在间"，而且"间"的发音进一步促化为类似"个"的音，很多文献中记为"该"或"个"。

（79）a. 临海：渠在喫饭。

b. 三门：其牢喫饭。

c. 仙居：渠来得喫饭。

d. 椒江、黄岩：渠在得喫饭。

e. 温岭：渠来伏喫饭。

f. 玉环：渠在个喫饭。

## 二　持续体标记

今台州方言的持续体标记数量比进行体标记少，相当于普通话持续体标记“着”的主要是“得、勒、伏”等以及与“在、来”构成的复合语素。下面数例是台州各地不同语境中所用的持续体标记及其与普通话的比较。其中例（80）祈使句和例（81）用持续体表方式的结构，台州各地之间差异较小。

(80) a. 普通话：门开着。

b. 临海：门开该。

c. 三门、仙居、椒江、黄岩：门开得。

d. 温岭：门开伏。

e. 玉环：门开在个。(“在”弱读)

f. 天台：门开解埲。

(81) a. 普通话：路上停着一辆车。

b. 临海：一部车停路得。

c. 三门：路勒停个一部车。

d. 仙居：路勒一部车停勒/啊。

e. 椒江、黄岩：路得一部车停得。

f. 温岭：路勒一部车停来伏。

g. 玉环：路勒停勒一部车。/一部车停在路勒。

h. 天台：路勒一部车停解埲。

(82) a. 普通话：你坐着！

b. 临海、三门、仙居、椒江、黄岩：尔坐得！

c. 温岭、玉环：尔坐埲！

d. 天台：尔坐解埲！

（83）a. 普通话：坐着吃比站着吃好些。

b. 临海、三门、仙居、椒江、黄岩：坐得喫比徛得喫好顶！

c. 温岭、玉环：坐埪得喫比徛埪得喫好定。

从"埪"和"得"语音上的不同（前者读非入声，后者读入声），可以说"得"的虚化程度比"埪"更高，"埪"有时仍可解读为处所词"……地方"义，而"得"就相当于持续标记"着"。中古时期开始，"得"除了兼表结果和可能外，还产生了表示状态或持续的意义（志村良治，1995：65）。台州方言中的持续体标记"得/埪"即为中古汉语的留存。

### 三　完成体标记

百余年前台州土白圣经译本中的主要完成体标记"爻"到今临海话中分化为"爻、了、呀="三个标记，分别读［ɦɔ⁰］［ʔlə⁰］［ʔiʌ⁰］，其中后两个实为"了"的变体，现用不同的汉字以示区别。其他各地在"爻、了、呀="的读音上都有些许差异，如三门话中读［liao³²⁵］；天台的东乡话读［lao⁰］，城关话读［lɔ⁰］（下文两地暂且用"嘍"统一记之），西乡平桥一带读［iao⁰］，可归为临海话的"呀="类；温岭话中"爻"受其前一音节的韵尾影响较大，所以其音变现象比台州其他各地丰富，听感上最接近百余年前台州土白中的记音"gao"。这些完成体标记虽然来源于表"完结、了结、完了"义的动词"了"，但读音差异较大，动词"了"读上声，只有三门话相对接近。

从句法位置来看，可分为两类：在句中时，如后带复杂名词多用"了［ʔlə⁰］"，如后带数量补语，要么像百余年前台州土白圣经一样不用完成体标记，要么用"爻"，见例（84）；在句末时用"爻、呀="两可，如例（85）—（86）。"我吃了一碗饭"，在温岭话中因宾语"一碗饭"前置作次话题导致完成体标记居后成"我一碗饭喫爻"，除此之外，台州内部各点高度一致地保持了普通话的语序并用了完成体标记"了［ʔlə⁰］"。

（84）a. 普通话：他来了三天了。

b. 三门：其来了三日爻。

c. 临海、仙居：渠来三日爻。/温岭：玉环：我走来三日爻。/椒

　　江：我趑来三日爻。／

　　d. 天台：我到埪三日了[iao0]。

　　e. 黄岩：渠来爻三日爻。

　　（85）a. 普通话：天亮了。

　　b. 临海、仙居、天台（西乡）：天亮呀＝。

　　c. 三门、椒江、温岭、黄岩、玉环：天亮爻。

　　d. 天台（城关、东乡）：天亮喽。

　　（86）a. 普通话：他把碗打破了。

　　b. 临海、仙居、天台：渠拨碗敲碎爻呀＝。

　　c. 三门：其拨碗敲碎爻。／椒江：渠拨碗□[ba31]碎爻。／温岭、玉环：渠拨碗打碎爻。／黄岩：渠拨碗□[phā55]碎爻。

　　为了进一步考察"爻、了、呀＝"的句法分布和功能，我们对临海方言电视栏目《黄昏头讲新闻》①做了一段转写，发现虽然"爻"和"呀＝"有时可自由转换，如例（87）b和（88）c两句，都是表完成的"开裂了"的意思，但倾向性特点是"了"用于句中，"爻、呀＝"用于句末，"爻"更接近普通话的"了₁"，"呀"则更接近普通话的"了₂"。

　　"爻"字句。（87）a. 渠拨水泥面全部敲爻。

　　b. 因为现浇个水泥弗是起泡便是刮开裂爻。

　　"了"字句。（88）a. 每家每户都买了四五十吨差弗多两万块箇水泥。

　　b. 多数村民户里家里出现了问题。

　　c. 做了十把年泥水老师头箇老尹也讲自己头一套碰着替＝个这样事干。

　　"呀＝"字句。（89）a. 地面也弗成样子呀＝。

　　b. 村勒已经有廿把年吭有起过新屋呀＝。

　　c. 弗是水泥面出现了起泡现象，便是房梁屋檐开裂呀＝。

　　d. 偲忘记签上澳门便好用呀＝。

　　e. 昶基现在蛮烦恼箇事箇碰着呀＝。

　　①　土豆网（2008年8月28日）：http://www.tudou.com/programs/view/eNLbI3Svc5I/。

　　天台话"了"字的功能和读音也是一个佐证。虽然戴昭铭（2006：140—143）将本文涉及的完成体分为实现体和完成体加以分析，但他提到天台话中句末"了"字在白读时已失去韵头，读为 lao$^{214}$，西乡平桥一带失去声母辅音读为 iao$^{214}$，这个"了"〔·lao〕相当于北京话的"了$_2$"。北京话中"了$_1$"和"了$_2$"可合为一个"了"，而天台话中则只能连用实现体标记"阿（也）"和完成体标记"了"。我们认为天台话"了"的读音差异与临海、仙居话的"呀$^=$"同类，这一复杂的标记现象与上文所见临海、仙居、天台话中"爻呀"连用同理。不过，戴昭铭（2006：141）推测天台话的这个实现体标记"阿"〔·aʔ〕可能来自古代汉语的句尾助词"也"，我们则认为这个相当于北京话"了$_1$"的标记"阿"〔·aʔ〕就是"爻"的变体，是"爻"从百余年前传教士文献中的"gao"到现代台州各地的〔ɦo$^0$〕进一步弱读的结果。

　　完成体标记的读音差异，可以成为划分台州方言内部分片的一项语法特征，"北台片"的临海、仙居、天台"爻、呀$^=$"类可以两用和连用，只是其发音有所差异，而"南台片"各点用"爻"居多。三门处于台州的中部地区，虽然与"北台片"更相近，但从这一项也可看出其兼有南北过渡地带的语言特征。

　　此外，百余年前台州土白圣经译本中未见"爻"居于两个动词之间来表示两个动作相继进行的现象。但是今台州方言中这种"V$_1$＋爻＋V$_2$"的格式已很常用，如"喫爻睏$_{吃了睡}$，睏爻喫$_{睡了吃}$，搭猪样箇$_{像猪一样}$"。

## 第三节　台州方言体标记的语法化类型及其特质

　　台州方言体标记的语法化过程和特点除了承续汉语共同语的共性外，与处所成分的关系尤为密切。"从上古到现代，汉语处所成分经历了大规模的语序演变。演变的动因是对汉语的语序有着广泛制约作用的 PTS，演变的结果是处所成分由整体上的非理据分布演变为整体上的理据性分布。"（洪波，2010：294）这个 PTS 即"时间顺序原则"，它管辖和制约汉语语序的表现和演变。从台州方言体标记的语法化特点来看，处所成分的语序是 PTS 的表征，但处所成分所承载的空间性特质又是 PTS 的深层决定因素。这种特质在台州方言进行体和持续体标记的语法化上表现得尤为显著。

　　汉语进行体的演变路径是多线并进的。参照刘丹青（1996）的分类，我们现将汉语方言的进行体标记主要分为三类：前置词（A）、方所词或指示代词（B）、处所介宾短语（A+B）。A 类与共同语中的"在"相似，受共同语的影响，很多方言除了保留原有的进行体标记外，也同时用"在"标记。A 类和 A+B 类几乎遍及所有的汉语方言，B 类则主要出现于闽语，如福州、泉州、莆仙等地方言。

百余年来台州方言进行体标记的类型没有变化，都是属于 A 类和"A+B"类，受普通话的影响，A 类的使用频率逐渐加大。"A+B"类中 B 语素的性质可细分为两种类型：一种是处所名词，另一种是指示词。台州方言的"在得"类属前者，"在间"类属后者。"在得"中的"得"其实是处所名词"埭"语法化的结果。"在间"中的"间"则是处所指示短语语法化的结果，两者都经历了脱落和重新分析的语法化过程。台州方言这类进行体标记的类型和语法化过程与 100 年前吴语其他方言一致。林素娥（2015：261）认为第一类的语法化过程是"在+NP+处所/方位后置词（述宾短语）"脱落为"在+处所/方位语素（述宾结构的复合词）"，如上海话的"垃拉、拉搭、拉化、拉喊、拉里、拉上"等，温州话"是搭"，台州话"在得"；第二类的语法化过程是"在+处所指示词（述宾短语）"脱落为"在+指示语素（述宾结构的复合词）"，如金华话"在那、在安"、宁波话"来东、来间"、台州话"在间"。从宁波话"来东"的语法化情况来看，"第一类和第二类之间可能存在关联。即处所指示词中指示语素可能来自处所词，与第一类中的处所后置词同源"。我们从台州方言这两类标记的来源来看，似乎证明不了二者之间的同源关系。理由主要有二：一是语音差异太大，太杂；二是在台州等其他吴语中，不仅处所名词可以省略指示词而直接具有指示功能，而且这种功能同样适用于所有类型的名词。此外，我们从百余年前台州土白圣经译本中"间"的不同功能和分布，可以清楚地看到它比"埭"的语法化过程更复杂。从例（90）到例（94）就是"间"的意义逐渐虚化的过程，即最实在的"远指代词"——"表远指的处所"——"虚化的处所指示词"——持续体标记——进行体标记。

（90）a. ze kæn-min pih yiu ngao-ngò-ts'ih-ts' k'oh-hyiang. 在间面必有咬牙切齿哭响。（马太 8：12）

b. Ge ziu ze kæn-min i ge bing. 渠就在间面医渠病。（马太 19：2）

（91）a. "Kyi-toh ze-i", 'ôh-tsia "ze kæn". "基督在以⁼"，或者"在间"。（马太 24：23）

b. ze-kæn hao djü; ah iao jong kæn ky'i-sing. 在间好住，也要从间起身。（路加 9：4）

c. Yi-kying æn-gao, Ge doh-ke ze-kæn. 已经晏爻，渠独个在间。（马太 14：23）

d. Pi-teh yün-yün keng Ge ih-dzih tao tsi-s-deo ngô-meng-li, ziu tseo-tsing-k'e, teh ts'a-nying jü-de zo-kæn. 彼得远远跟渠一直到祭司头衙门里，就走进去，搭差人聚队坐间。（马太 26：58）

（92）a. ze-kæn yiu ih-ke-nying ih-tsih-siu k'u-gao. 在间有一个人一只手枯爻。（马太 12：10。1897）

b. ze-kæn we môong-djôh Ge. Ngô z t'ong-ts ng-he. 在间会望着渠：我是通知尔许。（马太 28：7）

c. Ziu li-k'e ge-he, tseo-c'ih zing-nga tao Pah-da-nyi, ze kæn shoh yia. 就离开渠许，走出城外到伯大尼，在间宿夜。（马太 21：17）

（93）a. Pi-teh tseo-c'ih tao meng-k'eo, yi yiu ih-ke ô-deo môong-djôh ge, teh keh-sih ze-kæn-keh nying kông. 彼得走出到门口，又有一个丫头望着渠，搭箇些在间箇人讲。（马太 26：71）

b. Djü-ze-kæn ih-dzih tao Hyi-lih ling-cong. 住在间一直到希律临终。（马太 2：15）

c. ziu-z doh-shü-nying teh tsiang-lao jü-we ze kæn. 就是读书人搭长老聚会间。（马太 26：57）

（94）Yün su-ze yiu ih-do-pæn ts ze-kæn ky'üoh. 远所在有一大班猪在间噢。（马太 8：30）

现代汉语中至今仍然使用"他在那儿躺着（呢）"等句式，这类句子既可以理解为表示空间概念，也可以理解为表示状态的持续，在后一种情况下，"那儿"不是实指，可以略去不说（朱德熙，1981：184）。当"在那里、在这里"等的处所意义很不明显时，"正在进行"或"持续"的语法意义就凸显出来了。

汉语共同语和台州方言（尤其是东南方言）进行体标记（持续体标记也很相似）的语法化路径与结果的不同，可归结为空间意义在其中的留存程度不同。李小凡（2012）认为，苏州、绍兴、泉州方言进行体标记的语法化与汉语共同语分属两种不同的类型，共同语型源自动词，苏州话型源自位于义述宾结构式（即由存在动词和方所宾语组合成述宾结构后共同表示位于义）。位于义结构式进一步语法化为进行体标记时又有两条不同的路线，一是脱落方所宾语（由指示语素和方位语素组合而成），脱落的成分或为指示语素（如苏州话、上海话等），或为方位语素（如绍兴话、宁波话等）；二是脱落介词，主要有泉州话等。

　　脱落方所宾语的途径属于实词虚化的语法化类型，是随着方所词语的逐渐虚化直至最终脱落而成，这个过程的语法化机制是语义和语法的再分析。而脱落介词的途径则主要是深层空间意义的强势留存，反映到语言的表层结构上即为占据一定的句法位置。即使是"介词+指示语素"的结构，其实保留的还是空间意义。吕叔湘（1985：18）指出："近指和远指的分别，基本上是空间的。"指方所的代词，本身就是表示空间的。指示代词，往往都有共同的语素。这些共同的语素，均以表达空间义为基础。这也是为何绍兴话、宁波话等指示代词三分的方言发展为"介词+指示语素"的进行体标记的可能性更大的原因。至于泉州话等方言中脱落介词而仅保留处所词则更是空间意义的原始留存，这些处所词语置于动作动词前依旧凸显的是"先空间后时间"的顺序像似性规律，是汉语空间性特性的典型反映。（阮咏梅、王文斌，2015）

　　王文斌（2013a，2013b）指出，"英汉两种语言结构的本质差异在于英语的时间性特质与汉语的空间性特质，而这种根本性差异主要缘起于这两种语言不同的民族思维方式：英语对世界的认知是时间重于空间，而汉语则是空间重于时间"，"时间性世界观是把握英语形合、客体意识、个体思维特征的管钥，而空间性世界观则是汉语意合、主体意识、整体思维特征的关键"。我们从百余年来台州等汉语方言进行体和持续体的不同语言表现形式上，也能清楚地发现汉民族的时空思维特质所起的制约作用及其遗留的痕迹。

# 第八章

# 台州方言差比句的类型和演变①

差比句，是指两个及以上的比较对象在程度、数量、形状等方面有差别，且由相关的比较参项构成一定格式的句子。相对于等比句、极比句、递比句等类型的比较句，差比句的差异比较大，具有语言类型学上的意义。

差比句涉及八个比较参项（比较本体、比较主体、比较基准、比较标记、比较点、比较专项、比较结果和比较差值），其中比较主体、比较基准、比较标记、比较结果这四个比较参项一般作为考察差比句的主要关注点。比较标记是差比句的形式标志，其性质和分布决定一种语言（方言）差比句的类型和特点，因此相比差比句其他比较参项，比较标记的重要地位不言而喻。以比较标记为分类标准，台州方言差比句的主要类型可分为："如"字句、"还是"句和"比"字句。

## 第一节　19世纪台州土白差比句的类型

19世纪传教士的台州土白圣经译本中，"如"字句、"还是"句和"比"字句均有出现。否定式差比句不在本章考察范围内。

### 一　"比"字句

台州土白圣经译本中存在大量的与现代汉语相同的"比"字差比句，格式为"A+比较标记（比）+B+比较结果"。其比较标记、语序、句法特征、语义内容等都与现代汉语完全一致。可以说，"比"字句是百年前台

---

① 本章以同名标题发表于张玉来主编《汉语史与汉藏语研究》（第一辑，中国社会科学出版社2017年版，第46—58页）。现有改动。

州方言的主要差比句句式。由于圣经中重复的内容和语句较多，现只择异举例。比如：

（1）Sing-ming ky'i feh-z pi ky'üoh-zih wæ kyü-djong；sing-t'i ky'i feh-z pi i-zông wæ iao-kying? 性命岂弗是比喫食还贵重，身体岂弗是比衣裳还要紧？=生命难道不是比食物贵重，身体难道不是比衣服重要？（马太6：25）

（2）ng-he z pi hyü-to tsiang wæ dzih-din. 尔许是比许多雀还值钿。=你们比许多麻雀还贵重。（马太10：31）

这些"比"字句中的比较项以名词性成分居多，特别是比较项 B，大都为名词或代词。

## 二 "还是"句

"还是"差比句的语序与"比"字句相同，皆为"A+比较标记+B+比较结果"，"还是"充当比较标记的作用。但是，与"比"字句不同的是，当"比"字句的比较结果指向比较对象 A（比较主体）时，"还是"句的比较结果则指向比较对象 B（比较基准）。比如：

（3）Lôh-do c'ün-ku tsing-ngæn, pi ze-cü tseo-tsing Zông-ti-keh koh, wæ-z ge yüong-yi. 骆驼穿过针眼，比财主走进上帝箇国，还是渠容易。=骆驼穿过针眼，比财主走进上帝的国还容易。（马太19：24；马可10：25；路加18：25）

（4）Cong-nying tön ze din-k'u-li, wæ-z keh gyüong kwa-vu tön-lôh to. 众人断″在钿库里，还是箇穷寡妇断″落多。=这穷寡妇投到银库（奉献箱）里的钱比众人还多。（马可12：43）

（5）T'a Ng keh du, ü Ng na keh yiu foh! Yia-su kông，"Wæ-z t'ing-djôh zông-ti dao-li pao-siu ge yiu foh."" 拖尔箇肚，喂尔奶箇有福！"耶稣讲，"还是听着上帝道理保守渠有福。=不如听上帝的道理而遵守的人有福"。（路加11：27-28）

（6）Iao leh-fæh ky'üih ih-ting, wæ-z t'in di fi-gao yüong-yi. 要律法缺一顶，还是天地废爻容易。=天地过去比律法废掉一项容易。

（路加 16：17）

（7）Ta-li keh-sih siao meng-du li-min ih-ke væn-ze, wæ-z yüong mah-mo zông-bæn kwa ze ge-keh deo-kying tön-lôh he, keh ying-væh wæ ky'ing. 带离箇些小门徒里面一个犯罪，还是用麦磨上爿挂在渠箇头颈断﹦落海，箇刑罚还轻。﹦就算拿一块大磨石栓在他的颈项上，把他沉在深海里，比他使这小子中的一个犯罪还好。（路加 17：2）

（8）Keh siu din-liang-nying cün-k'e, pi keh Fæh-li-se nying wæ-z ge sön tsing-dzih. 箇收田粮人转去，比箇法利赛人还是渠算正直。﹦这个田税官回去，比法利赛人正直。（路加 18：14）

（9）a. Ing-yü ngô ze si wæ-z ky'ü-si hao. 因为我在世还是去世好。﹦因为我死了比活着好。（约拿书 4：3）

b. Ngô weh wæ-z s hao. 我活还是死好。（约拿书 4：8）

（10）a. Ngô hyü peh bih-nying wæ-z hyü peh ng hao：Ng hao teh ngô jü-de djü. 我许拨别人还是许拨尔好：尔好搭我聚代住。﹦我把她给你比给别人好。（创世纪 29：19）

b. ing-yü kông bih-c'ü t'u-wa cü-ts, ziah feh fæn-yih, peh kao-we zing-ziu teh-'ang, wæ-z tso sin-ts-nying do-jü ge. 因为讲别处土话主子，若弗翻译，拨教会成就德行，还是做先知人大如渠。﹦因为说方言的，若不翻出来，使教会被造就，那作先知讲道的，就比他强了。（哥林多前书 14：5）

“还是”句中的比较项成分比“比”字句复杂得多。相对来说，例（9）是最简单的，比较成分“在世/活”和“去世/死”是动名词；例（3）和（8）虽然比较项 B 是代词“渠”，实际上分别指代前文出现的“骆驼穿过针眼”和“收田粮人转去”这两件事；其他例子中的比较项都是主谓结构或主谓宾结构，比较参项是形容词属性的，比较项实际上也是指称用于比较的不同的两件事。例（10）b 如果结合英文版翻译就容易理解其中的比较级形式，其英文原句为“He who prophesies is greater than one who speaks in tongues, unless he interprets, so that the church may be edified.”

这些“还是”句都可以转换为“比”字句，但是“比”字句并不都能转换为“还是”句。可见，“还是”使用的条件限制多于“比”，最重要的有两条：一是"比"字句可用于任何时态，而"还是"句不大用于将来时。如例（11）可译为相应的"还是"句，但例（12）（13）一般不能转换为"还是"句，就是因为例（11）是一般现在时，例（12）和（13）是将来时。

（11）dæn-z ze tʻin-koh － li ting siao cü-ts wæ pi ge do. 但是在天国里顶小主子还比渠大。（马太 11：11）

（12）Tao sing-pʻön nyih-ts, Tʻe-lo Si-teng keh ying-væh pi ng-he wæ kyʻing. 到审判日子，推罗西顿箇刑罚比尔许还轻。（马太 11：22）

（13）Tao sing-pʻön nyih-ts, Su-to-mô di-fông-keh ying-væh pi ng-he wæ kyʻing. 到审判日子，所多玛地方箇刑罚比尔许还轻。（马太 11：24）

二是充当主语、宾语、定语等句法成分的"比"字结构一般不能转化为相应的"还是"差比结构，即"比"字差比结构可以作很多句法成分，而"还是"差比结构只能作谓语。

台州土白中"还是"句的独特性和复杂性可从此类句子总体上的佶屈聱牙之感来辅证。如例（7）根据 NIV 英文版 "It would be better for him to be thrown into the sea with a millstone tied around his neck than for him to cause one of these little ones to sin"，这个比较句的比较结果是 better，从刑罚来看，指示代词"箇"指代不明，这是由于台州方言和官话比较句中的比较主体和比较客体的前后位置正好相反导致的。本来对台州人来说比较简单的"还是"句格式，一方面由于传教士难以把握其特性，另一方面也由于当地配合传教士翻译的同工对圣经内容尚感陌生，导致他们难以驾驭"还是"句的翻译。不是将"还是"句和"比"字句叠床架屋，就是对各种比较参项的处理顾此失彼，无所适从。特别在比较主体和比较基准区分上，常常让人找不着北，而比较主体和比较基准的位置恰恰就是"还是"句的精髓所在。

### 三　"如"字句

例（7）的官话版注释现用的是新译本，该句和合本的比较结果是用"强如"即"比……好"，它用"A 如"表达比较，说明这个结构是官话共有的，也是有历史源头的汉语共同语的句式。台州方言只是迄今还保留这一特点而已，但是不如"还是"句有特色。

台州圣经土白译本中，有种差比句的格式是：比较主体+比较结果+jü+比较基准。这个 jü 就是比较标记，与"如"同音，而与"于"yü 不同音。因此，不能将之命名为"于"字句（林素娥，2015：338），而应是"如"字句。比如，

（14）M-yiu bih-diao leh-fæh do-jü keh liang-yiang. 呒有别条律法大如箇两样。=没有别的诫命比这两条大。（马可 12：31）

（15）dæn-z yiu ih-ke neng-kön do-jü ngô-keh Cü-ts we le；ziu-z ka Ge 'a-ta，ngô ah ky'in hao. 但是有一个能干大如我箇主子会来；就是解渠鞋带，我也欠好。=但是有一个比我能干的人会来；就是替他解鞋带，我都不够好。（路加 3：16）

（16）'ôh-sang feh-z do-jü sin-sang：væn-pah tso tao jün-bi we zi-ang ge sin-sang. 学生弗是大如先生：万百做到全备会像渠先生。（路加 6：40）

（17）Z nyü-k'ah su sang-keh，m-yiu ih-ke sin-ts-nying do-jü 'Ang-tsing-li Ia-'ön；dæn-z ze Zông-ti koh ting siao-keh cü-ts wæ pi ge do. 是女客所生箇，呒有一个先知人大如行浸礼约翰；但是在上帝国顶小箇主子还比渠大。（路加 7：28）

（18）Ngô 'eo-deo yiu ih-ke neng-kön do-jü Ngô we le. 我后头有一个能干大如我会来。=有一位在我以后来的，能力比我更大。（马可 1：7）

（19）Ng 'eo-le wæ-yiu do-jü keh z-kön we môeng-djôh. 尔后来还有大如箇事干会望着。（约翰 1：50）

（20）Ngô su tso z-kön ge tsiang-le ah iao tso，ping-ts'ia do-jü keh-sih z-kön ah iao tso. 我所做事干渠将来也要做，并且大如箇些事干也要做。（约翰 14：12）

（21）ping-ts'ia wæ do-jü sin-ts-nying. 并且还大如先知人。（路加 7：26）

（22）Dæn-z yiu neng-kön do-jü ge cü-ts tseo-le tang-ying ge，ziu deh ge su i-k'ao-keh kw'e-kæh teh kyüing-ky'i，feng-k'e ge-keh kô-s.

但是有能干大如渠主子走来打赢渠，就夺渠所依靠箇盔甲搭军器，分去渠箇家私。（路加 11：22）

（23）Ng ah-pang su coh-foh ng-keh hao-jü ngô tsu-tsong coh-foh ngô-keh foh-ky'i. 尔阿爸所祝福尔箇好如我祖宗祝福我箇福气。（创世纪 49：26）

（24）ping-ts'ia zing-sing, zing-ling, zing-i, zing-lih, e-kying Ge, wæ-yiu e-sih ling-sô teh z-kyi ih-yiang, keh z hao-jü væn-pah væn-tsi teh tsi-veh. 并且尽心、尽灵、尽意、尽力，爱敬渠，还有爱惜邻舍搭自己一样，箇是好如万百燔祭搭祭物。 （马可 12：33。1897）

（25）I-jing zông-ti hao-jü i-jing nying z ing-ke. 依顺上帝好如依顺人是应该。（使徒行传 5：29）

（26）Ing-yü ge-he z hwön-hyi nying-keh ts'ing-tsæn , wæ hao-jü zông-ti-keh ts'ing-tsæn. 因为渠许是欢喜人箇称赞，还好如上帝箇称赞。（约翰 12：43）

（27）Ngô-kôh ah teh læh-kyih dong-zông, e-sih læh-kyih hao-jü Li-ô. 雅各也搭拉吉同床，爱惜拉吉好如利亚。（创世纪 29：30）

（28）Yi-seh-lih sang Iah-seh shü-shü lao-gao, yü-ts e-sih hao-jü bih-ke n-ts. 以色列生约瑟岁岁老爻，为之爱惜渠好如别个儿子。（创世纪 37：3）

（29）Cong hyüong-di môŋg ge pang e-sih Iah-seh hao-jü ge-he; ziu ky'i-'eng ge. 众兄弟望渠爸爱惜约瑟好如渠许；就气恨渠。（创世纪 37：4）

（30）Ng p'iao-dông ziang shü, feh neng hao-jü ng hyüong-di. 尔飘荡像水，弗能好如尔兄弟。（创世纪 49：4）

（31）Ng teh-djôh foh-ky'i hao-jü væn-min, ze ng-he cong-yiang m-yiu feh sang-yiang-keh nön-nyü, ng-keh cong-sang ah m-yiu feh-sang. 尔得着福气好如万民，在尔许中央呒有弗生养箇男女，尔箇众生也呒有弗生。（申命记 7：14）

（32）Dz-jü ngô le-keh, pi ngô wæ tseng-djong; Ing-yü Ge z tsao-jü ngô. 迟如我来箇，比我还尊重；因为渠是早如我。（ 约翰 1：15）

（33）dz-jü ngô le pi ngô wæ tseng-djong, lin ka Ge 'a-ta ngô tu ky'in hao. 迟如我来比我还尊重，连解渠鞋带我都欠好。（约翰1：27）

这种"如"字句中的比较结果形式比较单一，都为单音节形容词。圣经译本中出现的比较结果基本上局限于"大、好、早、迟"等形容词。上述例（14）—（22）都是"大如"句，例（23）—（31）都是"好如"句，例（32）和（33）则是"迟/早如"句。

"如"字句的否定式一般用"弗是"来否定"比较结果+如+比较基准"，如例（16）。另外，也常常用"弗及如"的词汇形式来表达，"如"并非本文所讲的比较标记，而是"及"后的动词助词。如：

（34）Su-lo-meng ting yüong-wa z-'eo, ge i-tsiah ah feh gyih-jü ih-tô pah-'eh-hwa. 所罗门顶荣华时候，渠衣着也弗及如一朵百合花。（路加12：27）

## 第二节　台州方言差比句的演变

### 一　百余年前台州土白差比句的格局

圣经的宗教和传播特点，要求世界上各种语言或方言在翻译圣经时需尽可能忠于原著，从而导致圣经各种译本的语言偏于"文""雅"，书面语色彩比较浓厚。即便如此，我们仍能看到传教士为追求圣经翻译的方言土白化而做的努力。特别在与20世纪初的官话和合本圣经对比后，这些方言土白的差异更跃然纸上，执着地诉说着它们真实的历史存在感。当然未见于此类圣经译本中的方言特点，并非真不存在。我们以《新约》中《四福音书》为考察范围，搜索出官话和合本中的所有差比句，将之与1880年版的台州土白译本作相应的对比。统计结果如表8-1所示。

表8-1　　1880版台州土白圣经译本中的差比句类型分布

| 四福音书 | 和合本差比句 | 台州土白译本（1880年版） | | | |
|---|---|---|---|---|---|
| | | "比"字句 | "还是"句 | "如"字句 | 其他 |
| 马太福音 | 18 | 14 | 1 | 2 | 1 |

续表

| 四福音书 | 和合本差比句 | 台州土白译本（1880 年版） | | | |
|---|---|---|---|---|---|
| | | "比"字句 | "还是"句 | "如"字句 | 其他 |
| 马可福音 | 6 | 2 | 1 | 3 | 0 |
| 路加福音 | 21 | 12 | 3 | 4 | 2 |
| 约翰福音 | 16 | 4 | 0 | 12 | 0 |
| 总数 | 61 | 32（52.4%） | 5（8.1%） | 21（34.4%） | 3（4.91%） |

"比"字句在官话和合本中已独占鳌头，这些"比"字句在台州土白中除了分立为"比"字句、"还是"句和"如"字外，还有个别以词汇形式等表现的"其他"句，主要有"过于、过先"等，相当于官话中的"胜于"类词。在百余年前的台州方言差比句中，"比"字句也已占一半，其次是"如"字句占三分之一，"还是"句则只占十分之一。

最后一本台州土白圣经译本是 1912 年的旧约 *YI-SI-KYIH, TAO Mô-LEH-KYI*（《以西结到玛拉基》），与 1880 年版《四福音书》相距 30 余年，其差比句类型格局发生了一些变化（见表 8-2），"比"字句占了差比句总数的近 7/10，而"如"字句锐减，其跌幅与"比"字句的涨幅持平。当然，这种数据可能囿于不同圣经文本内容的制约而不排除一定的不确定性。但"比"字句的绝对发展优势不容置疑。1880 版台州土白《四福音书》的翻译出版时间早于官话和合本。官话和合本《新约》翻译完成于 1906 年，《旧约》翻译完成于 1919 年。由于官话和合本翻译工程浩大，历时近 20 年，即使未出完官话和合本的新、旧约全书，由于传教士内部之间必有交流，辅助翻译的当地同工也会受社会上其他官话书面材料的影响，所以，台州土白圣经译本中的"比"字句大幅增长自在情理之中。

表 8-2　　1912 年版台州土白圣经译本中的差比句类型分布

| 旧约（以西结到玛拉基） | 和合本差比句 | 台州土白译本（1912 年版） | | | |
|---|---|---|---|---|---|
| | | "比"字句 | "还是"句 | "如"字句 | 其他 |
| 数目 | 23 | 16（69.6%） | 2（8.7%） | 2（8.7%） | 3（13%） |

与差比句类型格局变化相关联的是程度副词的相应微调。由于受语法结构和语义的限制，"还是"句和"如"字句中的比较结果几乎都是光杆

的，表示单纯的比较，没有表示程度的比较结果和比较差值。但是"比"字句就很自由，句法结构和语义表达比较多样和丰富，这也是为何"比"字句最后胜出的主要原因之一。与官话和合本相比，台州方言差比句中程度副词的变化体现在两个方面：一是程度副词"还"的压倒性优势，二是"格外"的活跃性趋势。官话和合本中的程度副词主要有"还（要）"和"更（加）"两种，前者居多，后者也不少，不像台州土白中那样一边倒地倒向"还"上（见表8-3）。太田辰夫（1987：167）将现代汉语中"更"用于形容词前归为"表示绝对的差比"格式，他认为"在古代汉语中不存在像现代口语那样明确的绝对的差比，这样说是并不过分的"。"补语更细致表现差比，这是白话的特征"（太田辰夫，1987：170）。百余年来台州方言差比句中的程度副词数目的多寡、更替和使用频率等变化，也证明这种说法并不过分。

表8-3　　　　　　　　　　　台州土白中的程度副词

|  | "还" | "更（加）" | "格外" | 无 |
|---|---|---|---|---|
| 马太福音（1880）14 | 9 | 2 | 1 | 2 |
| 以西结等（1912）16 | 12 | 0 | 4 | 0 |
| 总数 | 21 | 2 | 5 | 2 |

## 二　今台州方言差比句的类型

百余年前台州方言的三种差比句虽延至今天，但是发展极不平衡。比字句已成为人们脱口而出的句式；"如"字句的空间已极度萎缩，只出现在七八十岁以上老人的口中或当地俗语、老话中；而"还是"句则分化为三种形式："还是"句、"还"字句和"是"字句，我们统称为"还是"类句。比如说："我比你高。"今台州方言有以下五种表达式：

（35）a. 我比尔长。b. 尔还我长。c. 尔还是我长。d. 尔是我长。e. 我长如尔。

其中（35）b、c、d 的性质相同，语义相等。"如"字句除了少数老派尚在使用外，可在俗语、老话中偶见一二，比如，"喫梗虫，健如龙；喫喫猛，像蛇蟒。"意为：吃一条虫，比龙还健壮；吃得越多，却像蚱蜢一样（瘦）。"儿大如娘"则意为"孩子比父母还厉害，还有权威性"。

　　台州方言内部各地在差比句上可谓高度一致。即使在各地已有方言语料中并未出现上述全部五种差比句句式，有的地方甚至只展现一种句式，也并不表示其他形式不为当地人所用。如目前所见天台方言差比句的典型例子是"小王是小李长"（戴昭铭，2009：107）。在我们实际调查中，除了这种说法外，"小李还小王长"和"小李还是小王长"也可以说。另外，浙江省档案馆组织完成的"浙江方言语音建档"项目关于差比句的调查条目是"我比他大三岁"，和"我年龄没有他大"，台州市八个县市的老男发音人"不约而同"地保持了高度的一致性，即全部用"比"字句和否定式"呒"字句。但这并不表明今台州方言的差比句仅剩一种"比"字句了，而是由于各种原因导致的调查不彻底和获得语料不充分而产生的结果。"我比他大三岁"至少还可以说"我大渠三岁"。而且由于差比句调查条目中的比较结果是有比较差值的，所以限制了"如"字句和"还是"类句被调查出来的可能性。

## 第三节　与其他吴语方言差比句的比较

### 一　差比句的语言类型

　　百余年前的吴语差比句除了零标记句外，可以分为四种："比"字句、"于"字句、"如"字句和"还是"句（林素娥，2015：331）。其中，"比"字句已是通行格式，其他三种有方言地理上的分布差异。有一点可以肯定的是，台州土白属于"如"字句而非像金华土白那样属于"于"字句。

　　太田辰夫（1987：168）将"A比B……"看作基本的"相对的差比"形式，包括两种词序：A式：A—形—介—B；B式：A—介—B—形。前者是古代汉语中的词序，近古也还用；后者是近古以后才有，现代汉语中全都用这种。A式有"于""过""如""似"等介词，B式用介词"比"，词序也与A式不同。照此，"于/如"句属于A式，"比"字句和"还是"句属于B式。前者即为"顺行结构"，后者即为"逆行结构"（桥本万太郎，1985）。志村良治（1995：69）也指出此类"如"有"比……"的意思，如"大如斗（如一作於）"（陆龟蒙《吴俞儿舞歌》）

即"比斗大"的意思,既表示比较又表示类似,"由此可以看出,使用'如'来表示事物的比较是从中古开始的'","中古后半期比较句的表达能力格外加强了"。

从比较标记的性质和比较参项的特点及其语序来看,台州方言等其他吴语差比句比较标记的类型皆属前置介词型,而且先于比较结果("比"和"还是")的和后于比较结果("如"和"于")的都有。

## 二 "还是"类句的讨论

1. "还是"类句的分布

林素娥(2015:350)认为,"使用'还是'差比句的方言主要限于浙江中东部区域,而最南端的瓯江地区无论是 100 多年前的文献还是今方言中都不使用,而瓯江片吴语往往是学界认为保留吴语古老特征最多的方言,100 多年前的温州话文献中差比句类型也印证了这点","温州话中'大如我<sub>比我大</sub>',这类差比句常用于温州话圣经土白译本中。它是宋元时期较常用的差比句,从 100 多年前西方传教士编写的吴语苏州、上海、宁波、台州、金华、温州等方言文献来看,只有温州话保留了这种差比句,也可以说,浙江南部瓯江片吴语差比句应是更早的类型。不过,同时期文献中温州话未见'还是'差比句。"

这段话有两点可以补充说明:

第一,温州话中"大如我<sub>比我大</sub>"这类差比句,并非只限于温州话,台州话和宁波话中也有,不但 100 年前就有,而且保留到现在。

第二,"还是"的区域并不限于浙江中东部,实际上最南端的瓯江片吴语也使用,至少 100 多年前就见于传教士文献。我们在温州土白《四福音书》中发现了两个"还是"句:

(36) 路加 11:27-28

台州:T'a Ng keh du, ü Ng na keh yiu foh! Yia-su kòng, "Wæ-z t'ing-djôh zòng-ti dao-li pao-siu ge yiu foh.""拖尔箇肚,喂尔奶箇有福。"耶稣讲,"还是听着上帝道理保守渠有福。=不如听上帝的道理而遵守的人有福"。

温州:T'a Nyí keh-kaih t'e, Nyí só júng-ge ná-ná yaó fuh-ge。Yi-sù koà, Wha-ź t'ing Zié-tì-ge döé-lí, yih siú-löé-ge nang ź yaó fuh-ge. "拖尔箇个胎，尔所吮渠奶奶有福个。耶稣讲，还是听上帝箇道理，又守牢箇人是有福箇。

（37）路加 16：17

台州：Iao leh-fæh ky'üih ih-ting, wæ-z t'in di fi-gao yüong-yi. 要律法缺一项，还是天地废爻容易。＝天地过去比废一项律法容易。

温州：Lieh-foh-de ih tié fì-goa whah- z t'ie-dì kù-k'ì yung-yì-le. 律法地一点废爻还是天地过去容易侎。

另外值得一提的是，在温州土白《四福音书》中，我们发现比较标记 "z" 与 "是" 同音，如 dù z 大□、kù-z 过□、höé- z 好□；但是 Dà- z、弗是 fúz、若是 djah- z。并不与 "如" 同音，温州土白圣经中的 "如" 音记为 jǐ，如 "如同 jǐ-dong（马太 23：37）"，与 "谁、随" 同音。今温州话 "如" 与 "是似" 同声韵而不同调。可见，温州土白圣经译本中的差比句应为 "似" 字句，而非 "如" 字句。再说，古代汉语差比句中 "似" 字句也与 "如" 字句一样是从平比句发展而来的。此外，今温州方言中 "还是" 句已绝迹，"如" 字句退至与台州话中一样的狭窄空间。今吴语范围内，尚存 "还是" 类句的方言除了台州和宁波外，还有丽水、绍兴、义乌等地，范围主要限于浙江中部和东部地区。

2. "还是" 类句的性质

关于 "还是" 类差比句的性质，有的认为 "还是" 类句是汉藏语言差比句古老形式特别是格标记的遗存（赵金铭，2002）；有的认为 "还是" 的意义仍然比较实在，所以不能算是比较标记（刘丹青，2012）；有的认为 "还是" 类句是两个单句比较后的句式融合（李蓝，2003；林素娥，2015）；也有的认为是表 "不及、不如"（阮桂君，2009）。我们认为，"还是" 类词的性质可以算是一种比较标记，它们是官话汉语中 "还是" 一词在台州等方言中进一步语法化的结果。

语法化是一个不断渐进的连续统，在此过程中，常常会经历语音减损（phonetic reduction）、语义泛化（semantic generalization）、自主性消失（loss of aotonomy）、形态变化（morphological typology）、句法调整（syntactic adjustment）等不同阶段。（阮咏梅、王文斌，2015）除了无形态变化外，"还是" 类比较标记的语法化过程和表现都是比较典型的。首先是 "还" 和 "是" 各自的语法化。"是" 是汉语里唯一真正的系词

（王力，2014：211）。但它在上古时代是个表近指的指示词。最初被用为系词，应该是在六朝时代。作典型的系词时，其主格为名词，表词亦具备。后来有很多系词性的活用，甚至已近似副词。"是"可用来判断事实、追究原因、助连词或副词的语气、成为副词的一部分甚至完全变为副词等（王力，2003：401）。"还"从动词语法化为表程度、持续等意义的副词，它与"是"的词汇化过程和语法化过程中所产生的语义泛化、功能多样化、语音弱化，以及语法结构的变化等，就既体现在台州土白圣经译本中的"还是"句常常是那种"A 和 B 比，还是+比较结果"或"A 比B，还是+比较结果"的格式上。其中"比"不是比较标记，而是动词。如上文例（3）"骆驼穿过针眼，比财主进上帝个国，还是渠容易"和例（8）"箇收田粮人转去，比箇法利赛人还是渠算正直"，同时又体现在"还""是"和"还是"比较标记的共存上。

有专家认为吴语方言中这种"还是"差比句与普通话中"还是"作为副词表示"比较后的选择"是不同的类型（林素娥，2015：344）。实际上，吴语中这种"还是"类比较标记可以说是这种"比较后选择"的进一步虚化，最后语法化为一个比较标记。无论是比较后的客观事实，还是比较后的主观认识和判断，都成为一种现实或已经发生的过去，这也是为何"还是"句一般不用于将来时的主要原因（如果用于将来时的话，也要受限于添加具体时间词的条件），比如下文例（38）—（40），英文版圣经中都是现在时或完成时，台州土白均可译为"还是"句或"如"字句（当然也可以是"比"字句），但是例（41）不能译为"还是"句，因为它是将来时，而且这个比较格式作的是主语。

（38）It is easier for a camel to go through the eye of a needle than for a rich man to enter the kingdom of God. （马太 19：24）

（39）This poor widow has put more into the treasury than all the others. （马可 12：43）

（40）There is no commandment greater than these. （马可 12：43）

（41）But one more powerful than I will come, the thongs of whose sandals I am not worthy to untie. （路加 3：16）

此外，"还是"类句的存在也与吴语主语话题化特征有关。这也是为何在描写"还是"类差比句时，一般采用"A 还是 B+形容词"的形式，而不是非常适合采用"比较基准+还是+比较主体+比较结果"的形式。因为"还是"句中的"比较基准"毕竟与一般"比"字句或"如"字句中的比较基准不同，它处于主语的位置从而获得了充当话题的功能，而非仅用来充当比较基准的从属角色。A 相当于形式的主语，在意义上叫作"主题成分"（太田辰夫，1987：36），后面的术语部分是对 A 作出说明。刘丹青（2012）也认为，"天台话差比句作为独立范畴的地位比'比'字句更弱，与话题结构的同构性更强。它直接靠话题结构包括话题标记来表达差比句语义，没有话题结构和话题标记以外的专用差比句手段，靠主话题和主语（或次话题）之分来区分基准和主体"。可以说，吴语的主语话题化这一语言特征使得"还是"在台州等方言中进一步语法化为比较标记成为可能。

# 第九章

# 台州方言处置式、被动式、致使式语法标记的演变①

　　"Cauitive"一词在汉语中除了"致使"外，还有诸如"致动""使役""役使""使成""使动"等名称。除了引文中保留原名外，本章取"致使式"一词与处置式、被动式并列讨论。处置式、被动式和致使式在语义、句法结构和功能上的不同特征及其相互关系，能够鲜明反映汉藏语言的类型特征和意义。志村良治（1995：21）认识到从中古时期开始的处置、被动和使役式的表达，互相关联并共同发展的现象很有意义，因此在语法方面，应注意这三者之间的复杂关联问题（志村良治，1995：4）。百余年来台州方言处置式、被动式和致式句的特点和相互关系的变化，便是其中的一个缩影。

　　百余年前台州土白中与表处置义、被动义和致使义相关的句式可分为两类：一类是无标记的，主要包括受事主语句和一般述宾句等；另一类是有标记的，主要标记有"拨""被"和"使得"等。这些句式常常不止表达一种语法功能和语义内容，而是一身二职或数职；相反，同样的语义内容和语法功能也可以使用不同的语法形式。虽然受事主语句、述宾句、"拨"字句、"被"字句和"使得"句等是从不同的角度和层级划分出来的，但是它们都与台州土白中处置义、被动义和致使义的表达紧密相关，是这三种语义的主要表现形式。

---

　　①　本章以《百余年来台州方言的处置式、被动式、致使式语法标记》为题，发表在《语言研究》（2018 年第 3 期）上。略有改动。

## 第一节　台州方言处置式、被动式和
## 致使式的演变特征

受事主语句①仍然是今台州方言中兼表处置和被动的主要句式，"驮"字句愈加式微，"被"字句则日益强势。述宾句表处置不见于台州方言日常使用中，表明该语法形式本非台州方言固有的，而是传教士在翻译过程中的欧化和直译的反映。除此以外，"拨"字句和"搭"字句是主要的关系到处置义、被动义和致使义表达的两大句型，"赚"字被动句则属异军突起。

### 一　"拨（peh）"字多功能性标记特征的延续

台州土白圣经译本中的"拨"兼具动词和介词的功能。作动词时，表"给予"义；作介词时，可以介引施事、受事、接受者和受益者等宾语。因此，"拨"是一个集施事标记、受事标记、接受者标记和受益者标记为一身的多功能语法词。有时一个句子中会同时出现好几个"拨"，表示不同的语法意义。如：

（1）a. Ng-he k'eng peh ngô to-siao, ngô we peh Ge ma peh ng-he? 尔许<sub>你们</sub>肯拨我多少，我会拨渠<sub>他</sub>卖拨尔许<sub>你们</sub>？（马太 26：15，1880）

b. peh Yia-'o-wa hyiang ng fæh-nu, kw'a peh ng djü-mih. 拨耶和华向尔发怒，快拨尔除灭。＝以致耶和华向你们发怒，就速速将你们除灭。（申命记 7：4）

c. Ziah yiu nying tang ng i-pin cü-kwah, keh-pin ah peh ge tang: ziah yiu nying peh ng nga-min i-zông deh-k'e, li-min i-zông ah feh-yüong tsu-djü ge. 若有人打尔以ᵇ边嘴掴，箇边也拨渠打；若有人拨尔外面衣裳夺去，里面衣裳也弗用阻住渠。＝有人打你这边的脸，连那

---

① 按照汪平（2004）界定的句首成分中"凡表示施事的是主语，其他是话题"的标准，本章所指的受事主语属于"关系话题"性质。这种"论元共指性话题"与述语的关系最紧密（徐烈炯、刘丹青，1998）。台州土白中处于句首的成分不是施事，而是谓语动词指向的受事，虽然不带任何标记，但是表示动词处置的对象，也包括直接宾语、介词宾语等。

边的脸也由他打。有人夺你的外衣，连里衣也由他拿去。（路加 6：29）

d. Ngô ziah we peh su-yiu kô-s tsiu-tsi gyüong-nying, we sô-c'ih kyi-sing peh ho dziah-s, ziah m-yiu zing-e, yü ngô z vu-ih. 我若会拨所有家私救济穷人，会舍出己身拨火着死，若呒有仁爱，为我是无益。＝我若将所有的周济穷人，又舍己身叫人焚烧，却没有爱，仍然与我无益。（哥林多前书 13：3）

例（1）a 中第一个"拨"是动词，相当于"给"；第二个"拨"是介词，相当于介引受事的"把"；第三个用在动词后，也相当于"给"，但介引的是接受者。例（1）b 中前一个"拨"表致使，后一个"拨"表处置。例（1）c 中前一个"拨"表容让，后一个"拨"表处置。例（1）d 中则前一个"拨"表处置，后一个"拨"表被动。

今临海周边及台州内部其他各点方言语料表明，"拨"字语法的多功能性特征基本完好地延续了下来。无论是以临海为旧台州地区行署所在地的《台州地区志》，还是以椒江为新台州市府所在地的《台州市志》，都提到"拨"字是最常见的介词，兼表被动和处置。《台州市志》中认为用"拨"（相当于"把"）表示处置有两种形式：一是"拨"放在处置对象前，如"拨鸡杀噢"；二是处置对象提前，"拨"放在命令发出者前面，相当于"给"，如"鸡拨我杀噢"；"尔拨我门关噢"（第 1561 页）。实际上，第二种形式中的"拨"充当的是受益者标记功能，而非处置标记，这种句子的处置功能是由受事主语句承担的，即省略了介宾结构"拨我"，该句的处置意义仍然存在。在实际表祈使的语境中，"鸡杀噢"就是"把鸡杀了"，"门关噢"就是"把门关了"。因此可以说，这样的句子其实是"NP1+拨+我+拨+NP2+VP"的省略式，前一个"拨"是受益者标记，后一个"拨"是处置标记。《台州地区志》中提及"在天台、仙居一带凡表示被动的拨字读成［pəʔ⁵］"（第 1094 页），说明天台、仙居一带"拨"表被动是存在过的。但是最新的方言调查显示，临海话和仙居话的被动标记有所变化，临海话出现了被动标记"赚"，仙居话的被动标记则为"让"。台州内部其他各点基本上延续了"拨"作被动标记。如"别被我知道"这句在台州话中可以一致地表达为"餩拨我晓得"。

除了用于处置式、被动式外，"拨"仍然可用于介引施事的致使式中。在《黄岩方言汇编》（夏吟，2012）中，我们发现了很多"拨"表致使的例子，如例（2）；例（3）a是仙居牧师[1]在讲解《马太福音》时用的句子。

（2）黄岩：a. 渠替<sub>这样</sub>对我，我要拨渠行弗牢<sub>下不了台</sub>。（第124页）

b. 尔想拨渠相道<sub>坏习惯</sub>改过来。（131页）

c. 拨渠吵爽快，算讲服落考<sub>算是平息下来了</sub>。（130页）

d. 尔拨我过勿开<sub>过不去</sub>，我搭尔搭搭死<sub>一起死</sub>。（第207页）

（3）a. 仙居：要尔吩咐拨我两个儿子坐在尔箇国里面。（马太20：21）

b. 临海（白水洋、东塍）：箇两步路拨尔班人妆゠吃力哎<sub>这几步路让你们累死了</sub>。

c. 温岭：我因夜加夜拨我吪得眠<sub>我女儿每天晚上使我无法睡觉</sub>。

## 二　"搭"字功能的拓展

台州方言中的"搭"属"连—介词"，即介引关涉对象的介词同时又能作并列连词（江蓝生，2012）。百余年前台州土白圣经译本中的"搭"便已充当连词和介词，但作介词时多表伴随功能，也有少量表受益者功能。如例（4）a中两个"搭"都是连词，相当于"和"。台州土白圣经译本中表示三个名词短语并列时，不用顿号连接前几项，而是用"搭"连续连接；例（4）b中也有两个"搭"，但前一个是介词，后一个是连词。

（4）a. yiu hyü-to siu-din-liang nying teh ze-nying tehYia-su lin Ge meng-du jü-de zo-zih. 有许多收田粮人搭罪人搭耶稣连渠门徒聚代坐席。（马可2：15）

b. Keh z-'eo Yia-su teh cong-nying teh Z-kyi meng-du kông. 箇时候耶稣搭众人搭自己门徒讲。（马太23：1。1897）

---

那时"搭"也已经具有介引受益者标记的功能了，相当于"给、替"等，只是这些例子不多见。如：

（5）a. Ngô z yüong shü teh ng-he 'ang tsing-li; dæn-z Ge we yüong Sing-Ling 'ang tsing-li peh ng-he. 我是用水搭尔许行浸礼；但是渠会用圣灵行浸礼拨尔许。=我是用水给你们施洗，他却要用圣灵给你们施洗。（马可1：8）

b. Cong-nying tu teh Ge tso te-tsing, hyi-gyi Ge kông-c'ih-le-keh eng-yü shih-wa. 众人都搭渠做对证，稀奇渠讲出来箇恩惠说话。=众人都给他做对证，并稀奇他口中所出的恩言。（路加4：22）

c. Wæ-yiu Ih-yü z teh Ngô tso te-tsing. 还有一位是搭我做对证。=另有一位给我作见证。（约翰5：32）

d. ping-ts'ia Sing-shü z teh Ngô tso te-tsing. 并且圣书是搭我做对证。=给我作见证的就是这经。（约翰5：39）

e. Ngô yiu ih-ke pông-yiang peh ng-he mông, hao peh ng-he k'e tso, tsiao Ngô teh ng-he su tso-ku. 我有一个榜样拨尔许望，好拨尔许去做，照我搭尔许所做过。=我给你们作了榜样，叫你们照着我向你们所做的去做。（约翰13：15）

f. Ngô teh ng-he c'ü dih, ng-he feh t'iao-t'iao; Ngô-he teh ng k'oh, ng feh pe-siang. 我搭尔许吹笛，尔许弗跳跳；我许搭尔哭，尔弗悲伤。（马太11：17）

特别是以上"搭……做对证"到了1897年修订版相应译句中都变成了"拨……做见证/对证"，或者是"做……对证拨……"，如例（6）a，就用"拨"标记，且同时变换了语序，而非"搭"标记，其1909年版的译句也是如此；例（6）b则索性用"向"代替"搭"，更接近官话。可见，作为受益者标记，"搭"逐渐为"拨"所替代，甚至官话化。

（6）a. T'in-koh-keh foh-ing iao djün-pin t'in-'ô, tso te-tsing peh væn-koh pah-sing; meh-nyih ziu le-gao. 天国箇福音要传遍天下，做对证拨万国百姓；末日就来爻。=这天国的福音要传遍天下，对万民作见证，然后末期才来到。（马太24：14。1897）

b. Ngô hyiang ng-he c'ü dih, ng-he feh t'iao-vu; Ngô hyiang ng k'oh, ng-he feh sing-t'ong. 我向尔许吹笛，尔许弗跳跳舞；我向尔哭，尔许弗心痛。（马太 11：17。1897）

今台州方言中"搭"字句的语法功能除了连接、表伴随和作受益者标记外，还能介引受事表处置、介引施事表被动和致使，在介词功能上与"拨"多有重合，但在台州方言内部分布上与"拨"各有侧重。天台、临海周边、三门、黄岩、椒江、温岭、玉环等地，"搭"的介词多功能性在老派发音人口中表现得更为显著。天台、临海（东塍）一带的受益者标记和表致使的施事标记的发音近"代"（快读近"达"），与"搭"发音相似，部分功能相同，表连接和伴随时读音与"搭"相同。具体见表9-1。

表 9-1 　　　　　　　　今台州方言"搭"字的语义句法差异

| | | 搭 | | 代 | |
|---|---|---|---|---|---|
| | | 例句 | 台州代表点 | 例句 | 台州代表点 |
| 受益者标记 | | 我搭尔望牢我给你看住。 | 温岭 | 我代尔望牢。 | 临海（东塍）、天台 |
| 受事标记 | | 尔搭碗洗洗你把碗洗一下。 | 天台、温岭、玉环 | | |
| 施事标记 | 表被动 | 小张搭人打去了小张被人打了。 | 临海市区和仙居除外 | | |
| | 表致使 | 箇几步路便搭我吃力死了这几步路就让我累死了。 | 温岭、黄岩 | 箇几步路便代我吃力死了。 | 天台 |

## 三 "赚"字功能的虚化

台州方言内部表被动的方式很多，其中有标记被动句就有 5 种。如"碗被他打碎了"在台州内部各点方言中的常见说法见例（7）①。

（7）临海：碗赚渠敲碎呀。
仙居：碗让渠敲碎爻矣。

---

① 语料来源见浙江省档案局组织摄录的"浙江方言语音档案"。

三门：碗搭其敲碎爻。

天台、温岭、黄岩、玉环：碗拔渠打碎爻哟。

椒江：碗被渠□[bã31]碎爻。

台州内部有些点还用至少两种以上的被动标记，上例各点所列的被动标记，并不意味着对其他被动标记的绝对排斥。临海和仙居两地目前通行的被动标记比较单一，即临海用"赚"，仙居用"让"，但"让"同时用于台州其他各点方言，而"赚"只限于临海及近周。

"赚"作被动标记在全国汉语方言中比较罕见。关于临海话这个被动标记的本字，卢笑予（2013）认为，"由于缺乏相关历史文献，根据'□[dzɛ²²]'的语音及句法表现，并结合其他方言点被动标记表现情况，本文推测它可能是由表示遭受义的'遭'发展而来的"。我们则认为这个被动标记的本字就是"赚"字。

从语音来看，"赚"字的中古音音韵地位是咸开二澄母去声，与"站_{车站}"同音。但在今台州方言中读为阳上调。阳平与阳上独立的点如三门、天台、仙居等，明确"赚"与"站"不同调，"赚"是阳上，"站"是阳去。但在阳平和阳上合为一调的临海话、温岭话和黄岩话中，"赚残"同调。我们根据连读变调规律，排除了"赚"为阳平字的可能性，因为它符合阳上字的连读变调模式。然后根据在温岭、黄岩、椒江等方言中"赚"与"残"声母之异，再一次排除了这个标记与"残"同音的可能性。那么，这个被动标记是不是就是"赚"字呢？还是跟"赚"音韵地位相同的另一个尚不知本字的同音字呢？我们从二者的词义、语法结构和语义演化方面，能进一步证明二者的同一性。

从词义来看，现代汉语中"赚"是动词，义为"获得利润"。台州方言中也作动词，但兼具"获得利润"和"遭受；忍受"义，后者相当于普通话中的"挨_骂"，如"~□[ʔia33]挨批、~打_挨揍、~人□[toʔ5]被咒骂"等。百余年前的台州土白圣经译本中这两种意义都已出现，如例（8），可见这些用法在台州方言中可谓历史悠久。

（8）a. Kying-nying 'oh-tsia tʻin-nyiang ngô-he tao m zing-li kʻe, ze-kæn djü ih-nyin, tso sang-i, dzæn dong-din. 今日或者天酿═我许到某城里去，在间住一年，做生意，赚铜钿。═今天明天我们要往某

城里去，在那里住一年，作买卖得利。(雅各书 4：13)

　　b. dzæn‑tang, lô h‑kæn, ts'ao‑lön, lao‑loh, feh kw'eng, feh‑
ky'üoh. 赚打，落监，抄乱，劳碌，弗睏，弗喫。＝鞭打，监禁，扰
乱，勤劳，儆醒，不食。(哥林多后书 6：5)

　　从语法结构来看，"赚"后所带宾语其实是名词性动词，表事件而非
过程。临海话中的被动标记介引施事作后面动词的主语，动词虽为及物动
词，但须后带结果补语等其他成分，实际上构成的也是一个事件。与普通
话"挨"一样，临海话动词"赚"既可以直接带宾语构成"～打"，也可
以插入施事成分构成"～人打"，但是作被动标记时施事不能省略。即使
有人说"NP$_{有生命的}$～打爻"这样的句子，也不是受普通话短被动句影响的
缘故，而是临海话中"赚+VP"结构的泛化和类推的结果。

　　从语义演化来看，普通话的被动标记"被"就是从动词"遭受"义
演变而来的，那么，临海话的这个被动标记从表"遭受"义的动词"赚"
虚化而来可谓异曲同工。当然，临海话"赚"作动词时的两个义项之间
也有语义上的联系，即"获得利润"与"遭受"之间都有"得到"的意
思，只是前者表示积极的"获得"，后者表示"消极"的"遭受"，从
"获得"到"遭受"是词义的缩小，而虚化后成为被动标记则是语义的泛
化，中性化即无所谓"积极"还是"消极"，这也是被动句为何从表不如
意事件逐渐发展为表中性甚至积极事件的原因所在。词汇扩展 ( lexical
extension ) 是汉语句法演变的主要表现，即一个创新的句法演变发生后，
通过词汇扩展的方式用于更大的语境范围，直到演变的最后完成 ( 吴福
祥，2003 )。临海话"赚"从表示"获取（利润）"义到"遭受"义的
演变是通过词汇扩展的方式实现的，而从"遭受"义到被动标记是从词
汇扩展到句法的层面，然后经过重新分析 ( reanalysis ) 以完成被动标记语
法化的过程。

　　综上所述，临海话中的动词"赚"是符合被动标记语法化过程中的
各项特征和规律的。如果"遭"作本字的话，不但语音上差异太大，最
重要的是它根本不在临海话中单独或构词使用，因此它虽具"遭受"义，
但缺乏演变为被动标记的理据性和现实性。此外，在百余年前的台州土白
圣经译本和今台州方言内部各点被动标记的描写语料中，我们均未发现
"赚"字具有介引施事作被动标记的语法功能。据此，我们只能认为

"赚"字被动句是仅限于临海城区及近周（如临海东边的东塍，但并不多见），而且是非常晚起的新语法现象。

# 第二节　台州方言处置、被动和致使标记的语法化

台州方言表处置、被动和致使的标记主要涉及"拨、搭、赚、代、用、驮"六个。由于"用"和"驮"一直未完全虚化，"赚"已在上文分析过，本文只分析"拨""搭"和"代"所代表的三种来源及其语法化过程。标记词"拨""搭""代"虽皆源于动词，但后来"拨"和"代"演变为介词，"搭"演变为"连—介词"，且三者的语法化路径也有差异，这是由三者不同的源头决定的。江蓝生（2012）指出，实词的源头往往决定着其语法化的起点和方向，源词词义的不同会产生不同的语法化模式。

## 一　来源于"给予"义动词的标记：拨

《明清吴语词典》"拨"字条中有四种相关义项（石汝杰、宫田一郎，2005：44），其中第（1）和（5）项可归为"给予"类的动词或动词助词的用法。百余年前西方传教士艾约瑟指出上海话"拨、拨拉"有四种用途（钱乃荣，2014：354），与《明清吴语词典》中"拨"的主要用法基本一致，均未见到表处置的用法。可以说，百余年前北部吴语"拨"字尚未具有表示处置的功能。但在台州土白中"拨"的多功能标记性中包括非常重要的处置标记功能，可以说是百余年前台州方言唯一的处置标记。与台州相邻的宁波方言也是如此。"拨"是百余年前吴语中使用非常广泛的给予义动词。给予类动词的义素结构除了可以分解出使役义素外，实际上还隐含着由 A 与 B 的伴随关系和受益关系衍生出的处置和被动关系等。给予动词、使役动词、部分伴随义动词等都蕴含着"一方主动、一方被动"的深层语义关系，在这一点上三类动词是相同、相通的。在句法结构上，给予义动词"拨"因常出现在连动式或兼语式中，使得这些比一般单句更为复杂的句法和语义关系的名词、动词充当的语法成分，"在语用过程中有机会因句中某个成分在组合关系上或语义上的细微变化而提供双重（或多重）理解和结构分析的句法环境"。（江蓝生，2013：254）再者，"拨"作为给予义动词，其组合能力很强，所涉两个宾语几无限

制，使用频率高，词义泛化，即使具有使役义后，其使役程度也比较弱，因此容易被动化。总之，台州方言中的给予义动词"拨"经过句子结构和句式环境的限制、词汇和语义程度的选择等，逐渐集表受益、伴随、处置、致使和被动等多种语法功能于一身，从而完成给予义动词的语法化过程。

## 二　来源于"连接"义动词的标记：搭

明清吴语的"搭"字有五种相关义项，包括作动词的"相连，邻接"义，作介词的"跟，和"义、"给，替"义与"跟、向"义，作连词的"和"义。（石汝杰、宫田一郎，2005：102）"从吴方言内部看，'搭'在北部吴语苏州话、上海话中于一百多年前即为一个很常见的多功能标记，可表伴随、比较、并列连接等。"（林素娥，2015：170）"搭"作受益介词的用法最早见于上海话文献是在1910年的《上海话练习》中（林素娥，2015：172），最早见于宁波话文献是在同一年的《宁波方言便览》中，而见于台州土白的时间更早，1880年版《四福音书》中就已经出现。

明清文献和传教士方言土白圣经译本都表明，百余年前的"搭"尚未具有表处置和被动的功能。在温州土白圣经译本中只作并列连词，不具备介词功能。在今天的台州话和宁波话中，"搭"的语法多功能性更加全面，完全可以充当处置标记和被动标记，但"搭"已完全退出温州话的标记系统，只在与台州温岭相近的乐清、柳市和白象等地，仍保留着百余年前温州土白"搭"表并列连接的功能。曹茜蕾（2008）、盛益民（2010）等研究都证明了从受益者标记发展为处置标记是汉语方言中很常见的一种演变。同样，从受益者标记发展为被动标记也是一项跨语言的共性特征。

关于"搭"字标记的来源，刘丹青（2003）、戴昭铭（2006）都认为来自动词。戴昭铭（2006：164—165）推断为"代"字，是"代"弱化和促化的结果，而且"搭"字在吴语各地的读音不尽相同。我们则认为"搭"字标记就来源于表"相连、邻接"的动词"搭"，理由有二：1. 台州方言内部如天台、临海（东塍）等的受益者介词和致使介词是"代"，但作并列连词和表伴随、处置、被动时的介词是"搭"，有些地方则全用"搭"。从语法化过程的先后顺序来看，如果"搭"来源于"代"，那么虚化程度更高的受益标记和致使标记应该读"搭"，而虚化程度较低的成分应该读原始的"代",而不是现在相反的语言事实。2. 从伴随格(COMI-TATIVE)发展为名词短语——和(NP-AND),或发展为 AGENT(施事),是世界语言语法化过程的两条共性规律(Heine & Kuteva,2012:106—107)。因此从语言类型学角度来看,伴随标记发展为并列连词或施事标记是符合语法化规律的,伴随标记、并列连词和施事标记处于语法化的连续统上。与汉语共同语中"和"的语法化过程一样,"搭"从表"连接"的伴随动词开始,平行发展为并列连词和伴随介词,然后从伴随介词这一链继续虚化为受益介词(刘丹青,2003)。只是台州方言中的"搭"后来比"和"走得更远,一直虚化到受益标记、致使标记、受事标记和施事标记。总之,多功能标记"搭"解释为直接来源于"连接"义动词比来源于"代"更简单,也更符合此类伴随义"连—介词"语法化的规律和特征。

### 三　来源于"代替"义动词的标记:代

百余年前台州土白圣经中未出现表达处置、被动、致使功能的"代"字句,但那时的"代"具备受益标记功能的结论已有圣经语料的支撑,虽然只找到一例:

(9)long-song ng pih-næn ng-keh,iao de ge tao-kao. 弄怂尔逼难尔箇,要代渠祷告。=要为逼迫你们的祷告。(马太 5:44)

这个"代"如果理解为"代替"的动词本义也是可以的,但是我们发现和合本等所有官话译本都用受益介词"为",而其相应的英文原文是介词"for"。因此,可以说这个"代"已经虚化为受益介词了。"代"字虚化为受益介词和致使标记,只在台州内部狭窄区域内使用,如天台、临海东塍等地。这两种功能在百余年来吴语内部具有很强的代表性,它更是吴语受益介词的主要来源之一。

100 多年来上海话受益介词主要有三个来源:来源于代替义的"替",来源于连带义的"搭"和来源于帮助义的"帮"。从文献来看,"替"用作受益介词比"搭"更早,宋元时期就活跃在江淮方言和北部吴语中。(林素娥,2015:179)而"代"百余年来一直是南部吴语温州方言中最基本的受益介词,可兼用作伴随、对象、处置等标记(马贝加,2006)。台州话中代替义也不说"替"而说"代"。自然,"代"也是台州部分方言受益介词的主要来源。从代替义动词虚化为受益者介词，是吴语上海话、温州话的受益者标记类型，台州方言的"代"字句也可归为此类，只是它在此基础上继续前行，最终发展为介引施事的致使标记。有的学者将温州话中的这个受益标记写作"逮"，它与"代"同音。从读音、句法结构和语义演变来看，来源于"代替"的"代"比"逮"更有理据。

戴昭铭（2006：165）认为"搭"类介词来源于动词"代"，而它表对象时又是从"对"因语音弱化和促化而来。我们认为这是将这些标记的语法化来源和过程进行了复杂化处理。实际上，"搭"类标记所有的衍生功能都是从"搭"字的本义"连接"开始语法化的。

## 第三节　台州处置式、被动式、致使式语法标记与甬温方言的异同

台州在先秦时就与温州一带同为瓯越地。从历史沿革上看，台州与浙南的关系比浙北近。从地理位置上看，则处于北面的宁波和南面的温州之间。就其方言来说，台州方言处于北部吴语明州（宁波）小片和南部吴语温州片之间，是北部吴语和南部吴语这一"连续统"上的一个重要地带。无论在语音上还是在词汇、语法上，台州方言都与其毗邻的方言片有着极为密切的关系，充分体现了方言连续统上语言渐变的规律和特点（阮咏梅，2010）。这种特点也反映在台州方言处置式、被动式和致使式语法标记与宁波、温州方言的异同上。

### 一　处置式比较

我们根据和合本官话版《马太福音》中出现的 93 个表处置的"把"字句，对照它们在台州土白、宁波土白、温州土白中的相应译句，来比较百余年前台州方言与宁波、温州方言在处置表达上的异同。

除了受事主语和述宾结构的处置式外，三地方言土白译本所涉及的处置标记主要有"把、拨、用、驮、将"，其使用频率详见表 9-2。

**表 9-2　　　　　　　　　台、甬、温三地处置标记比较**

|  | 把 | 拨 | 用 | 驮 | 将 | 总计 |
|---|---|---|---|---|---|---|
| 台州 | 0 | 19 | 8 | 2 | 0 | 29 |

续表

|  | 把 | 拨 | 用 | 驮 | 将 | 总计 |
|---|---|---|---|---|---|---|
| 宁波 | 3 | 10 | 2 | 2 | 4 | 21 |
| 温州 | 54 | 0 | 1 | 0 | 0 | 56 |

以上统计数据显示三地处置句的具体分布及其特点主要归结如下。

（一）仅就圣经译本而言，百余年前的台州方言在处置表达上与宁波方言相近，而与温州方言较远。"拨"是台州土白和宁波土白中强势的处置标记，虽然二者数量上有差异，台州土白用"拨"的频率甚至超过宁波土白。很大一部分句子，在温州土白中译为"把"字句，而台州土白和宁波土白译为"拨"或其他处置标记，甚至根本不用有标记处置式，而是译为受事主语句或述宾句。这种差异从表9-2中台州土白和宁波土白的标记数与温州土白比较之悬殊可见一斑。

（二）百余年前温州土白圣经译本使用处置标记之多绝对超过台州和宁波，而且标记形式比台州和宁波都明显简单，其所使用的处置标记"把"与官话完全一致，另一标记"用"在《马太福音》中仅有一例。温州土白圣经译本中甚至出现了很多未见于和合本官话版中的"把"字句，而今温州方言典型的通用处置标记"代"并未出现在这用于比较的93个官话"把"字句中。

（三）台州和宁波二地都使用从工具动词演变而来的处置标记"用"和"驮"，宁波土白还多用了一个"将"，其使用频率似乎分别超过了"用"和"驮"。台州土白未见处置标记"将"，用"用"也多于"驮"。虽然这三个处置标记可视为"准标记"，因为有些句子确实保留着明显的工具属性，但从圣经所有译本的对比中，可发现它们已经完成了从使用工具连动到工具介词再到处置标记的虚化过程。如例（10）c，官话版（除文理本外）中全用"把"字句，而三地用了不同的处置标记；（10）a三地皆用"用"，这也是温州土白《马太福音》中唯一相应的"用"字标记译句；（10）b中台州土白1897年版用的两个"用"，在1880年版中用的则是动词"摆"，语义上更实在，不算处置标记。

（10）a. 马太福音18：6

和合本：倒不如把大磨石拴在这人的颈项上，沉在深海里。

台州：wæ-z yüong mah-mo kwa ze ge deo-kying, dzing ze sing-he. 还是用麦磨挂在渠头颈，沉在深海。

宁波：wa-z yüong mo-zông-zeng kwô-læ keh-go nying deo-kying, dzing-lôh sing-sing Hæ-li. 还是用磨上绳挂来该个人头颈，沉落深深海里。

温州：nyang-k'ó yaó dù-ge mû-zih kò gi diu-cháng-de, ziuh dzang-loh sang-sang-ge Hé-de k'ì. 宁可用大个磨石挂渠头颈地，就沉落深深个海地去。

b. 马太福音 7：11

和合本：你们虽然不好，尚且知道拿好东西给女儿，何况你们在天上的父，岂不更把好东西给求他的人吗？

台州：Ng-he shü-tsih z ôh-nying, ziah hyiao-teh yüong hao-meh-z peh n-nô, 'o-hyüông Ng-he t'in-zông Vu-ts'ing ky'i feh kah-nga yüong hao-meh-z s-peh giu-Ge cü-ts? 尔许虽只是恶人，若晓得用好物事拨儿囡，何况尔许天上父亲岂弗格外用好物事赐拨求渠主子？（1897）

宁波：Ng-lah se-tsih zôh-nying; ziah hyiao-teh pô hao tong-si s-peh ng-ts, ng-lah-go T'in-vu næn-dao feh yü-kô we pô hao tong-si s-peh gyiu Gyi-go cü-kwu ma? 尔拉虽即是恶人，若晓得把好东西赐拨儿子，尔拉个天父难道弗愈加会把好东西赐拨求其个主顾吗？

温州：Só-yí nyí-dà-ko, shï-zie ź oh-nang wha shá-tih pó höé mû-ż k'à ż-ge n-nyú, whu-shoà nyí-da-ko zé t'ie-zìe-ge Vû, whài pô höé mû-ż sż-k'à djao Gi-ge nang? 所以你大家，虽然是恶人还晓得把好物事匄自个儿女，何况你大家在天上个父，会把好物事赐匄求渠个人？

c. 马太福音 14：12

和合本：约翰的门徒来，把尸首领去埋葬了，就去告诉耶稣。

台州：Iah-'en-go meng-du tseo-le, peh ge s-siu ön-tsông hao; ziu k'e kao-su Yia-su. 约翰箇门徒走来，驮渠尸首安葬好；就去告诉耶稣。

宁波：Iah-'ön-keh meng-du tseo-læ, tsiang gyi s-siu tsông hao; ziu ky'i kao-su Yiæ-su. 约翰箇门徒走来，将其尸首葬好；就去告诉耶稣。

温州：Iah-yüè-ge mang-du tsaó-li, pó gi sz-siú tsoà-goa; ziuh

tsaó-kʻì tʻung-tsz Yi-sû. 约翰个门徒走来，把渠尸首葬爻；就走去通知耶稣。

　　d. 马太福音 24：9

　　和合本：那时，人要把你们陷在患难里。

　　台州：Keh z-ʻeo yiu nying we peh ng-he song kwön ziu næn. 箇时候有人会拨尔许送官受难。

　　宁波：Keh go z-ʻeo nying-kô we tsiang ng-lah song-kwun, iao mo-næn ng-lah. 该个时候人家会将尔拉送官，要磨难尔拉。

　　温州：Hé-nang-ka nang whaì pô nyí-dà-ko sùng-kʻì ziú kʻú-nà. 许能届人会把你大家送去受苦难。

　　e. 马太福音 25：25

　　和合本：我就害怕，去把你的一千银子埋藏在地里。

　　台州：su-i ngô hôh-mang, peh ng-keh nying-ts di-ʻô kʻông-kæn. 所以我吓猛，拨尔箇银子地下园间。

　　宁波：Keh-lah ngô pʻô-de, tsiang ng-go nying-ts, di-yiang-li kyʻi tsông-kæn. 箇拉我怕殆″，将尔个银子，地垯里去葬间。

　　温州：Só-yí ńg pʻò, ziuh tsaó-kʻì pó nyí-ge nyang-zoa dì-de-goa, 所以我怕，就走去把你个银藏田地爻。

　　f. 马太福音 26：15

　　和合本：我把他交给你们，你们愿意给我多少钱？

　　台州：Ng-he kʻeng peh ngô to-siao, ngô we peh Ge ma peh ng-he? 尔许肯拨我多少，我会拨渠卖拨尔许？

　　宁波：Ng-lah kʻeng peh ngô to-siao, ngô we tsiang gyi ma-peh ng-lah? 尔拉肯拨我多少，我会将其卖拨尔拉？

　　温州：nyí-dà-ko kʻang kʻà ńg ké-le nyang, ńg whaì pó Gi mà-kʻà nyí? 你大家肯匄我几厘银，我会把渠卖匄你？

## 二　被动式比较

　　和合本官话版《马太福音》中共有 48 个"被"字句，它们在台州土白、宁波土白、温州土白方言译本中的对应翻译如表 9-3 所示。

表 9-3　　　　　　　　　　台、甬、温三地被动标记比较

|  | 被 | 拨 | 句 | 其他 |
|---|---|---|---|---|
| 台州 | 18 | 2 | 0 | 28 |
| 宁波 | 7 | 6 | 0 | 35 |
| 温州 | 0 | 0 | 21 | 27 |

　　三地土白中被动句类型的最大共同点是无标记被动句（表中"其他"类）的比例相差不是太多，且有标记被动句的数量远低于受事主语句、一般述宾句等无标记被动句。

　　三地有标记被动句的差异主要有两点：1. 被动标记的不同。台州土白和宁波土白都用"被"和"拨"，温州土白用"句"。不像"拨"在台州土白和宁波土白中的读音同为"peh"，"被"字在二地的读音已经不同，台州为"bi"，宁波为"be"。温州"句"那时读"k'a"，今读[ha42]。2. 被动标记数量的不同。台州土白和宁波土白都是双被动标记，而温州土白是单被动标记。3. 书面语程度的不同。台州土白和宁波土白中与官话被动标记相同的"被"字句已占相当比例，但温州土白却与"被"绝缘，而且百余年来只坚守一个"句"而岿然不动。"被"字在台州土白和宁波土白中的比例也不同，前者占 40% 左右，后者不到 15%。仅从"被"字句的比例来看，三地受官话影响的书面语程度高低可依次排列为台州—宁波—温州。

## 三　致使式比较

　　以和合本官话版《四福音书》中 49 例表致使的"使"字句为参照对象，我们考察其在台州、宁波、温州三地土白圣经译本中的对应情况，见表 9-4。

表 9-4　　　　　　　　　　台、甬、温三地致使式标记比较

|  | 和合本官话版《四福音书》："使" 49 例 | | | | | |
|---|---|---|---|---|---|---|
|  | 使 | 叫 | 拨 | 把 | 使得 | 其他 |
| 台州 | 0 | 1 | 29 | 0 | 6 | 13 |
| 宁波 | 0 | 1 | 15 | 2 | 19 | 12 |
| 温州 | 11 | 10 | 0 | 9 | 10 | 9 |

由表 9-4 可见：

（一）三地都可用有标记致使句和无标记致使句（表中为"其他"类），而且有标记致使句数量是无标记致使句数量的三倍。

（二）就致使标记在三地的分布来看，"使""叫"字用的最多的是温州，台州和宁波基本不用；"拨"字用的最多的是台州，其次是宁波，温州不用"拨"；"把"字用的最多的是温州，宁波偶用，台州不用；"使得"用的最多的是宁波，其次是温州，台州最少。

（三）就三地致使标记的常用度来看，（1）台州最常用的是"拨"，其次是"使得"；宁波最常用的是"使得"和"拨"不相上下，"使得"稍多；温州则是"使""使得""叫"和"把"四分秋色。（2）三地皆用"使得"，温州用"使"和"使得"的数量相当，而台州和宁波只用"使得"而不用"使"。（3）未见"让"，"叫"较多。还有一些在和合本官话版中用"使"的句子在三地中不用任何致使标记。

（四）就三地致使式表达的相近度来看，无论是所使用的标记，还是这些标记的使用频率，台州都近于宁波而远于温州。这可能既是百余年前台州话与宁波话相近的真实反映，也是当时台州土白的圣经翻译深受宁波土白圣经翻译的影响所致。温州土白所用的四个致使标记"使""使得""叫"和"把"基本上与官话一致，显示其非常浓厚的书面语色彩。

## 四　处置式、被动式和致使式的翻译选择

汉语处置式、被动式和致使式之间错综复杂的相互关系，不但表现在语法结构的相似或相同上，还表现在多个多功能语法标记词的同时存在，或者同一个语法标记在不同方言中同中有异的现象，以及处置标记和被动标记在语法化过程终结前往往要经历致使标记这一环节。我们从台州土白、宁波土白和温州土白与官话版圣经译本的翻译对照中，发现三地在处置式、被动式和致使式表达上的差异，以及它们之间的错综关系。

### 1. 处置式和致使式

吴福祥（2003），李蓝、曹茜蕾（2013）等根据结构形式和语义特征，将处置式分为广义处置式、狭义处置式和致使义处置式三类，其中的狭义处置式就是指"把"字句类。虽然并非所有的"把"字结构都和致使有关，但汉语中的"把"字结构包含着致使义。两种句型结构相同，但在"把"字句中，NP1 导致 NP2 产生变化，而在致使句中，NP1 导致

NP2 做什么。换句话说，"把"字结构中，NP2 的变化形成了焦点，而在致使句中，NP2 的变化并不重要（Xu Dan，2014：138）。因此被"把"标记的 NP 不能是施事，而被"使/让/叫"等标记的 NP 是施事或当事，受某种致使主体的作用或影响而发生某种情况（包括动作行为、活动变化、性质状态等），这种情况的产生不是自发的。

有些圣经句子在不同时代、不同版本的英文版译文中都是有差异的。比如说《马太福音》（22：44）的主要英文版译文罗列如下。

（11）

ASV：Sit thou on my right hand, Till I put thine enemies underneath thy feet?

BBE：Be seated at my right hand, till I put under your feet all those who are against you?

DBY：Sit on my right hand until I put thine enemies under thy feet?

NASB77：Sit at My right hand, Until I put Thine enemies beneath Thy feet?

RSV：Sit at my right hand, till I put thy enemies under thy feet?

WEB：Sit thou on my right hand, till I make thy enemies thy footstool?

NWB：Sit thou on my right hand, till I make thy enemies thy footstool?

YLT：Sit at my right hand, till I may make thine enemies thy footstool?

KJV：Sit thou on my right hand, till I make thine enemies thy footstool?

NKJV：Sit at My right hand, till I make your enemies Your footstool?

Wycliffe：Sit [thou] on my right half, till I put thine enemies a stool of thy feet?

NASV：Sit at My right hand, Until I put Your enemies beneath Your feet?

NRSV：it at my right hand, until I put your enemies under your feet?

NASB95：Sit at My right hand, Until I put Your enemies beneath

Your feet?

NIV：Sit at my right hand until I put your enemies under your feet.

上述最早的版本是 Wycliffe 版，它是英国宗教改革家约翰·威克利夫（John Wycliffe，1324—1384）及其弟子于 1380—1384 年间根据瓦尔盖特的拉丁文版圣经译成英文的。另一比较古老的版本是英王詹姆斯一世钦定的、对后世英文版圣经翻译有广泛和深厚影响的 KJV 版。两者对《马太福音》（22：44）所译的句法结构和用词基本一致，但是 Wycliffe 版用 put，比它晚 200 多年的 KJV 版则用 make。之后的众多英文版用 put 和 make 的都有。可以说，put 比 make 的处置意味强，make 比 put 的致使意味强。因此，从不同年代、不同版本的英文版圣经的译句对照中，也能发现处置式和致使式之间不可分割的内在语义联系在跨语言中的普遍性。

汉语官话的各种白话译本在处理这个结构时也用了三种不同的形式，其中两种是有标记的"把"和"使"，一种是无标记的。具体见例（12），和合本、思高本、新译本、修订本用的都是表处置的"把"字句，现代译本、当代译本用的是表致使的"使"字句，吕振中本则直接用动词"处置"来处置，属无标记式。由于吕振中本是 1946 年燕京大学宗教学院根据英国牛津大学苏德尔所编的希腊译本（Souter's Text）为蓝本，采用从希腊、希伯来原文保持原有结构进行逐字翻译的方式，因此准确、忠实地保持了圣经的原意。据此，我们是否可以推测在希腊或希伯来的圣经原文中，该结构的意义与动词"处置"义更接近？

（12）马太福音 22：44

a. 和合本：等我把你仇敌放在你的脚下

b. 思高本：等我把你的仇敌放在你的脚下

c. 新译本：等我把你的仇敌放在你的脚下

d. 修订本：等我把你的仇敌放在你脚下

e. 现代译：等我使你的仇敌屈服在你脚下

f. 当代译：等我使你的仇敌伏在你的脚下

g. 吕振中：等我处置你仇敌在你脚下呢

台州、宁波和温州三地土白圣经译本也分别使用了不同的标记，见例（13）。

（13）马太福音 22：44

和合本：等我把你仇敌放在你的脚下。

台州：teng-tao ngô peh Ng dziu-dih tso Ng-keh dæh-kyiah-teng. 等到我拨尔仇敌做尔箇踏脚凳。

宁波：teng-tao ngô pô ng-go ün-kô fông-læ ng-go kyiah-'ô. 等到我把尔个冤家放来尔个脚下。

温州：táng Ǵ sź Nyí-ge dziu-dieh tsù Nyí-ge dah-chah tàng. 等我使你个仇敌做你个踏脚凳。

台州话用"拨"，宁波话用"把"，温州话则用"使"。特别是台州话和温州话的两个句子，除了标记词不同外，两个句子的句法结构和用词几乎相同。由于台州话"拨"是个多功能语法标记，"把"在宁波话中也可偶尔兼表处置和致使，因此这两个标记到底该理解为处置式还是致使式，就存在歧义。可以说，台州和宁波两地因方言句法特征所限在这一点上不如温州话译为"使"字句显得明了。

2. 致使式和被动式

由于台州话和宁波话中"拨"是个多功能语法标记，有时候我们在理解圣经内容时无法确定这些"拨"在具体的语境中到底表示何种功能。因此我们只好借助于其他版本的译文来对照理解。比如说《马太福音》6：1、6：5、6：18 等都提及英文中的"seen"一词，是直接用被动语态或表被动的过去分词。和合本等官话版都交替使用了"叫/让"字标记，未用"被"字句，可见当时官话口语中"叫/让"表被动的流行度超过"被"，"叫/让"的口语程度也强于"被"。这些被动句在台州、宁波和温州三地的土白圣经译本中，也表现出各自的特点。台州和宁波都用了多功能标记"拨"，而温州用了"讴"，相当于"叫"义。我们在前文分析《马太福音》中"被"字句在三地的对应情况时，发现台州和宁波用"被"的频率比较高，而温州话不用"被"，仅用"句"（今温州话中也可兼表被动和使动），但在与官话"让/叫"的比较时，则选了"讴（叫）"。由此可见，温州土白圣经译本在这个问题上受官话的影响比台州和宁波二地更大。

　　这些不同译本之间对致使和被动标记的选择上的差异，既反映了官话和方言、方言和方言之间的差异，也体现了致使式和被动式之间的复杂关系。实际上汉语致使式和被动式的关系研究由来已久。有些句子中，被动标记"被"和致使标记"让/叫"可以互相代替且不改其意，是因为"让/叫"能致使和被动两用，构成的句子形式大体相同，导致二者意义上的难以区分。其实它们之间的区分"不在于客观事物本身，而是基于主观判断，毕竟致使是原有的，被动是由它转化而来的，因此二者之间总有相通之处"（太田辰夫，1987：231）。

## 第四节　结　语

　　Xu Dan（2014：144—145）认为，"致使式和'把'字句、'被'字句这两种新结构密切相关。这种联系不是随意的，反映了发生在汉语和日益增多的句法装置使用方面的语言类型上的演变。这种结构是与致使相关的句法产物。它们使得汉语更细致地表达结果和动词的体，并能借助显著的句法标记使施受关系更加明确"。而在从致使句向被动句演变的过程中，受事主语句的发展是一个很重要的因素。从《论语》中"话题—评论"式的受事主语，到《世说新语》中"受事（+施事）+动词词组"结构的出现，以及在敦煌变文中的推广，使役句才有可能重新分析为被动句（蒋绍愚，2011）。百余年来台州方言和宁波方言中其他语法标记的兴起，便是对受事主语句、一般述宾句和多功能标记"拨"等语法功能进行削弱、分化和弥补的结果，包括对受普通话影响的一些表达法的吸收和推广，从而使处置义、被动义和致使义的表达更加精确。

# 今临海方言（原台州府城）音系

## 一　声母（共34个）

| p | 班 | t | 东 | ts | 早猪斩芝 | tɕ | 煎张臻整 | k | 国脚 |
|---|---|---|---|----|---------|----|---------|---|------|
| pʻ | 攀 | tʻ | 铁 | tsʻ | 醋耻厕齿 | tɕʻ | 枪畅创丑 | kʻ | 区溪 |
| b | 白肥 | d | 头 | dz | 茶查 | dʑ | 钱缠镯剩 | g | 跪近 |
| ʔm | 马晚 | ʔn | 囡拟 | | | ʔȵ | 女染语 | ʔŋ | 我 |
| m | 麻袜 | n | 南轮疑 | | | ȵ | 年日尧阎 | ŋ | 芽 |
| | | ʔl | 老 | | | | | | |
| | | l | 兰 | | | | | | |
| f | 风丰辅 | | | s | 丝山舍 | ɕ | 小渗烧 | h | 靴香 |
| v | 佛 | | | z | 锄柴是蛇耳木~ | ʑ | 情斜床船石然 | ɦ | 毫炎油伪 |
| | | | | | | | | ʔ | 旱碗远 |

说明：

（1）鼻、边音声母［m n ȵ ŋ l］实际有带浊流的［ɦm ɦn ɦȵ ɦŋ ɦl］与带紧喉的［ʔm ʔn ʔȵ ʔŋ ʔl］的对立。为简化符号，我们将带浊流的［ɦm ɦn ɦȵ ɦŋ ɦl］省略成［m n ȵ ŋ l］。

（2）古见系细音字的声母［k kʻ g h］的实际发音部位靠前，分别为［c cʻ ɟ ç］。

## 二　韵母（共46个，包括3个声化韵）

| ɿ | 猪师 | i | 制被尖面 | u | 布 | y | 雨桂龟 |
|---|------|---|---------|---|-----|---|--------|
| a | 拜外 | ia | 茄写 | ua | 化快 | | |
| ɛ | 兰旦 | | | uɛ | 关 | | |
| e | 在悲 | | | ue | 回盏 | | |
| ø | 搬甘看 | | | uø | 官 | yø | 闩远 |

续表

| ə | 走后 | | | | | | |
|---|---|---|---|---|---|---|---|
| ɔ | 饱 | iɔ | 小 | | | | |
| o | 哥爬瓦波多 | | | | | | |
| | | iu | 油 | | | | |
| ã | 冷 | iã | 想腔 | uã | 横~直 | | |
| ɔ̃ | 方棒光横箬~：温岭地名 | | | | | yɔ̃ | 往窗 |
| øn | 寸 | | | | | | |
| əŋ | 门跟 | iŋ | 心人孕正 | uəŋ | 温翁 | yŋ | 军 |
| | | | | | | yoŋ | 兄中 |
| aʔ | 百刻佛色 | iaʔ | 阅脚 | uaʔ | 划 | | |
| | | iʔ | 甲立蜜七食席 | | | | |
| øʔ | 粒夺卒诺 | | | | | yøʔ | 出月橘 |
| əʔ | 喝八佛黑 | | | uəʔ | 活 | | |
| oʔ | 乐 | | | uoʔ | 骨镬国哭获 | yoʔ | 肉族 |
| ɔʔ | 学 | | | | | yɔʔ | 龊 |
| m̩ | 亩 | n̩ | 儿 | ŋ̍ | 耳~朵 | | |

说明：

1. iu 中的 u 圆唇不明显，介于 o 和 u 之间。

2. [m n ŋ] 自成音节时，实际上也有浊流和紧喉之分，分别与阳调类和阴调类共现。现将带浊流的省略成 [m̩ n̩ ŋ̍]。

## 三　声调（共 7 个单字调，另有 1 个变音）

| 调类 | 调值 | 例字 | 调类 | 调值 | 例字 |
|---|---|---|---|---|---|
| 阴平 | [31] | 东天刚初 | 阳平 | [214] | 田平近道 |
| 阴上 | [42] | 懂米草女 | | | |
| 阴去 | [55] | 冻线教唱 | 阳去 | [213] | 洞路助共 |
| 阴入 | [5] | 督百笔吃 | 阳入 | [23] | 月白合泽 |

说明：

1. 古浊平和全浊上合并，现用阳平调名。调值为 21，有时起点略高，终点下降后略平。

2. 阳平下降后有时呈平调，近 211。

3. 阴上起点有时稍高近 52。

4. 阴去有时偏低近 44。

5. 阳去调值不太稳定，有时曲折不明显。

6. 关于变音，傅国通（2010：54）提及"临海是阴调变为全降调，阳调变为中升调"，即阴调变音调值为 51，阳调变音调值为 24。但是就我们调查的几个发音人来看，其变音规律虽也分为两种类型，一种是 452 调，以原阴调类字居多，如"夹、刷、饼"等；另一种是 51 调，以原阳调类字居多，如"爷、簿、弟、妹"等，但两者之间并非泾渭分明，实际调值不太稳定，有的有曲折，有的无曲折，但多以高降调结尾，即声调的后半段。个别语流中的变音读为升调，即前半段。可见变音之间的内部差异不在具体的调值上，而是主要表现在声母的清浊上。现本书变音调值统一记为［452］。

# 附 图

**附图 01　1880 年版《马太福音》封面**

（来源：剑桥大学图书馆）

yiu kyi læn?" Ge-he kông, "Zih-nyi læn." <sup>20</sup> "Wæ-yiu keh ts'ih-ke mæn-deo feng peh s-ts'in nying, ng siu-zih ling-se din-mön yiu kyi læn?" Ge-he kông, "Ts'ih læn." <sup>21</sup> Ziu teh ge-he kông, "Ng-he tsa-sang wæ feh ming-bah?"

<sup>22</sup> Tseo tao Pah-se-da; yiu nying ta ih-ke hæh-ngæn le, gyiu Yia-su môh-môh ge. <sup>23</sup> Ge ziu ky'in hæh-ngæn-keh siu, ta ge tseo-c'ih hyiang - ts'eng; keh - ts'iah t'u zæn-t'u ze ge ngæn-li, siu en-en ge, meng ge yiu zah-m mông-djôh feh. <sup>24</sup> Hæh-ngæn deo nyiang-ky'i môh-mông, kông, "Ngô mông-djôh nying, ziang jü ze-teh tseo." <sup>25</sup> Yi siu en-en ge ngæn, ao ge tse nyiang-ky'i mông-mông: ge

ziu hao - gao, yiang-yiang mông-djôh ts'ing-k'ôh. <sup>26</sup> Yia-su ao ge cün u-li k'e, kông, "Feh iao tseo-tsing keh hyiang-ts'eng k'e; ah feh iao kông peh hyiang-ts'eng-li nying t'ing."

<sup>27</sup> Yia-su teh meng-du ky'i-sing, tao Ke-sæh-li-ô Fi-lih-pi-keh hyiang-ts'eng k'e: lu-zông meng Ge meng-du, kông, "Bih-nying kông Ngô z kæh-uying?" <sup>28</sup> Ge we-teh kông, "Yiu-sih kông z 'Ang-tsing-li-keh Iah-'ön; yiu-sih z Yi-li-ô; wæ-yiu kông z sin-ts-nying nen - cong ih-ke." <sup>29</sup> Yia-su teh ge-he kông, "Ng-he kông Ngô z kæh-nying?" Pi-teh we-teh Ge, kông, "Ng z keh-yü Kyi-toh." <sup>30</sup> Ge ziu coh-fu ge-he, feh iao teh bih-

122

附图 02　1897 年版《新约全书》内页

（来源：google 电子书）

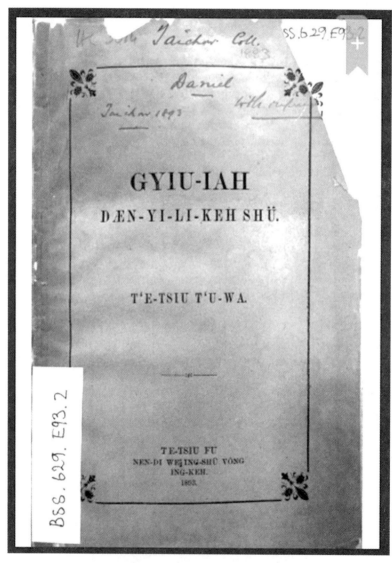

**附图 03　《旧约·但以理书》封面**

（来源：剑桥大学图书馆）

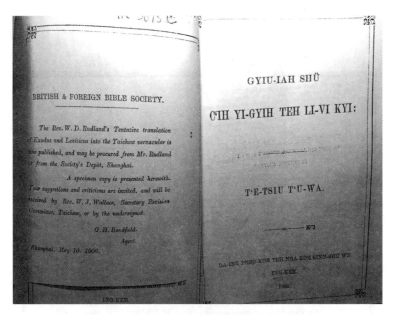

**附图 04　《旧约书·出埃及和利未记》扉页**

（来源：剑桥大学图书馆）

**附图 05　1897 年版《新约全书》封面**

（来源：google 电子书）

## SING-SHÜ MOH-LOH.

### GYIU IAH SHÜ.

| TÖN-SIA. | | TSÖNG-SU. | TÖN-SIA. | | TSÖNG-SU. |
|---|---|---|---|---|---|
| Ts. | TS'IANG-SI kyi | 60 | Dj. | DJÜN - DAO | 12 |
| C. | C'IH YI-GYIH kyi | 40 | Ko. | NOÔ-KO | 8 |
| Lv. | LI-VI kyi | 27 | Y. | YI-SE-Ô shü | 66 |
| Ms. | MING-SU kyi-liah | 36 | Yl. | YIA-LI-MI shü | 52 |
| Sm. | SING-MING kyi | 34 | E. | YIA-LI-MI E-KO | 5 |
| Is. | IAH-SHÜ-Ô kyi | 24 | Ys | YI-SI-KYIH shü | 48 |
| Z. | Z-S kyi | 21 | Dy. | DÆN-YI-LI shü | 12 |
| Lt. | LU-TEH kyi | 4 | 'Ö. | 'O-SI shü | 14 |
| 1 S. | 1 SÆH-MEO-Z kyi | 31 | Iz. | IAH-Z shü | 3 |
| 2 S. | 2 SÆH-MEO-Z kyi | 24 | Ô. | Ô-MO-Z shü | 9 |
| 1 W. | 1 LIH-WÔNG kyi-liah | 22 | Op. | O-PÔ-TI shü | 4 |
| 2 W. | 2 LIH-WÔNG kyi-liah | 25 | In. | IAH-NÔ shü | 1 |
| 1 L. | 1 LIH-DE ts-liah | 29 | Mi. | MI-KÔ shü | 7 |
| 2 L. | 2 LIH-DE ts-liah | 36 | No. | NÔ-ONG shü | 3 |
| Yzl. | YI-Z-LÆH kyi | 10 | Hp. | HAH-PÔ-XÔH shü | 3 |
| Nh. | NYI-HYI-MI kyi | 13 | Sf. | SI-FÆN-NOÔ shü | 3 |
| Yzt. | YI-Z-T'IH kyi | 10 | Hk. | HAH-KYI shü | 2 |
| Ip. | IAH-PAH kyi | 42 | Sk. | SÆH-KÔ-LI-Ô shü | 14 |
| S. | S - P'IN | 150 | Ml. | MÔ-LÆH-KYI shü | 4 |
| Tn. | TSENG-NYIN | 31 | | | |

### SING IAH SHÜ.

| TÖN-SIA. | | TSÖNG-SU. | TÖN-SIA. | | TSÖNG-SU. |
|---|---|---|---|---|---|
| Mt. | MÔ-T'A djün foh-ing shü | 28 | 1 D. | 1 DI-MO-T'A shü-sing | 6 |
| Mk. | MÔ-K'O djün foh-ing shü | 16 | 2 D. | 2 DI-MO-T'A shü-sing | 4 |
| Lk. | LU-KÔ djün foh-ing shü | 24 | Dt. | DI-TO shü-sing | 3 |
| I'ö. | IAH-'ÖN djün foh-ing shü | 21 | Flm. | FI-LI-MENG shü-sing | 1 |
| Sd. | S-DU 'ang-djün | 28 | H. | HYI-PAH-LE shü-sing | 13 |
| Lm. | LO-MÔ shü-sing | 16 | Nk. | NOÔ-XÔH shü-sing | 5 |
| 1 K. | 1 KO-LING-TO shü-sing | 16 | 1 P. | 1 PI-TEH shü-sing | 5 |
| 2 K. | 2 KO-LING-TO shü-sing | 13 | 2 P. | 2 PI-TEH shü-sing | 3 |
| Kô. | KÔ-LÆH-T'A shü-sing | 6 | 1 I'ö. | 1 IAH-'ÖN shü-sing | 5 |
| Yf. | YI-FEH-SU shü-sing | 6 | 2 I'ö. | 2 IAH-'ÖN shü-sing | 1 |
| Fl. | FI-LIH-PI shü-sing | 4 | 3 I'ö. | 3 IAH-'ÖN shü-sing | 1 |
| Kl. | KO-LO-SI shü-sing | 4 | Yd. | YIU-DA shü-sing | 1 |
| 1 T. | 1 T'IH-SÆH-LO-NYI-KÔ shü-sing | 5 | Mz. | IAH-'ÖN-keh MOH-Z-LOM | 22 |
| 2 T. | 2 T'IH-SÆH-LO-NYI-KÔ shü-sing | 3 | | | |

*Google*

附图 06　1897 年版《新约全书》目录之一

（来源：google 电子书）

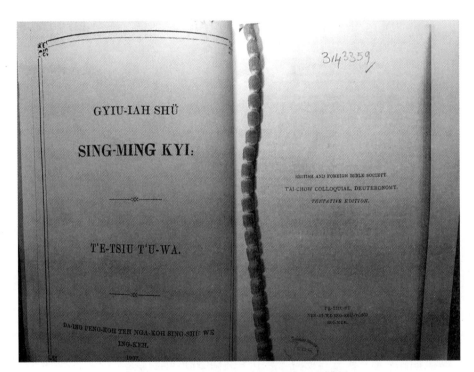

附图 07　《旧约·申命记》封面和扉页

（来源：剑桥大学图书馆）

# 参考文献

## 一　著作

（明）曾才汉修，叶良佩纂：《嘉靖太平县志》，天一阁博物馆编《天一阁藏历代方志汇刊》（第 500 册），国家图书馆出版社 2017 年版。

曹广顺：《近代汉语助词》，语文出版社 1995 年版。

曹志耘：《汉语方言地图集》（语法卷），商务印书馆 2008 年版。

陈玉洁：《汉语指示词的类型学研究》，中国社会科学出版社 2011 年版。

陈泽平：《19 世纪以来的福州方言——传教士福州土白文献之语言学研究》，福建人民出版社 2010 年版。

戴昭铭：《天台方言研究》，中华书局 2006 年版。

邓联健：《委屈求传：早期来华新教传教士汉英翻译史论（1807—1850）》，清华大学出版社 2015 年版。

丁邦新：《一百年前的苏州话》，上海教育出版社 2003 年版。

董绍克：《汉语方言词汇比较研究》，商务印书馆 2013 年版。

傅国通：《方言丛稿》，中华书局 2010 年版。

傅国通、郑张尚芳等：《浙江省语言志》，浙江人民出版社 2015 年版。

龚缨晏：《浙江早期基督教史》，杭州出版社 2010 年版。

（晋）郭璞注、王世伟校点：《尔雅》，上海古籍出版社 2015 年版。

杭州大学中文系方言调查组编：《浙江方言》，1959 年油印本。

（清）郝懿行撰：《尔雅义疏》，上海古籍出版社 1982 年版。

洪波：《汉语历史语法研究》，商务印书馆 2010 年版。

胡明扬：《胡明扬语言学论文集》，商务印书馆 2003 年版。

胡奇光、方环海：《尔雅译注》，上海古籍出版社 2004 年版。

江蓝生：《汉语词汇语法论考》，中国社会科学出版社 2013 年版。

蒋绍愚、曹广顺主编：《近代汉语语法史研究综述》，商务印书馆 2005 年版。

蒋宗许：《汉语词缀研究》，巴蜀书社 2009 年版。

李小凡、张敏、郭锐：《汉语多功能语法形式的语义地图研究》，商务印书馆 2015 年版。

李云兵：《中国南方民族语言语序类型研究》，北京大学出版社 2008 年版。

林素娥：《一百多年来吴语句法类型演变研究——基于西儒吴方言文献的考察》，中国社会科学出版社 2015 年版。

刘丹青：《语序类型学与介词理论》，商务印书馆 2004 年版。

刘丹青主编：《汉语方言语法研究的新视角》，上海教育出版社 2013 年版。

罗常培：《国音字母演进史》，商务印书馆 1934 年版。

吕叔湘：《汉语语法分析问题》，商务印书馆 1979 年版。

吕叔湘：《中国文法要略》，商务印书馆 1989 年版。

吕叔湘著、江蓝生补：《近代汉语指代词》，学林出版社 1985 年版。

吕叔湘主编：《现代汉语八百词》，商务印书馆 1994 年版。

陆志韦等：《汉语的构词法》，科学出版社 1957 年版。

潘文国、叶步青、韩洋：《汉语的构词法研究》，华东师范大学出版社 2004 年版。

钱乃荣：《上海语言发展史》，上海人民出版社 2003 年版。

钱乃荣：《西方传教士上海方言著作研究（1847—1950 年的上海话）》，上海大学出版社 2014 年版。

阮桂君：《宁波方言语法研究》，华中师范大学出版社 2009 年版。

阮咏梅：《温岭方言研究》，中国社会科学出版社 2013 年版。

石汝杰、［日］宫田一郎：《明清吴语词典》，上海辞书出版社 2005 年版。

石毓智：《汉语语法演化史》，江西教育出版社 2016 年版。

《台州地区志》编纂委员会编：《台州地区志》，浙江人民出版社 1995 年版。

台州市地方志编纂委员会编：《台州市志》，中华书局 2010 年版。

王福堂：《绍兴方言研究》，语文出版社 2015 年版。

汪化云：《汉语方言代词论略》，巴蜀书社 2008 年版。

王力：《中国现代语法》，商务印书馆 1943 年版。

王力：《汉语史稿》，中华书局 1980 年版。

王力：《王力语言学论文集》，商务印书馆 2003 年版。

王力：《汉语语法史》，中华书局 2014 年版。

汪平：《方言平议》，华中科技大学出版社 2003 年版。

王士元：《王士元语言学论文集》，商务印书馆 2002 年版。

吴福祥：《敦煌变文语法研究》，齐鲁书社 1996 年版。

夏吟编著：《黄岩方言汇编》，中国文联出版社 2012 年版。

徐烈炯：《指称、语序和语义解释——徐烈炯语言学论文选》，商务印书馆 2009 年版。

徐烈炯、刘丹青：《话题的结构与功能》，上海教育出版社 1998 年版。

杨树达：《高等国文法》，上海古籍出版社 2013 年版。

游汝杰：《西洋传教士汉语方言学著作书目考述》，黑龙江教育出版社 2002 年版。

袁毓林：《汉语语法研究的认知视野》，商务印书馆 2004 年版。

章黎平、解海江：《汉语核心人体词共时与历时比较研究》，中国社会科学出版社 2015 年版。

张美兰编：《美国哈佛大学哈佛燕京图书馆藏晚清民国间新教传教士中文译著目录提要》，广西师范大学出版社 2013 年版。

张谊生：《介词的演变、转化及其句式》，商务印书馆 2016 年版。

张玉来主编：《汉语史与汉藏语研究》（第一辑），中国社会科学出版社 2017 年版。

《浙江省人口志》编纂委员会编：《浙江人口志》，中华书局 2007 年版。

浙江温岭方志办编：《太平县古志三种》（嘉靖·嘉庆·光绪太平县志），中华书局 1997 年版。

郑张尚芳：《温州方言志》，中华书局 2008 年版。

周志锋：《周志锋解说宁波话》，语文出版社 2012 年版。

朱德熙:《语法讲义》,商务印书馆 2007 (1982) 年版。

朱文勋等辑修:《黄岩县新志》(第五册),线装书局民国影印版。

朱彰年、薛恭穆、周志锋等:《阿拉宁波话》(修订版),宁波出版社 2016 年版。

[英] 艾约瑟:《上海方言口语语法》,钱乃荣、田佳佳译,外语教学与研究出版社 2011 年版。

[美] 伯纳德·科姆里:《语言共性和语言类型》,沈家煊译,外语教学与研究出版社 1988 年版。

[美] 布隆菲尔德:《语言论》,商务印书馆 2004 年版。

[意] 利玛窦、[比] 金尼阁:《利玛窦中国札记》,何高济等译,中华书局 2010 年版。

[意] 马西尼:《现代汉语词汇的形成——19 世纪汉语外来词研究》,黄河清译,汉语大词典出版社 1997 年版。

[日] 桥本万太郎:《语言地理类型学》,北京大学出版社 1985 年版。

[英] 史蒂亚:《戴德生:挚爱中华》,梁元生译,中国友谊出版公司 2006 年版。

[日] 太田辰夫:《中国语历史文法》,蒋绍愚、徐昌华译,北京大学出版社 1987 年版。

[英] 伟烈亚力 (Alexander):《1867 年以前来华基督教传教士列传及著作目录》,倪文君译,广西师范大学出版社 2011 年版。

[日] 志村良治:《中国中世语法史研究》,江蓝生、白维国译,中华书局 1995 年版。

Bybee, Joan, L. , Revere Perkins & William Pagliuca, *The Evolution of Grammar*: *Tense*, *Aspect*, *and Modality in the Language of the World*, Chicago. & London: University of Chicago Press 1994.

[美] Croft, William:《语言类型学与普遍语法特征》(第二版)(*Typology and Universals*),外语教学与研究出版社、剑桥大学出版社 2009 年版。

[德] Heine, Bernd; Kuteva, Tania:《语法化的世界词库》(*World Lexicon of Grammaticalization*),世界图书出版公司 2012 年版。

[法] Xu Dan:《汉语句法的类型转变》,世界图书出版公司 2014 年版。

## 二　论文

蔡勇飞：《临海方言音系及有关词汇、语法特点的研究》，《中国方言学报》2015 年第 5 期。

曹茜蕾：《汉语方言的处置标记的类型》，载《语言学论丛》（第 36 辑），商务印书馆 2008 年版。

曹先擢：《并列式同素异序同义词》，《中国语文》1979 年第 6 期。

陈忠敏：《上海市区话语音一百多年来的演变》，载《吴语和闽语的比较研究》，上海教育出版社 1995 年版。

池昌海、王纯：《温州话动词重叠式分析》，《浙江大学学报》（人文社会科学版）2004 年第 5 期。

储泽祥、邓云华：《指示代词的类型和共性》，《当代语言学》2003 年第 4 期。

崔丹丹：《17—19 世纪欧洲汉学中的汉语量词词类特征研究》，硕士学位论文，厦门大学，2014 年。

崔山佳：《后缀"生"历时与共时考察》，载《吴语研究》（第八届国际吴方言学术研讨会论文集），上海教育出版社 2016 年版。

丁锋：《一百年来绍兴方言的语音演变》，载《吴语研究》（第三届国际吴方言学术研讨会论文集），上海教育出版社 2005 年版。

丁加勇、沈祎：《湖南凤凰话后置复数指示词——兼论方言中复数标记"些"的来源》，《中国语文》2014 年第 5 期。

丁健：《可别度对受事次话题句的影响——以吴语台州话为例》，《中国语文》2014 年第 2 期。

冯赫：《"X 所/许"约量表达式与"所/许"的历时考察》，《汉语学报》2013 年第 4 期。

冯赫：《汉语演变过程中的韵律构词——基于性状指示词"许"历时形成的考察》，《山东大学学报》2014 年第 3 期。

胡方：《试论百年来宁波方言声母系统的演变》，《语言研究》2001 年第 3 期。

胡明扬：《流水句初探》，《语言教学与研究》1989 年第 4 期。

黄河清：《一个薄弱点：19 世纪汉语新词的考证——以〈汉语大词典〉为例》，《辞书研究》1998 年第 1 期。

黄晓东：《台州方言的代词》，载《北京语言大学汉语语言学文萃·方言卷》，北京语言大学出版社 2004 年版。

黄晓东：《浙江临海方言音系》，《方言》2007 年第 1 期。

黄小娅：《广州方言异序词的百年演变》，《广州大学学报》（综合版）2001 年第 7 期。

江蓝生：《汉语连—介词的来源及其语法化的路径和类型》，《中国语文》2012 年第 4 期。

蒋绍愚：《广州话和汉语史研究》，载《汉语词汇语法史论文集》，商务印书馆 2000 年版。

蒋绍愚：《受事主语句的发展与使役句到被动句的演变》，载《汉语史学报》（第十一辑），上海教育出版社 2011 年版。

李蓝：《现代汉语方言差比句的语序类型》，《方言》2003 年第 3 期。

李蓝：《汉语的人称代词复数表示法》，《方言》2008 年第 3 期。

李蓝、曹茜蕾：《汉语方言中的处置式和"把"字句》（上），《方言》2013 年第 1 期。

李蓝、曹茜蕾：《汉语方言中的处置式和"把"字句》（下），《方言》2013 年第 1 期。

李荣：《关于方言研究的几点意见》，载《语文论衡》，商务印书馆 1985 年版。

李如龙：《论汉语词汇的多元系统》，载《汉语词汇学论集》，厦门大学出版社 2011 年版。

李小凡：《苏州话"勒海"、绍兴话"来东"、泉州话"在处"：从方所介词结构到体标记的语法化历程》，第七届国际吴方言学术研讨会交流论文（浙江金华），2012 年 11 月。

林素娥：《早期吴语指示词"个"——兼议吴语中性指示词的来源》，《方言》2018 年第 2 期。

刘丹青：《东南方言的体貌标记》，载张双庆主编《动词的体》，香港中文大学中国文化研究所、吴多泰中国语文研究中心，1996 年。

刘丹青：《吴语的句法类型特点》，《方言》2001 年第 4 期。

刘丹青：《语法化中的共性与个性，单向性与双向性——以北部吴语的同义多功能虚词"搭"和"帮"为例》，载《语法化与语法研究》（一），商务印书馆 2003 年版。

刘丹青：《汉语差比句和话题结构的同构性：显赫范畴的扩张力一例》，《语言研究》2012 年第 4 期。

刘丹青：《语言库藏的裂变：吴语"许"的音义语法分化》，《语言学论丛》（第五十一辑），商务印书馆 2015 年版。

陆铭：《19 世纪末 20 世纪初的宁波方言》，硕士学位论文，上海大学，2004 年。

卢笑予：《浙江临海方言的人称代词》，《台州学院学报》2013 年第 4 期。

卢笑予：《临海方言非谓语前置词的语法多功能性分析》，《现代语文》（语言研究版）2013 年第 5 期。

卢笑予：《从临海方言"以ᵇ"看 tɕ-类近指词在吴语区的分布与演变》，《中国语文》2017 年第 1 期。

吕叔湘：《通过对比研究语法》，《语言教学与研究》1992 年第 2 期。

马贝加、陈依娜：《瓯语介词"代"的功能及其来源》，《汉语学报》2006 年第 3 期。

马重奇：《英国传教士戴尔〈福建漳州方言词汇〉研究——19 世纪初叶闽南漳州方言音系及其词汇研究》，《古汉语研究》2013 年第 4 期。

马倩：《明末清初入华传教士的汉语词汇创制研究——以〈天主圣教实录〉、〈几何原本〉为例》，硕士学位论文，重庆师范大学，2015 年。

麦耘：《论重纽及〈切韵〉的介音系统》，《语言研究》1992 年第 2 期。

麦耘：《广州话介音问题商榷》，《中山大学学报》1999 年第 4 期。

麦耘：《汉语声介系统的历史演变》，载《乐在其中——王士元教授七十华诞庆祝文集》，南开大学出版社 2004 年版。

潘悟云、陶寰：《吴语的指代词》，载《代词》（中国东南部方言比较研究丛书·第四辑），暨南大学出版社 2004 年版。

秋谷裕兴、王莉：《温州方言〈马可福音书〉的音系》，载《中国语言学集刊》（第二卷第二期），中华书局 2008 年版。

秋谷裕兴、汪维辉：《闽语中疑问代词用法的"若"》，载《历史语言学研究》（第十辑），商务印书馆 2016 年版。

阮桂君：《宁波方言物量词研究》，载《汉语方言语法研究的新视角》，上海教育出版社 2013 年版。

阮咏梅：《台州方言在吴语中的内外关系》，《宁波大学学报》（人文科学版）2012 年第 6 期。

阮咏梅：《台州方言百余年来的语音变化》，《语言研究》2015 年第 2 期。

阮咏梅、王文斌：《汉英进行体标记的语法化差异及其时空特指》，《解放军外国语学院学报》2015 年第 1 期。

阮咏梅：《台州方言差比句的类型和演变》，载张玉来主编《汉语史与汉藏语研究》（第一辑），中国社会科学出版社 2017 年版。

阮咏梅：《百余年来台州方言的处置式、被动式、致使式语法标记》，《语言研究》2018 年第 3 期。

阮咏梅：《从传教士文献看台州方言百余年来的两种语序特征》，《宁波大学学报》（人文科学版）2018 年第 5 期。

阮咏梅：《基于传教士文献的台州方言同音字汇》，载《吴语研究》（第九届国际吴方言学术研讨会论文集），上海教育出版社 2018 年版。

邵慧君：《粤方言 i-u 介音韵母——由粤西方言说起》，《暨南学报》（哲学社会科学版）2010 年第 6 期。

石毓智、王统尚：《方言中处置式和被动式拥有共同标记的原因》，《汉语学报》2009 年第 2 期。

沈家煊：《如何处置"处置式"——论"把"字句的主观性》，《中国语文》2002 年第 5 期。

沈家煊：《现代汉语"动补结构"的类型学考察》，《世界汉语教学》2003 年第 3 期。

盛益民：《绍兴柯桥话多功能虚词"作"的语义演变——兼论太湖片吴语受益者标记来源的三种类型》，《语言科学》2010 年第 2 期。

盛益民：《论指示词"许"及其来源》，《语言科学》2012 年第 3 期。

盛益民：《吴语人称代词复数标记来源的类型学考察》，《语言学论丛》（第四十八辑），商务印书馆 2012 年版。

盛益民：《从方言接触看吴语疑问代词"啥"的来源》，第三届吴语语法学术研讨会（复旦大学）交流论文，2017 年。

石汝杰：《现代上海方言的多种来源和方言岛理论》，载《中国言语文化学研究》，大东文化大学大学院外国语学研究科中国言语文化学专攻，2012 年。

石汝杰：《近代上海方言历史研究的新课题》，载《吴语研究》（第八届国际吴方言学术研讨会论文集），上海教育出版社 2016 年版。

石汝杰：《明清时代吴语的疑问词和疑问句》，第三届吴语语法学术研讨会（复旦大学）交流论文，2017 年。

王福堂：《绍兴方言百年来的语音变化》，载《吴语研究》（第四届国际吴方言学术研讨会论文集），上海教育出版社 2008 年版。

汪国胜、付欣晴：《汉语方言的"动词重叠式+补语结构"》，《汉语学报》2013 年第 4 期。

王力：《汉语描写语言学的兴起及其发展》，《语文研究》1981 年第 2 期。

汪平：《苏州方言的话题结构》，《语言研究》2004 年第 4 期。

王文斌：《论英汉表象性差异背后的时空特性——从 Humboldt 的"内蕴语言形式"观谈起》，《中国外语》2013 年第 3 期。

王文胜：《吴语遂昌话疑问范畴研究》，第三届吴语语法学术研讨会（复旦大学）交流论文，2017 年。

吴福祥：《关于动补结构"V 死 O"的来源》，《古汉语研究》2000 年第 3 期。

吴福祥：《汉语伴随介词语法化的类型学研究——兼论 SVO 语言中伴随介词的两种演化模式》，《中国语文》2003 年第 3 期。

吴福祥：《再论处置式的来源》，《语言研究》2003 年第 3 期。

吴福祥：《汉语方言里与趋向动词相关的几种语法化模式》，《方言》2010 年第 2 期。

项梦冰：《试论汉语方言复合词的异序现象》，《语言研究》1988 年第 2 期。

徐丹：《从动补结构的形成看语义对句法结构的影响——兼谈汉语动词语义及功能的分化》，《语文学习》2001 年第 2 期。

徐通锵：《百年来宁波音系的演变——附论音变规律的三种方式》，《徐通锵自选集》，河南教育出版社 1993 年版。

徐奕：《晏玛太〈中西译语妙法〉所反映的 19 世纪上海话语音》，载《吴语研究》（第五届国际吴方言学术研讨会论文集），上海教育出版社 2010 年版。

叶晨：《天台方言中的量词重叠"A 加 A"式》，《汉字文化》2011 年第 4 期。

　　游汝杰：《吴语里的人称代词》，载《游汝杰自选集》，广西师范大学出版社 1999 年版。

　　游汝杰：《圣经方言译本书目考录》，载《基督教与中国文化丛刊》2000 年第 3 期。

　　游汝杰：《吴语语法的历史层次叠置》，载《语言研究集刊》（第二辑），世纪出版集团、上海辞书出版社 2005 年版。

　　游汝杰：《19 世纪中期上海话的后置处所词》，《语言研究集刊》，上海教育出版社 2006 年版。

　　游汝杰：《逆序词与吴语的话题优先倾向》，载《中国语言学报》2014 年第 16 期。

　　喻长霖、柯骅威等纂修：《中国地方志集成：浙江府县志辑·民国台州府志》（民国十五年），上海书店 1993 年版。

　　袁进：《西方传教士对现代汉语形成的影响》，《语言战略研究》2016 年第 4 期。

　　张伯江：《被字句和把字句的对称与不对称》，《中国语文》2001 年第 6 期。

　　张敏：《上古、中古汉语及现代南方方言里的"否定—存在演化圈"》，载吴福祥、王云路编《汉语语义演变研究》，商务印书馆 2015 年版。

　　张寿康：《现代汉语中词素对换的双音词》，载《汉语学习丛论》，山东教育出版社 1982 年版。

　　张巍：《中古汉语同素逆序词演变研究》，博士学位论文，复旦大学，2005 年。

　　张薇：《浙江海盐沈荡话指示代词的功能不对称性》，《方言》2012 年第 2 期。

　　张谊生：《从量词到助词——量词"箇"语法化过程的箇案分析》，《当代语言学》2003 年第 3 期。

　　张永绵：《近代汉语字序对换的双音词》，《中国语文》1980 年第 3 期。

　　赵金铭：《汉语差比句的南北差异及其历史嬗变》，《语言研究》2002 年第 3 期。

　　赵晓阳：《哈佛燕京图书馆收藏的汉语〈圣经〉译本》，载《历史文献》（第 8 辑），上海古籍出版社 2004 年版。

赵晓阳：《汉语吴方言圣经译本考述》，《基督教研究》2012 年第 3 期。

赵元任：《吴语对比的若干方面》，载《赵元任语言学论文集》，商务印书馆 2002 年版。

郑奠：《古汉语中字序对换的双音词》，《中国语文》1964 年第 6 期。

郑张尚芳：《温州方言近百年来的语音变化》，载徐云扬编《吴语研究》，香港中文大学新亚书院，1995 年。

郑张尚芳：《吴语寒覃韵的［ø］化历程及分区意义》，载《吴语研究》（第三届国际吴方言学术研讨会论文集），上海教育出版社 2005 年版。

周同春：《十九世纪的上海语音》，载《吴语论丛》，上海教育出版社 1988 年版。

周作人：《圣书与中国文学》（1920），载《艺术与人生》，河北教育出版社 2002 年版。

庄初升：《客家方言及其他东南方言的唇化软腭音声母》，《方言》2016 年第 2 期。

［美］费正清：《新教传教士著作在中国文化史上的地位》，吴莉苇译，载《欧美汉学研究的历史与现状》，大象出版社 2006 年版。

［苏］В. И. Абае：《描写语言学与解释语言学——关于科学的分类》，罗启华译，《国外语言学》1987 年第 2 期。

［美］Greenberg, J. H.：《某些主要跟语序有关的语法普遍现象》，陆丙甫、陆致极译，《当代语言学》1984 年第 2 期。

［英］Grace Ciggie Stott：*Twenty-six Years of Missionary Wook in China*，1897. google 电子书。

*China's Millions*（《亿万华民》），British Edition，1876—1899。

*The Chinese Recorder and Missionary Journal*（《教务杂志》）（VOLUME XXXV），Shanghai：PRESBYTERIAN MISSION PTRESS，1904。

## 三　其他

"基督教圣经在线阅读搜索" 网站：http：//www. godcom. net/。

亦文：《一八七五年的中国内地会》（三），载《教会》2012 年 5 月号（http：//www. churchchina. org/archives/120509. html）。

亦文：《一八七六年的中国内地会》（五），载《教会》2013 年 9 月号（https：//www. churchchina. org/archives/130911. html）。

亦文：《一八七七年的中国内地会》（二），载《教会》2014 年 3 月号（http：//www. churchchina. org/archives/140309. html）。

临海文化网（2006 年 5 月 19 日）：http：//www. lhww. gov. cn/info. asp？ id＝26。

土豆网（2008 年 8 月 28 日）：http：//www. tudou. com/programs/view/eNLbI3Svc5I/。

# 后　记

　　书稿写作的最后阶段，常常面对窗外香樟树叶葱绿，白鹭翩飞，耳畔却充斥轰鸣的挖路机声，震得人心烦气躁、坐立不安。那时的写作背景倒是为我重新想象 19 世纪传教士的艰辛历程创设了比较的基调，渲染了气氛。

　　三年前，辗转托人终获 *Chinese Million's* 的部分文献，在蚂蚁般密密麻麻又不太清晰的英文字母中，搜索与台州有关的传教士的蛛丝马迹。随着阅读的深入，这些传教士的形象逐渐丰满起来，他们在台州的传教历程也日益清晰。龙应台认为文学如"白杨树的湖中倒影"，历史则如"沙漠玫瑰的开放"，足见文学和历史的独特魅力是语言学所不具备的。文献阅读是在工作、杂事之余断断续续进行的，但对传教士的钦佩之情却与日俱增。且不论信仰赋予他们的支撑力量，仅看他们对中国的热爱就不由地让人心生感动。如被誉为"中国内地会之父"的戴德生（James Hudson Taylor）就用他的一生践行了他的名言："If I had a thousand pounds China should have it—if I had a thousand lives, China should have them.""台州内地会之父"路惠理（W. D. Rudland）受戴德生的指引，在台州度过了 42 年的时光。而这一切都是在他们远渡重洋，历经千般磨难后依然初心不改，决绝前行的结果。与他俩一样，当时的传教士们几乎无一人未遭病患、灾祸、丧亲之痛的灾殃，因难产和疾病而客死在中国的女传教士人数之多更是让人唏嘘。曾经读到一个细节：由于宣教的地方多为乡村，传教士布道的环境尤其恶劣。他们常常只能在农民忙完农活后，就在他们破败的房子里，就着微弱的光线讲经布道，屋内堆满了农具，而猪啊羊啊牛啊就在旁边哼哼咩咩哞哞着。工作结束后再深夜摸黑赶回住处。想象这个场景真让人又好笑又钦佩。我开头所讲的写作氛围与此相比，着实不在话下。粗粗研读这些文献和台州土白圣经译本后，我当时就决定在本书后记中必须有一个环节，那就是：致敬传教士！此段如是。

让我此生与传教士这个研究建立联系的是游汝杰先生，他是我在复旦大学进修研究生课程时的指导老师。1996 年寒假后的新学期伊始，游老师交给我一份刚从国外复印回来的台州土白《马太福音》，叫我写一篇相关的课程论文。那篇写在绿色方格稿上的极其粗糙的小论文虽几易其稿，但仍保存至今。2008 年考入苏州大学攻读博士学位后，才又专程赴游老师处复印了那本 *The Ningpo Syllabary* 而再续传教士台州土白方言研究的前缘。2012 年，"从西洋传教士著作看台州方言百余年来的演变"有幸被列为教育部人文社科项目，自此传教士台州方言研究深深左右了我近五年的生活。本书初稿即为该项目研究的结题成果。

在我收集传教士文献和翻译的过程中还得到了多方援助，他们是来自美国的 Eli Mackinnon 先生、周细武先生及其爱女 Linda，剑桥大学图书馆和剑桥大学学生刘鑫，哈佛大学图书馆马小鹤先生、《教会》杂志编辑部和袁瑒先生，还有石汝杰、胡晓昱、林素娥、庄初升、龚缨晏、李居迁、肖萍、田启涛等师友和热心人士。在台州方言调查过程中，台州市档案馆卢珊、温岭市档案馆许新颜、黄岩档案馆崔旭、临海市图书馆郭静、椒江档案馆金盼盼、玉环档案馆毛黎波、临海程建光牧师、周保福老传道士、仙居张锦彩和王七弟牧师，同事余辉、李加林和梁志华等在查找资料、联系或直接充当发音人、确定台州地名和绘制相关台州地图等方面都为我提供了诸多帮助。此外，在书稿写作和修改过程中，得到了张玉来、周志锋、汪维辉、齐沪扬、丁健等诸位师友的指点，以及浙江省社科规划办后期资助项目专家提供的评审建议。因文献比较庞杂，有些资料网上时有更新或网页发生变化等，出处说明恐有疏漏，敬请谅解。中国社会科学出版社任明主任和宫京蕾编辑、责任校对秦婵女士等为本书的最终出版颇费心力，尤其是特约编辑李晓丽女士专业、严谨的统稿和修改减少了书稿中很多错误，让我在校对过程中不时深感佩服并充满谢意。在此一并致以最衷心的感谢！

书稿的修改是在英国谢菲尔德大学作国家公派访学期间见缝插针似地完成的。近年来对各种圣经版本的研读都是基于纯语言学视角的观照。在谢菲尔德短暂的三个月中，去过两次教堂，权当练习英语、熟悉圣经内容的难得机会。在"烛光圣诞"音乐会上，不经意中被那首"Mary, did you know?"的合唱歌词和旋律感动得泪流满面，瞬间给我往日阅读的台州土白圣经译本中那些枯燥、平淡、晦涩的罗马字拼音焕发了鲜活的生命力。当我写下这些文字时，感觉离书稿中出现的这些台州历史上的中国内地会传教士更近了，因为他们来自英国，而我现在就在他们的故乡。

第一本专著《温岭方言研究》是在导师汪平先生指导下完成的。这一本虽是真正意义上的"独著"，无疑依然凝聚了家人、亲朋和师友们一如既往的关心和支持。但愿我的每一份努力都不辜负他们的厚爱！

2017 年 12 月 25 日于英国谢菲尔德（初稿）

2018 年 12 月 1 日于宁波（终稿）